C. Steinle / J. Kirschbaum / V. Kirschbaum

Erfolgreich überlegen

C. Steinle / J. Kirschbaum / V. Kirschbaum

Erfolgreich überlegen

Erfolgsfaktoren und ihre Gestaltung in der Praxis

EDITION
BLICKBUCH
WIRTSCHAFT

Die Deutsche Bibliothek – CIP-Einheitsaufnahme
Steinle, Claus:
Erfolgreich überlegen : Erfolgsfaktoren und ihre Gestaltung in der Praxis / Claus Steinle/Jasmin Kirschbaum/Volker Kirschbaum. – Frankfurt am Main : Frankfurter Allgemeine Zeitung, Verl.-Bereich Wirtschaftsbücher, 1996
ISBN 3-929368-51-X
NE: Kirschbaum, Jasmin:; Kirschbaum, Volker:

Frankfurter Allgemeine Zeitung
Verlagsbereich Wirtschaftsbücher

Verantwortlich Verlagsbereich Wirtschaftsbücher: Helmut Klinge
Gestaltung: F.A.Z.-Grafik

Druck: Druckwerkstätten Stollberg GmbH, Stollberg
Erste Auflage 1996
ISBN 3-929368-51-X

Vorwort

Die Suche nach den »Stellschrauben« wirtschaftlichen Erfolgs kann als zentrales Problemfeld wettbewerblicher Führungspraxis, aber auch der modernen betriebswirtschaftlichen Forschung, angesehen werden. Mitte der achtziger Jahre haben sich eine ganze Reihe von »Fangnetzen« zur Erfassung von Erfolgsfaktoren gebildet, unter denen die populärwissenschaftliche und beraterorientierte Handreichung von Peters und Waterman sowie die empirisch geprägte Wegleitung des PIMS-Projekts hervorstechen. Die Globalität der darin gemachten Aussagen, aber auch die selektive Auswahl von Erfolgsfaktoren, waren für uns Anlaß, einen fundierten Rahmen zu bilden und eine repräsentative Beleuchtung und Bestimmung erfolgswirksamer Faktoren vorzunehmen – in drei Befragungswellen (1992 –1994) und in zwei Bundesländern (Baden-Württemberg; Niedersachsen) bei Produktionsunternehmungen. Dies war stets mit dem Ziel verbunden, »erfolgreiche« Handlungsanregungen für die Managementpraxis zu entwickeln, die über »Beraterfolklore« und »Datenfriedhöfe« hinausreichen. Wenn daraus in der Praxis Ideen zur Verbesserung der unternehmungsindividuellen Wettbewerbsfähigkeit entstehen, dann wäre das »praktische« Ziel unserer Aktivität erreicht.

Allen befragten Unternehmungen und den antwortenden Führungskräften gilt unser herzlicher Dank dafür, daß sie trotz des unvermeidlichen Arbeitsdrucks Zeit für unsere Befragung geopfert haben.

Dank gebührt auch der Volkswagen-Stiftung, deren Förderung diese Studie ermöglicht hat.

Auch Herrn Barus von der F.A.Z. ein herzliches »Dankeschön«; er hat sehr engagiert dieses Buchprojekt begleitet.

Hannover

Claus Steinle
Jasmin Kirschbaum
Volker Kirschbaum

Inhaltsübersicht

Vorwort 5

1. Erfolgsfaktoren – Faktoren des Erfolgs? 9

1.1 Auf der Suche nach den »Quellen« des Erfolgs: »Pfade, aber kein Königsweg in Sicht« 9
1.2 Die Ermittlung »wirksamer« Erfolgsfaktoren: Schritte auf einem langen Weg 11

2. Stand der Erfolgsfaktorenforschung und Entwicklung eines empirisch zu überprüfenden Erfolgsfaktoren-konzeptes 15

2.1 Würdigung der Erfolgsfaktorenforschung sowie Schlußfolgerungen für die Entwicklung eines eigenen »erfolgreichen« Erfolgsfaktorenkonzeptes 15
2.2 Entwicklung und Darstellung des Hannoveraner Erfolgsfaktoren-Projektes (HEFAP) 34

3. Empirische Überprüfung des HEFAP-Erfolgsfaktoren-konzeptes 99

3.1 Darstellung der Ablaufphasen beim HEFAP 99
3.2 Auswertung und Interpretation der erhobenen Daten zur Identifikation der einzelnen generellen Erfolgsfaktoren. 102
3.3 Ergebnisse der Aggregationen der einzelnen Erfolgsfaktoren zu »verdichteten« Erfolgsfaktoren für die Gesamtstichprobe, die Branchengruppen und die Größenklassen . . . 162
3.4 Ermittlung von Beziehungsmustern unter den verdichteten Erfolgsfaktoren der 2. Erhebungswelle und ihre Wirkung auf wichtige Erfolgspotentiale im Rahmen eines Praktiker-Workshops 186
3.5 Beziehungen der 10 Erfolgsfaktoren zu den 9 kritischen Erfolgspotentialen auf der Basis der repräsentativen Daten der 3. Welle 209

4. Schlußfolgerungen, erfolgsfaktorbezogene Gestaltungsempfehlungen sowie Ausblick zur weiteren Erfolgsfaktorenforschung 233

4.1 Reflexion der gewonnenen Ergebnisse und Schlußfolgerungen 233
4.2 Erfolgspotentialorientierte Ausgestaltungsempfehlungen der Erfolgsfaktoren der 3. Erhebungswelle für die Praxis . 238
4.3 Konsequenzen für die weitere Forschung im Bereich erfolgsfaktorzentrierter Strategiebildung und Zukunft des HEFAP 250
4.4 Offene Fragen und Problemfelder sowie Resümee . . . 252

ANHANG 1–7 255

Abbildungsverzeichnis 304

Literaturverzeichnis 306

Ausführliches Inhaltsverzeichnis 317

Zu den Autoren 324

1. Erfolgsfaktoren – Faktoren des Erfolgs?

1.1 Auf der Suche nach den »Quellen« des Erfolgs: »Pfade, aber kein Königsweg in Sicht«

Seit etwa Mitte der siebziger Jahre existiert in der Betriebswirtschafts- bzw. Managementlehre eine Forschungsrichtung, die sich explizit mit der Untersuchung zentraler Einflußfaktoren des Unternehmungserfolgs beschäftigt, die empirische Erfolgsfaktorenforschung. Im Gegensatz zu Forschungsrichtungen, die »monoperspektivisch« Einzelaspekte des Unternehmungserfolgs untersuchen, wie z. B. »Personalführung als Erfolgsdeterminante« oder »Erfolgsfaktoren des Managements technologischer Produktinnovationen«, beschäftigt sie sich mit den *Schlüsselfaktoren* des übergeordneten Gesamtunternehmungserfolgs.[1]

Die Entstehung entsprechender »Fangnetze« zur Bestimmung von Erfogsfaktoren dürfte – längerfristig gesehen – ihre Ursache einerseits in den zunehmenden Marktsättigungstendenzen zu Beginn der siebziger Jahre gehabt haben, andererseits aber insbesondere in den starken Turbulenzen, die von den drastischen Ölpreiserhöhungen ausgingen. Hierdurch wurde die Orientierung an bislang gültigen Planungs- und Steuerungsgrößen zunehmend obsolet und das bislang bewährte Handlungsinstrumentarium wurde abrupt in Frage gestellt.

Eine erste Gruppe von Studien befaßte sich in diesem Zusammenhang mit den Ursachen des *negativen* Erfolgs (Mißerfolgs). Sie kann als Insolvenz- oder Krisenforschung bezeichnet werden.[2] Demgegenüber zeichnet sich die eigentliche Erfolgsfaktorenforschung durch ihre Beschäftigung mit den Ursachen des *positiven* Erfolgs aus.

Bei einer weiten Fassung des Begriffs »Erfolgsfaktorenforschung« könnten zunächst alle relevanten Managementansätze als erfolgsgestaltende Handreichungen in Frage kommen: Managementkonzepte wollen Handlungsanweisungen geben für die Formulierung, Implemen-

1 Vgl. hierzu Steinle/Lawa/Schmidt, 1993, S. 195ff. Einfaktorielle Ansätze der Erfolgsfaktorenforschung finden sich im Überblick auch bei Habel, 1992, S. 38ff.

2 Vgl. zur Vermeidung und Bewältigung überlebenskritischer Prozesse in der Unternehmung Krystek, 1987.

tation und Kontrolle einer Strategie und der erforderlichen Systeme, was inhaltlich die Festlegung von Unternehmungszielen und der notwendigen Aktionen meint – immer vor dem Hintergrund »lebenswichtiger« Erfolgspotentiale einer Unternehmung.

Hier unterscheidet sich allerdings die Erfolgsfaktoren- von der Managementforschung. Eine Verfolgung vorgenannter Idee würde nämlich zu einem unüberschaubaren Kosmos an erfolgsbezogenen »Ursachen«-Feldern führen und zu der Aussage, daß Erfolg von der sorgfältigen Beachtung und Gestaltung einer Vielzahl von Faktoren abhängt, die allesamt irgendwie Erfolg bedingen. Durch das Konzept kritischer Erfolgsfaktoren, mit dessen Hilfe der Unternehmungserfolg einigen wenigen, aber ausschlaggebenden Faktoren zugeschrieben wird, kann dieses Problemfeld überwunden werden.[3] Der Gefahr einer daraus resultierenden (zu) rigorosen Auslese von Erfolgsfaktoren und die entstehende grobe und holzschnittartige Erfassung und Darstellung sehen sich insbesondere zwei empirisch orientierte Untersuchungen gegenüber, denen die Erfolgsfaktorenforschung aber dennoch wichtige Impulse verdankt: die Studien von Peters und Waterman und das PIMS-Projekt.

Peters und Waterman (1984, 15. Aufl. 1994) analysierten die Merkmale erfolgreicher amerikanischer Großunternehmungen. Dabei identifizieren sie acht zentrale Merkmale, die in erster Linie die Bedeutung der Unternehmungskultur sowie anderer »weicher« Faktoren betonen. Trotz der sehr verständlichen Darstellung und der eingängigen Diktion und der daraus entstandenen Popularität hat ihre Studie von Seiten wissenschaftlicher Autoren eine herbe – in Teilen vernichtende – Kritik erfahren. Dabei wurde die Globalität der Erfolgsfaktoren ebenso kritisiert wie ihre jeweils isolierte Betrachtung. Einfachheit und Klarheit der Erfolgsfaktoren werden »erkauft« durch einen »... Prozeß des Eindampfens ...« (Krüger/Schwarz, 1990, S. 180), in dem Bestandteile der Problemsituation verloren gehen und die Gefahr einer plakativen Übervereinfachung und ungenügenden Problembewältigung besteht.[4]

Im Vergleich zu der eher populärwissenschaftlichen Schrift von Peters/Waterman versucht das PIMS-Projekt einem wissenschaftlichen

3 Vgl. zu den kritischen Erfolgsfaktoren Hoffmann, 1986, S. 832ff., sowie Abschnitt 2.2.2.

4 Mit den vielfältigen Problemfeldern, die den Ansatz von Peters/Waterman in Frage stellen, hat sich insbesondere Krüger, 1989, beschäftigt.

Anspruch gerecht zu werden. Auf der Grundlage einer Datenbank mit Informationen aus etwa 450 Unternehmungen bzw. 3000 Geschäftsbereichen in den USA sowie Westeuropa wurden 37 grundlegende Einflußfaktoren des »Return on Investment« ermittelt, wobei fünf – teilweise interagierende – Erfolgsfaktoren besonders hervorgehoben werden.[5]

Obwohl die PIMS-Studien einen wichtigen und im Kern explorativen Schritt zur Orientierung der Strategischen Planung an möglichen Erfolgsbereichen darstellen, haben sie eine nicht unerhebliche Kritik erfahren. Sie bezieht sich wegen der starken marktlichen Orientierung des Ansatzes auf die Unvollständigkeit (andere mögliche Erfolgsbereiche bleiben »ausgeblendet«) sowie auf die teilweise ungeklärten Kausal-Zusammenhänge (vgl. z. B. Jacobson, 1990).

Wird der Stand der Erfolgsfaktorenforschung zur Zeit der Vorbereitung bzw. Startphase unserer Panelstudie resümiert, dann können einerseits populärwissenschaftlich orientierte, sehr globale »Wegweisungen« festgestellt werden, andererseits selektiv-analytisch geprägte und in der Marktanteilsargumentation »eingeschlossene« Wegweisungen. Erfolgsfaktoren als Faktoren des Erfolgs zeigen sich dabei eher als Faktoren einer erfolgreichen Beratungserfahrung (Peters/Waterman) bzw. als Faktoren marktanteilsoptimierender Erfolgsratschläge (PIMS).

Nicht gleich einen »Königsweg« der Erfolgsfaktorenforschung zu gestalten und zu gehen, aber doch einen einigermaßen tragfähigen »Knüppeldamm« schaffen, kristallisierte sich vor diesem Hintergrund als Projektimpuls heraus.

1.2 Die Ermittlung »wirksamer« Erfolgsfaktoren: Schritte auf einem langen Weg

Ausgangspunkt unserer Überlegungen zum Hannoveraner Erfolgsfaktoren-Projekt (HEFAP) war zunächst die Schaffung einer »Basisplattform«. Dies erfolgt in *Kapitel 2 »Stand der Erfolgsfaktorenforschung und Entwicklung eines empirisch zu überprüfenden Erfolgsfaktoren-*

5 Entwicklung und Stand des PIMS-Projekts sowie wesentliche Quellen verdeutlicht z. B. Hildebrandt, 1992; siehe hierzu auch die nachfolgende, detaillierte Darstellung in Abschnitt 2.1.4.

konzeptes«. Die anhand eines breiten Überblicks sowie der detaillierten Darstellung repräsentativer Erfolgsfaktorenkonzepte gewonnenen Einschätzungen (Abschnitt 2.1) lassen sich in den Aussagen »Globalität der Erfolgsfaktorenkonzepte« und »faktorisolierende Betrachtungsweise« zusammenfassen. Kaum einer der Ansätze zeigt sich als ein von Beziehungsstrukturen geprägtes Modell. Ein Großteil der Studien formuliert globale Aussagen, also ohne auf Branchen-, Größen- oder gar unternehmungsspezifische Charakteristika einzugehen.

Zudem fehlt in vielen Ansätzen der Praxis- bzw. Handlungsbezug im Sinne eines konkreten Modellzwecks. Die Analyse der Erfolgsfaktoren schwebt sozusagen »im luftleeren Raum«. So werden z.B. aus einer denkbaren Planungs- oder Strategiestützung bzw. anderen Modellzwekken resultierende Anforderungen nicht explizit berücksichtigt.

Zur Überwindung dieser Fallgruben wird in Abschnitt 2.2 zunächst ein Konzept Ganzheitlichen Managements entwickelt, wobei dieser Rahmen auch die Sichtweise des Strategischen Managements umfaßt. Damit wird gleichzeitig der Modellzweck, die Strategie-/Planungsunterstützung und somit die Gestaltungsorientierung bestimmt. In Zwischenschritten werden auf dieser Wegstrecke zunächst strategie- und querschnittsfunktionsbezogene Erfolgsfaktorbereiche unterschieden und inhaltlich gefüllt, eine Darstellung der acht Faktorblöcke in Variablenform entwickelt und schließlich das Grundziel einer Erfolgssicherung und -entwicklung durch den Aufbau von Erfolgspotentialen systematisch erarbeitet. Erst durch den Aufbau solcher – zwischen originären Erfolgsfaktoren und dem Erfolg vermittelnder – erlös- und kostenseitiger sowie fähigkeitsbezogener Leistungsdeterminanten kann Konkurrenzüberlegenheit und ein langfristig überdurchschnittliches Ergebnis erreicht werden.

Kapitel 3, »Empirische Überprüfung des HEFAP-Erfolgsfaktorenkonzeptes«, widmet sich zunächst der Darstellung der empirischen Vorgehensweise in bezug auf Ablaufphasen und Wahl der Untersuchungsart (Abschnitt 3.1 sowie Anhang 2).

Die eigentliche Auswertung und Interpretation erfolgt dann gruppiert in der Bestimmung des Erfolgseinflusses der globalen Umwelt, der Erfolgsrelevanz der marktlichen Umwelt, spezifischer Eigenschaften der Unternehmung, der Bedeutung strategischer Optionen und der Querschnittsfunktionen, der Erfolgsrelevanz der »Faktoren Strategischer Wahl« sowie der Grundstrategien der Ressourcenzuordnung. Überblikke über die Entwicklung der einzelnen Erfolgsfaktoren in den drei Wellen 1992–1994 vervollständigen den Abschnitt 3.2.

Den Ergebnissen einer Aggregation der einzelnen Erfolgsfaktoren zu verdichteten Erfolgsfaktoren ist Abschnitt 3.3 gewidmet. Hierzu werden 14, 12 und 10 verdichtete Erfolgsfaktoren zunächst bestimmt und ihre Entwicklung im Zeitablauf verdeutlicht. Eine branchen- und größenklassenbezogene Analyse und Spezifikation befindet sich im Anhang 3 und 4.

Die Abbildung 1, »10 Faktoren wirtschaftlichen Erfolgs (3. Welle)«, auf der nachfolgenden Seite vermittelt – im Vorgriff – einen ersten Eindruck bezüglich der empirischen Ergebnisse des HEFAP.

Die »Ermittlung von Beziehungsmustern unter den verdichteten Erfolgsfaktoren der 2. Erhebungswelle und ihre Wirkung auf wichtige Erfolgspotentiale« erfolgt – da entsprechende literaturgestützte Wirkungsaussagen nicht vorhanden sind – zunächst im Rahmen eines Praktiker-Workshops (Abschnitt 3.4). Anregungen und Wirkungsvermutungen, die in diesem Rahmen von Führungskräften gegeben wurden, bildeten die Ausgangsbasis für die intensive »Beziehungsanalyse der 10 Erfolgsfaktoren zu den 9 kritischen Erfolgspotentialen auf der Basis der repräsentativen Daten der dritten Welle (Abschnitt 3.5).

Kapitel 4, »Schlußfolgerungen, erfolgsfaktorbezogene Gestaltungsempfehlungen sowie Ausblick zur weiteren Erfolgsfaktorenforschung«, reflektiert zunächst die gewonnenen Erkenntnisse und Schlußfolgerungen (Abschnitt 4.1) und entwickelt dann erfolgspotentialorientierte Ausgestaltungsempfehlungen (Abschnitt 4.2). Für die Praxis von hoher Relevanz dürften hierbei die Vielzahl von Hinweisen sein, mit deren Hilfe jeweils die empirisch identifizierten Erfolgsfaktoren so gestaltet werden, daß daran »hängende« Erfolgspotentiale positiv beeinflußt werden – wobei die Problematik eines korrelativ ermittelten Beziehungszusammenhangs und seine theoretisch-argumentativ durchgeführte Umdeutung in Wirkungsbeziehungen als »dunkle Wolke« bestehen bleibt.

Einige Konsequenzen für die weitere Forschung im Bereich erfolgsfaktorenzentrierter Strategiebildung sowie offene Fragen und Problemfelder (Abschnitte 4.3 und 4.4) bilden weitere Schritte auf unserem »Knüppeldamm« einer Ermittlung »wirksamer« Erfolgsfaktoren.

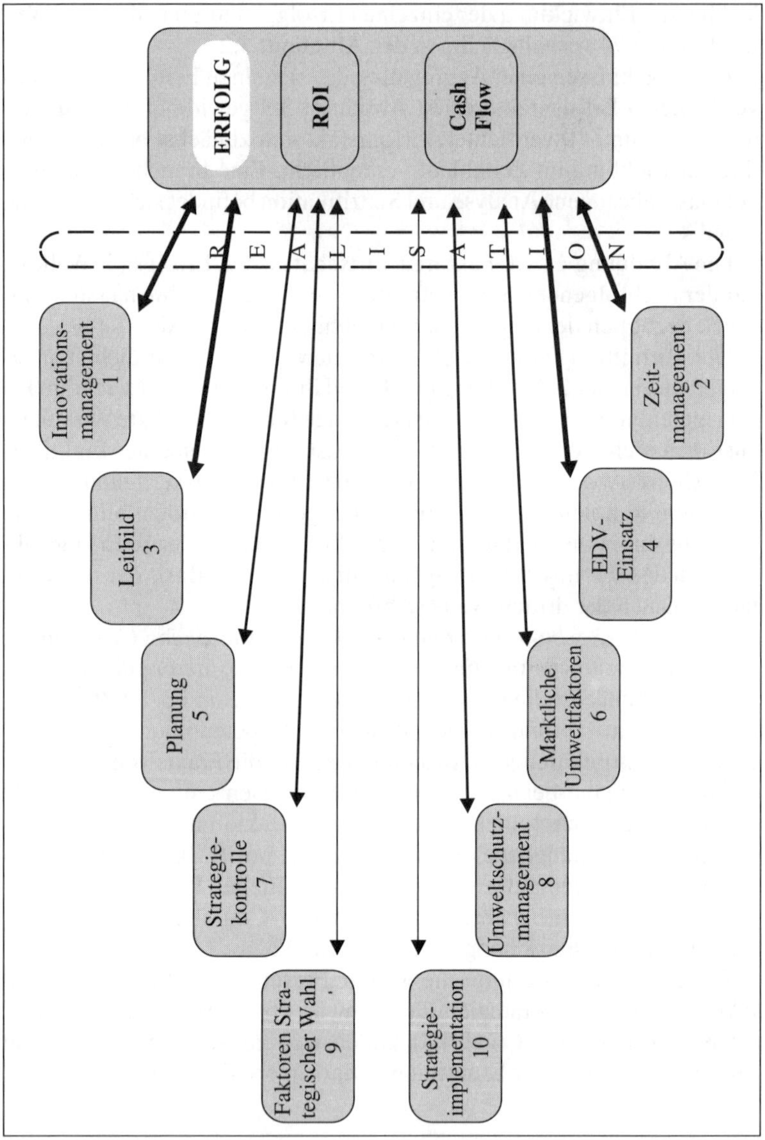

Abbildung 1: 10 Faktoren wirtschaftlichen Erfolgs (3. Welle)

2. Stand der Erfolgsfaktorenforschung und Entwicklung eines empirisch zu überprüfenden Erfolgsfaktorenkonzeptes

2.1 Würdigung der Erfolgsfaktorenforschung sowie Schlußfolgerungen für die Entwicklung eines eigenen »erfolgreichen« Erfolgsfaktorenkonzeptes

2.1.1 Ansätze der Erfolgsfaktorenforschung im Überblick

Ansätze zur Erforschung der Schlüsselfaktoren des Unternehmungserfolges stammen aus den verschiedensten Bereichen der Betriebswirtschaftslehre. So verweist Dellmann etwa auf die Organisationstheorie, die Entscheidungstheorie, die Führungsforschung, die Insolvenz- und Krisentheorie, die Theorie der Früherkennungssysteme und das Strategische Management (vgl. Dellmann, 1991, S. 421). Entsprechend variantenreich ist die Namensgebung, mit der in der Literatur diese erfolgsbestimmenden Größen bezeichnet werden. Es handelt sich dabei um das semantische Feld der Erfolgsfaktoren, Erfolgspotentiale, Nutzenpotentiale, Fähigkeiten, Stärken/Schwächen, Gefahren/Gelegenheiten, Chancen/Risiken, Wettbewerbsvorteile usw.; Begriffe, die in der Regel als Gemeinplatz verwendet werden (vgl. Wolfrum, 1993, S. 4).

Im Rahmen dieser Forschungsarbeit sollen die *Schlüsselfaktoren* des Unternehmungserfolges »Erfolgsfaktoren« genannt werden, wobei es sich um strategisch bedeutsame maßgebliche »Vorsteuergrößen« des monetären Erfolges handelt.

Die Systematisierung der Erfolgsfaktoren-Ansätze anhand der ermittelten Erfolgsfaktoren gestaltet sich sehr schwierig, da die unterschiedlichsten Untersuchungsebenen genutzt werden. Nach Rehkugler dienen insbesondere folgende *Ebenen/Bereiche* zur Identifikation von Erfolgsfaktoren (vgl. Rehkugler, 1989, S. 627):

- Eigenschaften der Produktionsfaktoren oder der Unternehmung,
- Strategie,
- Einsatz bestimmter Planungs- und Kontrollinstrumente,
- Strukturgrößen (Unternehmungsgröße, -alter) und
- exogene Bedingungen (z. B. Konjunktur).

Als Eigenschaften auf Produktionsfaktorebene sind z. B. die Qualifikation und Motivation der Mitarbeiter sowie des Managements zu nennen; auf Unternehmungsebene z. B. die Unternehmungskultur (vgl. Rehkugler, 1989, S. 627).

Eine Klassifikation der Erfolgsfaktoren-Ansätze nach den verschiedenen Ebenen bzw. Bereichen würde aber schnell eine unübersichtliche Komplexität verursachen, da die fünf Faktorbereiche jeweils eine große Anzahl von Subfaktoren aufweisen können.

Trommsdorff wiederum unterscheidet Erfolgsfaktoren-Ansätze bzw. Erfolgsfaktoren *großer, mittlerer* und *kleinerer Reichweite* (vgl. Trommsdorff, 1990, S. 3f.). Erfolgsfaktoren großer Reichweite sind von durchschlagender Wirkung über Branchen, Unternehmungsgrößen und Länder hinweg; sie erhalten den Status allgemeingültiger Erfolgsfaktoren. Mittlere Erfolgsfaktoren gelten dementsprechend nur für bestimmte Branchen oder Größenklassen. Des weiteren können Erfolgsfaktoren mittlerer Reichweite nur Gültigkeit für Unternehmungen mit gleichen Produktarten wie z. B. High-Tech-Produkte oder ähnlichen strategischen Verhaltensweisen (beispielsweise Anstreben der Kostenführerschaft) besitzen. Erfolgsfaktoren kleinerer Reichweite resultieren aus den jeweiligen Unternehmungsspezifika, den individuellen Stärken und Schwächen der Unternehmung und den konkreten Wettbewerbsbedingungen im speziellen Marktsegment. Trommsdorff verwendet zur Charakterisierung dieser drei Erfolgsfaktorarten folgendes Bild aus der Schiffahrt: »Ein Kapitän braucht außer dem Basiswissen über seine Erfolgsfaktoren großer (Naturgesetze, Geometrie, Gezeiten) und mittlerer Reichweite (Wetterkunde, Seekarte usw.) spezifisches Situationswissen geringerer Reichweite: Er muß die örtlichen und aktuellen Bedingungen kennen, auf die seine Erfolgsfaktoren unterwegs treffen.« (vgl. Trommsdorff, 1990, S. 3f.).

Die in der Literatur anzutreffenden Erfolgsfaktoren-Ansätze konzentrieren sich überwiegend auf die Identifikation von Erfolgsfaktoren großer Reichweite, also auf allgemeingültige Erfolgsfaktoren, so daß eine derartige Klassifikation für die Erfolgsfaktoren-Ansätze als wenig geeignet erscheint.

Um einen Überblick zu erhalten, bietet es sich zur Klassifikation der verschiedenen Erfolgsfaktorenforschungsansätze an, nach der jeweiligen Vorgehensweise und der Herkunft der Konzepte zu differenzieren. Danach sind empirisch- und theoriegeprägte Ansätze zu unterscheiden.

Außerdem sind von Praktikern ermittelte Erfolgsfaktor-Konzepte beachtenswert, da sie zum Teil über große Popularität verfügen.

Allgemeingültige Erfolgsfaktoren werden bei *empirisch* geprägten Forschungsansätzen ermittelt, indem die erfolgreichen und nicht erfolgreichen Unternehmungen bezüglich gewisser Eigenschaften verglichen werden. Die Ableitung der zu untersuchenden Eigenschaften sollte dabei idealtypischerweise auf einer Theorie basieren. Die Attribute, in denen sich die erfolgreichen von den nicht erfolgreichen Firmen unterscheiden, werden als Erfolgsfaktoren angesehen, denn sie stehen im berechtigten Verdacht, für den unterschiedlichen Erfolg verantwortlich zu sein.

Als Beispiele für empirisch orientierte Forschungsansätze sind zu nennen: PIMS-Projekt (vgl. Buzzell/Gale, 1989), KOMPASS-Projekt von Krüger (vgl. Krüger, 1988), SEP-Konzept (Strategische Erfolgspositionen) von Pümpin (vgl. Pümpin, 1986), MUT (Marktorientierte Unternehmungsführung in Thüringen) von Töpfer/Hoppe/Kühner/Mann.[6]

Bei *theoriegeprägten* Erfolgsfaktoren-Ansätzen erfolgt die Identifikation von Erfolgsfaktoren auf Basis konzeptioneller Überlegungen. Zu ihnen können auch die prozeßphasenorientierten Konzepte des Strategischen Managements gezählt werden. Ziel ist es dabei, die richtige, d.h. situationsadäquate, Strategie zu generieren und diese dann intentionsgemäß zu implementieren. Entscheidend ist dabei die Annahme, daß der Erfolg maßgeblich von der Wahl und Umsetzung der richtigen Strategie abhängt. Faktoren, die also die Wahl der richtigen Strategie und deren erfolgreiche Implementierung ermöglichen, sind demnach als originäre Faktoren des wirtschaftlichen Erfolges anzusehen. Daneben sind jedoch auch Sachverhalte als Erfolgsfaktoren zu bezeichnen, die die Aktualität der gewählten und umgesetzten Strategie gewährleisten, also die Aspekte der Strategischen Kontrolle. Faktoren, die eine erfolgreiche Strategieformulierung, -implementation oder -kontrolle ermöglichen, sind folglich als Erfolgsfaktoren zu bewerten, denn indem sie das Gelingen der Strategie ermöglichen, werden die entscheidenden Erfolgspotentiale aktiviert und nutzbar, wodurch dann der monetäre Erfolg entsteht. Autoren derartiger Ansätze sind z. B. Steinmann/Schreyögg (1993), Hinterhuber (1992), Homburg (1990) und Scholz (1987).

6 Vgl. Töpfer/Hoppe/Kühner/Mann, 1991. Eine ausführliche Beschreibung empirischer Ansätze der Erfolgsfaktorenforschung findet sich auch z. B. bei Habel. Vgl. Habel, 1992, S. 39ff.

Die Rückführung positiver Unternehmungsentwicklung auf einige wenige, aber maßgeblich bedingende Faktoren des Erfolges ist auch in der Praktikerliteratur weit verbreitet. Dabei wird aber nicht immer explizit von Erfolgsfaktoren gesprochen, sondern es werden oft einige besonders erfolgskritische Faktoren herausgehoben und thematisiert.[7] Außerdem wird auch den Verhaltensweisen erfolgreicher Manager oder Unternehmer Erfolgsfaktorcharakter zugeschrieben.[8]

Daneben finden sich jedoch auch explizit auf Erfolgsfaktoren abstellende Bücher wie z. B. »In Search of Excellence« von Peters/Waterman (1984) oder »Die sechs Erfolgsfaktoren des Unternehmens« von Nagel (1991). Dabei werden die für den Erfolg wichtigen Faktoren auf Basis von Praxiserfahrungen der Autoren meist unter Zuhilfenahme von Fallbeispielen oder auch anderer Erfolgsfaktoren-Ansätze konzipiert. Insbesondere durch die sehr populäre Arbeit von Peters/Waterman und ihre Betonung weicher Erfolgsfaktoren (wie z. B. »Nähe zum Kunden« oder »Sichtbar gelebtes Wertsystem«) (vgl. Peters/Waterman, 1984, S. 36f.) wurde Anfang der achtziger Jahre eine verstärkte Suche nach den maßgeblichen Faktoren unternehmerischen Erfolgs angeregt.

Abbildung 2 vermittelt einen Überblick bezüglich der drei hier unterschiedenen Gruppen der Erfolgsfaktorenforschung mit jeweils beispielhaft aufgeführten Autoren.[9]

2.1.2 Kriterien zur kritischen Würdigung von Erfolgsfaktoren-Ansätzen

Zur Beurteilung eines Erfolgsfaktoren-Ansatzes bzw. der Güte der von ihm ermittelten Erfolgsfaktoren ist zuerst der *theoretische Gehalt* des zugrundeliegenden Konzeptes potentieller Erfolgsfaktoren einzuschätzen.[10] Es

7 Vgl. z. B. Höhler, 1992, »Spielregeln für Sieger« oder auch Ogger, 1992, S. 220ff.

8 Vgl. z. B. Gordon, 1986, »Das Iacocca-Management«, oder Hill, 1988.

9 Angesichts der Fülle von Erfolgsfaktoren-Ansätzen kann hier nicht der Anspruch auf Vollständigkeit erhoben werden, so daß nur einige bekannte Autoren genannt werden sollen. Weitere Auflistungen zu Erfolgsfaktoren-Ansätzen finden sich z. B. bei Fritz, 1990, S. 94–103, Hauschildt, 1991, S. 462f., oder Müller-Hagedorn/Greune, 1992, S. 123.

10 Ein detailliertes Anforderungsraster für ein planungs- bzw. strategiestützendes Erfolgfaktorenmodell findet sich z. B. auch bei Steinle/Lawa/Schmidt, 1993, S. 198.

Erfolgsfaktoren-Ansätze		
empiriegeprägt	**theoriegeprägt**	**Praktiker-Ansätze**
Adamer/Kaindl 1994 Albach 1987 Buzzell/Gale 1989 Hoffmann 1986 Krüger 1988 Pümpin1986 Töpfer/Hoppe/ Kühner/Mann 1991 Staerkle/Perich 1987 Wohlgemuth 1989	Hinterhuber 1992, 1989 Homburg 1990 Scholz 1987 Steinmann/Schreyögg 1993	Gordon 1986 Hill 1988 Nagel 1991 Peters/Waterman 1984 Reutner 1988 Weissman 1992

Abbildung 2: Erfolgsfaktoren-Ansätze im Überblick

stellt sich die Frage, ob ein theoretisch wohlfundiertes Konzept zur Entstehung des Unternehmungserfolges und der dabei potentiell wirksamen Faktoren erarbeitet wird oder ob nur eine aufgrund subjektiver Einschätzung vorgenommene Betrachtung vermeintlich wichtiger Faktoren vorzufinden ist. Auch ist zu beurteilen, ob ein Konzept die Mehrdimensionalität und Komplexität des Entstehens wirtschaftlichen Erfolges thematisiert und berücksichtigt oder nur grob vereinfachend Sachverhalte selektiv hervorhebt. In diesem Zusammenhang ist auch zu klären, ob potentielle Erfolgsfaktoren isoliert betrachtet werden oder ob deren Beziehungen untereinander erkannt werden.

Zur Beurteilung des *Aussagegehaltes* und des *Gültigkeitsanspruches* der ermittelten Erfolgsfaktoren ist die Art ihrer Identifizierung zu untersuchen. Bei theoretisch geprägten Ansätzen ist eine logisch stringente Ableitung der Erfolgsfaktoren aus dem zugrundeliegenden hypothetischen Konzept zur Entstehung des Unternehmungserfolges zu fordern.

Empirisch orientierte Ansätze erheben den Anspruch, nicht nur theoretisch plausible Erfolgsfaktoren zu eruieren, sondern Faktoren zu ermitteln, in denen sich die erfolgreichen von den nicht erfolgreichen Unternehmungen in der Praxis tatsächlich unterscheiden. Die Beurteilung der Güte bzw. der Berechtigung des empirisch fundierten Allgemeingültigkeitsanspruches erfordert damit eine kritische Prüfung des jeweils zugrundeliegenden empirischen Forschungsdesigns (vgl. Lange, 1982, S. 31). Zur Würdigung der empirischen Fundierung ist vornehmlich das Kriterium der *Repräsentativität* heranzuziehen, da die

Beurteilung der Reliabilität und der Objektivität anhand der vorliegenden Veröffentlichungen meist nur unzureichend vorgenommen werden kann.[11] Die Repräsentativität als Aspekt der externen Validität stellt sicher, daß die ermittelten Ergebnisse generalisierbar sind, d. h., daß von der betrachteten Stichprobe auf die jeweils zugrundeliegende Grundgesamtheit geschlossen werden kann (vgl. Berekoven/Eckert/Ellenrieder, 1989, S. 84ff.). Verfolgt man das Ziel der Erforschung allgemeingültiger Erfolgsfaktoren in der Praxis, so ist die Sicherstellung der Repräsentativität für die anvisierte Grundgesamtheit (z. B. Unternehmungen aus Deutschland) entscheidend.

Nach der Reflexion des Basiskonzeptes der Erfolgsfaktoren und der Art ihrer Eruierung ist der theoretische Gehalt der ermittelten Erfolgsfaktoren an sich zu beurteilen. Es ist die Frage zu beantworten, ob es sich um weitgehend konkretisierte und differenzierte Konstrukte oder nur um globale, schwer zu operationalisierende Faktoren handelt. In diesem Zusammenhang muß auch geklärt werden, ob die Erfolgsfaktoren direkt nutzbar sind oder erst der subjektiven Interpretation bedürfen. Mit dieser Fragestellung ist letztlich die *Praxistauglichkeit* angesprochen.

Zur Beurteilung der Nutzbarkeit der ermittelten Erfolgsfaktoren sollte auch ihr Bezug zum Strategischen Management aufgezeigt werden, da es sich bei Erfolgsfaktoren um strategisch bedeutsame »Vorsteuergrößen« des Erfolges handelt (vgl. Abschnitt 2.1.1). Im Rahmen eines Erfolgsfaktoren-Ansatzes ist demnach konkret aufzuzeigen, welche Rolle die ermittelten Erfolgsfaktoren im Rahmen des Strategischen Management spielen können.

Abschließend ist zum Zwecke der Beurteilung der Qualität eines Erfolgsfaktoren-Ansatzes auch dessen Popularität einzubeziehen, da eine weitgehende Bekanntheit in Wissenschaft und/oder Praxis auf ein beachtliches Erkenntnis- und Umsetzungspotential hindeutet. So ist etwa ein theoretisch eher schwach einzuschätzender jedoch sehr populärer Erfolgsfaktoren-Ansatz höher zu bewerten als ein theoretisch zwar wohl fundierter aber kaum bekannter Ansatz, da letzterer weder in der Forschung noch in der Praxis zu Fortschritten führt und somit das Ziel der Förderung des wissenschaftlichen Erkenntnisfortschrittes und der Hil-

11 Vgl. zu den Gütekriterien zur Beurteilung empirischer Erhebungen ausführlich z. B. Berekoven/Eckert/Ellenrieder, 1989, S. 84ff.

festellung für die Praxis im Sinne einer anwendungsorientierten Betriebswirtschaftslehre nur unzureichend erfüllt.

Aus diesen Überlegungen lassen sich folgende Kriterien zur kritischen Würdigung von Erfolgsfaktoren-Ansätzen gewinnen:

- theoretischer Gehalt des zugrundeliegenden Konzeptes potentieller Erfolgsfaktoren;
- Art der Identifizierung der Erfolgsfaktoren (Forschungsdesign);
- theoretischer Gehalt der ermittelten Erfolgsfaktoren (inklusive ihrer Nutzbarkeit);
- Popularität (Erkenntnis- und Umsetzungspotential).

2.1.3 Der Strategieansatz von Steinmann/Schreyögg: Beispiel einer theoriegeprägten Basis für Erfolgsfaktoren

Im folgenden soll beispielhaft für eine theoretisch basierte Ermittlung von Erfolgsfaktoren das Strategische Management-Konzept von Steinmann/Schreyögg vorgestellt werden. Ziel ist es dabei insbesondere, die in jeder der von den Autoren unterschiedenen Prozeßphasen potentiell erfolgskritischen Sachverhalte herauszuarbeiten und somit das Spektrum möglicher Erfolgsfaktoren in diesem Zusammenhang aufzuzeigen.

Als Phasen des Strategischen Managements unterscheiden Steinmann/Schreyögg: Umweltanalyse, Unternehmungsanalyse, Strategische Optionen, Strategische Wahl, Strategische Programme, Realisation sowie Strategische Kontrolle (vgl. Steinmann/Schreyögg, 1993, S. 152). Abbildung 3 gibt einen Überblick über diese Teilschritte.

Im Rahmen der *Umweltanalyse* werden die Chancen und Risiken aus der globalen und marktlichen Umwelt untersucht. Erfolgsfaktoren, die sich aus Aspekten der globalen Umwelt ergeben, resultieren aus technologischen, soziokulturellen, ökologischen, politischen oder makroökonomischen Gegebenheiten; so kann z. B. die Konjunktur einen bedeutsamen Erfolgsfaktor darstellen. Erfolgskritische Aspekte der marktlichen Umwelt resultieren aus den fünf Wettbewerbskräften nach Porter (vgl. 1992, S. 26) (Bedrohung durch neue Konkurrenten, Verhandlungsmacht der Abnehmer, Bedrohung durch Ersatzprodukte, Verhandlungsstärke der Lieferanten und Rivalität unter den bestehenden Unternehmen).

Einen wichtigen Bestandteil der *Unternehmungsanalyse* bildet die Konkurrenzanalyse, innerhalb derer festgestellt werden soll, über welche Stärken und Schwächen die Unternehmung im Vergleich zur rele-

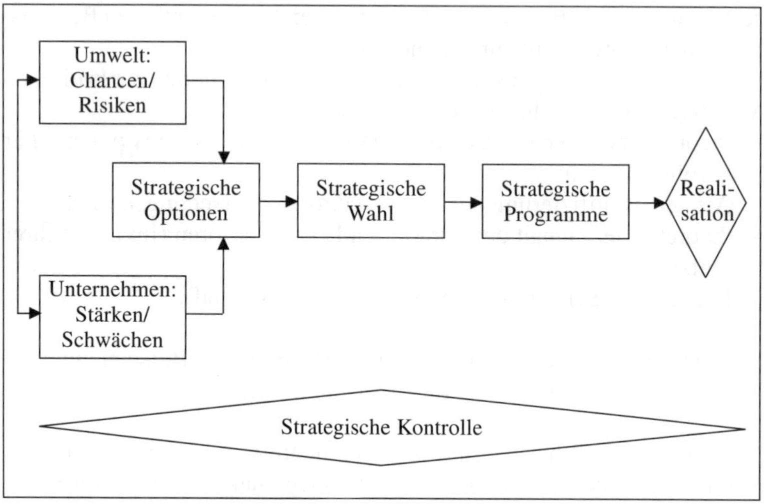

Abbildung 3: Phasen des Strategischen Managements nach Steinmann/Schreyögg (Steinmann/Schreyögg, 1993, S. 152)

vanten Konkurrenz verfügt. Dabei werden gemäß der ressourcenzentrierten Perspektive unternehmungsinterne Sachverhalte entlang der Wertschöpfungskette betrachtet und aus der kundenzentrierten Perspektive unternehmungsexterne, auf die Kunden wirkende Aspekte analysiert. Bei letzteren geht es um die aus Sicht der Kunden relevanten Wettbewerbsparameter wie z. B. Preis, Werbung, Produktqualität oder Lieferzeit; jeder dieser vorgenannten Parameter kann einen Erfolgsfaktor darstellen (vgl. Steinmann/Schreyögg, 1993, S. 182ff.).

Im Rahmen der Phase *»Strategische Optionen«* wird der Raum der möglichen Strategiealternativen angesichts der aus der Umwelt- und Unternehmungsanalyse ermittelten Aspekte aufgespannt und durchdacht. Generell sind bei der Strategiegenerierung die einzelfallbezogene Vorgehensweise und die Idee der »Normstrategie« zu unterscheiden. Bei letzterer wird nach empirischen Gesetzmäßigkeiten strategischen Erfolges gesucht, um daraus universelle Erfolgsstrategien ableiten zu können. Vertreter dieser Vorgehensweise sind z. B. PIMS und die Portfolio-Analyse. Ein Erfolgsfaktor aus dieser Phase wäre also eine allgemeingültige erfolgskritische Strategiealternative. Steinmann/Schreyögg plädieren jedoch für die einzelfallbezogene Strategieformulierung (vgl. Steinmann/Schreyögg, 1993, S. 185ff.).

In der Phase der *Strategischen Wahl* geht es darum, aus dem Raum der möglichen Strategiealternativen eine Strategie auszuwählen. Dazu erfolgt eine Beurteilung der generierten Alternativen und die Auswahl der am geeignetsten erscheinenden Strategie. Als Entscheidungskriterien dafür treten neben den ökonomischen (Ertragssicherung, Profitabilität) auch qualitative, die die spätere Umsetzbarkeit der gewählten Strategie gewährleisten sollen. Erfolgskritische Faktoren können in dieser Phase demnach die Abstimmung der Strategiealternative mit der Ressourcenlage, ihre Machbarkeit, mögliche Interessensunterschiede und ihre ethische Vertretbarkeit sein (vgl. Steinmann/Schreyögg, 1993, S. 209ff.).

Strategische Programme beinhalten die planerische Konkretisierung solcher Maßnahmen, die für die Umsetzung und den Erfolg der festgelegten Strategie als kritisch eingestuft werden. Dabei wird eine bewußt selektive Beschränkung auf die entscheidenden Erfolgsfaktoren für die Implementation vorgenommen. Insgesamt sehen Steinmann/Schreyögg als zentrale allgemeingültige Erfolgsfaktoren für die Umsetzung einer Strategie die Entwicklung Strategischer Programme für die planerische Vorbereitung der strategieadäquaten Ausrichtung der Erfolgsfaktoren an sich, die strategiegerechte Organisation, die Unternehmungskultur und die Personalwirtschaft an. Die Phase der Realisation beinhaltet dann die physische Umsetzung der Strategie (vgl. Steinmann/Schreyögg, 1993, S. 212ff.).

Die *Strategische Kontrolle* ist nach Steinmann/Schreyögg nicht nur ein angehängtes Schlußglied des Strategischen Managementprozesses, sondern ein selbständiges Steuerungsinstrument, das den Gesamtprozeß kritisch absichernd begleitet. Die Aufgaben der Strategischen Kontrolle bestehen in der Strategischen Überwachung der Umwelt bezüglich neuer Chancen und Risiken zur Sicherstellung der Aktualität der gewählten Strategie, in der Kontrolle der grundlegenden Annahmen (Prämissenkontrolle) sowie eines Erreichens von Zwischenzielen bei der Strategieumsetzung (Durchführungskontrolle). Diese drei Aspekte gewährleisten die erfolgreiche Umsetzung und Aktualität der Strategie und nehmen deshalb Erfolgsfaktorencharakter an (vgl. Steinmann/Schreyögg, 1993, S. 219ff.).

Die von Steinmann/Schreyögg aufgezeigten Erfolgsfaktoren finden sich in einem theoretisch wohl durchdachten Konzept zum Strategischen

Management. Allerdings kommt den Erfolgsfaktoren in diesem Konzept nur eine Nebenrolle zu, da die Beschreibung der Phasen des Strategischen Managementprozesses im Vordergrund steht. Folglich scheinen je nach Phase verschiedenste Sachverhalte als erfolgskritisch auf, wodurch – bezogen auf die Erfolgsfaktoren – eine Auswahlproblematik entsteht.

Die Identifizierung der jeweiligen Erfolgsfaktoren basiert weitestgehend auf Plausibilitätsüberlegungen; eine eigene empirische Fundierung fehlt. Hinsichtlich des theoretischen Gehaltes der potentiellen Erfolgsfaktoren ist anzumerken, daß diese in der Regel sehr abstrakter Natur sind; z. B. im Bereich der »Strategischen Wahl«. Von daher dürfte die Umsetzung derartiger Erfolgsfaktoren in der Praxis eher schwierig sein.

Bezüglich der Popularität des Buches »Management« von Steinmann/ Schreyögg ist für den Bereich der Forschung und Lehre ein relativ hoher Bekanntheitsgrad festzustellen; das Buch ist 1993 bereits in der 3. Auflage erschienen (1. Auflage 1990).

Resümierend kann konstatiert werden, daß die von Steinmann/ Schreyögg hervorgehobenen erfolgskritischen Aspekte im Rahmen eines Strategischen Managementprozesses zwar theoretisch wohl fundiert sind, daß ihnen aber aufgrund des relativ hohen Abstraktionsniveaus derzeit nur eine eingeschränkte unmittelbare Praxistauglichkeit bescheinigt werden kann.

2.1.4 Kritische Reflexion der empirisch geprägten Ansätze am Beispiel der PIMS-Studie

Das PIMS-Projekt (PIMS = Profit Impact of Market Strategies) wurde ursprünglich bei General Electric initiiert, um zu prüfen, ob es allgemeingültige »laws of the market place« gäbe (vgl. Venohr, 1987, S. 47f.). Ziel der PIMS-Studie war und ist es, einen Zusammenhang zwischen der Unternehmungsstrategie und dem Unternehmungserfolg statistisch nachzuweisen.[12]

Zusammenfassend kann der aktuelle Stand vom PIMS-Projekt durch das PIMS-Paradigma der Wettbewerbsstrategie beschrieben werden: Der Erfolg einer strategischen Geschäftseinheit hängt danach von der Inter-

12 Die Darstellung orientiert sich, soweit nicht durch andere Zitate kenntlich gemacht, an Buzzell/Gale, 1989.

aktion dreier Faktorgruppen ab: Den Charakteristika des Marktes, der Wettbewerbsposition und der Strategie (siehe Abbildung 4).

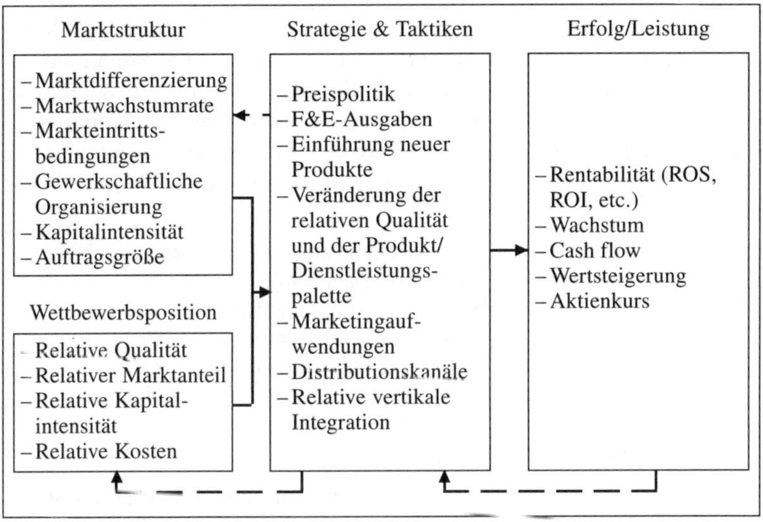

Abbildung 4: Das PIMS-Paradigma der Wettbewerbsstrategie (Buzzell/Gale, 1989, S. 25)

Empirische Basis von PIMS bildet die PIMS-Datenbank, welche die finanziellen und strategischen Daten von mehr als 3000 Strategischen Geschäftseinheiten (SGE) aus über 450 Unternehmungen, größtenteils aus Nordamerika, enthält. Diese Daten beinhalten Informationen bezüglich der Wettbewerbs- und Marktsituation. Im einzelnen werden die Marktbedingungen (genutzte Vertriebskanäle, Anzahl und Größe der Kunden, Wachstums- und Inflationsrate des Marktes), die Wettbewerbsposition (z. B. Marktanteil, Qualität, Preise, Kosten, vertikaler Integrationsgrad im Verhältnis zum Kunden) und die Indikatoren der Rentabilität und Betriebseffizienz bzw. des Erfolges der Strategischen Geschäftseinheit auf jährlicher Basis (ROI und ROS[13]) erfaßt (vgl. Buzzell/Gale, 1989, S. 3).

13 Der ROI gibt dabei den Ertrag des investierten Kapitals in Prozent an; ROS ist der Nettobetriebsgewinn vor Steuern und Zinsen als Prozentsatz des Umsatzes. Vgl. Buzzell/Gale, 1989, S. 32.

Die erhobene Datenmenge umfaßt mehr als 200 quantifizierbare Größen als potentielle Erfolgsfaktoren. Sie werden eher zufällig auf *induktivem Wege* (also nicht theoriegeleitet) ermittelt und durch Korrelationsanalysen hinsichtlich ihres Einflusses auf den Erfolg, gemessen durch den ROI, untersucht. Es konnten 37 erfolgskritische Faktoren identifiziert werden, die dann in eine multiple lineare Regressionsgleichung eingesetzt wurden. Als Ergebnis der multiplen Regression konnte festgestellt werden, daß diese Erfolgsfaktoren die Varianz des ROI zu etwa 70 Prozent erklären (vgl. hierzu und im folgenden Staehle, 1991, S. 602).

Die 37 Erfolgsfaktoren wurden zu sieben Haupteinflußgrößen verdichtet:
- Attraktivität des Marktes (z. B. Marktwachstum),
- Stärke der Wettbewerbsposition (z. B. Marktanteil),
- Investitionsintensität (z. B. Kapazitätsausnutzung),
- Produktivität (z. B. Wertschöpfung je Mitarbeiter),
- Innovation, Abgrenzung von Konkurrenten (z. B. neue Produkte),
- Produktqualität (aus der Sicht des Kunden) und
- vertikale Integration (Wertschöpfung zu Umsatz).[14]

Die aus der statistischen Aufbereitung des umfangreichen empirischen Materials gewonnenen Erkenntnisse werden periodisch in Form von *vier Berichten* aufbereitet, welche den Unternehmungen, die der PIMS-Datenbank ihre Daten zur Verfügung stellen, als Orientierung für die eigene Strategiefindung und -beurteilung dienen. Innerhalb des »PAR-Reports« wird dargestellt, welchen durchschnittlichen ROI die SGE mit einer bestimmten Konstellation strategischer Schlüsselfaktoren und Situationsspezifika erzielen kann, wodurch der PAR-Report als Sollvorgabe für Renditeerwartungen genutzt werden kann. Außerdem wird der sogenannte »Strategy Analysis Report« erstellt, welcher mittels Simulationen darstellen soll, wie die Schlüsselfaktoren bei Verfolgung verschiedener Strategiealternativen ausgestaltet werden können und welche Konsequenzen sich daraus für den SGE-Erfolg ergeben. Drittens wird ein »Optimum Strategy Report« erarbeitet, worin die optimale Strategie für die Erreichung eines bestimmten ROI unter gesetzten Bedingungen vorgestellt wird. Auch der vierte Bericht der »Report on Look-Alikes« liefert interessante Hinweise für die unternehmerische

14 Zu abweichend gruppierten Haupteinflußfaktoren siehe z. B. Habel, 1992 oder Wolfrum, 1993.

Tätigkeit, da er einen Vergleich zwischen Geschäftseinheiten ähnlicher Ausprägung und Situation anstellt (vgl. Luchs/Müller, 1985, S. 95ff.).

Kommt man zu einer kritischen Würdigung des PIMS-Konzeptes, so ist zuerst die schwache theoretische Basis des Erfolgsfaktorenkonzeptes zu bemängeln. So werden z. B. die Ursachen eines großen Marktanteils (etwa Erfahrungskurveneffekte, Marktmacht oder Managementqualität) nicht thematisiert und operationalisiert (vgl. Kreikebaum, 1989, S. 101). Folglich findet lediglich eine Korrelation zwischen zwei Ergebnisvariablen (Marktanteil und ROI) statt. Es werden also die hinter den Korrelationen zu vermutenden Kausalzusammenhänge unzureichend berücksichtigt (vgl. Kreikebaum, 1989, S. 101), so daß der Blick nicht auf die »wahren« Erfolgsfaktoren wie das Anstreben von Erfahrungskurveneffekten oder einem strategieadäquaten Kostenmanagement fällt.

Hinsichtlich der empirischen Fundierung der PIMS-Ergebnisse ist kritisch zu hinterfragen, ob die *PIMS-Daten für die deutsche Wirtschaft überhaupt* als *repräsentativ* anzusehen sind. Dieses wäre jedoch die entscheidende Prämisse, um für deutsche Unternehmungen allgemeingültige Erfolgsfaktoren zu generieren. Eine derartige Repräsentativität der PIMS-Daten für Deutschland muß aber angezweifelt werden, da die circa 3000 am Projekt beteiligten Strategischen Geschäftseinheiten in ihrer überwiegenden Mehrheit ihren Sitz in Nordamerika haben (vgl. Homburg, 1991, S. 50), was eine starke »Amerikalastigkeit« der Daten zur Folge hat. Die Struktur der deutschen Wirtschaft ist aber durch einen großen Anteil mittelständischer Unternehmungen charakterisiert, was als eine Besonderheit im internationalen Vergleich angesehen werden muß (vgl. Simon, 1991, S. 177). Es wird daraus ersichtlich, daß eine amerikanische Stichprobe Verallgemeinerungen für die deutsche Realität nur schwerlich erlaubt. Außerdem sind die meisten Einheiten beim PIMS-Projekt Divisionen großer Konzerne (vgl. Woo/Cooper, 1981, S. 305), die z. B. aufgrund ihrer Ressourcenlage und ihrer wirtschaftlichen Freiheitsgrade kaum mit deutschen mittelständischen Firmen vergleichbar sind.

Bezüglich des theoretischen Gehaltes der ermittelten Erfolgsfaktoren ist festzustellen, daß es sich dabei primär um harte Faktoren (z. B. Investitionsintensität oder Produktqualität) handelt. Weiche Faktoren wie Managementqualität oder auch Unternehmungskultur, die ganz entscheidende erfolgskritische Bedeutung aufweisen, jedoch sehr viel schwerer operationalisiert und erfaßt werden können, untersucht PIMS nicht.

Trotz der aufgezeigten Mängel bei der theoretischen Fundierung und beim Gehalt der Erfolgsfaktoren ist die Popularität des PIMS-Projektes als sehr hoch einzustufen. So sind auf der Basis der gespeicherten PIMS-Daten weit mehr als 100 wissenschaftlich orientierte empirische Untersuchungen sowohl von PIMS-Mitarbeitern als auch von externen Forschern durchgeführt worden (vgl. Kreikebaum, 1989, S. 101). Reflektiert man die Literatur zum Bereich der empirischen Forschung zum Strategischen Management, so ist PIMS fast immer erwähnt und/oder kurz vorgestellt.

In einer empirischen Erhebung fanden Diller/Lücking heraus, daß das PIMS-Programm 46 Prozent der befragten Managern bekannt ist. Unter den »Kennern« wiederum waren 13 Prozent Nutzer der PIMS-Daten. Von der Gesamtstichprobe von 384 deutschen Managern sind also circa 6 Prozent als PIMS-Nutzer anzusehen (vgl. Diller/Lücking, 1993, S. 1238). Reflektiert man die enorme Anzahl konkurrierender Erfolgsfaktorenkonzepte und beachtet man nur die für das Erfolgsfaktoren-Paradigma aufgeschlossenen Manager,[15] so ist die Popularität von PIMS in der Praxis als relativ hoch einzustufen.

Als Fazit läßt sich feststellen, daß der Erfolgsfaktoren-Ansatz von PIMS trotz seiner Schwächen in der theoretischen Fundierung und im Gehalt seiner Erfolgsfaktoren eine hohe Popularität sowohl in der Forschung als auch in der Praxis aufweist. Auch die umfangreiche, wenngleich für Deutschland nur bedingt repräsentative, Datenbasis ist als ein Vorteil anzusehen. Auch die professionelle Art der Ergebnisvermarktung (siehe Reports an Teilnehmer) kann als vorbildlich angesehen werden.

2.1.5 Nagels Konzept der 6 Erfolgsfaktoren als Beispiel für praktikergeprägte Ansätze

Nagel (vgl. 1991, S. 20) versteht sein Konzept als ein geschlossenes, dynamisches System, das einer Unternehmung ermöglichen soll, die Ausprägungen der »wesentlichen Erfolgsfaktoren festzustellen und Maßnahmen für deren Verbesserung zu ergreifen« (vgl. Nagel, 1991, S. 20). Das Konzept umfaßt vier Bereiche:

15 Das grundlegende Erfolgsfaktoren-Paradigma ist in der Unterstellung zu sehen, daß es für den Unternehmungserfolg nur einige wenige maßgebliche Faktoren gibt.

- ein originäres System für unternehmerischen und persönlichen Erfolg – die sechs Erfolgsfaktoren;
- eine Vielzahl von Werkzeugen/Methoden zur Umsetzung der Erfolgsfaktoren;
- geeignete Software zur Unterstützung der Operationalisierung und Umsetzung der Erfolgsfaktoren und
- eine bewährte Vorgehensweise zur Umsetzung der Erfolgsfaktoren in die Praxis (vgl. Nagel, 1991, S. 12).

Nagel generiert also nicht nur Erfolgsfaktoren, sondern sein Buch enthält auch zahlreiche Methoden bzw. »Werkzeuge« für die Umsetzung der Erfolgsfaktoren (z.B. Kennzahlenanalyse oder Netzplantechnik). Allerdings werden diese nur aufgezählt und es wird nur grob angedeutet, welche Ziele im einzelnen damit verfolgt werden können (vgl. Nagel, 1991, S. 233ff.).

Zur Operationalisierung und praktischen Anwendung des Konzepts, gleichsam als EDV-technische Unterstützung für die strategische Unternehmensberatung, wurde das Software-Programm »SUBER« entwikkelt. SUBER umfaßt vier große Module: Die Bilanzanalyse, die Analyse der generellen Erfolgsfaktoren, die Analyse der spezifischen Erfolgsfaktoren und die Analyse der Kundenmeinungen (vgl. Nagel, 1991, S. 242).

Nagel erläutert des weiteren explizit die Vorgehensweise zur Umsetzung seines Konzepts der sechs Erfolgsfaktoren in die Praxis. Dabei sind zehn Schritte vorzunehmen:
- Erarbeitung der Unternehmensdaten (Bilanzanalyse – Modul 1),
- Erstellung einer Wettbewerbsanalyse,
- Fixierung der Unternehmensstrategie und der Unternehmensziele,
- Ermittlung der generellen Erfolgsfaktoren (Modul 2),
- Festlegung der branchenbezogenen Erfolgsfaktoren,
- Erarbeitung der unternehmensspezifischen Erfolgsfaktoren,
- Ermittlung der aktiven und passiven Faktoren (Modul 3),
- Festlegung der Ausprägungen der einzelnen Erfolgsfaktoren,
- Erarbeitung von Vorschlägen und
- Bewertung der Vorschläge (vgl. Nagel, 1991, S. 252).

Nagel leitet die wesentlichen Erfolgsfaktoren durch Auswertung einiger zentraler Werke zur Erfolgsfaktorenforschung im Sinne eines Herausfilterns ihrer Gemeinsamkeiten ab (vgl. Nagel, 1991, S. 63 und

S. 14f.). Im einzelnen basiert seine Erfolgsfaktorengenerierung auf Peters/Waterman, In Search of Excellence (vgl. Peters/Waterman, 1984) (als richtungsweisendste Arbeit); Pümpin (1986), Management strategischer Erfolgspositionen; den Untersuchungen von Albach (1987); A.T. Kearney (vgl. Meyer-Piening, 1988); Clutterbuck/Goldsmith (vgl. Heisman, 1985); Mewes »Energo-Kybernetische Strategie« (vgl. Mewes, 1988) sowie einigen zentralen Ideen von Kraut (vgl. Unternehmensgrundsätze der Firma Bizerba).

Dabei gesteht Nagel zwar ein, daß diese subjektiv vorgenommene Ableitung der Erfolgsfaktoren im wissenschaftlichen Sinne nicht als voll stringent (zwingend) angesehen werden kann, daß aber der Verfasser (Nagel) der Ansicht ist, daß gerade diese Faktoren und ihre adäquate Anwendung bestimmend für den Unternehmungserfolg seien (vgl. Nagel, 1991, S. 15). Als die sechs zentralen Erfolgsfaktoren benennt Nagel folgende Sachverhalte:

- Geschäftsgrundsätze und Ziel-/Kontrollsysteme (Strategie);
- strategieorientierte Organisation (Organisation);
- verstärkte Nutzung des Mitarbeiter-Potentials (Mitarbeiter);
- effizientes Führungssystem (Führungssystem);
- marktnahes Informations- und Kommunikationssystem (Informationssystem) und
- praktizierte Kundennähe (Kundennähe); (vgl. Nagel, 1991, S. 63).

Integrative Elemente bilden das Informationssystem und die Kundennähe bzw. -orientierung. Ausgangspunkt dieser Überlegung ist es dabei, aufgrund zunehmender Marktsättigungserscheinungen den Kunden ins Zentrum des Denkens zu stellen und andererseits die herausragende, unterstützende Funktion der modernen EDV-Techniken (Hard- und Software) zu nutzen (vgl. Nagel, 1991, S. 63f.). Die einzelnen Erfolgsfaktoren können durch zahlreiche Unterfaktoren operationalisiert werden.

Der erste Erfolgsfaktor *(Strategie)* im System Nagels berücksichtigt die Bedeutung der strategischen Planung für den Unternehmenserfolg. Geschäftsgrundsätze, Ziel- und Kontrollsysteme haben dabei dienende Funktionen. Das Ergebnis muß eine wettbewerbsvorteilschaffende, situationsadäquate Unternehmensstrategie sein. Das Erfolgsfaktorenkonzept an sich als Analyseinstrument eignet sich ausgezeichnet zur Generierung einer Unternehmensstrategie, da es hilft, die spezifischen zur Verfügung stehenden Ressourcen und Potentiale systematisch aufzubereiten (vgl. Nagel, 1991, S. 95) und Ansatzpunkte für die Strategiegenerierung zu identifizieren.

Die *Organisation* muß besonders strategieorientiert ausgestaltet werden, innovationsfördernden Charakter bekommen (z. B. durch eine enge Verzahnung von Marketing und F&E) sowie einfache Grundstrukturen aufweisen (vgl. Nagel, 1991, S. 115ff.).

Bei der Betrachtung des *Mitarbeiters* als Erfolgsfaktor sollten die Anstrengungen dahin gehen, dessen Potentiale in quantitativer und qualitativer Hinsicht verstärkt auszuschöpfen. Entscheidend ist dabei vor allem, den Mitarbeiter als Innovationsinitiator und -quelle zu sehen, denn die Fähigkeit eines Unternehmens zur Generierung und Realisierung profitabler Innovationen ist von existentieller Bedeutung für dessen Erfolg und Überleben. Eine sinnvolle Möglichkeit, dies zu erreichen, ist die Schaffung eines innovativen Klimas und die Unterbindung des sogenannten »Nicht-bei-uns-erfunden-Syndroms« (vgl. Nagel, 1991, S. 129ff.).

Das *Führungssystem* umfaßt allgemein modellhafte Vorstellungen insbesondere in Bezug auf den Führungsstil und das Delegationsverhalten. Dieser Bereich wird von Nagel nur sehr rudimentär behandelt (vgl. Nagel, 1991, S. 151ff.).

Einen besonderen Schwerpunkt legt der Autor hingegen auf die Beschreibung des marktnahen *Informations- und Kommunikationssystems (IKS)*. Neuere EDV-technische Entwicklungen ermöglichen die Installierung eines Management-Informationssystems (MIS), das die betrieblichen Entscheidungen durch Verbesserung der quantitativen und qualitativen Datenbasis wesentlich unterstützen und in ihrer Qualität erhöhen kann (vgl. Nagel, 1991, S. 169ff.).

Der Erfolgsfaktor *Kundennähe* bedarf der konkreten Praktizierung und organisatorischen Implementierung. Dies kann z. B. durch die Einführung einer Verbraucherabteilung oder durch die Dezentralisierung des Vertriebes geschehen. Ablauforganisatorisch sollte das Streben nach möglichst kurzen Lieferzeiten (vgl. Nagel, 1991, S. 224) und das flexible Reagieren auf Kundenwünsche im Vordergrund stehen.

Nimmt man eine kritische Würdigung des Erfolgsfaktoren-Ansatzes von Nagel vor, so ist zuerst festzustellen, daß kein theoretisches Konzept zur Ableitung der Erfolgsfaktoren erarbeitet wird, sondern daß die Erfolgsfaktoren auf der Basis verschiedener anderer Ansätze subjektiv herausgefiltert werden. Dabei erfolgt die Ableitung der Erfolgsfaktoren im wissenschaftlichen Sinne nicht stringent, so daß die von Nagel ermittelten Erfolgsfaktoren lediglich selektiv hervorgehobene Sachverhalte darstellen.

Hinsichtlich des theoretischen Gehaltes der ermittelten Erfolgsfaktoren ist anzumerken, daß es sich dabei um weitgehend konkretisierte und differenziert aufgeführte Konstrukte handelt. Den eigentlichen Vorteil in Nagels Konzept stellt jedoch die hohe Praxistauglichkeit dar, denn die Erfolgsfaktoren können unter Anwendung der entwickelten Methoden, Software und Vorgehensweisen unternehmungsindividuell angepaßt und konsequent im Rahmen eines Strategischen Managements umgesetzt werden.

Die Popularität des Erfolgsfaktoren-Ansatzes von Nagel ist als hoch einzustufen, da sein Buch »Die 6 Erfolgsfaktoren des Unternehmens« 1991 bereits in der vierten Auflage erschienen ist (Erstauflage 1986). Außerdem ist anzumerken, daß Nagel sein Konzept erfolgreich in der Praxis einsetzt (vgl. Nagel, 1991, S. 20), so daß diesem Ansatz ein beachtliches Umsetzungspotential zukommt.

Resümierend ist festzuhalten, daß aufgrund der problematischen Identifizierung der sechs Erfolgsfaktoren der Ansatz von Nagel – trotz der vorbildlichen Weise zur Umsetzung der Erfolgsfaktoren in die Praxis – nicht mehr als erste, selektiv hervorgehobene, Bereiche zur Erfolgsinduzierung generiert.

2.1.6 Folgerungen aus der Reflexion der Erfolgsfaktorenforschung für die Entwicklung eines eigenen Konzeptes

Trotz des grundlegenden Paradigmas der Existenz einiger weniger maßgeblicher Erfolgsfaktoren sollte angesichts der Vielfalt eruierter Erfolgsfaktoren in Forschung und Praxis ein umfassendes Konzept potentiell erfolgskritischer Faktoren erarbeitet und empirisch überprüft werden. Dieses Konzept hat idealtypischerweise alle in der Erfolgsfaktorenforschung vorkommenden Untersuchungsebenen (Eigenschaften der Unternehmung, Strategie, Planungs- und Kontrollinstrumente, Strukturgrößen und exogene Bedingungen[16]) zu berücksichtigen. Die Ursachen des Erfolges gilt es in ihrer Vielschichtigkeit und Eigenkomplexität adäquat zu operationalisieren, wobei ihre Wechselwirkungen zu beachten sind.

16 Vgl. Abschnitt 2.1.1 sowie Steinle/Lawa/Schmidt, 1993, S. 198ff.

Zur Gewährleistung eines allgemeinen Gültigkeitsanspruches der zu ermittelnden Erfolgsfaktoren sind die potentiell erfolgskritischen Aspekte einer repräsentativen empirischen Überprüfung zu unterziehen, um die tatsächlichen Unterschiede zwischen erfolgreichen und nicht erfolgreichen Unternehmungen in der Praxis festzustellen.

Die Erfolgsfaktoren an sich sind konkret und differenziert darzustellen, um insbesondere auch für die Praxis weitgehend nutzbare Ansatzpunkte zur Erfolgsinduzierung zu erhalten. Dabei sollten auch Erfolgsfaktoren mittlerer Reichweite generierbar sein.

Da es sich bei Erfolgsfaktoren um strategisch bedeutsame »Vorsteuergrössen« handelt, ist idealtypischerweise ein Konzept zwecks Klärung der Rolle der Erfolgsfaktoren im Rahmen des Strategischen Managements zu generieren. Dabei sollte insbesondere auch der Unterschied zum Bereich der Erfolgspotentiale herausgearbeitet werden.[17] Idealerweise ist ein Konzept zur Nutzung von Erfolgsfaktoren im Rahmen des Strategischen Management zu entwickeln, das die Generierung konkreter erfolgsfaktorenbezogener Gestaltungsempfehlungen für die Praxis erlaubt.

Schließlich ist ein Erfolgsfaktoren-Ansatz in Wissenschaft und Praxis publik zu machen, um aus ihm resultierende Erkenntnis- und Umsetzungspotentiale zur Entfaltung gelangen zu lassen. Ziel muß es sein, einen beachtlichen Beitrag zur Förderung der Forschung und Praxis zu leisten.

Der bisherige Stand der Erfolgsfaktorenforschung läßt sich dahingehend zusammenfassen, daß kein Erfolgsfaktoren-Ansatz diese idealtypischen Soll-Vorstellungen voll erfüllen kann. So sind theoriegeprägte Ansätze zwar überwiegend Ursache-Wirkungs-stringent formuliert, ihnen fehlt aber zumeist ein hoher Grad an Praxistauglichkeit und Popularität. Empirische Erfolgsfaktoren-Ansätze sowie Praktiker-Konzepte weisen

17 Dabei ist zu bedenken, daß in der Literatur ein äußerst heterogenes Bild bezüglich der Bedeutung von Erfolgspotentialen und Erfolgsfaktoren festzustellen ist. So werden sie teilweise als Synonyme, vgl. z. B. Gälweiler, 1990, S. 26 oder Zahn, 1991 oder auch als getrennte Sachverhalte angesehen (vgl. z. B. Krüger, 1988). Dies ist ein typisches Beispiel für die auch in der Erfolgsfaktorenforschung vorzufindende z. T. widersprüchliche Begriffsvielfalt. Dabei werden häufig gleiche Begriffe für unterschiedliche Sachverhalte oder unterschiedliche Begriffe für gleiche Sachverhalte verwendet. Vgl. Wolfrum, 1993, S. 6.

demgegenüber zwar eine große Praxistauglichkeit und Popularität auf, zeigen jedoch in der Regel große Mängel bei der theoretischen Fundierung (insbesondere Klärung von Kausalitäten) der Erfolgsfaktoren.[18]

Angesichts dieses Defizites aus dem erfolgsfaktorforschungsbezogenen Soll-Ist-Vergleich ergibt sich ein Bedarf zur Entwicklung und empirischen Überprüfung eines eigenen Erfolgsfaktorenkonzeptes, welches obige Soll-Vorstellungen (weitestgehend) erfüllen kann.

Im folgenden wird deshalb ein theoretisches Konzept potentieller Erfolgsfaktoren erarbeitet,[19] das als Grundlage einer empirischen Untersuchung im Sinne eines Panels dienen soll (bzw. davon abgeleitete Fragen). Danach werden im Rahmen von Kapitel 3 die empirischen Ergebnisse vorgestellt.

2.2 Entwicklung und Darstellung des **H**annoveraner **E**rfolgs-**FA**ktoren-**P**rojektes (HEFAP)

2.2.1 Ein Konzept ganzheitlichen Managements und das erfolgsbezogene, strategische Grundgerüst

2.2.1.1 Entwurf eines ganzheitlichen Rahmens zur Erfassung des Unternehmungsgeschehens

Die vorgenannten Ansätze der Erfolgsfaktorenforschung können insgesamt wie folgt charakterisiert werden: Mit den empirisch-, praktiker- und theoriegeprägten Ansätzen liegen – bislang noch verstreute – Mosaiksteine vor, die konzeptionell in einem Rahmen zusammenzufassen und empirisch zu überprüfen sind, um dann einige Gestaltungshinweise für erfolgsinduzierende Maßnahmen auf Unternehmungs-, Branchen- und gesamtwirtschaftlicher Ebene geben zu können. Ausgangspunkt für einen solchen Rahmen ist eine in aller Kürze vorzunehmende Skizzierung zentraler Merkmale eines ganzheitlichen Management-Konzeptes, das sich auf das Unternehmungsgefüge und seine gestalterische Beeinflussung bezieht (siehe hierzu auch Steinle, 1995).

18 Vgl. zu den Mängeln der verschiedenen Erfolgsfaktorforschungsgruppen im einzelnen beispielhaft Abschnitt 2.1.3–2.1.5.

19 Dabei sollen durchaus positive Aspekte der bisherigen Erfolgsfaktorenforschungsgruppen konzeptionell integriert werden.

Ganzheitlichkeit umschreibt den Versuch, dem integrierten Gesamtgefüge und den stark vernetzten Teilen von Unternehmungen gerecht zu werden (also selektive Perspektiven und entsprechende Konzepte zu überwinden), die entstehende Komplexität über adäquate »Schnitte« oder grundlegende Analysedimensionen (wie Funktionsbereiche, Managementstrategien und Unternehmungsebenen) zu reduzieren, um darüber (vermutlich) erfolgskritische Ursachenfelder zu bestimmen.

In der entsprechenden betriebswirtschaftlichen Literatur können drei Grundpositionen zur Analyse, Lenkung und Optimierung des Unternehmungsgeschehens unterschieden werden (vgl. Steinle, 1995):

(1) Ziel-/Zweckmodelle: Funktionsbereichsoptimierung im Mittelpunkt

Charakteristische Ansätze sind in den Werken von Gutenberg (vgl. Gutenberg, 1969) und Wöhe (vgl. Wöhe, 1984) zu sehen. Kern ihrer Vorgehensweise ist die Auffächerung, Analyse und Erarbeitung von Gestaltungsempfehlungen für die einzelnen Teilbereiche der Leistungserstellung (Produktion, Absatz, Finanzierung/Investition und Rechnungswesen), wobei funktionalistische Vorüberlegungen Anzahl und Ausprägung der betrieblichen Teilbereiche bestimmen. Erst in neueren Konzeptionen findet der Funktionsbereich »Personal« zunehmend Aufmerksamkeit und explizite Berücksichtigung. Dies gilt gleichfalls für die Aufnahme der Handlungsperspektive als systematische Aufbereitung von Bedingungen und Gestaltungsempfehlungen einer erfolgsorientierten »Führung« entsprechender Funktionsbereichsfelder.[20] Sieht man von letztgenannten Vorschlägen einmal ab, dann kann für die funktionalen Erfolgszweckoptimierungslehren eine »Fülle« ökonomisch-monetär zentrierter Vorschläge und eine relative »Leere« strategie-, potential- und führungszentrierter Aussagen festgestellt werden.

(2) Lenkungsprozeßorientierte Position: Erfolgszentriertes Unternehmungsmanagement im Mittelpunkt

Klassische Managementansätze[21] identifizieren und benennen zentrale Funktionen des Managers und des Managements und ordnen dann diese

20 So z. B. in den Vorstellungen von Heinen, 1977, Hopfenbeck, 1989, Schierenbeck, 1986, und Thommen, 1990.

21 Vgl. z. B. Koontz/O'Donnel/Weihrich, 1984, sowie Brandl, 1989, S. 42ff.

Aktivitäten in eine logisch-genetische Prozeßfolge. Damit ist die erfolgszielorientierte Steuerung durch »Machen/Agieren« beschrieben. Diese Grundidee ist im deutschsprachigen Raum insbesondere von Kuhn (1990), Staehle (1989b) und Ulrich/Fluri (1988) aufgegriffen und weiterentwickelt worden. So unterscheiden Ulrich/Fluri (vgl. 1988, S. 39ff.) z. B. Unternehmungsphilosophie und Unternehmungspolitik, Unternehmungsplanung und Kontrolle, Organisation und Führung sowie Kaderförderung (Management Development). Kern dieser Ansätze ist die immer wieder durchschimmernde Vorstellung einer »geplanten Mach- und Erreichbarkeit« erstrebter Erfolgsziele über den Einsatz »zweckmäßiger« Prozesse und Instrumentarien.

Neuere und eher »strategieaffine« Varianten stellen die Bedeutung der Strategieentwicklung und -implementation bzw. die Annahme eines »obersten« Teilsystems der Führung, die »Unternehmungspolitik« in den Mittelpunkt.[22] So unterscheidet Staehle z. B. die Globalstrategie »Management« in das Management der System-Umweltbeziehungen im Sinne der Unternehmungsstrategie, das Management der Strukturen und des Humanpotentials und schließlich das Management des Wandels bzw. der Organisationsentwicklung (vgl. Staehle, 1989a).

Insgesamt findet sich in diesen Ansätzen eine »Fülle« von Aussagen zur Gestaltung und Steuerung des unternehmerischen Transformationsgeschehens, wobei als Gestaltungsziele sich einerseits eine (ökonomische) Erfolgszweckoptimierung, andererseits eine ausgewogene Interessenberücksichtigung (Unternehmung als Interesssenkoalition) findet. Der Personalbereich wird als zentrales Objektfeld steuernder Einflußnahme herausgestellt, wobei sich tendenziell eine »Leere« der Aussagen bezüglich der übrigen Funktionsbereiche betrieblicher Leistungserstellung zeigt.

(3) Mehrebenenanalytische Positionen: Ganzes, Teil und differenzierende Analyseebenen

Eine Auffächerung von Analyseebenen und eine entsprechend differenzierte Sichtweise des Unternehmungsgeschehens und seiner erfolgsorientierten Steuerung findet sich bei Wild (1988); im Mittelpunkt steht hierbei eine Differenzierung in drei Betrachtungsebenen, die System-,

22 Vgl. z. B. Frese, 1987, Staehle, 1989a, oder Ulrich, 1988.

Prozeß- und Güterebene. Weitere ebenenanalytische Überlegungen im Bereich der Managementlehre zeigen sich bei Dyllick (vgl. Dyllick, 1982, S. 245ff.). Das von ihm entwickelte Modell der sozialen Organisationsstufen geht von den Ebenen des Mitarbeiters, der Unternehmung und der Gesellschaft als den wichtigsten Handlungssystemen aus. Sowohl für die Wild'sche als auch für die Dyllick'sche system- bzw. organisationsstufenbezogene Sichtweise ist festzuhalten, daß umfänglichere Aussagenkomplexe zu den Teilprozessen des Managements einerseits aber auch entsprechende Aussagen zu den betrieblichen Funktionsbereichen andererseits noch weitgehend ausstehen.

Insgesamt können die vorgenannten Ansätze und die in ihnen enthaltenen Aussagen als Ausgangspunkte für einen umfassenden Rahmen dienen, der weit über die bislang recht selektiv orientierten Mosaikansätze der traditionellen Erfolgsfaktorenforschung hinausgehen dürfte.

Folgende Merkmale bestimmen als Prämissen das Programm einer ganzheitlichen Analytik und damit das Rahmenkonzept:[23]

- Unternehmungen als komplexe Kombinationen von Arbeits-, Informations- und Entscheidungsprozessen einerseits, von Zielen, Werten und (erfolgszentrierten) Ergebnissen andererseits, sind allein mit erfolgszentrierten Strategiekonzepten rationaler Mittelwahl, die eine strikte Marktorientierung, eine Integration von Teilerfüllungsprozessen und eine entsprechende Ausrichtung von Funktionsbereichen durch »vorgeplante« Ziele und Strategien, strenge Formalität und ihre Durchsetzung sichern wollen, nicht hinreichend erfolgszentriert zu erfassen, zu gestalten und weiterzuentwickeln.
- Die konzeptnotwendigen Annahmen enger und kausaler Bezüge sind in der Unternehmungsrealität kaum vorhanden. Dort dominieren nur schwach ausgeprägte, in ihrer Wirksamkeit meist nur »ungefähr« abschätzbare Bezüge zwischen Phänomenen der einzelnen Unternehmungsebenen, den Funktionsbereichen und den Wirkungen von erfolgszentriertem, steuerndem Managementhandeln.

Eine ganzheitliche Vorgehensweise:

- identifiziert unternehmungsbezogene Ebenen durch sukzessive/parallellaufende Anwendung von reduktiven/holistischen Untersuchungsprinzipien,
- bestimmt und charakterisiert wichtige Sachverhalte und ihre Ausprägung auf den Ebenen (insbesondere unter der Blickrichtung ihrer »Erfolgsverdächtigkeit«),

23 Vgl. hierzu auch Steinle, 1985, S. 427ff., oder Steinle/Eggers, 1991.

- unterscheidet die eher sachbezogenen Funktionsbereiche von dem eher mental-sozial geprägten Personalbereich und analysiert ihr Zusammenwirken,
- ergänzt diese Prozeßanalysen durch eine monetär-wertbezogene Dimension von Kosten, Nutzen und Erlösen,
- widmet sich der (strategischen) Managementprozeßdimension im Sinne einer Gestaltung, Steuerung und Änderung vorgenannter Prozesse, Faktoren und Potentiale,
- analysiert die Rückwirkungen erwarteter/überraschender Prozeßresultate auf die »erzeugenden« Faktoren und Prozesse.

Mit diesen Überlegungen ist ein anspruchsvolles Raster im Sinne eines umfassenden Forschungsprogramms skizziert. Die nachfolgende Entwicklung des Management-Kubus und seiner Elemente soll sich an diesen Anforderungen orientieren, kann aber alle diese Bedingungen vollständig sicherlich noch nicht erreichen und inhaltlich überdecken.

2.2.1.2 Der Managementkubus: Charakteristika und Detaillierung

Werden diese Aussagen zu den Merkmalen und Prinzipien einer ganzheitlichen Vorgehensweise berücksichtigt, dann kann – vor dem Hintergrund der bislang skizzierten Ansätze und Konzepte – ein Würfel oder Kubus als dreidimensionale Figur gewählt werden, um das Unternehmungsgeschehen und seine erfolgsbezogene Beeinflussung zu beschreiben, zu deuten – im Sinne einer »schwachen« Erklärung, um damit Bereiche für eine empirische Beleuchtung zu erhalten. Diese können dann wiederum eine Basis für die Entwicklung entsprechender Gestaltungshinweise bilden.

Die funktionalen Erfolgszweckoptimierungslehren können dabei als Inhalte einer ersten Dimension in der Würfelbasis angeordnet und in Form der »Kernfunktionen« Produktion, Absatz, Personal, Finanzierung/Investition sowie Rechnungswesen/Steuern weiter aufgefächert werden (siehe im einzelnen Abbildung 5).

Sie bilden das Gegenstandsfeld der lenkungsprozeßorientierten Managementansätze, die als zweite, überlagernde Dimension mit den Teilprozessen Politik/Planung, Organisation, Führung, Kontrolle und Änderung/Wandel aufzugliedern ist.

Um der hohen Komplexität erfolgszentriertem Gestaltungs-, Steuerungs- und Änderungshandeln im Rahmen der Managementdimension Rechnung zu tragen, sind entsprechende Systeme und Prozesse im Rah-

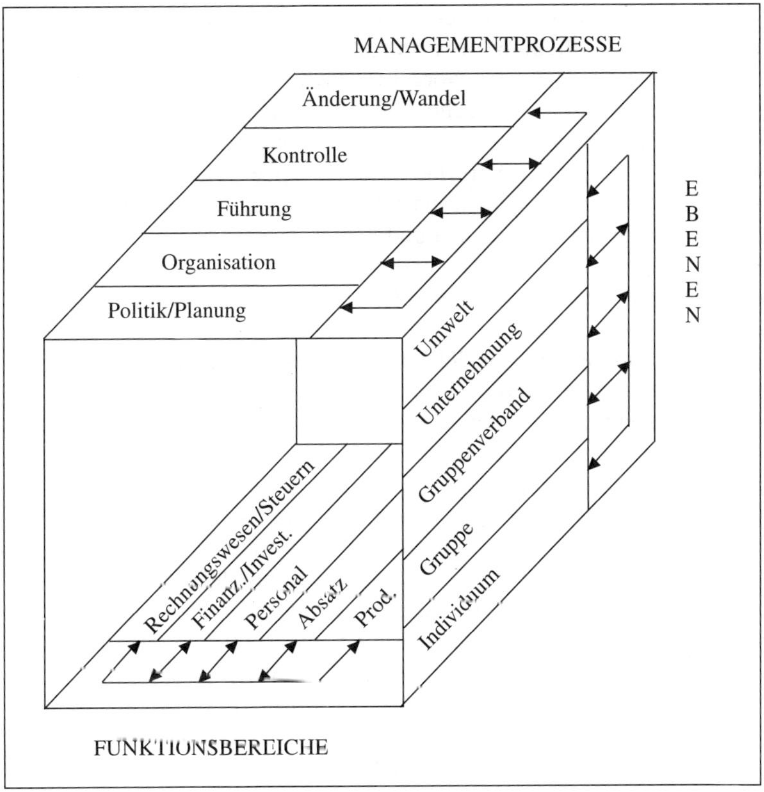

Abbildung 5: Der Managementkubus im Überblick

men einer dritten, mehrebenenanalytischen Dimension in Umwelt, Unternehmung, Gruppenverband/Abteilung, Gruppe und Individuum zu differenzieren.

Dieses integrative Gesamtkonzept des Unternehmungsgeschehens wird weiter dadurch charakterisiert, daß das Beziehungsgeflecht zwischen den Ebenen aber auch innerhalb der Management- und der Funktionsbereichsdimension mit aufgenommen wurde. Bei den jeweils fünf Teildimensionen handelt es sich nicht um ein »Absolutum«, sondern um eine ausgewählte Darstellung prägnanter Sachverhalte, die je nach erfolgsbezogenem Untersuchungs- und Gestaltungsproblem auch anders angelegt und detailliert werden können; Insofern handelt es sich hierbei um eine »Verdeutlichung des Prinzips«.

Eine solche umfassende Vorgehensweise löst sich von den bislang vorherrschenden selektiven, eher linearen, punktuellen und primär monokausalen Perspektiven vorliegender erfolgszentrierter Forschungsbemühungen. Sie richtet den Forschungsscheinwerfer (und dann die empirische Überprüfung) mehrfach aus unterschiedlichen Blickrichtungen auf das Unternehmungsgeschehen und leuchtet dieses Objekt mehrdimensional, flächig und räumlich und damit ganzheitlich aus. »Schattenflächen« im Sinne von »Leerstellen« werden dabei tendenziell minimiert.

Vier Phänomenfelder bedürfen einer weiteren theoretischen Durchdringung und Anreicherung (siehe auch Abbildung 6):

(1) Die besondere Rolle der »Funktion« Personal – als mental-sozialem »Träger« der Funktionsbereichsprozesse – ist in der Darstellung unberücksichtigt geblieben,

(2) Der Sachverhalt der Konzeption, der Implementation und der Entwicklung einer erfolgsbezogenen Grundstrategie, die das »Was ist zu tun und wie ist es zu tun?« vorgibt, ist mit aufzunehmen,

(3) Der Managementprozeß selbst ist einer grundlegenden Orientierung und Wertbestimmung unterworfen. Dabei zeigt sich die Notwendigkeit einer Erweiterung des Managementkubus durch einen »Unternehmungspolitischen Erker« an – um diese bildhafte Analogie zu gebrauchen,

(4) Die Umweltebene muß – da nicht integraler Bestandteil der Unternehmung – »nach außen« verlagert werden,

Zu (1): Die Funktion »Personal« ist – da in jedem Funktionsbereich vorhanden – als Querschnittsfunktion zu verstehen. Ohne zumindest eine initiierende Mitwirkung personaler Transformationsträger, der Mitarbeiter und des Managements, würden die funktionalen Transformationsprozesse »leer« bleiben. Die vorgenannten Funktionen führen ohne entsprechende Träger und Lenkungseingriffe keinesfalls automatisch zu gewünschten Erfolgsresultaten. In jedem der Funktionsbereiche (vgl. den Basisbereich von Abb. 6) sind also Mitarbeiter als Träger entsprechender Funktionen anzunehmen. Damit gewinnen deren Charakteristika wie Motive, Erwartungen und Fähigkeiten, Normen und Einstellungen sowie Interessenlagen, Quasitheorien und (Leistungs-/Erfolgs-)Ideologien zentrale Bedeutung als die Ansatzpunkte einer steuernden Einflußnahme durch erfolgszentrierte Managementprozesse.

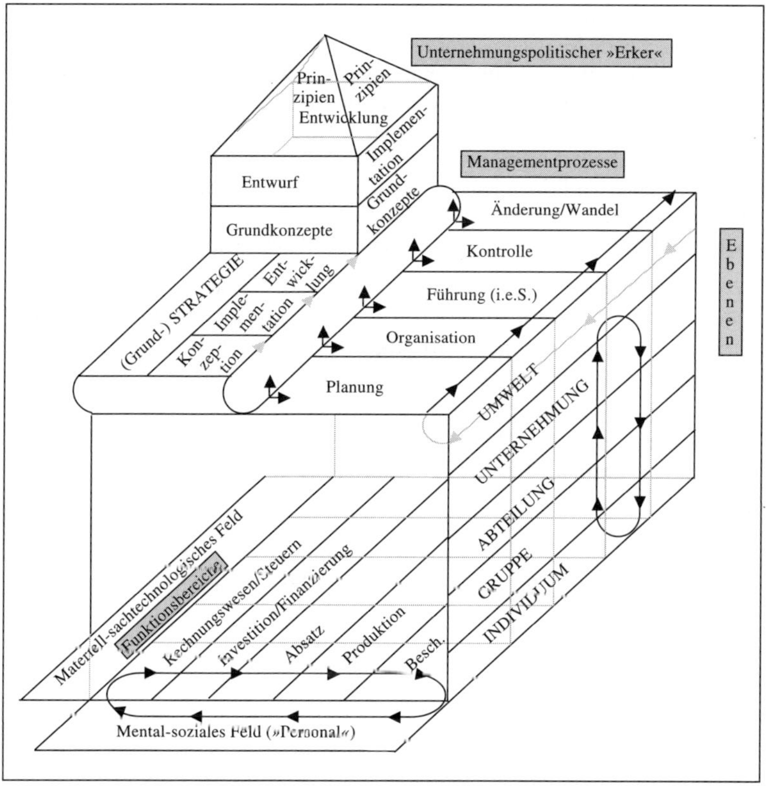

Abbildung 6: Der detaillierte Managementkubus

Zu (2): Neuere Entwicklungen im Bereich der Managementansätze zeigen eine deutliche Hinwendung zum Strategiegesichtspunkt (vgl. Greipel, 1988, S. 17ff.). Verstärkter Zeit-, Kosten- und Innovationsdruck und der Zwang, sich vorausschauend an unausweichliche Umweltänderungen anpassen zu müssen, fordern von der Unternehmung eine grundlegende strategische Ausrichtung. Sie bedeutet weit mehr, als dies bislang mit einer strategischen Planung allein zu erreichen versucht wurde. Die Konzeption, Implementation und (Weiter-) Entwicklung der unternehmerischen Grundstrategie erfordert eine vorausschauende Bestimmung von Marktchancen und -risiken, die Abschätzung eigener Stärken- und Schwächenpotentiale und die Herausarbeitung von Handlungsoptionen, um somit Handlungsspielräume zu erhalten und Erfolgspositionen aufbauen zu

können. Als überlagernde Richtschnur dient sie als »Bestimmungshintergrund« für entsprechende Managementprozesse.
Zu (3): Die Konzeption, Implementation und (Weiter-)Entwicklung der Grundstrategie einer Unternehmung und ihre Umsetzung über Managementteilprozesse, die sich jeweils steuernd auf die unternehmungsbezogenen Funktionsbereiche richten, bedarf selbst einer »einigenden« Orientierung. Dieses Feld der Grundkonzepte, der Prinzipien entwicklungsfähiger Unternehmungen sowie der Unternehmungsphilosophie und -ethik wird hier insgesamt als »unternehmungspolitischer Erker« bildhaft in den Managementkubus aufgenommen.

Den Basisbereich dieses unternehmungspolitischen »Söllers« bildet wiederum der Dreischritt des Entwurfs, der Implementation und der Entwicklung nachfolgender Grundkonzepte (vgl. z. B. Ulrich, 1987):
- Grundzweckkonzept der Unternehmung (Leitbild/«Vision«),
- Funktionales Konzept (für die Funktions-/Fachbereiche),
- Personales Konzept (Management-/Mitarbeiterkonzept),
- Managementprozeßkonzept (Strategie-/Führungskonzept).

Der Entwurf dieser Grundkonzepte kann mit der Strategie- bzw. Kerngruppenidee weiter verdeutlicht werden (vgl. z. B. Dorow, 1982; Schwarz, 1989). Die Implementation von Unternehmungsgrundkonzepten ist mit der Vorstellung einer Konzeptumsetzung und -sicherung durch die Unternehmungsverfassung (vgl. z. B. Wunderer/Klimecki, 1990) und eine entsprechende Anreizgestaltung (vgl. z. B. Schanz, 1991b) zu deuten. Eine Entwicklung resultiert aus der prinzipiellen Konflikthaftigkeit des unternehmungspolitischen Geschehens (vgl. z. B. Steinle, 1993a): Diskrepanzen und Spannungen fungieren hierbei als Potentiale für geplante Änderungen und evolutionäre Entwicklungen der Grundkonzepte.

Entwurf, Implementation und Entwicklung der Grundkonzepte sind stets vor dem Hintergrund einer Beachtung von Grundprinzipien vorzunehmen,[24] soll das »Funktionsgebäude Unternehmung« dauerhaft Erfolg haben, überleben und entwicklungsfähig bleiben. Neben den Prinzipien (wie z. B. Systemgestaltung, Funktionsbereichs- sowie Steuerungsorientierung, Stimmigkeit, Evolutionsfähigkeit und visionsorientierte Umweltanpassung) lassen sich weitere Orientierungsfelder aus der Unternehmungsphilosophie (vgl. z. B. Ulrich/Fluri, 1988), der Unternehmungsethik (vgl. z. B. Steinmann/Löhr, 1992) und der Unternehmungskultur (vgl. z. B. Steinle/Eggers/ter Hell, 1994) kondensieren. Sie repräsentie-

24 Vgl. z. B. Scholz, 1987, S. 10ff., Kirsch, 1990, S. 467ff.

ren Wertvorstellungen, Interpretationshilfen und »gemeinsam gelebte« Werte. Ihnen kann die Funktion einer einigenden Wegrichtung im Rahmen arbeitsteiliger Aufgabenerfüllung zukommen.

Zu (4): Umwelt als Chancen- und Risikenpotential ist nur insofern der Unternehmungsebene zuzurechnen, als entsprechende Potentiale über ein Handeln der Unternehmung angegangen und aufgesucht bzw. gemieden werden. Die Gegenstände, auf die sich das unternehmerische Handeln bezieht, können als mögliche Umwelt- (und Markt-)nischen verstanden und als umlagernde Schalensegmente dargestellt werden.

Abbildung 7 vermittelt einen Eindruck der vielfältigen Beziehungen.

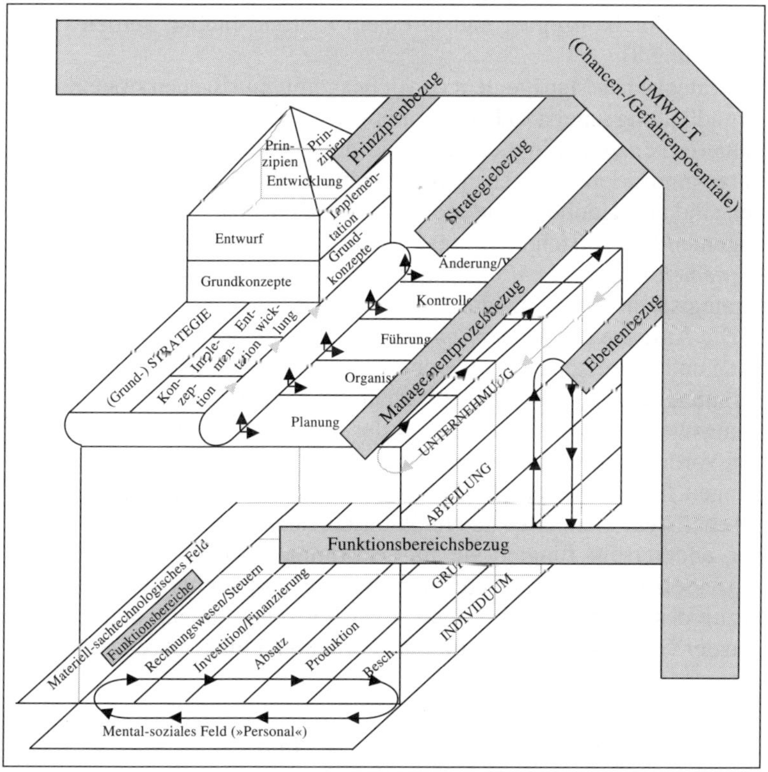

Abbildung 7: Umwelt als umhüllende Schale

2.2.1.3 Erweiterung des Rahmens um die Sichtweise des Strategischen Managements

Überblickt und resümiert man ausgewählte prozeßorientierte[25] sowie systemorientiert-inhaltsbezogene Ansätze[26], dann kann folgende kubusorientierte Vorstellung entwickelt werden: In der gedanklichen Konzeption des Managementkubus nimmt strategisches Management eine gewisse Zwischenrolle ein. Von »oben« her wirken vielfältige Einflußbeziehungen aus dem Bereich des »unternehmungspolitischen Erkers«, so z. B. die Grundprinzipien, die Unternehmungsphilosophie, die Unternehmungsethik und die Unternehmungskultur. Zu diesen Sachverhalten gehören weiter die Gegebenheiten der Unternehmungspolitik, die letztlich in Grundkonzepten und in einem Leitbild faßbar werden (siehe Abbildung 8).

Strategisches Management ist vor der somit umrissenen strategischen Grundhaltung unter drei Blickrichtungen zu sehen, einer konzeptionell-planerischen-, einer implementierend-umsetzenden- und einer entwicklungs-innovationsbezogenen Orientierung. Diese drei Grundorientierungen sind als Handlungsfelder oder Teilsysteme eines strategischen Managements zu verstehen. Damit entsteht ein *konzeptionelles System*, ein *Implementationssystem* und ein *Entwicklungssystem* im Rahmen des Strategischen Managements.

Die Aufgabe des *konzeptionellen Systems* liegt dabei in der Gewinnung und Umsetzung der »Vision« in die geplante »Mission« der Unternehmung. Damit tritt der Sachverhalt der Ausformung einer unternehmungsweiten Grundstrategie – vor der strategischen Grundhaltung – in den Vordergrund[27]. Diese Grundstrategie gibt einerseits Rahmenbedingungen für die einzelnen Managementteilprozesse und damit für die geschäftsfeldorientierten und funktionsbereichsbezogenen Teilstrategien vor, andererseits fungiert sie als »Abstimmungsband« zwischen Teilprozessen und Funktionsbereichen und sorgt darüber hinaus – unter Einbezug des Entwicklungssystems – für Fortschreibungen und Revisionen der Grundstrategie und für eine Fortentwicklung vorgenannter Prozesse.

25 Vgl. z. B. Hax/Majluf, 1991, Hinterhuber, 1992.
26 Vgl. z. B. Kirsch, 1990, S. 376ff., Scholz, 1987.
27 Vgl. z. B. Hammer, 1988, Kreikebaum, 1989, Steinmann/Schreyögg, 1993.

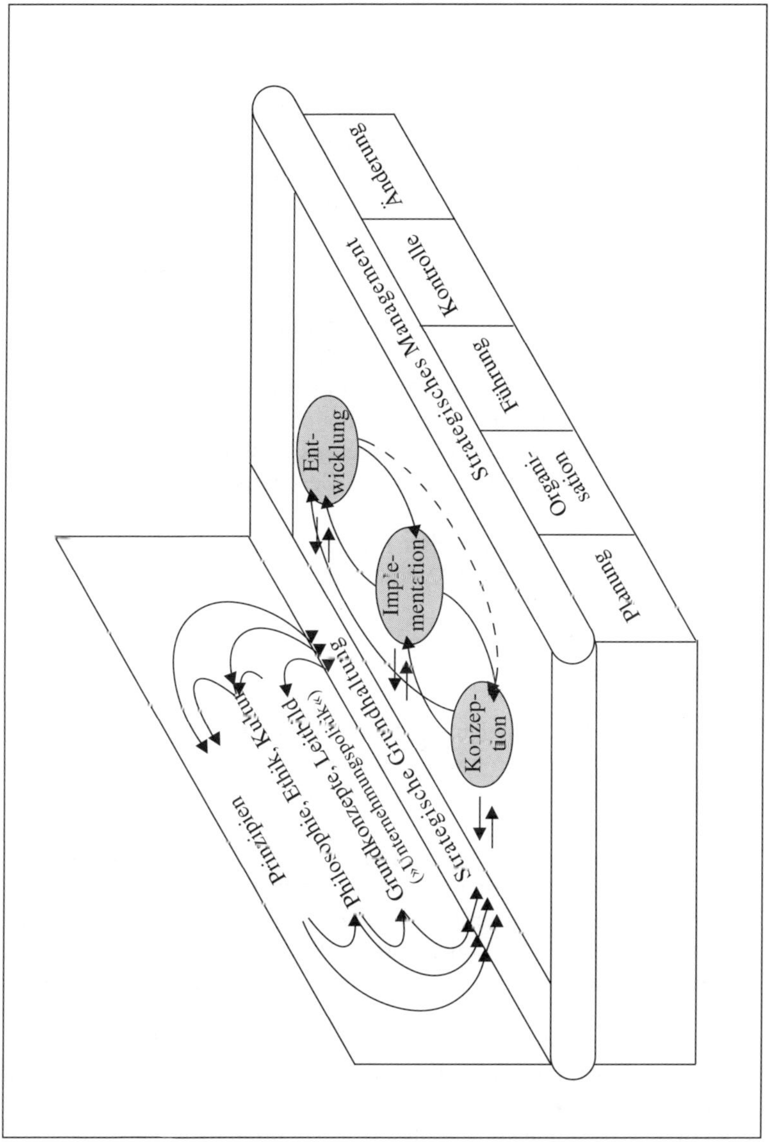

Abbildung 8: Strategisches Management im Managementkubuse

Wesentliche Faktoren im Rahmen der Konzeption der Grundstrategie über Planung sind in der Erfassung der *»Globalen/makroökonomischen Umwelt«,* der konjunkturellen Situation und der marktangebotenen Technologie zu sehen. Ein zweites Faktorfeld *»Marktliche Umweltfaktoren«* richtet sich auf Branchencharakteristika und vorhandene strategische Geschäftsfelder. Hierin äußern sich dann Chancen-/Risikenpotentiale. Ihnen sind als dritte Gruppe die *»Merkmale der Unternehmung«* (Grundmerkmale, Funktionsbereichskennzeichen und Managementprozeßcharakteristika im Sinne von Stärken-/Schwächenpotentialen) gegenüberzustellen.

Über *»Strategische Optionen«* auf Unternehmungsebene (vgl. Steinmann/Schreyögg, 1993, S. 185ff.) wie die Vornahme von Diversifikationen in ähnliche/völlig neue Märkte mit ähnlichen/völlig neuen Produkttechnologien oder aber nicht, wobei auch eine Nutzung der Portfolioanalyse denkbar ist, entsteht ein breiter Handlungsraum. Dieser zeigt sich weiter auf der Ebene strategischer Geschäftsfelder in der grundlegenden

- Dimensionierung strategischer Programme und den fundamentalen wettbewerbsstrategischen Alternativen,
- Innovationsmanagement,
- Zeitmanagement,
- Umweltschutzmanagement.

Wegen ihrer zentralen Bedeutung für den Unternehmungserfolg werden diese Strategien bzw. ein jeweils entsprechendes Management hier im Zusammenhang kurz skizziert und nachfolgend in Abschnitt 2.2.3 breiter verdeutlicht.

Um *strategische Programme* im Sinne grundlegender Produktstrategien konkret zu entwickeln und zu bestimmen, kann auf die gedanklich vorstrukturierende Hilfe des *Dimensionierungsrasters* von Bleicher (vgl. Bleicher, 1991, S. 191ff.) oder Porter (1992) zurückgegriffen werden. Die nachfolgenden Punkte verdeutlichen wichtige Dimensionierungsfelder:

- Produktprogrammstrategien (breit/eng; standardisiert/individuell),
- Wettbewerbsstrategien (Anpassung/Veränderung; traditionelles/innovatives Verhalten),
- Aktivitätsstrategien (Kostenführerschaft/Differenzierung; hohe/niedrige Fertigungstiefe) und

- Ressourcenstrategien (starrer/flexibler Einsatz; spezialisierte/universell einsetzbare Potentiale).

Im Bereich des *Innovationsmanagements* ergibt die Auswertung entsprechender Quellen[28] folgende wettbewerbsstrategische Optionen:
- Existenz organisatorischer Einheiten zur gezielten Innovationsgenerierung (Vorschlagswesen und Qualitätszirkel),
- Häufigkeit von Produktänderungen,
- Innovationsbemühungen: Nur Produktionsbereich/gesamte Wertschöpfungskette,
- Kundeneinbezug bei der Innovationssuche,
- Anzahl der Vorschläge und gemeldeten Patente.

Weitere Optionen sind im Bereich des *Zeitmanagements* zu sehen. Eine Auswertung des wettbewerbsstrategischen Ansatzes von Stalk/Hout[29] resultiert in folgenden Optionen:
- kosten-/zeitorientierte Gestaltung der Wertschöpfungskette,
- wenige, große/viele, kleine Innovationen,
- wenige/viele Varianten (starre/flexible Produktion),
- preis-/zeitsensible Abnehmergruppen.

Schließlich zeigen sich durch die zunehmende Bedeutung der Umweltschutzproblematik strategische Optionen im Bereich des Wettbewerbsfaktors *Umweltschutzmanagement*:[30]
- umweltschutzbezogene Aussagen in den Unternehmungsgrundsätzen,
- Umweltschutzmaßnahmen als Wettbewerbsvorteil/-nachteil,
- Streben nach Differenzierung mittels umweltgerechterer Produkte,
- Existenz organisatorischer Einheiten für Umweltschutzaufgaben,
- Streben nach umweltgerechter Gestaltung des Produktionsprozesses und der Produkte.

Unter Berücksichtigung der (bedingenden) *»Faktoren Strategischer Wahl«* wie »Machbarkeit/Prinzipielle Durchführbarkeit der Strate-

28 Vgl. z. B. Maas, 1990, Meffert, 1976, Little, 1988, Wicher, 1991.
29 Vgl. Stalk/Hout, 1991, weitere Zeitmanagement-Ansätze finden sich z. B. bei Lardi/Langmoen, 1992, Geschka, 1993, oder Kirschbaum, 1995.
30 Vgl. z. B. Annighöfer, 1991, oder Steinle/Lawa/Schollenberg, 1994.

gie(en)«, der vorhandenen Managementqualität (Können/Motivation der Strategieträger), der Erfolgs-/Gewinnorientierung, der Unternehmungskultur und -philosophie sowie der sich anschließenden Strategieimplementation und Strategiekontrolle können schließlich *»Grundstrategien«* (wie Investitionsstrategien, selektive Strategien oder Desinvestitionsstrategien) formuliert werden.

Das *Implementationssystem* steht grundlegend in einer Umsetzungsfunktion in Bezug auf das planerisch ausgerichtete Konzeptionssystem, wo lediglich die grobe Richtung entwickelt wird.[31] Im Rahmen der Umsetzung gilt es, entsprechende Teilstrategien abzuleiten und auszudifferenzieren, an betroffene Bereiche und Trägergruppen zu vermitteln und insgesamt für eine freiwillig-zustimmende Akzeptanz zu sorgen. Dies verdeutlicht die unabdingbare Notwendigkeit, das Führungskonzept entsprechend auszubilden und über Motivations- und Anreizgestaltung eine hohe Umsetzungsneigung hervorzurufen. Ansatzpunkte sind dabei zunächst die strategischen Grobpläne, die über die Operative Planung in Bereichsplanungen und Detailprogramme für die Strategischen Geschäftseinheiten und die Funktionsbereiche herunterzubrechen sind. Den Kern der Umsetzungsaktivitäten bilden dann allerdings Anpassungen in Organisations- und Führungssystemen. Sie schaffen die strukturellen Voraussetzungen für die Realisierung der strategischen Absichten.

Das *Entwicklungssystem* schließlich sorgt über Kontrollvorgänge für eine zuverlässige Basis für geplante Änderungen. Es bildet damit das unabdingbar notwendige Verbindungsglied in der strategischen Steuerung der Unternehmung. Seine Grundprägung kann mit der Fragestellung verdeutlicht werden: »Befinden wir uns mit unserer Strategie vor den »kritischen« Wegmarken und unserer Kondition noch auf dem »richtigen«, erfolgsorientierten Weg?«

Damit geht es hier aber nicht nur um die Sicherstellung der von der Planung bestimmten Strategie – dies wäre vielmehr Aufgabe der operativen Kontrolle bzw. fortentwickelt eines operativen Controllings –, sondern vielmehr um die Sicherstellung des Überlebens und der Weiterentwickung der Unternehmung insgesamt. Das Entwicklungssystem kompensiert das stets bestehende Selektionsrisiko der Planung (vgl. Steinmann/Hasselberg, 1988). Dies kann beispielsweise über Informa-

31 Vgl. z. B. Dörler et al., 1989, Steinmann/Hasselberg, 1988.

tionsbereitstellung, koordinierendes Planungsmanagement und insbesondere über die Aufbereitung von Ergebnissen der Früherkennung geschehen. Damit zeigen sich hierin zentrale Elemente einer strategischen Controlling-Konzeption, wie sie in Abbildung 9 überblicksartig verdeutlicht werden.

Insgesamt ist das Entwicklungssystem – und das zeigt auch Abbildung 8 – lediglich aus darstellungstechnischen und heuristischen Gründen als der »Konzeption« und Implementation« nachgelagertes Handlungsbündel eingeordnet worden. Seine Rolle in der realen Praxis ist jedoch – und das zeigen die entsprechenden Wirkungspfeile – eine gleichzeitige Handlungsbeobachtung und -beeinflussung.

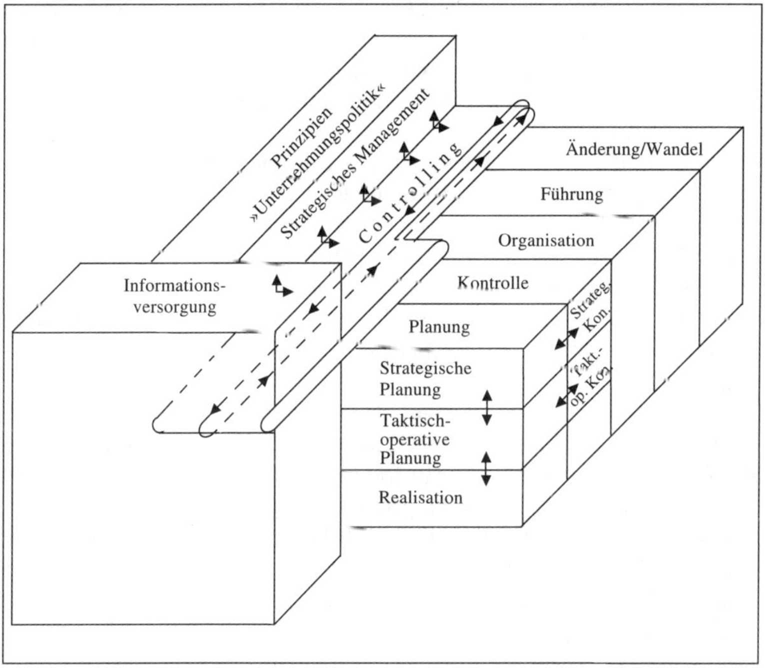

Abbildung 9: Planung, Kontrolle und Controlling – Elemente einer strategischen Controlling-Konzeption

2.2.2 Das Erfolgsfaktorenmodell und seine Komponenten

2.2.2.1 Selektion erfolgskritischer Bereiche aus dem entwickelten Gerüst und ihr Zusammenhang

Die Zielorientierung des Strategischen Managements im entwicklungssichernden Aktivitätsbereich liegt in der grundlegenden Fragestellung: »Tun wir das richtige?« Im Mittelpunkt der Erfolgsfaktorenforschung und der Erfolgsfaktorenkonzepte steht dagegen die Frage: »Welches sind die kritischen Faktoren für unseren Erfolg und wie können wir diese Faktoren beeinflussen?«. Erfolgsfaktoren kommt damit eine wichtige Rolle einerseits als Prüfbasis für die gegenwärtigen Strategien und damit für entwicklungssichernde Aktivitäten im Bereich des Strategischen Managements zu, andererseits stellen sie Orientierungsfelder für die konzeptionell-planerischen Aktivitäten dar. Die Erfolgsfaktorenforschung beschäftigt sich mit den Schlüsselfaktoren des übergeordneten Unternehmungserfolgs.

Dabei steht die Analyse des *positiven* Unternehmungserfolges – nicht aber des negativen Erfolges, der in der Krisen- oder Insolvenzforschung behandelt wird – im Vordergrund. Grundlegend ist bei der positiven Erfolgsorientierung die Annahme, daß Erfolg und Mißerfolg auf die gleichen *Ursachenkategorien* zurückzuführen sind. So wird z. B. angenommen, daß der EDV-Einsatz (je nach Ausprägung) sowohl zu positivem als auch zu negativem Erfolg beitragen kann bzw. mit diesem einhergeht.

Eine Spezifikation des Konzeptes erfolgt dabei insbesondere durch die Idee *kritischer* Erfolgsfaktoren, die den Erfolg einigen wenigen Einflußfaktoren zuschreibt (vgl. Hoffmann, 1986). Die Intention ist damit die Ermittlung wesentlicher, langfristig gültiger Erfolgsursachen.

Erfolg wird im HEFAP in »klassisch-betriebswirtschaftlicher« Sicht über zwei Indikatorgrößen gemessen:
- ROI (»Return on Investment«) und
- CF (»Cash flow«).

ROI – als eher längerfristig orientierte finanzwirtschaftliche Kennziffer – umschreibt dabei den Gewinn im Verhältnis zum »Investment«, das in grober Annäherung in Form des eingesetzten Anlage- und Umlaufvermögens identifiziert werden kann. *Cash flow* – als eher kürzerfristig orientierte ökonomisch-monetäre Größe – umfaßt die (verdienten) Abschreibungen und den erreichten Gewinn.

Als erfolgreich werden im HEFAP Unternehmungen eingeordnet, die im Vergleich zu ihrer Branche in den letzten fünf Jahren ein besseres oder deutlich besseres Ergebnis beim ROI oder Cash flow vorweisen können.

Werden diese Überlegungen auf das detaillierte Gerüst zur Erfassung des Unternehmungsgeschehens durch den Managementkubus und zum erfolgsorientierten Strategischen Management angewendet, dann können in einer groben Differenzierung exogene sowie endogene Erfolgsfaktorbereiche unterschieden werden; siehe zum Erfolgsfaktorenmodell des HEFAP's im Überblick Abbildung 10 (S. 52).

Die exogenen (»von außen kommenden«) Erfolgsfaktoren zeigen sich in zwei Blöcken von Variablen:

I. Merkmale der globalen/makroökonomischen Umwelt
II. Merkmale der marktlichen Umwelt.

Beide Blöcke sind als inhaltliche Präzisierungen der »umhüllenden« Umwelt zu sehen. Die *globale Umwelt* umfaßt die Entwicklung der Konjunktur sowie Gegebenheiten prinzipiell verfügbarer Fertigungstechnologien.

Die *marktliche Umwelt* umfaßt neben der Branchenzugehörigkeit insbesondere die Bestimmung der wichtigsten Produktgruppe, wobei auf deren Situation (Konkurrenzsituation, Abhängigkeit von Abnehmern/Lieferanten) sowie entsprechender Chancen- und Risikenpotentiale einzugehen ist.

Die endogenen (»primär von innen heraus entstehenden«) Erfolgsfaktoren zeigen sich in vier Blöcken von Variablen:

III. Merkmale der Unternehmung
IV. Strategische Faktoren/Optionen
V. Faktoren Strategischer Wahl
VI. Grundstrategien

Die *Merkmale der Unternehmung* lassen sich anhand des Managementkubus sehr systematisch über Grundmerkmale, Funktionsbereichskennzeichen, Aspekte des Managementprozesses sowie die empfundenen Stärken und Schwächen innerhalb der Unternehmungsmerkmale bestimmen.

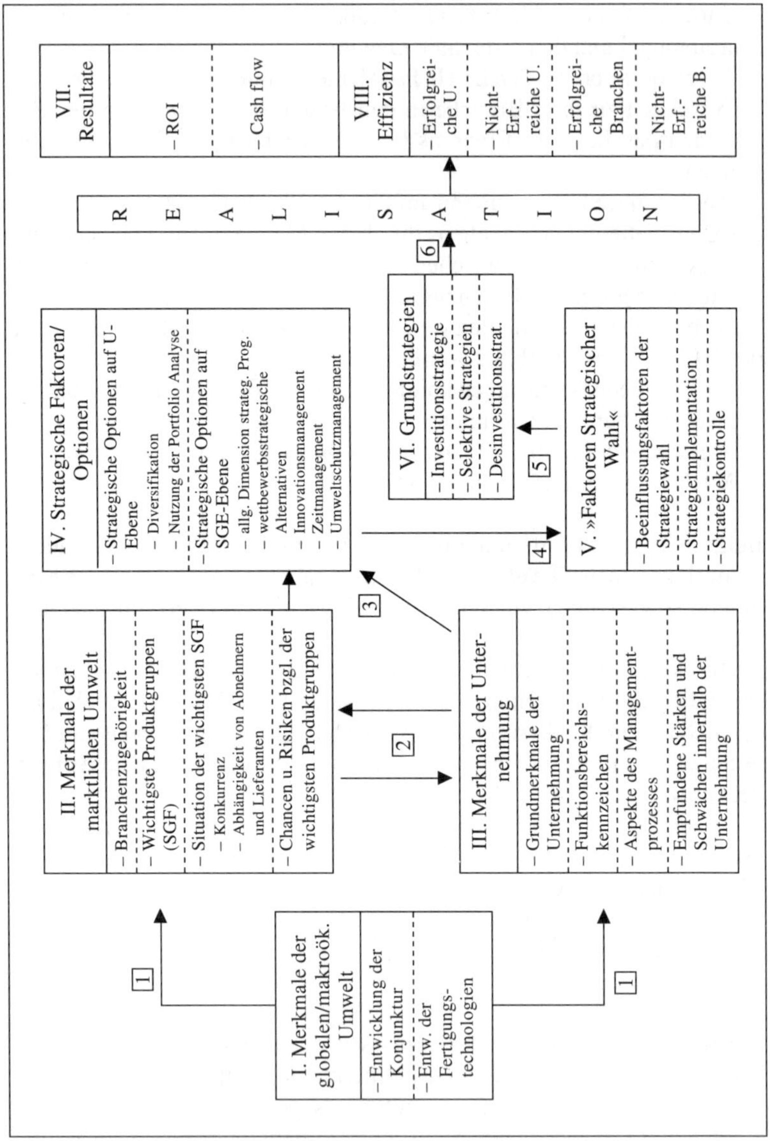

Abbildung 10: Faktorblöcke des HEFAP-Erfolgsfaktorenmodells

Strategische Faktoren/Optionen sind im Rahmen der inhaltlichen Bestimmung des Strategischen Managements breit dargestellt worden. Im HEFAP werden sie zum einen auf die Unternehmungsebene bezogen, wobei hier die Diversifizierungsproblematik (unter Nutzung der Portfoliomethodik) erfolgskritisch erscheint. Auf der Ebene strategischer Geschäftseinheiten (SGE's) sind insbesondere die Dimensionierung sowie die wettbewerbsstrategischen Alternativen (Innovations-, Zeit- und Umweltschutzstrategien) als erfolgsbezogen einzuschätzen.

Die *Faktoren Strategischer Wahl* umfassen Größen, die gleichfalls im Abschnitt 2.2.1.3 bei der inhaltlichen »Füllung« des Strategischen Managements beschrieben wurden: Beeinflussungskriterien der Strategiewahl, Merkmale der Strategieimplementation und Strategiekontrolle sind hier relevante, erfolgbezogene Faktorfelder.

Auch die *Grundstrategien* (Investion/Desinvestition, Selektive Strategien) sind im Rahmen der Diskussion des Strategischen Managements bereits erwähnt worden; sie werden im HEFAP allerdings auf die wichtigste Produktgruppe bezogen, um eine klarere Zuordnungsbasis zu erhalten.

Die Blöcke VII. Resultate und VIII. Effizienz umschreiben den Ergebnisbereich (im Sinne von »Wirkungen«) im HEFAP. Die hier genannten Indikatoren für Erfolg (CF und ROI) sind am Anfang dieses Abschnitts bereits erläutert worden.

Die zwischen die Faktorblöcke eingezeichneten *Beziehungen (1)–(6)* verdeutlichen grundlegend die Verpflichtung des HEFAP's an den Strategieansatz, wie er in Abschnitt 2.2.1.3 (»Erweiterung des Rahmens um die Sichtweise des Strategischen Managements«) skizziert wurde. Hinsichtlich einer Überprüfung dieser Ursachen-Wirkungs-Vermutungen ergeben sich jedoch aufgrund der korrelationsstatistischen Vorgehensweise im HEFAP Schwierigkeiten. Ihre Bewältigung wird im Abschnitt 3.4 verdeutlicht.

2.2.2.2 Entwicklung von Fragebereichen zu den Faktorblöcken

Die vorgenannten Faktorblöcke spannen ein sehr umfassendes und ganzheitlich angelegtes Gerüst erfolgskritischer Sachverhalte auf. Ihre Erhebung in der Praxis erfordert jedoch eine weitergehende Detaillierung, sollen die Fehler vorliegender Erfolgsfaktorenkonzepte im Sinne einer (zu) hoch aggregierenden Verallgemeinerung oder einer allzu eng einschränkenden Extrahierung (vgl. Krüger/Schwarz, 1990, S. 180f.) vermieden werden. Die nachfolgende Darstellung der acht Faktorblöcke des HEFAP's greift dabei einerseits auf wichtige und kritische Erfolgskategorien aus dem Managementkubus und der entwickelten Vorstellung zum Strategischen Management zurück.

Andererseits zeigt sich jedoch, daß diese Überlegungen im Bereich der Produktstrategien, im Feld des Innovationsmanagements, dem neuerdings stark an Bedeutung gewinnenden Zeitmanagement und schließlich dem Umweltschutzmanagement noch nicht so weit konkretisiert worden sind, daß eine hinreichend stringente Ableitung von Fragen unmittelbar möglich wäre. Diese Bereiche, die in der entsprechenden Literatur teilweise direkt als »Erfolgsfaktoren« bezeichnet werden, sollen deshalb nachfolgend aufgegriffen und vor dem Hintergrund wichtiger Ansätze so aufbereitet werden, daß sie als ausformulierte Variablenfelder in die detaillierte Darstellung der acht Faktorblöcke des HEFAP-Erfolgsfaktorenkonzeptes eingehen können (vgl. hierzu Abschnitt 2.2.4).

Da das HEFAP als postalische Fragebogenerhebung konzipiert wurde, mußte dabei – im Sinne des Erhalts einer hohen Antwortbereitschaft – eine Begrenzung auf circa 120 potentiell erfolgskritische Items erfolgen. Dies wirkt aber gleichfalls der Gefahr einer zu hohen Detaillierung entgegen.

2.2.3 Zur Operationalisierung strategie- und querschnitts-funktionsbezogener Erfolgsfaktorbereiche im HEFAP-Ansatz

2.2.3.1 Produktstrategien als Erfolgsfaktoren sowie Entwicklung von Fragefeldern

2.2.3.1.1 Dimensionierung von Produktstrategien nach Bleicher[32]

Um strategische Programme konkret entwickeln zu können, bedarf es der gedanklich vorstrukturierenden Hilfe eines Dimensionierungsrasters. Nach Bleicher stellen sich die einzelnen Dimensionen strategischer Programme bzw. der Produktstrategien i.w.S. wie folgt dar (vgl. Bleicher, 1991, S. 202f.):

32 Die folgenden Ausführungen beziehen sich auf Bleichers Buch »Das Konzept Integriertes Management«, vgl. Bleicher, 1991, insbesondere S. 191–218. Daneben werden aber zur breiteren Fundierung des Ansatzes weitere Quellen herangezogen.

1. Produktprogrammstrategien:
   - Strategien enger oder breiter Leistungsangebote,
   - standardisierte vs. individuelle Problemlösungen.
2. Wettbewerbsstrategien:
   - defensives vs. offensives Strategieverhalten,
   - imitatives vs. innovatives Strategieverhalten.
3. Aktivitätsstrategien:
   - kostenorientierte Rationalisierung vs. nutzenorientierte Optimierung,
   - Wertschöpfungsautarkie vs. Wertschöpfungsverbund.
4. Ressourcenstrategien:
   - starres vs. flexibles Einsatzpotential,
   - spezialisiertes vs. universelles Leistungsspektrum.

2.2.3.1.2 Produktprogrammstrategien

Bleicher unterscheidet bei den Produktprogrammstrategien zwei Dimensionen (vgl. Bleicher, 1991, S. 203–205):
1. Strategien enger oder breiter Leistungsangebote und
2. standardisierte versus individuelle Problemlösungen.

Generell kann das zu erstellende Leistungsangebot dem Gedanken der Konzentration oder der Dispersion (Streuung) folgen. Der Gedanke der Konzentration führt zu einer Erstellung eines engen Leistungsangebotes und entspricht dem strategischen Prinzip der Kräftekonzentration. Das strategische *Prinzip der Kräftekonzentration* geht von der Überlegung aus, daß nur begrenzte Ressourcen vorhanden sind, die es möglichst effizient einzusetzen gilt. Der Einsatz der knappen Ressourcen ist dort am effizientesten, wo der Grenznutzen am größten ist bzw. wo sie relativ zum Wettbewerb die größten Wirkungen (Stärken-Schwächen-Differenzen) versprechen. Neben dem Streben zur Maximierung der Differenzen zwischen den Stärken und Schwächen ist aber auch die Beachtung des »Konzeptes der kritischen Masse« erforderlich. Dies wird in Abbildung 11 erläutert.

Aus Abbildung 11 wird deutlich, daß die Wirkungskurve des Ressourceneinsatzes nicht linear verläuft, was konstanten Grenznutzen bedeutete. Es gibt vielmehr Bereiche des Ressourceneinsatzes, in denen zusätzlicher Input nur eine geringe Vermehrung der Stärken (Grenznutzen) zuläßt. Am erfolgsträchtigsten sind weitere Ressourceneinsätze

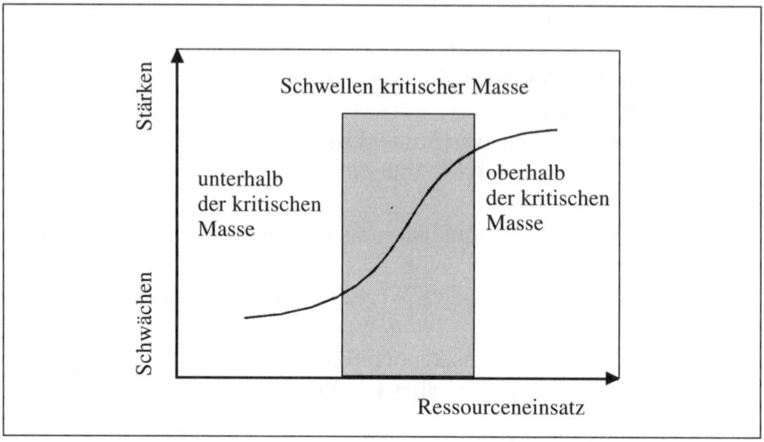

Abbildung 11: Kritische Massen des Ressourceneinsatzes (Bleicher, 1991, S. 197)

innerhalb der »Schwellen kritischer Masse«, da dort relativ leicht Stärkenzuwächse erreicht werden können. Die Wirkungskurve zeigt weiter, daß zur Erzielung eines hohen Niveaus an Stärken ein hoher Ressourceneinsatz nötig ist. Daraus folgt für die Unternehmung mit knappen Ressourcen die Notwendigkeit, diese zu bündeln bzw. zu konzentrieren, um dadurch wenigstens einige *»starke Bereiche«* zu erhalten. Die Unternehmung konzentriert also ihre Kräfte, so daß strategische Stoßkraft erzielt werden kann (vgl. Bleicher, 1991, S. 196ff.).

Darüber hinaus läßt sich die Erstellung eines engen Leistungsangebotes auch produktionstechnisch begründen. Die Massenproduktion von Gütern erlaubt nämlich die Realisierung von Erfahrungskurveneffekten, welche durch die Größendegressionen, den Erwerb von Lernfortschritten, technische Verbesserungen der Produkte und Fertigungsprozesse und allgemein durch die aktiven Rationalisierungsbestrebungen in personeller und organisatorischer Hinsicht entstehen. Das führt zu einer erheblichen Reduzierung der Stückkosten und dadurch zu relativen Preisvorteilen.

Absatzbezogen läßt sich die Einengung des Leistungsangebotes dadurch rechtfertigen, daß dies beim Kunden den Eindruck von herausragender Produktkompetenz unterstützen kann, wenn eine adäquate Umsetzung der Strategie durch die Kommunikationspolitik erfolgt.

Bei der Rechtfertigung enger Leistungsprogramme durch das strategische Prinzip der Kräftekonzentration dürfen dessen Nachteile nicht unberücksichtigt bleiben. Kurzfristig besteht dabei die »Gefahr der Entblößung«, denn das Verhalten und die Stärken der Wettbewerber können nie ganz genau diagnostiziert und prognostiziert werden. Ebenso können Kundenpräferenzen und Marktentwicklungen falsch eingeschätzt worden sein.

Für den *starren Massenfertiger* bedeutet das eine erhebliche Gefahr, da er aufgrund der nur langwierigen Umrüstbarkeit seiner Produktionsstrukturen kurzfristig nicht reagieren kann. Langfristig vermindert also ein enges Leistungsangebot die zukünftigen strategischen Optionen. Dies ist um so gravierender angesichts einer zunehmend komplexeren und dynamischeren Umwelt, deren Chancen und Risiken ständig variieren. Es besteht die Gefahr des nur schwer korrigierbaren »Setzens auf das falsche Pferd« (vgl. Bleicher, 1991, S. 196ff.).

Die *Strategie des breiten Leistungsangebots* folgt hingegen dem Gedanken der Dispersion, wodurch eine Vielzahl von Marktsegmenten bedient und die »economies of scope« realisiert werden können. Nebenbei ermöglicht diese Strategie eine erhebliche Risikoverminderung und das Offenhalten vielfältigerer strategischer Optionen.

Außerdem existiert in vielen Bereichen ein Trend zu differenzierteren Kundenbedürfnissen und zu einer Zersplitterung der traditionellen Massenmärkte, dem durch ein breiteres Leistungsangebot entsprochen werden kann (vgl. Bleicher, 1991, S. 205). Dabei verhilft zB. die Anwendung des Baukastenprinzips (»Modularisierung«) zur kostengünstigen Generierung einer Vielzahl von Varianten.

In engem Zusammenhang mit der Leistungsbreite steht die strategische Entscheidung, inwieweit das Angebot individualisiert werden sollte. Als Extrema lassen sich *standardisierte versus individuelle Problemlösungen* nennen. Waren früher individuelle Lösungen zwangsläufig mit hohen Stückkosten verbunden, so erlauben moderne Fertigungstechnologien die kostengünstige Herstellung individualisierter Produkte. So sind die oben erwähnten Extrema (Standardisierung und Individualisierung) als Endpunkte eines Kontinuums zu sehen.

Aus der Verbindung beider Dimensionen der Produktprogrammstrategie leitet Bleicher zwei extreme typologische Muster ab (vgl. Bleicher, 1991, S. 206):

1. standardisiertes Massenprogramm und
2. individuelles Nischenprogramm.

Das erste Muster enthält ein enges, in Massen hergestelltes Leistungsangebot zur Generierung standardisierter Problemlösungen. Das zweite Muster beinhaltet eine breite, viele Marktsegmente bzw. Nischen ansprechende Angebotspalette mit individuellen Problemlösungsangeboten.[33]

Interessant für die Erfolgsfaktorenforschung ist es nun zu klären, welche strategische Ausrichtung mit Erfolg einhergeht. Mit folgenden Fragen soll dies bestimmt werden:

Verfolgen Sie eher das Ziel der Erstellung enger Leistungsangebote?

oder

Verfolgen Sie eher das Ziel der Erstellung breiter Leistungsangebote?

Streben Sie eher standardisierte Problemlösungen an?

oder

Streben Sie eher individualisierte Problemlösungen an?

2.2.3.1.3 Wettbewerbsstrategien[34]

Bei der Dimensionierung der Wettbewerbsstrategien unterscheidet Bleicher (vgl. Bleicher, 1991, S. 207):

1. defensives versus offensives Strategieverhalten und
2. imitatives versus innovatives Strategieverhalten.

Ein *defensives* (abwehrendes) *Strategieverhalten* ist in seinem Kern reaktiv und retrospektiv. Reaktiv bedeutet, daß sich die Unternehmung an dem bereits erfolgreichen Wettbewerbsverhalten der Konkurrenz orientiert. Retrospektiv impliziert, daß man bei zunehmendem Wettbewerbsdruck am traditionellen Vorgehen (zu lange) festhält. Kennzeichnend für solche Unternehmungen ist auch das Streben nach friedlicher Koexistenz mit der Konkurrenz.

33 Dazu sind jeweils die beiden Mischtypen zu sehen.

34 Der Begriff »Wettbewerbsstrategie« wird hier im engeren Sinne verwendet und bedeutet »Verhalten der Unternehmen im Wettbewerb«. Generell können aber alle Dimensionen strategischer Programme unter diesem Begriff (dann i.w.S.) subsumiert werden, da immer die Schaffung von Wettbewerbsvorteilen angestrebt wird. Vgl. Bleicher, 1991, S. 207.

Offensives Strategieverhalten kann als aktiv und prospektiv charakterisiert werden; zudem ist ihm eine gewisse Agressivität immanent. Stalk und Hout sprechen diesbezüglich auch von Angriffsverhalten. Dabei unterscheiden sie den direkten und den indirekten Angriff.

Der direkte Angriff ist mit einer erheblichen Preissenkung verbunden, um die Absatzmenge zu erhöhen. Die Erfolgswirksamkeit dieses Vorgehens ist schwer einschätzbar, da eine ruinöse Konkurrenz einsetzen kann, deren Ausgang kaum vorhersagbar ist. Weniger gefährlich und kapitalintensiv sind hingegen indirekte Angriffe. Zu den Instrumenten des indirekten Angriffs gehört beispielsweise eine aktive Produktpolitik (z.B. Produktinnovationen). Damit geht meist eine Neusegmentierung des Marktes einher, wobei dann oft die jeweils attraktivsten Zielgruppen anvisiert werden (vgl. Stalk/Hout, 1991, S. 295f.).

Als zweite Dimension der Wettbewerbsstrategien führt Bleicher *imitatives versus innovatives Strategieverhalten* an. Dabei sind zwei Rollen im Markt prinzipiell möglich; erstens die des »followers« und zweitens die des »leaders«. Der follower imitiert die erfolgreichen Innovationen des leaders. Damit geht er nur geringe (Flop-)Risiken ein, kann aber unter Umständen den Vorsprung des leaders nicht mehr einholen. Dennoch sind eingesparte F&E-Aufwendungen und Markteinführungskosten nicht zu unterschätzen. Der leader muß, um seine Position zu verteidigen, mit ständig neuen Innovationen aufwarten.[35]

Werden beide Dimensionen der Wettbewerbsstrategie kombiniert, so erhält man nach Bleicher die Extremtypen (vgl. Bleicher, 1991, S. 208):
1. Konformist und
2. Pionier.

Der *Konformist* zeichnet sich durch defensives und imitatives Strategieverhalten aus, während der *Pionier* sich offensiv und innovativ verhält. Außerdem sind Unterschiede beim Markteintritts- und -austrittsverhalten festzustellen. Der Pionier ergreift frühzeitig neue Marktchancen und verläßt stagnierende und schrumpfende Märkte auch wieder relativ schnell. Der Konformist empfindet bestehende Marktzutrittsbarrieren und -austrittsschranken als sehr hoch, weshalb er tendenziell lange zögert, sich zu verändern. Zudem ist seine Unternehmungsphilosophie

35 Ein gutes Beispiel für einen derartigen »leader« ist die Firma »Sony«, deren Unternehmungsphilosophie darin besteht, ständig neue Produkte in kürzestmöglicher Zeit auf den Markt zu bringen. Vgl. Morita, 1986.

eher konservativ und auf das Halten bestehender Marktpositionen bedacht.

Zur Abtestung, ob eine Unternehmung eher als Pionier oder Konformist einzuschätzen ist bzw. welches Verhalten eher mit Erfolg einhergeht, bieten sich folgende Fragen an:

Verhalten Sie sich im Markt eher abwartend und versuchen bestehende Positionen zu halten?

oder

Versuchen Sie eher, alte Wettbewerbsstrukturen aktiv zu ändern?

Neigen Sie eher dazu, nur bewährte Wettbewerbsverhaltensmuster zu übernehmen und einzusetzen?

oder

Versuchen Sie eher, durch ständig neue Innovationen Wettbewerbsvorteile zu erringen?

2.2.3.1.4 Aktivitätsstrategien

Eine Unternehmung läßt sich als ein »Aktivitätszentrum« verstehen, das letztlich darauf gerichtet ist, Leistungsangebote für den Markt zu erstellen. Die Wertschöpfungskette als analytisches Instrument gliedert eine Unternehmung in strategisch relevante Tätigkeiten (vgl. Porter, 1992, S. 63), um dadurch zu spezifischeren Aussagen bezüglich des Kostenverhaltens zu gelangen sowie potentielle Differenzierungsquellen aufzufinden. Wenn nun eine Unternehmung diese marktorientierten Aktivitäten kostengünstiger oder nutzenbringender für den Kunden als seine Konkurrenten erledigen kann, so verschafft es sich dadurch Wettbewerbsvorteile (vgl. Porter, 1992, S. 59).

Die Verwendung des analytischen Instruments der Wertschöpfungskette kann darüber hinaus auch den Vorteil haben, ein breiteres Innovationsverständnis in der Unternehmung zu erzeugen, das sich nicht nur auf Produktinnovationen, sondern auf alle *Wertschöpfungsaktivitäten* bezieht und mithin das Innovationsmanagement stimuliert. So zeigt eine amerikanische Untersuchung die Wichtigkeit breit angelegter Innovationsstrategien auf (siehe Abbildung 12). Danach verdanken zwar fast 50 Prozent der innovativen Unternehmungen ihren Anfangserfolg einer Produktinnovation, den Dauererfolg führen aber 56 Prozent der Unternehmungen auf eine innovative Wertschöpfungsstrategie zurück, denn diese schafft höhere Nachahmungsbarrieren (vgl. Pernicky, 1988, S. 139f.).

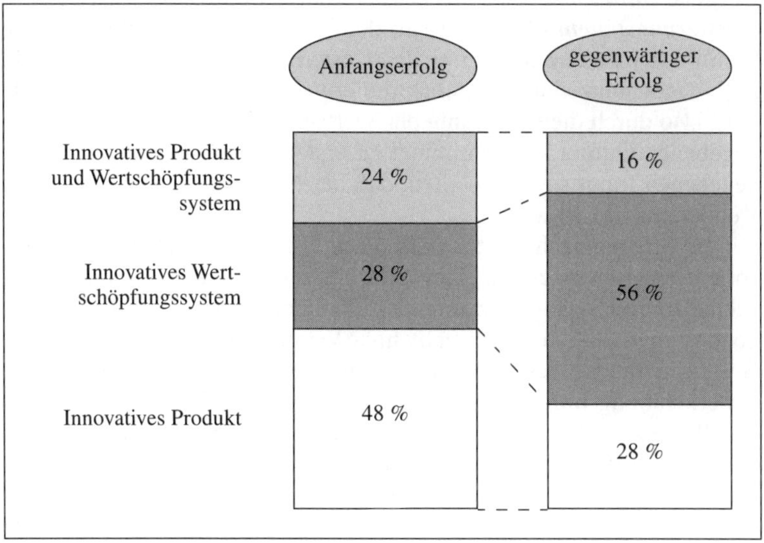

Abbildung 12: Verlagerung des Innovationsschwerpunktes im Zeitablauf (Pernicky, 1988, S. 140)

Reine Produktinnovationen können hingegen zunehmend schneller imitiert werden.[36] Dadurch verringert sich aber der Innovationsbonus, so daß die F&E-Investionen sich erst (wenn überhaupt) später amortisieren.

Nach Bleicher lassen sich bei der strategischen Gestaltung der Wertschöpfungskette zwei wesentliche Fragestellungen, die zu dimensionalisieren sind, unterscheiden (vgl. Bleicher, 1991, S. 209ff.):

36 So klagt z. B. Morita – Chef von Sony: »Heute, (1986, Anm. d. Verf.) haben wir kaum noch einen dreimonatigen Startvorsprung, ehe die anderen als Wettbewerber mit einem Produkt auf den Markt drängen, das von uns entwikkelt wurde.« (Morita, 1986, S. 138)

1. kostenorientierte Rationalisierung versus kundennutzenorientierte Optimierung,
2. Wertschöpfungsautarkie versus Wertschöpfungsverbund.

Die erste Dimension beinhaltet das kostenorientierte Suchen nach *Rationalisierungspotentialen* innerhalb der Wertschöpfungskette, um eine bestimmte Leistung mit minimalen Kosten zu realisieren. Das Streben nach kundennutzenorientierter Optimierung ist der Gegenpol. Einerseits wird also durch die Gestaltung der Wertschöpfungskette versucht, den gegebenen Output kostenminimal zu erstellen und andererseits einen gegebenen Input so zu gestalten, daß der Nutzen des Outputs für den Kunden maximiert wird.

Dem Streben nach *Wertschöpfungsautarkie* (zweite Dimension) entspricht die Beherrschung einer Vielzahl von Aktivitäten und der Versuch, dadurch Synergien zu erzielen. Tendenziell wird eine dies anstrebende Unternehmung eine relativ hohe Wertschöpfungstiefe aufweisen. Bei der Strategie des Wertschöpfungsverbundes beschränkt sich die Unternehmung hingegen auf bestimmte Kernfähigkeiten (»centers of excellence«) und vergibt die anderen Tätigkeiten extern, sofern sie dort günstiger erbracht werden können (outsourcing). Das entspricht dem Prinzip der Kräftekonzentration. Unabdingbare Prämisse dafür ist jedoch eine relativ stabile und verläßliche Umwelt (insbesondere die Lieferantenbeziehungen). Der Vorteil besteht darin, daß die Komplexität des internen Leistungserstellungsprozesses und damit dessen Koordinationsaufwand reduziert werden, was tendenziell geringere Kosten zur Folge hat. Abbildung 13, die beispielhaft den Einfluß von zunehmender Komplexität auf den relativen Anteil indirekter Kosten im Produktionsbereich aufzeigt, verdeutlicht diesen Zusammenhang.

Vor diesem Hintergrund entwickelt Bleicher zwei typologische Grundmuster der Aktivitätsstrategien (vgl. Bleicher, 1991, S. 211):
1. Streben nach Nutzung eines internen Synergiepotentials (innerhalb der eigenen Aktivitäten),
2. Streben nach Nutzung eines externen Synergiepotentials (mit Kunden und Lieferanten).

Bei dem ersten Grundmuster versucht die Unternehmung also, die Wertschöpfungskette so zu gestalten, daß die Kundenbedürfnisse mit vorhandenen Ressourcen optimal befriedigt werden können, indem es den Wertschöpfungsverbund mit Kunden und Lieferanten anstrebt. Unternehmen, die das zweite Grundmuster

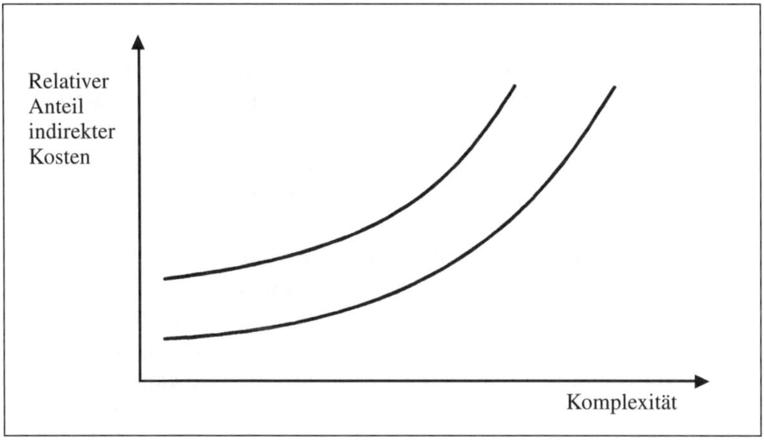

Abbildung 13: Komplexität und relativer Anteil indirekter Kosten in der Produktion (Maier-Rothe, 1988, S. 157)

präferieren, gestalten die Kette so, daß sie kostenminimal einen bestimmten Output erbringen können, indem sie möglichst viele interne Synergiepotentiale ausschöpfen.

Zum Test, welche Strategie mit Erfolg einhergeht, bieten sich folgende Fragen an:

Streben Sie bei Ihrer wichtigsten Produktgruppe an, einen Kostenvorsprung zu erreichen?

oder

Streben Sie an, Ihr Produkt unnachahmlich von der Konkurrenz abzugrenzen?

Versuchen Sie möglichst viele Aktivitäten in der Unternehmung durchzuführen, um interne Synergien auszunutzen (tendenziell hohe Fertigungstiefe)?

oder

Konzentrieren Sie sich auf bestimmte Kernfähigkeiten (tendenziell geringe Fertigungstiefe)?

2.2.3.1.5 Ressourcenstrategien

Bei den Ressourcenstrategien, die die Art des Aufbaus und des Einsatzes der betrieblichen Produktionsfaktoren bestimmen, differenziert Bleicher zwischen zwei Dimensionen (vgl. Bleicher, 1991, S. 212ff.):
1. starres versus flexibles Einsatzspektrum,
2. spezialisiertes versus universelles Leistungsspektrum.

Die erste Dimension umfaßt die *Art und Weise des Ressourceneinsatzes* allgemein. Beim starren Einsatzspektrum werden die quantitativen Kapazitäten der Leistungspotentiale möglichst voll ausgenutzt, um Leerkosten zu vermeiden. Dies läßt sich hervorragend mit einer abgetakteten, starren Transferstraße realisieren, wobei die Abläufe exakt vorher geplant werden können. »Demgegenüber erfolgt bei einer Strategie des flexiblen Einsatzspektrums die Zuordnung der Ressourcen lediglich in groben Rahmenplänen, während der konkrete Einsatz kurzfristig und situationsspezifisch festgelegt wird. Vorrang hat bei dieser Planung eine größtmögliche Flexibilität der Potentiale hinsichtlich ihres Einsatzes, weshalb teilweise auch Überkapazitäten in Kauf genommen werden.« (vgl. Bleicher, 1991, S. 213)

Die zweite Dimension untersucht die *Einsatzmöglichkeiten der Leistungspotentiale* (ohne Humanpotential). In produktionstechnischer Hinsicht kann man von der qualitativen Kapazität sprechen, also der Fähigkeit einer Anlage, qualitativ verschiedenartige Arbeitsgänge auszuführen.

Bei einer Strategie des spezialisierten Leistungsspektrums der Ressourcen werden z. B. Spezialmaschinen genutzt, die zwar innerhalb ihres Aufgabenbereiches sehr kostengünstig arbeiten aber – wenn überhaupt – nur schwer umrüstbar sind.

Bei der Ressourcenstrategie universeller Leistungsspektren werden hingegen vorwiegend Universalmaschinen mit großer qualitativer Kapazität genutzt, die eine hohe fertigungstechnische Flexibilität aufweisen.

Vorgenannte Dimensionen beziehen sich prinzipiell nicht nur auf den Produktions- sondern auf alle Unternehmungsbereiche. Bei den Finanzanlagen z. B. äußert sich eine spezialisierte Strategie in langen Bindungsdauern mit hoher Verzinsung. Im Gegensatz dazu stehen gefüllte »Kriegskassen«, die sich zwar nur niedrig rentieren, dafür aber sofort für lohnende, sich kurzfristig eröffnende, Investitionschancen einsetzbar sind.

Als Ergebnis dieser Dimensionierung erhält Bleicher zwei typologische Extrema (vgl. Bleicher, 1991, S. 214):

1. deterministische Ressourcenzuordnung und
2. nutzungsoffene Ressourcenvorhaltung.

Extremtyp 1 (deterministische Ressourcenzuordnung) ist durch ein starres Einsatzspektrum gekennzeichnet, wobei, wie bereits erwähnt, die Leistungspotentiale möglichst voll ausgelastet werden sollen, was eine exakte Planung erfordert. Dabei werden spezialisierte Potentiale genutzt. Beim zweiten Extremtyp ist das Einsatzspektrum flexibel, d. h. die Zuordnung der Ressourcen erfolgt nur in Rahmenplänen, in welchen die Abläufe nicht *ex ante* im einzelnen festgelegt werden. Das Leistungsspektrum ist durch Universalität gekennzeichnet, um der Unternehmung ein Höchstmaß an Flexibilität zu ermöglichen.

Entsprechende Fragen zur Untersuchung der Erfolgsrelevanz der verschiedenen Ressourcenstrategien lassen sich folgendermaßen formulieren:

Wird der Einsatz der Ressourcen bzw. Leistungspotentiale (z. B. Maschinen) vorwiegend vorab exakt geplant (starrer Einsatz)?

oder

Wird der Einsatz vorwiegend nur grob geplant, um hohe Flexibilität zu erreichen (flexibler Einsatz)?

Werden vorwiegend spezialisierte Leistungspotentiale genutzt?

oder

Werden vorwiegend universell einsetzbare Leistungspotentiale genutzt?

2.2.3.2 Innovationsmanagement als Erfolgsfaktor

2.2.3.2.1 Bedeutung von Innovationen

Die Innovationstätigkeit ist ein wichtiger Faktor zur Sicherung der langfristigen Überlebensfähigkeit von Unternehmungen (vgl. Stalk/Hout, 1991, S. 131ff.). In einer Zeit, in der sich der Wettbewerb und die Marktbedingungen immer dynamischer und diskontinuierlicher gestalten und die unternehmerische Tätigkeit zunehmend internationalisiert wird, ist das Management gezwungen, schnell und flexibel auf die veränderten Rahmenbedingungen einzugehen. Aktives Gestalten der Marktbedingungen soll den Handlungsspielraum der Unternehmung erhöhen und eine starke Marktposition gewährleisten. Dabei nehmen Innovationen und ihr aktives Management eine zentrale Rolle ein.

»Innovationen« können sich dabei nicht nur auf neue Produkte oder Produktionsverfahren beziehen; neue Serviceleistungen oder Marketingstrategien sind z. B. ebenfalls geeignet, Wettbewerbsvorteile zu begründen. Idealtypischerweise sollte sogar die gesamte Wertschöpfungskette nach Innovationsmöglichkeiten abgesucht und innovativ umgestaltet werden (vgl. Pernicky, 1988, S. 137ff.).

Die Innovationstätigkeit wird in einer dynamischen Umwelt zum zentralen Erfolgsfaktor im Wettbewerb (vgl. Riekhof, 1987, S. 14). Das Generieren von Innovationen umfaßt dabei neben einer sachbezogenen (Entwicklung der »richtigen« Innovation) eine zeitbezogene Komponente, denn die benötigte Innovationszeit – insbesondere für Produktinnovationen – entscheidet zunehmend über deren Erfolgsträchtigkeit.[37]

Neben der betriebswirtschaftlichen Bedeutung der Innovationen ist aber auch deren volkswirtschaftliche Dimension zu beachten. So vergleicht z. B. McWilliams die Entwicklung des Bruttosozialproduktes (BSP) und der Forschungs- und Entwicklungsausgaben einer Volkswirtschaft und kommt zu interessanten Ergebnissen. Danach haben tendenziell diejenigen Volkswirtschaften die größten jährlichen Wachstumsraten des BSP vorzuweisen, deren F&E-Aufwendungen (p.a.) auch am stärksten steigen.

2.2.3.2.2 Stand der Innovationsforschung und Folgen für die weitere Vorgehensweise

Die Konzeptualisierung des »Innovationsmanagements« für den HEFAP-Modellrahmen erfordert zunächst eine kritische Würdigung der Innovationsforschung. Bei deren Reflexion zeigen sich aber schnell Probleme. So wird z. B. oft nur der »Output«, d. h. bereits stattgefundene Innovationen, betrachtet, ohne daß der »Input« des Innovationsprozesses ausreichend analysiert wird. Somit gehen wichtige Erkenntnisse darüber verloren, worin die unternehmerischen Ansatzpunkte erfolgreichen

37 Eine Auflistung diesbezüglicher empirischer Forschungsergebnisse gibt z.B. Simon, 1989, S. 86. Weitere Ausführungen zu dieser Thematik finden sich in Abschnitt 2.2.3.3 »Zeitmanagement«.

Innovierens zu finden und wie sie zu gestalten sind (vgl. Wicher, 1991, S. 17ff.). Werden diese internen Charakteristika direkt betrachtet, so handelt es sich dabei zumeist um die Überprüfung relativ banaler Plausibilitätsüberlegungen (z. B.: Je größer der F&E-Bereich, um so größer die Chance, daß Innovationen hervorgebracht werden). Des weiteren ist an vielen Studien zu bemängeln, daß die Auswahl der Indikatoren kaum die Ableitung eines ganzheitlichen Modellrahmens erlaubt und daß zusätzlich das Problem einer zu schmalen empirischen Basis besteht, so daß auch aus diesem Grund generalisierende Aussagen kaum möglich sind (vgl. Wicher, 1991, S. 109ff.).

Wendet man diese Vorüberlegungen auf die Erfolgsfaktorenforschung an, so reicht es nicht aus, den Faktor »Innovationstätigkeit« in den Modellrahmen zu integrieren, da sich dahinter zahlreiche Determinanten des Innovationsverhaltens verbergen. Es ist somit zum einen nötig, diese Determinanten zu identifizieren und zum anderen Möglichkeiten ihrer Operationalisierung und Messung zu analysieren. Schließlich kann dann der interessanten Frage nachgegangen werden, ob die einzelnen Determinanten in einem Zusammenhang stehen und wie dieser gestaltet ist.

Die anschließende Diskussion potentieller Determinanten der unternehmerischen Innovationstätigkeit orientiert sich primär an Maas (1990). Der Vorstellung jeder Determinante folgt die Überprüfung ihrer Operationalisierbarkeit und die Beantwortung der Frage, inwieweit sie im HEFAP-Konzept bereits vorhanden ist oder ob sich ein Handlungsbedarf im Sinne einer Aufnahme zusätzlicher Fragen ergibt.

2.2.3.2.3 Determinanten der Innovationstätigkeit nach Maas und ihre Beziehungen untereinander

Maas bietet mit seiner Darstellung potentieller Determinanten betrieblichen Innovationsverhaltens einen breiten Überblick bezüglich bisher durchgeführter Forschungsaktivitäten auf diesem Gebiet (vgl. Maas, 1990, S. 54ff.).

Die *»Unternehmensgröße«* ist für die Innovationstätigkeit insofern relevant, als nur hinreichend große Unternehmungen das Risiko von Innovationen tragen können. Diese allgemeine Aussage sollte jedoch durch eine Differenzierung relativiert werden, die besagt, daß Spezialunternehmungen die Entwicklung, Großunternehmungen jedoch die

Einführung und systematische Weiterentwicklung von Innovationen begünstigen.[38]

Zur Charakterisierung der Innovationstätigkeit nennt Maas noch weitere allgemeine Merkmale der Unternehmungen, wie z. B. *»Einschätzung der Entwicklungsaussichten«, »ökonomische Situation«, »Charakteristika der Produktionslinien« und die »Kompatibilität der Neuerung mit dem Produktionsprogramm«.*

Als einen weiteren Indikator nennt Maas die »Wirtschaftlichkeit«, die mit Hilfe weiterer Variablen operationalisiert werden muß. Dafür eignen sich z. B. die »Ressourcenausstattung der F&E-Abteilung« und die »Marktdurchdringungspotentiale«.[39]

Des weiteren sollen die *»Charakteristika der an Innovationen beteiligten Individuen«* dazu dienen, die personelle Bereitschaft und Fähigkeit zum Innovieren zu ermitteln. Das *»Können«* kann dabei durch Ersatzindikatoren wie *»formale Qualifikation«* oder *»kreatives Potential«* erfragt werden. Dabei ist jedoch zu berücksichtigen, daß zum einen die formale Qualifikation das sogenannte »learning-by-doing« ebensowenig berücksichtigen kann wie nebenberufliche Weiterbildung. Zum anderen ist die Kreativität kaum exakt ermittelbar. Die Frage nach dem Anteil an Hochschulabsolventen wäre dennoch interessant, da sie zumindest eine tendenzielle Einschätzung erlaubt. Des weiteren ist in diesem Zusammenhang die Betrachtung des innerbetrieblichen Personalentwicklungssystems und die innovationsförderliche Ausgestaltung des Anreizsystems (z. B. hinsichtlich Erfolgsbeteiligung und Beförderungskriterien) interessant.

Eine Möglichkeit zur Bewertung des kreativen Potentials könnte darin bestehen, die Entwicklung der innerbetrieblich generierten Lösungen und Vorschläge im Zeitablauf zu betrachten.

Beispielsweise existieren in der Firma »Nissan« 4000 Qualitätszirkel, die jährlich 23 000 Lösungen generieren! (vgl. Maury, 1991, S. 65) Ein anderes Bei-

38 Vgl. Kantzenbach, 1979, S. 220ff. Mit der Unternehmungsgröße zusammenhängend können Indikatoren wie Beschäftigten- und Umsatzentwicklung herangezogen werden, die im HEFAP-Fragebogen schon enthalten sind.

39 Da die Wirtschaftlichkeit jedoch eine vorab sehr schwer einschätzbare Determinante ist, empfiehlt es sich für die HEFAP-Zwecke, nicht stärker als im bereits vorgesehenen Ausmaß (Ausstattung der F&E-Abteilung mit Mitarbeitern und Kapital) auf diesen Bereich einzugehen.

spiel bietet der größte Automobilhersteller Japans, Toyota. Dort wurden noch 1951 im Jahr 1000 Verbesserungsvorschläge gemacht, von denen 23 Prozent nutzbar waren (0,1 Vorschlag/Mitarbeiter). 1986 wurden mehr als zwei Millionen Verbesserungsvorschläge gemacht, von denen 96 Prozent brauchbar waren (40 Vorschläge/Mitarbeiter). Das Ausmaß des Kreativitätsgefälles wird deutlich, wenn man die 20 000 Verbesserungsvorschläge, die Citroen 1989 vermeldete, als Vergleichsmaßstab heranzieht (vgl. Maury, 1991, S. 63). Die Mitarbeiter sollten auf allen Ebenen ständig zur Generierung von Verbesserungsvorschlägen angeregt werden. Diese Denkweise wird unter den Begriffen »kaizen« und »continuous improvement« diskutiert (vgl. Bullinger/Wasserloos, 1992, S. 10). Insofern wäre es durchaus interessant, die Entwicklung der Verbesserungsvorschläge im Zeitablauf zu erfragen.

Mit dem gleichen Ziel ist auch die Frage nach der Zahl der Patentanmeldungen zu begründen, da auch diese als Indikator für die Innovationsleistung einer Unternehmung betrachtet werden kann (vgl. Hübl, 1991, S. 23).

Das »*Wollen*« kann wiederum durch die Frage nach »Einstellungen gegenüber Veränderungen« getestet werden, wobei durch das Ankreuzen vorformulierter Statements (deren Wertung generell positiv sein sollte, um zu aussagefähigen Ergebnissen zu gelangen) eine Einstellungsidentifikation möglich ist (vgl. Nagel, 1991, S. 138).

Besonders der Mut zum Risiko und damit zusammenhängend das Zugestehen von Fehlschlägen ohne sofortige drastische Sanktionen sind hierbei als relevante unternehmungskulturelle Charakteristika zu betrachten.[40] Im Zusammenhang mit den personalen Rahmenbedingungen, die die Erzeugung eines innovativen Klimas ermöglichen sollen, ist des weiteren ein besonderes Augenmerk auf einen kooperativen Führungsstil zu richten, der die Intention verfolgt, das Potential der Mitarbeiter zu nutzen und gleichzeitig den Strategieträgern der Unternehmung Routineaufgaben abzunehmen (vgl. Baran/Zandan/Vanston, 1986, S. 24).

In einer empirischen Studie gab die Mehrheit der Mitarbeiter an, daß Innovationsstreben von den Führungskräften nicht positiv beurteilt wurde und eine Ermutigung zur Innovationstätigkeit nicht erfolgte. Interessant ist dieses vor dem Hintergrund, daß die zuvor befragten Vorgesetzten ihre Unternehmung und ihren

40 Im HEFAP findet sich diesbezüglich eine entsprechende Frage im Bereich des Leitbildes. Konkret geht es dabei um die Entwicklungfähigkeit der Unternehmung.

Führungsstil durchaus als innovationsfreundlich eingeordnet hatten (vgl. Kienbaum-Studie von 1989, in: Zanner, 1989, S. 40ff.).

Auch das *»Informationsverhalten«* kann als erklärende Variable der Innovationstätigkeit dienen, wobei es Einfluß auf die Wahrnehmung von Innovationspotentialen, deren Beurteilung und die Schnelligkeit und Kostengünstigkeit ihrer Realisation hat. Im Rahmen einer empirischen Erhebung ist dies aber nur grob abschätzbar.

Außerdem wird der *»Organisationsstruktur«* ein Einfluß auf das Innovationsverhalten von Unternehmungen zugeschrieben. Dabei ist speziell das organisatorische Dilemma zu beachten, daß für die Phasen der Problemwahrnehmung und Ideengenerierung eher eine flexible Organisationsstruktur erfolgsfördernd ist und für die Alternativenauswahl und Implementation eher »straffe« Strukturen sinnvoll sind. Dieses Problem läßt sich jedoch z.B. durch Maßnahmen wie die Einrichtung eines betrieblichen Vorschlagswesens, eines oder mehrerer Kreativitätsstäbe und/oder Arbeitsgruppen (z.B. Qualitätszirkel) beheben, was obendrein den Vorteil einer strukturellen Verankerung des Innovationsmanagements hat.

Zusätzlich könnte die Frage nach der Existenz von Informationszirkeln einen wichtigen Aufschluß über die formale Kommunikationsstruktur geben, wohingegen informelle Kommunikationsstrukturen kaum zu erfassen sind (die Anwendung von Techniken wie der Soziogrammdarstellung sprengt in diesem Fall deutlich den Modellrahmen). Empirisch verifiziert wurde der positive Einfluß »professioneller Außenkontakte« und »Offenheit der Informationskanäle« (vgl. Gussmann, 1988, S. 183). Des weiteren wird eine weitgehende Kommunikationsfreiheit (expliziter Verzicht auf strukturelle Regelungen) als innovationsförderlich betrachtet werden.

Darüber hinaus hat die *»Unternehmungsstrategie«* Einfluß auf das Innovationsverhalten. Beispielsweise werden im Zuge der Verfolgung einer offensiven Strategie eher innovative Mitarbeiter rekrutiert, und es erfolgt tendenziell eine konsequentere Personal- und Organisationsentwicklung. Interessant erscheint in diesem Zusammenhang auch die Frage, ob es überhaupt eine explizite Innovationsstrategie in der Unternehmung gibt, so daß systematisch neue Leistungen und Produkte entwickelt werden (vgl. Tiby, 1988, S. 91ff.). Eine derartige Strategie zeichnet sich durch das ständige Bemühen um Differenzierungsvorteile gegenüber den Konkurrenten aus, das durch eine adäquate Unternehmungskultur abgestützt werden sollte (vgl. z. B. Berninghaus, 1991, S. 51ff.). Verfügt die Unternehmung über eine Unternehmungskultur, die die Verfolgung einer Vision unterstützt, welche das permanente Streben nach Befriedigung der Kundenbedürfnisse und somit ein Innovationsmanagement zum Ziel hat, so fällt die Umorientierung der Unternehmung in Richtung einer marktnahen flexiblen Ausgestaltung der Organisation, des Managementprozesses und der Personal- und Investitionspolitik leichter und die Innovationstätigkeit wird stimuliert (vgl. Meffert, 1976, S. 80).

Auch die Frage nach der *Programm- bzw. Altersstruktur* ist interessant (Umsatzanteil der Produkte, die unter fünf Jahre alt sind) (vgl. Poth, 1989, S. 196). Dabei ist jedoch zu beachten, daß diese Werte sehr branchenspezifisch sind und somit in einer branchenübergreifenden Studie nur schwer vergleichbare Ergebnisse ableitbar wären.

Das *»Finanzierungsverhalten«* und die *»Finanzierungsmöglichkeiten«* wirken sich ebenfalls auf die Innovationstätigkeit aus. Besonders bei kleinen und mittleren Unternehmungen werden Finanzierungsschwierigkeiten zum entscheidenden Engpaß bei Innovationsentscheidungen. Dabei handelt es sich eher um subjektiv empfundene Engpässe, die aus einem traditionellen Finanzierungsverhalten (mit zunehmendem Neuheitsgrad nimmt die Präferierung der Selbstfinanzierung – unabhängig von der Unternehmungsgröße – zu) und aus der Unkenntnis über die wirtschaftspolitischen Förderungsmaßnahmen resultieren. Interessant wäre in diesem Fall die Frage nach dem Anteil der Eigenfinanzierung und der Nutzung von Fördermitteln.

Ferner ist die *»Art und Intensität des Wettbewerbs«* von gewisser Bedeutung für die Innovationstätigkeit von Unternehmungen. Merkmale der Marktstruktur (Konzentration auf den Angebots- und Beschaffungsmärkten, Marktzutrittsbarrieren u.a.) und Merkmale des Konkurrentenverhaltens sind hierbei wichtig.[41]

Abschließend ist die Bedeutung der *»wirtschaftspolitischen Rahmenbedingungen«* zu überprüfen. Hier erweist sich wiederum die schon erwähnte finanzielle Förderung als relevant, wenngleich ihr Einfluß aufgrund der bürokratischen Antragsverfahren möglicherweise als gering zu erachten ist.

41 Diese sind im HEFAP im Rahmen der Marktlichen Umwelt bereits enthalten.

Maas resümiert, an dieser Stelle seiner Überlegungen angelangt, daß die folgenden Determinanten als wesentliche Einflußgrößen betrieblichen Innovationsverhaltens angesehen werden können (vgl. Maas, 1990, S. 235ff.):
- persönliche Merkmale des Entscheidungsträgers,
- Strategie des Unternehmens,
- Kompatibilität der Neuerung mit dem Produktionsprogramm,
- Informationsverhalten.

Ein innovationshemmender Einfluß von Finanzierungsengpässen oder eines Mangels an qualifiziertem Personal ist nicht feststellbar; ebensowenig ist jedoch auch ein deutlich positiver Einfluß der finanziellen Förderung bzw. der Organisationsmerkmale auszumachen.

Nach dieser monokausalen Betrachtungsweise schließt der Autor nun eine *Interdependenzbeurteilung* mit Hilfe des LISREL-Verfahrens zur statistischen Kausalanalyse an (vgl. Maas, 1990, S. 235ff.), deren Ergebnisse hier kurz zusammengefaßt werden.

Die *Betriebsgröße* beeinflußt die Informationsnachfrage, die persönlichen Merkmale der Entscheidungsträger, die Adoption von EDV im kaufmännischen Bereich, die Zahl der vorhandenen Pläne sowie die prozeßorientierte Strategie. Dabei muß jedoch beachtet werden, daß auch hinter der Variablen »Betriebsgröße« weitere, schwer erfaßbare Variablen stehen.

Die *Offenheit gegenüber Neuerungen* beinhaltet einen adoptionsfördernden Effekt; ebenso wird der hohen Qualifikation von Managern und Mitarbeitern ein adoptionsfördernder Effekt zugeschrieben. Der Einfluß der ökonomischen Situation auf die Innovationsleistung ist demgegenüber statistisch nicht nachweisbar.

Die *F&E-Abteilung* hat eine »gate-keeper«-Funktion, d. h. es werden verstärkt externe Dienstleistungen nachgefragt, wenn eine F&E-Abteilung existiert; hierin spiegelt sich jedoch der Betriebsgrößeneffekt wider, da die Wahrscheinlichkeit, daß eine F&E-Abteilung besteht, mit zunehmender Größe der Unternehmung steigt.

Auch die *Unternehmungsstrategie* hat einen Einfluß auf die Innovationstätigkeit, weil z. B. eine kostenorientierte Strategie ein Produktionsprogramm mit relativ wenigen Varianten/Produkten präferiert und somit kaum mit einer kundenorientierten variantenreichen Produktion zu vereinbaren ist, welche den schnellen Sortenwechsel zwecks Differenzierungswettbewerbes ermöglicht.

Zusammenfassend muß festgestellt werden, daß die Interdependenzanalyse nicht viel mehr als die Überprüfung einfacher Plausibilitätsannahmen ergeben hat und kaum statistisch begründbare, fundamental neue Zusammenhänge zu isolieren waren.[42]

2.2.3.2.4 Entwicklung von Fragen zum Innovationsmanagement

Das Innovationsmanagement ist – auch entsprechend der Literatur – ohne Zweifel ein wichtiger Erfolgsfaktor unternehmerischen Handelns. Es ist jedoch ein Faktor, der auf die gesamte Unternehmungsführung ausstrahlt und deshalb kaum isoliert betrachtet werden kann. Aus dieser Überlegung ergibt sich die Einordnung des Innovationsmanagements in den Bereich der mehrfaktoriellen Erfolgsfaktorenkonzepte. Da der HEFAP-Fragebogen das Ziel hat, den Bereich der Strategischen Unternehmungsführung in seiner Gesamtheit zu analysieren, sind zwangsläufig die Ergebnisse auch auf die Fragestellung des Innovationsmanagements anwendbar, weil auch in diesem Fall die Ausgestaltung der Managementprozesse und Funktionsbereiche sowie allgemeiner externer und interner Variablen von Interesse ist.

Weil sich das Erfolgsfaktorenkonzept mit dem gesamten komplexen Bereich der Unternehmungsführung beschäftigt, ist es nicht zu empfehlen, den Bereich des Innovationsmanagements in der hier dargestellten Breite und Tiefe zu durchleuchten, zumal auch innerhalb der Innovationsforschung noch keine geeigneten, geschlossenen Konzepte und Modelle zur Durchdringung dieses Problemfeldes existieren und die Aufnahme aller z. Zt. diskutierten Phänomene diesen Rahmen bei weitem sprengen würde.

Darüber hinaus bestünde die Gefahr, zu Lasten anderer, nicht weniger wichtiger Erfolgsfaktoren, die Akzente zu verschieben. Da das Ziel verfolgt wird, ein Gesamtkonzept der Erfolgsfaktoren aufzubauen und empirisch zu beleuchten, dürfte es interessanter sein, die Unternehmungen hinsichtlich ihrer *Grundorientierung* bezüglich einer innovationsorientierten Unternehmungsführung einordnen zu können, wodurch dann Rückschlüsse auf das vorhandene Innovationsmanagement gezogen werden können, anstatt das Innovationsverhalten bis in kleinste Einzelheiten zu durchleuchten.

Andererseits reicht es wiederum nicht aus, nur nach der Existenz eines

42 Ein möglicher Grund für dieses Ergebnis kann darin liegen, daß das Datenmaterial, das der Verfasser zur Verfügung hatte, für diesen speziellen Untersuchungszweck kaum geeignet gewesen ist. Vgl. Maas, 1990, S. 332f.

»Innovationsmanagements« zu fragen. Damit empfiehlt sich ein »mittlerer« Differenzierungsgrad bei der Formulierung der Fragen.

Über die in den bereits aufscheinenden innovationsaffinen Erhebungsbereiche sind insbesondere Fragenfelder zur expliziten Erfassung der *Innovationsleistung* und des *Innovationswillens* der Unternehmung aufzunehmen.

Es bieten sich deshalb folgende Fragen zur Erkennung eines ausgeprägten *Innovationsmanagements* an:

A) Erhebung der generellen Innovationsorientierung:

1.) Wird in Ihrer Unternehmung die zielgerichtete Suche nach Innovationschancen durch spezielle organisatorische Maßnahmen oder organisatorische Einheiten begleitet und unterstützt? ja__ nein__

2.) Wie oft ändern Sie Ihre Produkte im Sinne einer Innovation oder Variation? (über – wie – unter Branchendurchschnitt)

3.) Konzentrieren Sie Ihre Innovationsbemühungen auf den Produktionsbereich und die Produktentwicklung?

oder

Setzen Sie Innovationen in allen Bereichen Ihrer Wertschöpfungskette an? (z. B. Serviceleistungen oder Innovationen innerhalb der Logistikkette)

B) Erhebung der quantitativ meßbaren Merkmale innovativer Unternehmungen bzw. der Innovationsleistung:

4.) Wieviele Patente meldete Ihre Unternehmung an? 1990:_____ 1991:_____

5a.) Ist in Ihrer Unternehmung ein betriebliches Vorschlagswesen bzw. sind Qualitätszirkel eingeführt? ja__ nein__

wenn ja:

5b.) Wieviele Vorschläge wurden dort entwickelt?
1990:_____ 1991:_____

C) Erhebung der Kundenorientierung innerhalb des Innovationsmanagements:

6.) Beziehen Sie Ihre Kunden in Ihre Innovationsbemühungen ein?
– ja, im Rahmen von Kundengremien oder direkter Kundenbefragungen – ja, bei konkreten Vorschlägen, die die Kunden an uns herantragen – nein, den Kunden fehlt in diesem Fall die Kompetenz – nein, die Kunden haben kein Interesse an einer derartigen Mitwirkung

2.2.3.3 Zeitmanagement als Erfolgsfaktor

2.2.3.3.1 Bedeutung des Zeitmanagements als Erfolgsfaktor: Das Konzept des Zeitwettbewerbs von Stalk/Hout[43]

Zweifellos spielt der Faktor »Zeit« bzw. Zeitmanagement[44] für den Erfolg einer Unternehmung eine wichtige Rolle. Das wird durch die wachsende Stärke vieler zeitorientierter Firmen, gerade aus Japan aber zunehmend auch aus den USA oder aus Westeuropa, eindrucksvoll bestätigt. So haben etwa amerikanische Zeitwettbewerber in der Praxis erstaunliche Erfolge vorzuweisen: Sie wachsen z. B. mit der dreifachen Geschwindigkeit wie ihre Konkurrenten und ihre Rentabilität ist doppelt so hoch wie die des amerikanischen Branchendurchschnitts (vgl. Stalk/Hout, 1991, S. 15).

Die meisten zeitorientierten Unternehmungen befinden sich heute allerdings (noch) in Japan.[45] Als westliche Zeitwettbewerber sind z. B.

43 Die folgenden Ausführungen basieren auf Stalk/Hout, 1991.

44 Die Bedeutung des Faktors Zeit wird auch unter dem Begriff »Speedmanagement« diskutiert. Vgl. z. B. Kühn, 1992 oder Hirzel/Leder, 1992.

45 Zu ihnen gehören z. B. Toyota, der Pionier des Just-in-Time-Konzepts; Sony, berühmt wegen seiner Innovationskraft und -schnelligkeit; Hitachi, NEC, Toshiba, Canon und Honda. Vgl. Stalk/Hout, 1991, S. 79.

Benetton, Toy R Us und Sun Micro Systems zu nennen. Auch die deutschen Automobilhersteller verfolgen schon seit Mitte der achtziger Jahre erhöhte Anstrengungen zur Realisierung des Just-in-Time-Konzepts, einer Form des Zeitmanagements, wobei die Lieferanten systematisch in die Wertschöpfungskettengestaltung mit einbezogen werden.[46] Derartige Anstrengungen sind auch notwendig, um die in Abbildung 14 aufgezeigten Zeitunterschiede (Stand 1988) zu reduzieren.

	Repräsentative Zykluszeiten	
	Westliche Unternehmen	Japanische Unternehmen
Verkauf, Auftragsbearbeitung, Fertigungssteuerung	16–26 Tage	6–8 Tage
Fahrzeugproduktion	14–30 Tage	2–4 Tage
Konstruktion und Markteinführung neuer Fahrzeuge	4–6 Jahre	2,5–3 Jahre
Mittleres Alter des Produktangebots	5 Jahre	3 Jahre

Abbildung 14: Zeitverbräuche in der Automobilindustrie 1988 (Stalk/Hout, 1991, S. 46)

Diese Zeitunterschiede dürfen in ihrer Bedeutung nicht unterschätzt werden, denn indem die zeitorientierten Wettbewerber den Zeitverbrauch der gesamten Wertschöpfungskette vermindern, reduzieren sie gleichzeitig ihre Kosten, verbessern die Qualität und bleiben im engen Kontakt zu ihren Kunden (vgl. Stalk/Hout, 1991, S. 79).

Insbesondere George Stalk Jr. und Thomas M. Hout, zwei Unternehmensberater der Boston Consulting Group, haben sich jahrelang mit dem Aktionsparameter Zeit auseinandergesetzt.[47] Anlaß für die Untersuchungen, die Stalk und Hout durchführten, war ein 1979 durchgeführter Vergleich innerhalb eines Konzerns, wobei dessen amerikanische und europäische mit der japanischen Tochtergesellschaft verglichen wurden. Dabei stellte sich heraus, daß die japanische

46 Dies bestätigte auch ein Proband des zweiten Pretests und stellte eine dabei geltende Maxime des »gläsernen Lieferanten« heraus.

47 Ihre praktischen Erfahrungen und theoretischen Erkenntnisse haben sie in ihrem Buch »Zeitwettbewerb – Schnelligkeit entscheidet auf den Märkten der Zukunft« zusammengefaßt. Vgl. Stalk/Hout, 1991.

Gesellschaft wesentlich produktiver arbeitete, bessere Qualität erzeugte, geringere Lagerbestände vorhielt und kürzere Durchlaufzeiten realisierte – bei gleichzeitig geringeren Produktionsmengen und größerer Produktvielfalt als die vermeintlich gut geführten westlichen Konzernteile.

Nach vierjähriger Recherche glaubten Stalk und Hout den Haupteinflußfaktor für die Unterschiede festgestellt zu haben: Es ist die »Zeit« (vgl. Stalk/Hout, 1991, S. 13) bzw. ein überlegenes Zeitmanagement, das die *Zeit als Kernvariable* des wettbewerblichen Erfolgs ansieht. Zeit wird somit zum »strategischen Faktor« (vgl. Stalk/Hout, 1991, S. 133), mithin wird Zeitmanagement zum Erfolgsfaktor.[48]

Das Konzept des Zeitwettbewerbs bzw. das Zeitmanagement ist wesentlich mehr als das gewöhnliche Streben nach kürzeren Lieferzeiten. Es handelt sich dabei vielmehr um einen umfassenden *Ansatz zur Zeitausrichtung* und damit zur *Veränderung der gesamten Unternehmung* bei gleichzeitiger marktlicher Verwertung der Mehrleistung. Ziel ist es dabei insbesondere, durch geschickte organisatorische Gestaltung und adäquaten EDV-Einsatz eine Reduzierung des Zeitbedarfs für die Leistungserstellung über alle Wertschöpfungsaktivitäten hinweg zu erzielen.

Von besonderem Interesse ist die lohnende Verwertung der Mehrleistungen am Markt, weshalb auch das Marketing umfassend zur Realisierung von zeitbezogenen Wettbewerbsvorteilen (insbesondere kürzere Innovations-, Liefer- und Durchlaufzeiten) eingesetzt werden muß. Als am effektivsten erweist es sich, die attraktivsten Zielgruppen bzw. Marktsegmente an sich zu binden. »Attraktiv« sind Nachfrager, wenn sie relativ preisunelastisch reagieren. Allerdings sind solche Kunden relativ »ungeduldig« und anspruchsvoll; auch zeichnen sie sich durch ein starkes Bedürfnis nach Abwechslung aus und bevorzugen individualisierte Produkte. Dem Diffusionsmodell von Rogers folgend, entsprechen sie den Innovatoren und dem ersten Teil der frühen Mehrheit (vgl. Rogers, 1983). Um den Wünschen dieser Kunden entgegenzukommen, bedarf es kurzer Liefer- und Innovationszeiten sowie breiter An-

48 Basis der Erkenntnisse beider Autoren bilden insbesondere die Erfahrungen aus der Unternehmensberatertätigkeit für die Boston Consulting Group, welche bisher bereits 240 Projekte zum »Time Based Management« weltweit durchgeführt hat und ein Drittel ihrer Beratungstätigkeit diesem Thema widmet. Vgl. Stalk/Hout, 1991, S. 13.

gebotspaletten. Derartige Kunden sind also als eher zeit- denn preissensibel zu charakterisieren.

2.2.3.3.2 Generierung von Fragen zur Identifizierung von Zeitwettbewerbern im Sinne von Stalk und Hout

In der Terminologie von Stalk und Hout verfolgen Unternehmungen, die sich auf die Zeit als Wettbewerbsvariable konzentrieren, einen »Zeitwettbewerb«. Sie werden damit zu »Zeitwettbewerbern«. Zur Generierung von Fragen zur Identifizierung von solchen Unternehmungen werden im folgenden die zentralen Aspekte des Zeitwettbewerbs nach Stalk und Hout kurz herausgearbeitet.

Das Ziel des Zeitwettbewerbs ist die Verkürzung der Zykluszeiten der Leistungserstellungsprozesse entlang der gesamten Wertschöpfungskette. Somit wird die Zeit zentrale Steuergröße zur ganzheitlichen Optimierung der Wertschöpfungsaktivitäten. Zeitmanagement entspricht also einer neuen Denkweise (vgl. dazu z. B. auch Lardi/Langmoen, 1992, S. 49), bei der die Zeit- statt die Kostenorientierung insbesondere bei der Gestaltung der Wertschöpfungskette dominiert. Natürlich spielen wettbewerbsfähige Kosten, Qualität und Produktivität auch weiterhin eine wichtige Rolle, aber mit dem sich verschärfenden internationalen Wettbewerb reichen diese Aktionsparameter allein oft jedoch nicht mehr aus, um sich effektiv von den Mitkonkurrenten zu differenzieren.

Zur Erfassung der Vorgehensweise bei der Gestaltung der Wertschöpfungskette sollen folgende Fragen/Statements dienen:

Wir orientieren uns bei der Gestaltung unserer Wertschöpfungskette primär an Kosten.

oder

Wir orientieren uns bei der Gestaltung unserer Wertschöpfungskette primär an Zeiten bzw. streben dabei Zeitersparnisse an.

Ein weiteres wesentliches Merkmal erfolgreicher Zeitwettbewerber ist die schnellere Generierung und Markteinführung von Innovationen (vgl. Stalk/Hout, 1991, S. 131ff.). Dabei sind selbstverständlich die Grenzen von der Innovation zur Variation als fließend zu betrachten. Ausgangspunkt für das Streben nach kurzen Innovationszyklen ist die Einsicht, daß die schnellsten Anbieter die größten *Innovationsboni* realisieren können. Ein krasses Beispiel dafür ist die Computer-Chip-Herstellung.

Bei diesem Produkt kommt es allein auf die gebrauchstechnische Qualität an, so daß das Innovationstempo dabei zu maximieren ist. Nachzügler leiden stark unter dem rasch einsetzenden Preisverfall am Markt, wodurch oft nicht einmal kostendeckend gearbeitet werden kann. So wird die momentane Lage der europäischen Computerhersteller in einem EG-Memorandum als »prekär« eingestuft, insbesondere da sie mit dem wachsenden Innovationstempo der Japaner und Nordamerikaner nicht mithalten können.[49] Außerdem ist zur Abgrenzung von oft preiswerteren Nachahmerprodukten (besonders aus den Schwellenländern) das ständige Hervorbringen immer neuer Innovationen nötig.

Zeitorientierte Unternehmungen bringen viele, schnell aufeinanderfolgende, wenngleich *kleinere Innovationen* hervor statt wenige, die dann aber um so höhere Innovationsgrade aufweisen müssen. Ersteres Vorgehen hat den Vorteil, daß partielle Neuerungen schon frühzeitig Deckungsbeiträge erwirtschaften und am Markt hinsichtlich ihrer Verbrauchergunst getestet werden können. Eventuelle »Flops« werden schneller korrigiert und abgelöst.[50]

Wie aber können die Innovationszyklen derartig verkürzt werden? Reicht dafür eine Beschleunigung der Arbeitsvorgänge beim Innovationsprozeß aus? Dies ist mitnichten der Fall, es ist vielmehr nötig, die eigentlichen Ursachen in einer überlegenen organisatorischen Gestaltung des ganzen Innovationsprozesses und einer konsequenten Unterstützung durch EDV, insbesondere durch Computer Aided Design (CAD) und Computer Aided Manufacturing (CAM), zu suchen. Bei der organisatorischen Gestaltung spielt das Konzept des »Simultaneous Engineering« (SE) eine wichtige Rolle. Beim SE werden traditionellerweise nacheinandergeschaltete Arbeitsvorgänge der Produkt- und Prozeßentwicklung weitgehend parallelisiert (vgl. Bühner, 1990, S. 34). Auch das »Quality Function Deployment« (QFD), bei dem funktionsübergreifende inter-

49 Vgl. o. V., 1992.

50 Ein Beispiel mag diesen Unterschied verdeutlichen: seit Jahren versucht General Motors ein Auto, dessen wichtigste Merkmale Modulmontage und eine Plastikkarosserieverkleidung (für die Fertigungsökonomie wichtige Attribute) sind, auf den Markt zu bringen (Saturn-Projekt). Dagegen wird der Honda Civic CRX sukzessive seit Beginn der achtziger Jahre mit bereits fast allen (bisher bekannten) Merkmalen des Saturns ausgestattet. Vgl. Stalk/Hout, 1991, S. 133.

disziplinäre Teams Teile/Produkte kundenorientiert entwickeln, findet Anwendung.[51]

Bei der Festlegung des Innovationszyklus gilt es aber *branchenspezifische,* von Kunden bevorzugte Innovationstempi, als Richtmarke zu beachten. So stellt z. B. die japanische Automobilindustrie zur Zeit ernsthafte Überlegungen an, die Innovationszyklen zu verlängern, da es von vielen Kunden gerade in Europa als sehr unangenehm empfunden wird, schon nach drei Jahren ein veraltetes Modell zu besitzen.

Fragen, die das zeitwettbewerbsorientierte Innovationsverhalten einer Unternehmung erfassen können, sind wie folgt formulierbar:

Wir bevorzugen relativ wenige Neuentwicklungen, dafür aber mit möglichst hohen Innovationsgraden.

oder

Wir versuchen so schnell wie möglich hintereinander, wenngleich kleinere, Innovationen bzw. Variationen auf den Markt zu bringen.

Integraler Bestandteil des Konzeptes des Zeitwettbewerbs von Stalk/Hout ist neben der Verkürzung der Dauer der Wertschöpfungsaktivitäten und der Innovationszyklen die Schaffung von produktionswirtschaftlicher *Flexibilität* (vgl. Stalk/Hout, 1991, S. 53). Dabei ist es das Ziel, eine große Anzahl von Varianten kostengünstig und schnell anbieten zu können. Dem Vorteil eines erhöhten akquisitorischen Potentials steht allerdings der Nachteil der wachsenden Komplexität der Leistungserstellungsprozesse gegenüber, was bei traditionellen produktionswirtschaftlichen Verhältnissen zu stark steigenden Kosten führt. Abbildung 15 auf der nachfolgenden Seite verdeutlicht den dabei zu beobachtenden Kostenverlauf bei zunehmender Komplexität, mittelbar ausgedrückt durch das Ausmaß der Vielfalt (der Produkte) bezogen auf die Stückkosten. Aus Abbildung 15 wird auch deutlich, warum traditionelle Massenfertiger eine relativ geringe Vielfalt bzw. wenige Varianten bevorzugen.

51 Ein umfangreiches Instrumentarium zur Beschleunigung des Innovationsprozesses aber auch zur Erreichung kurzer Liefer- und Durchlaufzeiten findet sich insbesondere auch bei Kirschbaum, 1995.

Durch organisatorische Innovationen (z. B. *kanban*-System[52]), insbesondere auch zur Reduzierung der Planungskomplexität, und dem adäquaten Einsatz moderner EDV-unterstützter Technologien konnte der Stückkostenverlauf bei zunehmender Produktvielfalt bei flexiblen Betrieben entscheidend verändert werden. Abbildung 16 verdeutlicht diesen Zusammenhang graphisch.

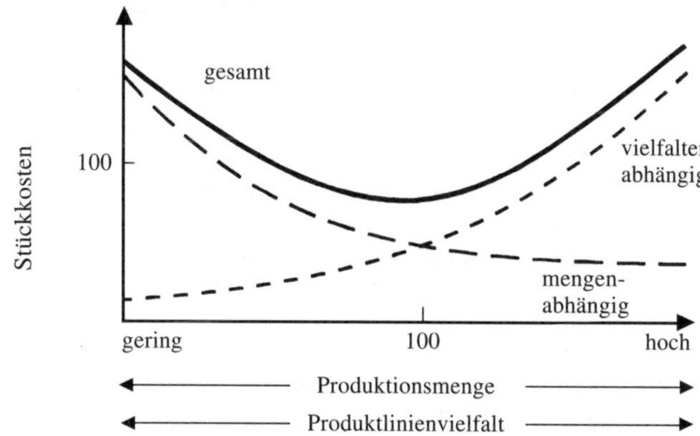

Abbildung 15: Stückkostenverläufe bei traditionellen Produktionsverhältnissen der Massenfertigung (Stalk/Hout, 1991, S. 65)

Aus Abbildung 16 (S. 82) wird ersichtlich, daß es durchaus gelingen kann, kostengünstig wesentlich breitere Produktpaletten anzubieten. Stalk und Hout sprechen diesbezüglich von einem Kosten-Vielfalt-Gefälle zwischen traditionellen und flexiblen (zeitorientierten) Herstellern. Dabei können letztere oftmals bei doppelter Vielfalt eine um 50–150 Prozent höhere Produktivität bei 20–30 Prozent niedrigeren Kosten aufweisen (vgl. Stalk/Hout, 1991, S. 68).

Die folgenden Fragen sollen die unterschiedlichen Einstellungen zur Flexibilität und die verschiedenen Kostenverhältnisse erfassen:

52 Das *kanban*-System z. B. vereinfacht den organisatorischen Ablauf, so daß die Planung dezentralisiert werden kann und in ihrer Komplexität reduziert wird. Es entstehen dabei auf unterster Ebene sich weitgehend selbststeuernde interagierende Regelkreise.

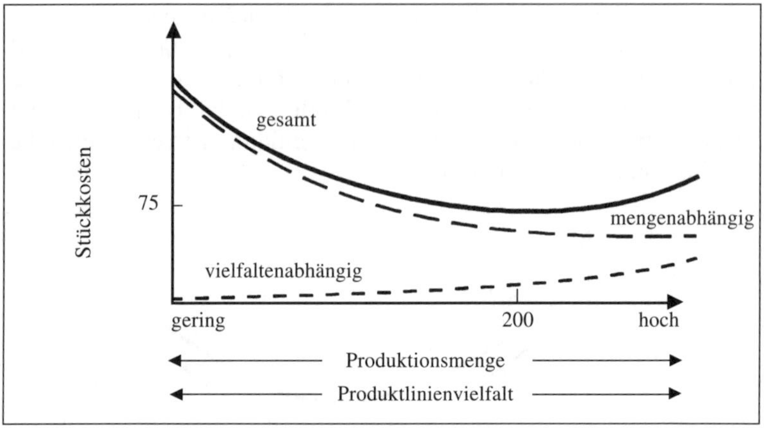

Abbildung 16: Stückkostenverläufe bei flexibler Produktionsweise (Stalk/Hout, 1991, S. 68)

Wir beschränken uns auf möglichst wenige Varianten/Produkte, um diese so kostengünstig wie möglich herzustellen.

oder

Unsere Anstrengungen bewegen sich dahin, die Komplexität der Leistungserstellungsprozesse aktiv zu reduzieren, um eine möglichst große Anzahl von Varianten/Produkten kostengünstig anbieten zu können.

Bei der Formulierung dieser Frage wurde bewußt das Wort »Flexibilität« vermieden, da es einerseits recht unterschiedlich verstanden wird und andererseits zu positiv aufgeladen ist; d. h. die Gefahr besteht darin, daß jeder Proband von seiner Unternehmung behauptet, daß sie flexibel sei. »Verringerung der Komplexität der Leistungserstellungsprozesse« spricht konkret die zentrale Maßnahme zur Flexibilisierung der Produktion an und fragt deshalb Flexibilität indirekt ab. Wer die erste Alternative ankreuzt, signalisiert damit, daß seine Kostenverläufe nur eine geringe Produktvielfalt kostengünstig zulassen und damit seine Flexibilität begrenzt ist.

Trotz der prinzipiell großen Vorteilhaftigkeit des Zeitwettbewerbs muß branchenspezifisch bedacht werden, ob er überhaupt lohnenswert einsetzbar ist, d. h., ob es genügend zeitsensible Kunden gibt. Die wichtigste Prämisse ist also, daß die potentiellen Konsumenten wirklich von der Schnelligkeit profitieren, d. h., daß ein Bedürfnis (wenn auch latent) danach besteht. Darüber hinaus müssen die Kunden bereit sein, die zeitbezogenen Zusatzleistungen auch in adäquater Weise (Preisaufschläge) zu honorieren.

Zur Klärung des Vorhandenseins einer genügend großen Anzahl zeitsensibler Kunden sind die potentiellen Abnehmer hinsichtlich ihrer Sensitivität bezüglich zeitbezogener Zusatzleistungen und größerer Auswahl in Zielgruppen zu segmentieren. Als Instrument kann die Marktforschungsabteilung dafür (nach der Datenerhebung) die Conjoint-Analyse (vgl. Stalk/Hout, 1991, S. 116) verwenden. An deren Ergebnissen hat sich dann die Angebots- und infolge dessen die Wertschöpfungskettengestaltung zu orientieren.

Das Vorhandensein zeitsensibler Kunden bzw. der grundlegenden Prämisse des Zeitwettbewerbs nach Stalk/Hout kann durch folgende Fragen/Statements erfaßt werden:

Unsere Kunden bevorzugen preiswerte Angebote; Lieferzeitvorteile und große Produktvielfalt sind eher nachrangige Wünsche.

oder

Wir versuchen, Kunden anzusprechen, die von einer schnellen Lieferung profitieren, breite Produktauswahl wünschen und dafür bereit sind, höhere Preise zu bezahlen.

2.2.3.4 Umweltschutzmanagement als Erfolgsfaktor

2.2.3.4.1 Strategische Bedeutung des Umweltschutztrends und des Umweltschutzmanagements

Volkswirtschaftlich betrachtet führt der verstärkt zu beobachtende Umweltschutztrend zu einer Neubelebung bislang relativ festgefügter Markt- und Wettbewerbsstrukturen in vielen Branchen. So konnte beispielsweise die Firma »Werner & Mertz« mit der Umweltmarke »Frosch« erhebliche Marktanteile hinzugewinnen. Letzteres Beispiel zeigt, daß der zunehmend umweltbewußtere Konsument die erbrachte Mehrleistung durchaus zu honorieren bereit ist, so daß Preiszuschläge möglich werden.

Die sich eröffnenden Chancen bestehen nicht mehr ausschließlich für Unternehmungen, die den Endverbraucher als Kunden bedienen, sondern auch für Firmen, die in vorgelagerten Produktionsstufen operieren.[53]

Allgemein eröffnen sich durch den Trend zum vermehrten Umweltschutz beachtliche Wachstumspotentiale für die Wirtschaft, insbesondere »ergeben sich Chancen für Firmen, die schnell und richtig agieren.«[54] Schnelle Aktionen sind deshalb notwendig, weil nur die ersten den umweltschutzbezogenen Innovationsbonus (Preiszuschlag z. B.) realisieren können.[55]

Außerdem muß praktizierter Umweltschutz auch marketingpolitisch in offensiver Weise unterstützt werden. Der Kunde muß die Chance erhalten, die Produkteigenschaft »Umweltgerechtigkeit« wahrzunehmen, was dazu führen soll, daß diese Eigenschaft evident und dann kaufrelevant wird. Auf diesem Wege ist es möglich, Präferenzen zu schaffen, welche einerseits den Marktanteil erhöhen und andererseits Preiszuschläge ermöglichen sollen. Wenn hingegen alle Konkurrenzprodukte die betreffende umweltfreundliche Eigenschaft haben, wird diese zum Standard und damit ist die Chance zur Differenzierung vergeben.

Allerdings zahlt sich nicht jede Umweltschutzausgabe sofort aus; doch gerade aus diesem Grund ist eine Umorientierung der Denkweise nötig, so daß diese Ausgaben vermehrt als Investition betrachtet werden müssen. Dabei sind dann nicht nur Kosten, sondern auch Erlöschancen und Imagevorteile abzuwägen. Das Existieren dieser Denkweise in einer Unternehmung allein kann schon dazu führen, daß sie schneller bereit ist, in den Umweltschutz zu investieren und somit den Innovationsbonus gegenüber ihren Mitkonkurrenten, die in einer eher umweltschutzzögerlichen Haltung verharren, realisieren kann. Aus dieser Argumentationskette resultiert die Schlußfolgerung, daß schnelles Handeln im Umweltschutzbereich zum großen Teil von der Einstellung und somit von der Vision und Kultur der Unternehmung abhängt, so daß im Leitbild ein

53 Zum Beispiel als Lieferant asbestfreier Bremsbelege für die Automobilindustrie. Vgl. Annighöfer, 1991, S. 159.

54 Vgl. Annighöfer, 1991, S. 159; vgl. auch Steinle/Lawa/Schollenberg, 1994, S. 434ff.

55 Zur Erhöhung des umweltschutzorientierten Innovationstempos ist ein systematisches und ganzheitliches Zeitmanagement sehr vorteilhaft (vgl. Abschnitt 2.2.3.3).

erster und primärer Ansatzpunkt für die Implementierung des Umweltschutzmanagements besteht (vgl. Steinle/Lawa/Schollenberg, 1994, S. 417ff.).

Es kann also festgestellt werden, daß ein Mehr an Umweltschutz einerseits erhebliche Kosten verursacht, wodurch nicht zuletzt die internationale Wettbewerbsfähigkeit von Unternehmungen und der gesamten Volkswirtschaft leiden kann, daß aber andererseits erhebliche Erlöschancen durch mögliche Differenzierung und Abschöpfen von Innovationsboni bestehen.[56]

Ein entsprechendes Umdenken muß mit Hilfe eines strategischen Umweltschutzmanagements beginnen, welches das reine Problem- und Kostendenken durch eine Chancen- und Erlösorientierung ablöst. Letztere ist insbesondere dadurch charakterisiert, daß Umweltschutzmaßnahmen nicht lediglich als Kostenverursacher und notwendiges Übel, sondern vielmehr als Chance zur Differenzierung und dadurch als Möglichkeit zur Erreichung von Wettbewerbsvorteilen gesehen werden.

2.2.3.4.2 Umweltschutzmanagement als strategischer Erfolgsfaktor: Literaturstand sowie der Ansatz von Annighöfer

Hinsichtlich des Literaturstandes muß konstatiert werden, daß nur wenige Autoren das Thema »Umweltschutz in der Unternehmung« im Sinne eines strategischen Erfolgsfaktors beleuchten.[57]

Statt dessen ist ganz überwiegend eine sehr detaillierte und operativ orientierte Thematisierung des Umweltschutzes vorzufinden. So werden z. B. für die verschiedenen Funktionsbereiche spezifische, bereits in die taktische Ebene hineinragende Empfehlungen gegeben, deren Erhebung bei weitem über das sinnvolle Ausmaß im HEFAP-Fragebogen hinausgehen würde.[58]

Andererseits behandelt ein großer Teil der Literatur das Thema aus einer eher theoretischen Perspektive, wobei der konkrete Bezug zu den

56 Annighöfer geht sogar soweit, daß er das effektive Umweltschutzmanagement zur wichtigsten Differenzierungschance der neunziger Jahre erklärt. Vgl. Annighöfer, 1991, S. 165

57 Wie etwa neuerdings Steinle/Lawa/Schollenberg, 1994, insbesondere S. 418ff. und S. 434ff.

58 Vgl. z. B.: Kreibich, 1991, Schulz, 1991, Strebel, 1980, Müller-Wenk, 1978, Meffert/Bruhn/Schubert/Walther, 1986

Auswirkungen auf die Wettbewerbsfähigkeit unbeachtet bleibt.[59] Eine dritte Art des Umgangs mit dem Problemfeld »Umweltschutz« ist die Darstellung von Beispielen, die die bisherigen Bemühungen und Erfolge von einzelnen Unternehmungen dokumentieren sollen (vgl. z.B. Oberholz, 1990; Steger, 1988).

Für den hier relevanten Forschungskontext – Konzeptualisierung eines Umweltschutzmanagements und Überprüfung dessen allgemeiner Erfolgsrelevanz – erweist sich als Grundlage der Ansatz von Annighöfer (vgl. Annighöfer, 1991) als besonders geeignet. Annighöfer stellt als Gestaltungsfelder eines (strategischen) Umweltschutzmanagements mit Erfolgsfaktorcharakter ein vierstufiges Konzept vor; Abbildung 17 verdeutlicht dieses.

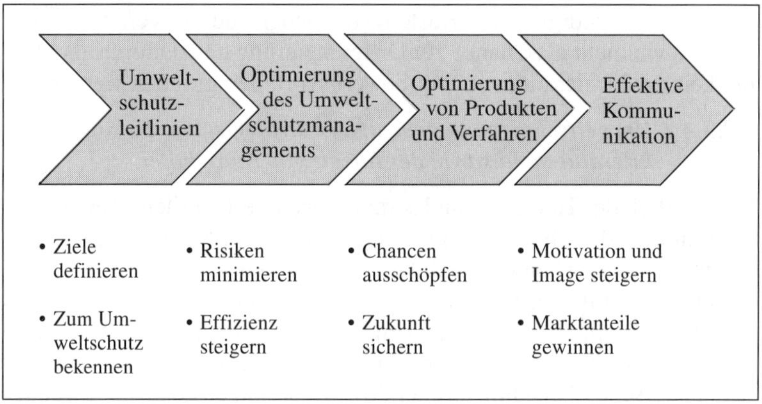

Abbildung 17: Bereiche eines umfassenden Umweltschutzmanagements nach Annighöfer (Annighöfer, 1991, S. 151)

Die erste Stufe bildet danach die Aufstellung von *Umweltschutzleitlinien,* in denen sich das betriebliche Streben nach Umweltschutz insbesondere durch konkrete Zielvorgaben in der Unternehmungspolitik

59 Vgl. z. B. Remer/Seidel, Hrsg., 1991, Kirchgeorg, 1989, Ridder, 1990, Seidel/Menn, 1988. Empirisch gestützte Aussagen zum Unternehmungserfolg und Umwelt-Management finden sich insbesondere auch bei Steinle/Kolbeck, 1995.

manifestieren soll.[60] Dabei ist insbesondere auf Glaubwürdigkeit zu achten. Stufe zwei enthält eine *Optimierung des Umweltschutzmanagements* dahingehend, daß Risiken minimiert und die Effizienz des Ressourceneinsatzes gesteigert wird. Danach kann in Stufe drei eine *Chancenorientierung* zur Zukunftssicherung erfolgen. Dazu sind die Produkte und Verfahren in Bezug auf Umweltschutz zu »optimieren«. Um Wettbewerbsvorteile realisieren zu können, reicht es nicht aus, Umweltschutzmaßnahmen innerbetrieblich umzusetzen, sondern diese müssen effektiv durch den Einsatz des Marketing-Mix, insbesondere durch die Kommunikationspolitik, bekannt gemacht werden. Erst dadurch können die Vorteile eines verstärkten Umweltschutzes wie z. B. Imagesteigerung, Förderung der Mitarbeitermotivation und Marktanteilsgewinne erreicht werden. Die *kommunikative Umsetzung* findet in Stufe vier statt. Sinnvollerweise sollten allerdings von vornherein interne Umweltschutzmaßnahmen kommunikativ (nicht zuletzt für Zwecke der Public Relations) begleitet werden.

Annighöfer verdeutlicht die Vorteilhaftigkeit entsprechender Sachverhalte beispielhaft an einer Chemiefirma, die Spezialitäten auf Basis anorganischer Salze herstellt. Durch verstärkte Umweltschutzorientierung konnte diese ihre Wettbewerbsschwäche überwinden und nach drei Jahren ein deutlich besseres Geschäftsergebnis als der Branchendurchschnitt vorweisen. Besonders hervorhebenswert ist dabei auch die gestiegene Motivation der Mitarbeiter, die darauf zurückzuführen ist, daß die Identifikation mit einer umweltfreundlichen Unternehmung sehr viel leichter und stärker möglich ist (vgl. Annighöfer, 1991, S. 152f.).

Die Umsetzung des Umweltschutzmanagements (Stufe zwei und drei) impliziert die Bewältigung defensiver und aktiver Umweltschutzaufgaben. *Defensive* Aufgaben und entsprechende Aktionen sind darauf gerichtet, bestehende Risiken zu reduzieren. Dazu gehören insbesondere die Kontrolle über die Einhaltung von Gesetzen (Schadstoffrückhaltung), die Minimierung von Unfallrisiken und die Notfallplanung, somit alles Aufgaben, die eng mit dem Produktionsprozeß verknüpft sind. Um diese defensiven Aufgaben zu erfüllen, benötigt man im wesentlichen adäquate Kontrollsysteme und Mitwirkungsrechte des Um-

60 Firmen mit konsequent umgesetzten Umweltschutzleitlinien sind z. B. IBM oder Bayer, zunehmend jedoch auch mittelständische Unternehmungen wie Thomae. Vgl. Annighöfer, 1991, S. 153.

weltschutzverantwortlichen. Zu den *aktiven Umweltschutzaufgaben* gehören wiederum die vorsorgliche Schadstoff-/Müllvermeidung, integrierte Produktsicherheit/-umweltfreundlichkeit und die Realisierung einer auf Differenzierung durch umweltgerechtere Produkte ausgerichteten Produktstrategie (vgl. Annighöfer, 1991, S. 157f.). Damit einhergehend sollte das gesamte Marketing-Mix entsprechend unterstützend wirken und offensiv eingesetzt werden.

Aufgrund der steigenden Bedeutung des Umweltschutzes ist die Zeit des »Umweltschutzes nebenbei« vorbei. Umweltschutz ist vielmehr zur »Chefsache« avanciert, weshalb die Umweltschutzarbeit hierarchisch direkt unter dem Vorstand angesiedelt werden sollte. Der Umweltschutzbeauftragte sollte aus den obigen Gründen möglichst sogar selbst Mitglied des Vorstandes sein. Die Umweltschutzfunktion ist ihrerseits eine Querschnittsfunktion, die entsprechend implementiert werden muß. Dabei ist darauf zu achten, daß die Beziehungen zu den Funktionsbereichen interagierend ausgestaltet werden und außerdem von vornherein konkrete Einflußmöglichkeiten bzw. Weisungsbefugnisse für die Umweltschutzbeauftragten zugestanden werden (vgl. Annighöfer, 1991, S. 156).

Die Vorteile eines konsequenten Umweltschutzmanagements sind insbesondere in folgenden Sachverhalten zu sehen (vgl. Annighöfer, 1991, S. 150):

- Imagesteigerung und Vertrauensvorschuß;
- Erhöhung der Mitarbeitermotivation und -identifikation;
- bessere Befriedigung des Kundenbedürfnisses nach umweltgerechteren Produkten, wodurch wiederum Preiszuschläge und Marktanteilserhöhungen möglich werden;
- Kosteneinsparungen durch integrierte Umweltschutzmaßnahmen, z.B. durch Müllvermeidung.

2.2.3.4.3 Ableitung von Fragen zur Erfassung des Erfolgsfaktors Umweltschutzmanagement

Grundlegende Prämisse für Umweltschutzbemühungen ist die Einsicht in deren Notwendigkeit, sei es um Gesetzesauflagen zu erfüllen oder um Wettbewerbsvorteile zu erreichen. Folglich müßte Umweltschutz in einem ersten Schritt explizit als Unternehmungsziel definiert und Bestandteil des Unternehmungsleitbilds werden. Unternehmungen, die diesen Schritt realisiert haben, sind prinzipiell als umweltschutzorientiert einzustufen. Zur Erfassung dieses Sachverhaltes bietet sich folgende Frage, innerhalb der Fragen zum Unternehmungsleitbild, an:

Inwiefern enthalten Ihre Unternehmungsgrundsätze Aussagen zum Umweltschutz? (ausgeprägt – mittel – gering – trifft nicht zu)

Generell gibt es zwei große Grundhaltungen im Bereich des Umweltschutzmanagements der Unternehmungen. Die erste empfindet Umweltschutzauflagen und dadurch »erzwungene« Bemühungen als lästiges, rein kostenverursachendes und notwendiges »Übel«, während die zweite versucht, durch das aktive Bemühen um den Umweltschutz und ein strategisch ausgerichtetes Umweltschutzmanagement Wettbewerbsvorteile zu erringen. Letztere Unternehmungen betrachten Umweltschutzaufwendungen deshalb als Investition. Um innerhalb des Fragebogens identifizieren zu können, welche dieser beiden Grundhaltungen von der befragten Unternehmung eingenommen wird, bieten sich folgende Fragen/Statements an:

Für unsere Unternehmung wirken sich Umweltschutzmaßnahmen besonders im Vergleich zur internationalen Konkurrenz als Wettbewerbsnachteil aus.

oder

Wir glauben, durch Umweltschutzausgaben besonders im Vergleich zur internationalen Konkurrenz Wettbewerbsvorteile erreichen zu können.

Umweltgerechtere Produkte können offensiv durch adäquate Produktstrategien vermarktet werden. Eine derartige Produktstrategie strebt das Ziel der Differenzierung (im Porter'schen Sinn) an, um dadurch aktiv Wettbewerbsvorteile zu erringen. Das gesamte Marketing-Mix sollte dementsprechend ausgestaltet werden. Die Produkteigenschaft »Umweltgerechtigkeit« ist in verstärktem Maße zu forcieren (Produkt-Mix) und dieses sollte wiederum auch ausdrücklich kommunikativ betont werden.

Zu diesem Thema empfehlen sich im Bereich »Produktstrategien« folgende Fragen bzw. Statements:

In unserer Branche besteht keine Möglichkeit, durch umweltgerechtere Produkte Wettbewerbsvorteile zu erringen.

oder

Wir versuchen, uns durch Erzeugung und kommunikative Hervorhebung umweltgerechterer Produkte von der Konkurrenz abzuheben und somit relative Wettbewerbsvorteile zu erreichen.

Für die Realisierung der Umweltschutzbemühungen bedarf es der organisatorischen Unterstützung und der expliziten Implementierung. Dieses kann durch Umweltschutzbeauftragte oder durch eigenständige Umweltschutzabteilungen, welche möglichst als Querschnittsfunktion ausgestaltet werden sollten, geschehen. Folgende Frage kann die Existenz dieser Einheiten klären:

Gibt es in Ihrer Unternehmung organisatorische Einheiten, die sich primär mit innerbetrieblichen Umweltschutzfragen beschäftigen? (ja__ nein__)

Diese Frage sollte zweckmäßigerweise in den Bereich der »Organisation« integriert werden; sie ist darüber hinaus auch als Kontrollfrage zu der ersten Frage dieses Bereiches zu verstehen, denn damit wird ermittelt, ob es sich bei den Unternehmungsgrundsätzen um reine »Lippenbekenntnisse«, mithin um PR-Aktivitäten, oder um echte Handlungsaufforderungen handelt.

Die konkreten Umweltschutzbemühungen setzen in der Regel primär an der Ausgestaltung des Produktionsprozesses und der physischen Gestaltung des Produktes an. Zur Erfasssung dieser Sachverhalte können folgende Fragen/Statements dienen:

Wir versuchen unseren Produktionsprozeß systematisch umweltgerechter zu gestalten und achten z. B. von vornherein auf Schadstoff-/Müllvermeidung.

Der Konsum unserer Produkte soll zunehmend weniger Schadstoffe/Müll verursachen. (Jeweils: ausgeprägt – mittel – gering – trifft nicht zu)

2.2.4 Darstellung der acht Faktorblöcke des Erfolgsfaktorenkonzeptes in Variablenform (tabellarische Zusammenfassung)

I. Merkmale der globalen/makroökonomischen Umwelt
Entwicklung der Konjunktur – Einschätzung der Konjunkturentwicklung der eigenen Branche im Vergleich zur gesamtwirtschaftlichen Entwicklung innerhalb der nächsten fünf Jahre
Entwicklung der Fertigungstechnologien – Einschätzung der Fertigungstechnologien (ausgereift oder sprunghafte Turbulenzen)

II. Merkmale der marktlichen Umwelt
Branchenzugehörigkeit **Wichtigste Produktgruppen (SGF)** – Angabe der drei wichtigsten Produktgruppen inklusive Schätzung des Umsatzes sowie des Marktanteils
Situation der wichtigsten Produktgruppe – Konkurrenzsituation im Sinne empfundenen Wettbewerbsdrucks – Abhängigkeit von Abnehmern u. Lieferanten – Gefahr der Verdrängung des eigenen durch ein völlig neues Produkt vom Markt
Chancen- u. Risikenpotentiale bezüglich der wichtigsten Produktgruppe – offene Frage inklusive der Möglichkeit einer Angabe von Begründungen

III. Merkmale der Unternehmung
Grundmerkmale der Unternehmung • **Beschäftigtenzahl** • **Aspekte des grundlegenden Leitbildes** – primäre Verfolgung monetärer Ziele (»kurzfristige Gewinnmaximierung«) – »ausgewogene« Berücksichtigung der Interessen von Kapitalgebern, Unternehmungsleitung (»Management«) und Mitarbeitern – Verfolgung einer langfristigen Überlebenssicherung (»Firmenerhalt«) – Unternehmung versteht sich als lebendig und entwicklungsfähig (Evolutionäre Organisation)
Funktionsbereichskennzeichen – Prozentuale Verteilung des Vermögens auf die Funktionsbereiche – Prozentuale Verteilung der Mitarbeiter auf die Funktionsbereiche – Ausmaß des EDV-Einsatzes in den Funktionsbereichen im Vergleich zum Branchendurchschnitt
Aspekte des Managementprozesses • **Planungssystem** – Intensität der grundlegenden Zielplanung (Leitbildplanung) – Intensität der Strategischen Planung

III. Merkmale der Unternehmung (Forts.)
– Intensität der Operativen Planung – Intensität der bereichsbezogenen Planung
• **Controllingsystem** – Intensität des Controlling und Mitwirkung bei der Planung – Intensität der Koordination und Durchführung der periodischen Ergebnis- und Finanzplanung durch das Controlling – Intensität der Durchführung der Kosten-/Erlösrechnung durch das Controlling – Intensität der Nutzung eines computergestützten Controllingsystems
• **Organisation** – schriftliche Niederlegung der Organisationsstruktur – Art der Aufbaustruktur (verrichtungs-, matrixorientiert oder divisionalisiert) – Organisation der Unternehmungsspitze – Charakterisierung der Arbeitsprozesse im Fertigungsbereich – überwiegend hohe Spezialisierung und engumgrenzte Arbeitsfelder – quantitative Arbeitserweiterung (z. B. »Job enlargement«) – Arbeitsplatzwechsel/flexible Arbeitsgruppen (z. B. »Job rotation«) – Aufgabenbereicherung (z. B. »Job enrichment«) – Teilautonome Arbeitsgruppen
• **Mitarbeiterführung** – Vorhandensein eines ausformulierten Führungsmodells – im Vordergrund stehende Zielsetzung des Führungsmodells – Art des Führungsmodells (MbO, Harzburger Modell oder eigenes) – latente Charakterisierung der Mitarbeiter im Führungsmodell
Empfundene Stärken u. Schwächen innerhalb der Grundmerkmale der Unternehmung, der Funktionsbereichskennzeichen sowie der Aspekte des Managementprozesses

IV. Strategische Faktoren/Optionen
Strategische Optionen auf Unternehmungsebene • **Diversifikation** – Vornahme einer Diversifikation innerhalb der letzten fünf Jahre – Diversifikation in ähnliche/völlig neue Märkte mit ähnlichen/völlig neuen Produkttechnologien • **Nutzung der Portfolio-Analyse**
Strategische Optionen auf SGE-Ebene • **allgemeine Dimensionierung strategischer Programme** – breites/enges Leistungsangebot – standardisierte/individuelle Problemlösungen – Anpassung an/Veränderung von Wettbewerbsstrukturen – traditionelle/innovative Wettbewerbsverhaltensmuster – Kostenführerschaft/Differenzierung – hohe/niedrige Fertigungstiefe

IV. Strategische Faktoren/Optionen
– starrer/flexibler Einsatz der Ressourcen bzw. Leistungspotentiale – spezialisierte/universell einsetzbare Leistungspotentiale
• **wettbewerbsstrategische Alternativen** – *Innovationsmanagement:* – Existenz organisatorischer Einheiten zur gezielten Innovationsgenerierung – Existenz eines betrieblichen Vorschlagwesens/Qualitätszirkels; Anzahl Vorschläge – Häufigkeit von Produktänderungen im Branchenvergleich – Einsatzgebiete der Innovationsbemühungen (nur Produktionsbereich oder entlang der gesamten Wertschöpfungskette) – Art des Kundeneinbezugs bei der Innovationssuche – Anzahl der gemeldeten Patente – *Zeitmanagement:* – zeit- oder kostenorientierte Gestaltung der Wertschöpfungskette – zeitwettbewerbsorientiertes Innovationsverhalten – Produktion weniger, dafür kostengünstiger Varianten oder Produktion vieler Varianten durch flexibilitäts- u. zeitorientierte Umgestaltung der Produktion – Wahl von preis- oder eher zeitsensiblen Zielgruppen – *Umweltschutzmanagement:* – Ausmaß umweltschutzbezogener Aussagen in den Unternehmungsgrundsätzen – Bewertung der Umweltschutzmaßnahmen als Wettbewerbsvorteil o. -nachteil – Streben nach Differenzierung mittels umweltgerechterer Produkte – Existenz organisatorischer Einheiten für Umweltschutzaufgaben – Ausmaß des Strebens nach umweltgerechter Gestaltung des Produktionsprozesses und der Produkte

V. »Faktoren Strategischer Wahl«
Beeinflussungskriterien der Strategiewahl/Faktoren Strategischer Wahl i.e.S. • **Grad der Abstimmung von Ressourcen und Strategie** • **Einschätzung der Steuerungsfähigkeit der Strategie** • **Ausmaß von Interessensunterschieden bei der Strategieformulierung** • **Erfolgsrelevante Eigenschaften der Strategieträger** – Qualifikation – Motivation – Innovationsorientierung – Führungsverhalten
Strategieimplementation • **Detaillierungsgrad der Umsetzungsplanung** • **Detaillierungsgrad der Organisationsplanung** • **Detaillierungsgrad der Personalplanung** • **Weitere Planungen (offene Frage)**

V. »Faktoren Strategischer Wahl« (Forts.)
• Art des Einbezuges betroffener Mitarbeiter – »Führungskräfte«, »mittlere Angestellte/Facharbeiter« und »angelernte Arbeiter« (gemeinsame Zielvereinbarung, Information mit der Möglichkeit zur Stellungnahme o. nur informierende Zielvorgabe)
Strategiekontrolle **• Kontrolle von Programmen und Zwischenzielen** **• Prämissenkontrolle** **• Kontrolle allgemeiner Chancen und Risiken der globalen Umwelt**

VI. Grundstrategien
• Investitionsstrategien
• Selektive Strategien
• Desinvestitionsstrategien

VII. Resultate
• Return on Investment (ROI)
• Cash flow
(in bezug zum Branchendurchschnitt der letzten 5 Jahre)

VIII. Effizienz
• Erfolgreiche Unternehmungen
• Nicht erfolgreiche Unternehmungen
• Erfolgreiche Branchen
• Nicht erfolgreiche Branchen

Mit der Detaillierung der acht Faktorblöcke des HEFAP ist die Basis geschaffen für die Umsetzung der entsprechenden Variablen in Frageform. Im Sinne eines Erhalts einer hohen Antwortbereitschaft bei den Probanden, mithin zur Erreichung einer möglichst niedrigen Ausfallquote der Panel-Untersuchungen und einer zügigen Beantwortbarkeit sind dabei allerdings noch eine Reihe von Umstellungen einzelner Fragebereiche sowie eine sprachliche Überarbeitung – nach der Pretestphase – vorgenommen worden. Der daraus entstandene Fragebogen wurde, abgesehen von den jeweiligen Jahreszahlen, in allen drei Erhebungswellen unverändert genutzt. Der Fragebogen der ersten Erhebungswelle findet sich in Anhang 1. In der 3. Welle wurde allerdings noch ein vierseitiger Zusatzteil zu wichtigen Erfolgspotentialen erstellt und beigelegt; siehe dazu Anhang 1.2.

2.2.5 Wirkungen der Erfolgsfaktoren: Über Erfolgspotentiale zum Erfolg

Als Gegenstand des Strategischen Managements wurde Erfolg, Überleben und Entwicklung der Unternehmung postuliert. Wie entsteht nun dieser Erfolg? Bezugpunkte des hier aus dem umfassenden Rahmen entwickelten Erfolgsfaktorenkonzeptes ist letztlich die Unterstützung konzeptionell-planerischer und erfolgsinduzierender Aktivitäten im Bereich des Strategischen Managements. Dies erfolgt vor dem Hintergrund einer Erfolgssicherung und -entwicklung durch den Aufbau von *Erfolgspotentialen*, d. h. durch die Focussierung und Stärkung derjenigen Leistungsdeterminanten, die maßgeblich am Erfolg einer Unternehmung beteiligt sind. Die Wahrnehmung, Gestaltung und Nutzung dieser Potentiale, die Entwicklung einer Erfolgsposition also, determiniert dabei zukünftige Erfolgschancen.[61]

Monetärer Erfolg entsteht aus der Differenz von Erlösen und Kosten. Erfolgspotentiale können somit inhaltlich – in einer ersten Annäherung – erlös- oder kostenseitig wirksam werden. Daneben resultieren Erfolgspotentiale aus dem Aufbau spezifischer Fähigkeiten, die sich als konkrete Leistungen in der Zukunft »auszahlen«. *Kostenseitige Erfolgspotentiale* liegen z. B. vor in den Produktions-, Beschaffungs-, Vertriebs-, Verwaltungs- und Personalkosten. *Erlösseitige Erfolgspotentiale* zeigen sich in den Parametern der Produkt-, Kommunikations-, Preis- und Distributionspolitik.

Neben der kurzfristigen Gewinnorientierung müssen aber auch die Voraussetzungen zur langfristigen Überlebensfähigkeit geschaffen werden. Sie dokumentiert sich in der Erzielung von monetären Erfolgen über eine längere Zeitspanne hinweg. Damit eine Unternehmung langfristig überleben und sich entwickeln kann, benötigt sie bestimmte systemische Fähigkeiten. Im einzelnen handelt es sich dabei im Sinne der Systemtheorie um die Handlungs-, Lern- und Bedürfnisbefriedi-

61 Vgl. Mann, 1986, S. 474f., Pümpin, 1986, S. 34.

gungsfähigkeit.[62] Diese Fähigkeiten stellen als solches auch Erfolgspotentiale dar, da sie bei ausgeprägtem Vorhandensein das Überleben und die Entwicklung der Unternehmung langfristig ermöglichen.[63] Die Wirkungsweise der *fähigkeitsbezogenen Erfolgspotentiale* besteht einerseits darin, den Aufbau ständig neuer (erlöswirksamer) Wettbewerbsvorteile und die permanente Durchführung von Kostensenkungsmaßnahmen zu fördern. Andererseits wirken sie auch positiv auf die indirekten Erfolgsursachen. Sie unterstützen nämlich deren situationsadäquate Ausgestaltung bzw. Aktualität.[64]

Um Erfolgspotentiale nutzen zu können, ist die Bestimmung kritischer Erfolgsfaktoren Grundvoraussetzung, da diese die erfolgsrelevanten Tatbestände der Besetzung einer Erfolgsposition signalisieren und erst ermöglichen. Sie weisen also auf diejenigen Potentiale, die genutzt werden müssen, um im Wettbewerb erfolgreich zu sein und ermöglichen entscheidend deren Aktivierung.[65] Eine Kenntnis dieser Ursachen, die als »*Erfolgsfaktoren*« zu bezeichnen sind, ermöglicht damit eine Orientierung an den Wurzeln des Erfolgs im Sinne der Erfolgsentstehung. Damit wird dann ein strategisches Denken und Handeln im Sinne konzeptionell-planerischer, implementierender und kontrollierender Aktivitäten möglich. Diesen Zusammenhang der Erfolgsentstehung verdeutlicht Abbildung 18.

Von besonderer Bedeutung ist die Abhängigkeit innerhalb und zwischen den Faktoren, die »strategische Stimmigkeit« oder der »fit«:[66]

62 Vgl. Kirsch, 1990, S. 492ff., oder 1992, S. 137ff.

63 Liegt ein im Vergleich zur Konkurrenz effektives Potential vor, so wird das Erfolgspotential zum Wettbewerbsvorteil.

64 Die große Bedeutung grundlegender Fähigkeiten für den Erfolg wird nicht nur seitens der Systemtheorie sondern auch in der Praxis oft betont. So schreibt z. B. Holzwarth – Leiter des Produktivitäts-Zentrums in der Siemens-Zentralabteilung Produktion und Logistik in München: »Langfristig gesehen erhöhen schnelle Prozesse und Durchläufe die Lernfähigkeit des Unternehmens und damit die Flexibilität. Für das erfolgreiche Überleben eines Unternehmens sind das die beiden wichtigsten Fähigkeiten überhaupt.« Holzwarth, 1993, S. 10.

65 Diese Sichtweise findet sich auch bei Dunst, 1979, S. 65, Lange, 1982, S. 27, Krüger/Schwarz, 1990, S. 192, Kolks, 1990, S. 26, oder Corsten, 1993, S. 217f.

66 Vgl. Krüger/Schwarz, 1990, S. 183ff., Kolks, 1990, S. 25ff.

- in der faktorinternen Ausgestaltung und Abstimmung,[67]
- in der Abstimmung zwischen den Erfolgsfaktoren,
- in der Abstimmung der Erfolgsfaktoren mit der Unternehmungsumwelt.

Treten Ineffizienzen auf, dann ist es Aufgabe des Strategischen Managements, an diesen Gestaltungs- und Abstimmungsbereichen anzusetzen.

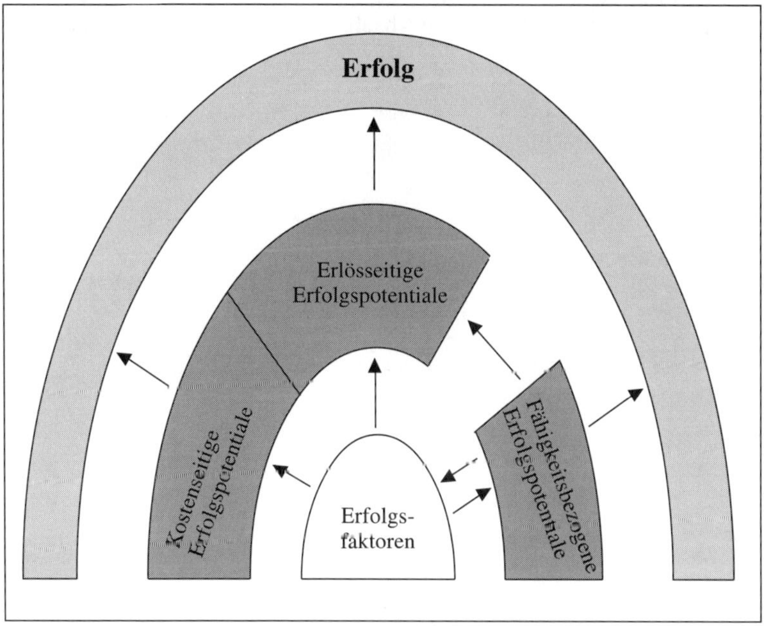

Abbildung 18: Erfolgsfaktoren, Erfolgspotentiale und Erfolg im HEFAP (in Anlehnung an Kolks, 1990, S. 26)

Erfolgsfaktoren besitzen somit eine informatorische Schlüsselfunktion, indem sie die planerisch-erfolgsorientierten Managementhandlungen auf besonders »wirksame« Sachverhalte richten (vgl. Adrian, 1989,

67 Gerade dieser Sachverhalt ist bei der Bildung »verdichteter« Erfolgsfaktoren zu berücksichtigen (siehe Abschnitt 3.3).

S. 242ff.). Dementsprechend stehen die *»ursächlichen« Erfolgsfaktoren*, ihre Identifikation und die erfolgsbezogene Ausprägung im Vordergrund des HEFAP's; die Rolle der *Erfolgspotentiale* tritt demgegenüber eher zurück.

Allerdings hat sich in einem Praktiker-Workshop[68] gezeigt, daß in der Einschätzung der Führungspraktiker den Erfolgspotentialen eine hohe Bedeutung zukommt. Aus diesem Grund sind sie in operationalisierter Form[69] in der dritten Erhebungswelle mit erfaßt und hinsichtlich ihrer erfolgsbezogenen Wirkungen in Abschnitt 3.5 ausgewertet worden.[70]

68 Siehe Abschnitt 3.4.

69 Die Operationalisierung der hier zunächst nur grob dargestellten drei Erfolgspotentialarten im Sinne einer theoriegestützten Anreicherung und Kategorisierung sowie unter Einbezug von Hinweisen aus dem Praktiker-Workshop findet sich in Abschnitt 3.5.

70 Der erweiterte Fragebogen der dritten Welle enthielt unter der Überschrift »Spezialerhebung 1994: Kosten, Erlöse und Fähigkeiten im Brennpunkt« entsprechende Fragen zur Ermittlung von Erfolgspotentialen (siehe Anhang 2).

3. Empirische Überprüfung des HEFAP-Erfolgsfaktorenkonzeptes

3.1 Darstellung der Ablaufphasen beim HEFAP

Ziel des Hannoveraner Erfolgsfaktoren-Projektes (HEFAP) ist die theoretisch und empirisch fundierte Identifikation allgemeingültiger Erfolgsfaktoren von Unternehmungen des Produzierenden Gewerbes. Von der Annahme ausgehend, daß die Erfolgsfaktoren nicht zwingend eine zeitliche Stabilität aufweisen müssen, war es deshalb das empirische Ziel, eine Panel-Studie aus drei jeweils repräsentativen Erhebungswellen (1992–1994) zu erhalten. Im folgenden sollen die einzelnen Projektphasen in aller Kürze skizziert werden.

Im Rahmen einer ersten Projektphase wurde ein umfassendes hypothetisches Erfolgsfaktorenkonzept erarbeitet, welches die Basis für die anschließenden empirischen Erhebungen bildet. Das hypothetische Erfolgsfaktorenkonzept berücksichtigt den aktuellen Forschungsstand bezüglich der Erfolgsfaktorenproblematik. Neben dem Ziel der Integration von bestehenden Denkansätzen wurde jedoch im Rahmen einer kritischen Würdigung auf die Mängel bisheriger Erfolgsfaktorenansätze hingewiesen und gleichzeitig versucht, die identifizierten Forschungslücken durch die Ableitung eines integrativen Ansatzes, welcher in der Tradition der Strategieansätze steht, zu bewältigen.[71]

Innerhalb der zweiten Phase erfolgte die Transformation des theoretischen Erfolgsfaktorenkonzeptes in adäquate Fragen zum Zweck der Erstellung eines Fragebogens, mit Hilfe dessen das hypothetische Konzept einer empirischen Überprüfung unterzogen werden sollte. Die Formulierung der Fragen orientierte sich dabei an den gängigen Empfehlungen zur formalen und inhaltlichen Gestaltung eines Fragebogens, welche die Kriterien Verständlichkeit, Eindeutigkeit, Lesbarkeit und Übersichtlichkeit der Fragen hervorheben (vgl. Hafermalz, 1976, S. 43ff.). Ergebnis dieser zweiten Projektphase war ein Fragebogen »Version 1«, der die Ausgangsbasis für einen ersten Pretest bildete.

71 Vgl. zu den Erfolgsfaktoren-Ansätzen ausführlich die Abschnitte 2.1 und 2.2.2.

Als drittes erfolgte im Sommer/Herbst 1991 die Pretest-Phase, wobei der Fragebogen sukzessive – in drei Pretest-Phasen – »Praxistauglichkeit« erlangte.[72] Daneben führten die dabei gesammelten Erfahrungen auch zur Wahl der Erhebungsform bzw. der Untersuchungsart. Die Entscheidung zugunsten dreier schriftlicher Befragungsaktionen mit weitestgehend standardisierten Fragen[73] (teilstrukturierter Fragebogen) fiel insbesondere aus folgenden Gründen:

- sehr großer Erhebungsumfang mit vertretbarem finanziellen Aufwand realisierbar,
- Konstruktion einer repräsentativen Stichprobe aufgrund der Daten der statistischen Ämter möglich,
- zeitlicher Aufwand vertretbar (im Gegensatz zur Interviewlösung),
- keine Beeinflussung der Probanden durch mündliche Kommentare zu befürchten,
- Anonymität besser zu gewährleisten.

Aufgrund der fortschreitenden Durchdringung der komplexen Materie »Erfolgsfaktoren« entschloß sich das Projektteam zur Aufnahme von vier zusätzlichen, virulenten, potentiell erfolgskritischen Bereichen in das theoretische Konzept; die vierte Phase stellte somit eine erneute Konzeptualisierungsphase dar. Im einzelnen wurde dabei folgendes unternommen:

- Erweiterung des Bereiches »Produktstrategien«,
- Aufnahme des Bereiches »Zeitmanagement«,
- Aufnahme des Bereiches »Innovationsmanagement«,
- Aufnahme des Bereiches »Umweltschutzmanagement«.

Diese vier Bereiche wurden im Winter 1991/1992 erarbeitet, in adäquate Fragen transformiert und sodann in den Fragebogen integriert. Da mit den zusätzlichen Fragen der Umfang des Fragebogens nicht unerheblich zugenommen hatte und außerdem die Komplexität dieser Zusatzbereiche als sehr hoch einzustufen ist, erschien es sinnvoll, diese zusätzlichen Bereiche innerhalb eines dritten Pretests zu überprüfen.

72 Vgl. zur Pretest-Phase ausführlich Anhang 2.

73 Es wurden aber auch offene Fragen gestellt, um die erfolgsfaktorbezogenen Erfahrungen aus der Praxis sammeln und nutzen zu können und somit nicht nur vorher festgelegte Aspekte abzufragen.

Demzufolge wurde der Fragebogen »Version 3« einem abschließenden dritten Pretest unterzogen, wobei die 6 Pretestteilnehmer aus dem Celler Raum lediglich die Ergänzungsbereiche des Fragebogens »Version 2« auf ihre Beantwortbarkeit hin untersuchten.

Die neuen Fragen wurden den Probanden auf einem gesonderten Formular zugesendet, wobei unter jeder Frage die Beurteilung der Beantwortbarkeit und der Sinnhaftigkeit vorgenommen werden konnte. Das Ergebnis dieser sechs schriftlichen Protokolle war, daß bei den neuen Fragen kaum Änderungsbedarf hinsichtlich der Formulierungen bestand, so daß auf dieser Basis der Fragebogen endgültig formuliert werden konnte.

Nach der endgültigen Erstellung des Fragebogens (mit 12 Seiten Umfang) konnte im Sommer 1992 nunmehr die 5. Phase – Durchführung und Auswertung der ersten Erhebungswelle – beginnen. Dieser »physische Akt« der empirischen Forschung – Vorbereitung der Versandaktion, absenden und bearbeiten des Rücklaufs und Auswertung – nahm – wie auch bei den folgenden Wellen – mehrere Monate in Anspruch.

Im Herbst/Winter 1992 erfolgte die statistische Auswertung der in der ersten Erhebungswelle erhobenen Daten. Im Februar 1993 lagen dann die empirisch identifizierten Erfolgsfaktoren der ersten Welle vor.[74] Diese wurden dann im April 1993 im Handelsblatt veröffentlicht (vgl. Steinle/Kirschbaum/Kirschbaum, 1993 a u. b).

Im Sommer 1993 wurde dann die zweite Erhebungswelle durchgeführt und bis zum Winter folgte die Ermittlung der Ergebnisse bzw. verdichteten Erfolgsfaktoren[75] der zweiten Welle (6. Phase).

Im Januar 1994 wurden dann auf Basis der Ergebnisse der zweiten Welle ein Praktiker-Workshop zur Klärung der Beziehungen der Erfolgsfaktoren untereinander und zu wichtigen Erfolgspotentialen durchgeführt (7. Phase).[76] Inzwischen war nämlich erkannt worden, daß die bisher ermittelten Erfolgsfaktoren eher strategischer Natur sind und von den direkt Erfolg induzierenden Parametern (Kosten, erlösseitige Wettbe-

74 Vgl. zu den 14 verdichteten Erfolgsfaktoren der ersten Welle im einzelnen Abschnitt 3.3.1.1

75 Vgl. zu den 12 verdichteten Erfolgsfaktoren der zweiten Welle Abschnitt 3.3.1.3 oder Steinle/Kirschbaum/Kirschbaum, 1994.

76 Vgl. zum Ablauf und den Ergebnissen des Praktiker-Workshops Abschnitt 3.4 oder Steinle/Eggers/Kirschbaum/Kirschbaum, 1994.

werbsparameter wie z. B. Produktqualität oder Lieferzeit) z. T. relativ weit entfernt sind.

Dieser Einsicht folgend wurde ein Erfolgsfaktor-Erfolgspotential-Konzept erarbeitet und erstmals im Praktiker-Workshop zur Diskussion gestellt.[77] Dabei zeigte sich, daß insbesondere bei den fähigkeitsbezogenen Erfolgspotentialen noch weiterer Konkretisierungsbedarf bestand, der theoriegestützt gedeckt wurde (vgl. Abschnitt 3.5). Anschließend wurde der Bereich der Erfolgspotentiale zu Fragen transformiert und in einem vierseitigen Fragebogen dem bestehenden Fragebogen hinzugefügt und innerhalb der dritten Erhebungswelle (8. Phase), die im Frühjahr 1994 durchgeführt wurde, empirisch überprüft.

Bei der Auswertung der dritten Welle, welche im Sommer 1994 stattfand, zeigten sich neben der Existenz von 10 verdichteten Erfolgsfaktoren, daß die 9 erfolgskritischen Erfolgspotentiale im Durchschnitt tendenziell stärker mit Erfolg korrelieren als die Erfolgsfaktoren. Die Erweiterung des Modellrahmens hatte sich also auch empirisch als richtig erwiesen.

Die letzte Phase des HEFAP (August 1994 bis Januar 1995) beinhaltete die Abfassung des Forschungsberichtes. Über die Konstruktion der Stichproben, Repräsentativität, Qualitätssicherung, Motivierung und die Auswertungshinweise orientiert Anhang 2.

Der Eilige – nur an den verdichteten Erfolgsfaktoren Interessierte – findet diese übersichtlich im Abschnitt 3.3 (S. 162ff.) zusammengefaßt.

3.2 Auswertung und Interpretation der erhobenen Daten zur Identifikation der einzelnen generellen Erfolgsfaktoren

3.2.1 Erfolgseinfluß der globalen Umwelt

Zur Operationalisierung des Erfolgseinflusses der globalen Umwelt fand eine Beschränkung auf die konjunkturelle Situation und die Entwicklung der zur Verfügung stehenden Fertigungstechnologien statt.

Der Fragebogen ist im Anhang 1, S. 255ff., abgedruckt.

77 Die getestete Variante des Konzeptes findet sich in Abschnitt 2.2.5 sowie 3.5.

– Konjunkturelle Situation
(Item 3, Frage 2, S. 1 im Fragebogen (FB))

Wie schätzen Sie die konjunkturelle Entwicklung Ihrer Branche im Vergleich zur konjunkturellen Entwicklung der Gesamtwirtschaft in den nächsten 5 Jahren ein? (besser – gleich – schlechter)

Item 3	Einschätzung der Konjunktur		
	1. Welle	2. Welle	3. Welle
schlechter	26,5 %	28,1 %	28,5 %
gleich	50,7 %	49,8 %	45,8 %
besser	22,8 %	22,2 %	25,7 %
n	294	203	144
Tau C – ROI	–	0,17	
Tau C – CF	–	0,17	

Während sich 1993 (2. Welle) erfolgreiche und nicht erfolgreiche Unternehmungen in der Einschätzung der konjunkturellen Situation unterschieden, traf dieses 1992 und '94 nicht zu. Daraus ist zu entnehmen, daß *erfolgreiche und nicht erfolgreiche* Unternehmungen in der Regel gleichermaßen unter einer schlechten (branchenbezogenen) Konjunktur leiden oder von ihr profitieren.

– Entwicklung der Fertigungstechnologien
(Item 13, Frage 3.2, S.1 im FB)

Wie schätzen Sie die Entwicklung der für Ihre Produktgruppe am Markt zur Verfügung stehenden Fertigungstechnologien ein? (eher Reifephase und Kontinuität – eher sprungartige Ablösung und Turbulenz)

Item 13	Fertigungstechnologien		
	1. Welle	2. Welle	3. Welle
Reifephase	88,7 %	92,9 %	89,9 %
Turbulenz	11,3 %	7,1 %	10,1 %
n	293	197	139

Fast 90 Prozent der Firmen sehen sich bezüglich der zur Verfügung stehenden Fertigungstechnologien eher konstanten Umwelten ausgesetzt;

ein *erfolgskritischer Zusammenhang* konnte in *keiner Welle* ermittelt werden.

3.2.2 Erfolgsrelevanz der marktlichen Umwelt

Zur Klärung des Einflusses der marktlichen Umwelt wurde vorab nach der jeweiligen Branche und der wichtigsten Produktgruppe gefragt. Zur Operationalisierung der marktlichen Umwelt wurden Fragen zum Umsatz und zum Marktanteil sowie zur Wettbewerbssituation gestellt. Außerdem wurde durch offene Fragen nach allgemeinen Chancen und Risiken gesucht.

– Umsatz
(Item 5, 8, 11; Frage 3.1, S. 1 im FB)

Hinsichtlich der Umsatzhöhe der wichtigsten Produktgruppen und des wichtigsten Produktes konnte in allen drei Wellen kein statistischer Zusammenhang zum Erfolg festgestellt werden. Der absolute Betrag des Umsatzes korreliert also nicht mit Erfolg. Operationalisiert man aber Umsatz im Vergleich zum Branchendurchschnitt (Item 116, Frage 8) (deutlich besser – besser – gleich – schlechter – deutlich schlechter) mit den ebenso skalierten Variablen Cash flow und ROI, so ist ein sehr starker Zusammenhang feststellbar (1. Welle r_{ROI} 0,51, r_{CF} = 0,48 ; 2. Welle r_{ROI} = 0,60, r_{CF} = 0,61; 3. Welle r_{ROI} = 0,44, r_{CF} = 0,48). Dem so skalierten Umsatz gebührt aber nicht die Bedeutung eines Erfolgsfaktors, sondern er ist als Erfolgsindikator anzusehen.

– Marktanteil
(Item 6, 9, 12; Frage 3.1, S. 1 im FB)

Beim Marktanteil ist festzustellen, daß er bezogen auf die wichtigsten Produktgruppen keinen Erfolgsfaktorstatus erhalten hat. Anders hingegen bezogen auf das wichtigste Produkt: Dabei konnte in der 2. Welle zum ROI ein beträchtlicher statistischer Zusammenhang von 0,25 ermittelt werden. Dieses Ergebnis entspricht dem aktuellen Stand der Forschung – insbesondere auf PIMS-Basis (vgl. Abschnitt 2.1.4) –, zeigt aber auch, daß die Bedeutung eines hohen Marktanteils nicht überschätzt werden sollte.

– Der Einfluß der Wettbewerbssituation auf den Erfolg
(Item 16–19, Frage 3.3, S. 2 im FB)

Zur Operationalisierung der Wettbewerbssituation wurden folgende Sachverhalte erfragt: Wettbewerbsdruck, Abnehmer- und Lieferantenabhängigkeit sowie Gefahr der Produktsubstitution.

– Wettbewerbsdruck

Wie stark empfinden Sie den Wettbewerbsdruck hinsichtlich Ihrer wichtigsten Produktgruppe durch Konkurrenten? (sehr niedrig – niedrig – mittel – hoch – sehr hoch)

Item 16	**Wettbewerbsdruck**		
	1. Welle	**2. Welle**	**3. Welle**
sehr niedrig	0,3 %	1,0 %	0,7 %
niedrig	1,0 %	1,9 %	2,1 %
mittel	18 %	14 %	17,4 %
hoch	44,6 %	39,1 %	34 %
sehr hoch	36,1 %	44 %	46,5 %
n	294	207	144
r_{ROI}	- 0,14	–	- 0,14
r_{CF}	–	–	- 0,15

Das Ergebnis der drei Wellen zeigt einen zunehmenden Einfluß des Konkurrenzdruckes auf. In Welle 1 und 3 sind signifikante Zusammenhänge zum Erfolg feststellbar gewesen, so daß von einem beachtlichen *Erfolgseinfluß des Konkurrenzdruckes* ausgegangen werden kann. Dabei sehen sich erfolgreiche Unternehmungen einem geringeren Druck ausgesetzt. Offenbar gelingt es Ihnen besser, erfolgsträchtige Nischen zu besetzen.

– Abnehmerabhängigkeit

Wie stark empfinden Sie Ihre Abhängigkeit hinsichtlich der wichtigsten Produktgruppe von Ihren Abnehmern? (sehr niedrig – niedrig – mittel – hoch – sehr hoch)

Item 17	**Abnehmerabhängigkeit**		
	1. Welle	**2. Welle**	**3. Welle**
sehr niedrig	0,3 %	1,0 %	1,4 %
niedrig	4,7 %	3,9 %	1,4 %
mittel	21 %	23,3 %	19,1 %
hoch	40,3 %	40,3 %	43,3 %
sehr hoch	33,6 %	31,6 %	34,8 %
n	296	206	141
r_{ROI}	- 0,12	–	–
r_{CF}	–	–	–

Hinsichtlich der *Abhängigkeit von Abnehmern*, die in der Regel hoch bis sehr hoch ist, *unterscheiden sich* erfolgreiche und erfolglose Unternehmungen *nicht.* Die Ausnahmeerscheinung in der 1. Welle kann diese Aussage – auch wegen ihres niedrigen Koeffizienten – nicht falsifizieren.

– *Lieferantenabhängigkeit*

Wie stark empfinden Sie Ihre Abhängigkeit hinsichtlich der wichtigsten Produktgruppe von Ihren Lieferanten? (sehr niedrig – niedrig – mittel – hoch – sehr hoch)

Item 18	**Lieferantenabhängigkeit**		
	1. Welle	**2. Welle**	**3. Welle**
sehr niedrig	9,2 %	14,1 %	7,0 %
niedrig	35,3 %	36,4 %	39,9 %
mittel	34,9 %	31,1 %	32,9 %
hoch	14,2 %	14,1 %	16,1 %
sehr hoch	6,4 %	4,4 %	4,2 %
n	295	206	143
r_{ROI}	- 0,18	–	–
r_{CF}	–	–	–

Die Lieferantenabhängigkeit ist wesentlich schwächer als die Abnehmerabhängigkeit ausgeprägt. Auch hier ist mit Ausnahme der 1. Welle keine signifikante Korrelation feststellbar. *Erfolgreiche und nicht erfolgreiche* Unternehmungen sehen sich also gleichermaßen den Folgen der Lieferantenabhängigkeit ausgesetzt.

– *Gefahr der Produktsubstitution*

Wie schätzen Sie die Möglichkeit ein, daß Ihre wichtigste Produktgruppe durch ein völlig anderes Produkt vom Markt verdrängt wird? (sehr niedrig – niedrig – mittel – hoch – sehr hoch)

Item 19	**Verdrängungsgefahr**		
	1. Welle	**2. Welle**	**3. Welle**
sehr niedrig	35,8 %	30,6 %	27,1 %
niedrig	39,9 %	44,2 %	49,3 %
mittel	16,9 %	20,9 %	21,5 %
hoch	6,8 %	2,4 %	0,7 %
sehr hoch	0,7 %	1,9 %	1,4 %
n	296	206	144
r_{ROI}	–	- 0,14	–
r_{CF}	–	- 0,16	–

Nur sehr *wenige Unternehmungen* sehen sich einer hohen Gefahr gegenüber, durch neue Produkte *vom Markt* verdrängt zu werden. Lediglich in Welle 2 konnte eine Beziehung zum Erfolg festgestellt werden. Damit kann insgesamt eine erfolgskritische Rolle des Substitutionsdruckes nicht bestätigt werden.

– Chancen und Risiken
(Item 20–23, Frage 3.3, S. 2 im FB (offene Fragen))

Die offenen Fragen nach weiteren Chancen und Risiken bezüglich der wichtigsten Produktgruppe erwiesen sich insgesamt betrachtet als relativ unergiebig, da eine Vielzahl situationsspezifischer Angaben gemacht wurde, die Verallgemeinerungen kaum zuließen.

Als häufig genannte *Chancen* sind folgende zu nennen:
- hohe Marktattraktivität (Wachstum, treue Kunden, stabile Nachfrage),
- starke Marktstellung (großer Marktanteil, Marktführerschaft),
- Erfahrungsvorsprung (z. B. Marktkenntnis, technisches Know-how),
- hohe Produktqualität,
- guter Lieferservice (schnelle und pünktliche Lieferung),

- Erstellung individueller Leistungen,
- Einschlagende Produktinnovationen.

Als häufig genannte *Risiken* waren zu verzeichnen:
- Gefahr der Produktsubstitution (z. B. durch neu entdeckte gesundheitsschädliche Wirkungen),
- steigende inländische Konkurrenz,
- *steigende ausländische Konkurrenz* (insbesondere aus Billiglohn-Ländern),
- steigende Kosten (z. B. durch zu hohe Lohnabschlüsse),
- strukturell bedingter Nachfragerückgang,
- schwache Konjunktur,
- steigender Abnehmerdruck (durch Konzentration im Handel; insbesondere Gefahr für mittelständische Unternehmungen).

Aus der Gesamtheit aller dieser Aspekte erwies sich lediglich das an dritter Stelle aufgeführte Risiko »*Steigende ausländische Konkurrenz* (insbesondere aus Billiglohn-Ländern)« in der 2. Welle als mit Erfolg korreliert. Dabei zeigte sich, daß von den Unternehmungen, die dies als besonderes Risiko angaben, unverhältnismäßig viele nicht erfolgreich waren; Phi – CF war gleich 0,18.

3.2.3 Eigenschaften der Unternehmung als Erfolgsfaktoren

3.2.3.1 Auffächerung des Bereiches »Merkmale der Unternehmung«

Der dritte Bereich potentieller Erfolgsfaktoren (»Merkmale der Unternehmung«) untergliedert sich in die Sektoren: Grundmerkmale der Unternehmung, Funktionsbereichskennzeichen, Aspekte des Managementprozesses und dabei empfundene Stärken und Schwächen.

Die Grundmerkmale der Unternehmung beziehen sich auf die Aspekte des grundlegenden Leitbildes. Bei den Funktionsbereichskennzeichen wird nach dem Vermögens- und den Mitarbeitereinsatz in den (Funktions-) Bereichen gefragt. Außerdem werden Angaben zum Ausmaß des EDV-Einsatzes erhoben. Die Aspekte des Managementprozesses wiederum unterteilen sich in die Bereiche Planungs-, Controllingsystem, Organisation und Mitarbeiterführung.

3.2.3.2 Grundmerkmale der Unternehmung (Leitbild)

– Aspekte des grundlegenden Leitbildes (Item 24–27, Frage 4.1, S. 2 im FB)

– Primär monetäre Ziele angestrebt

Unsere Unternehmung verfolgt primär monetäre Ziele (»kurzfristige Gewinnmaximierung«): trifft nicht zu – gering – mittel – ausgeprägt

Item 24	**Leitbild = G-max**		
	1. Welle	**2. Welle**	**3. Welle**
trifft nicht zu	16,3 %	12,7 %	14,6 %
gering	30,3 %	33,7 %	29,9 %
mittel	41,8 %	41 %	46,5 %
ausgeprägt	11,6 %	12,7 %	9 %
n	294	205	144

In allen drei Erhebungswellen konnte zum Erfolg kein statistischer Zusammenhang festgestellt werden. Eine Orientierung an monetären Zielen, die zumeist eine Politik der *kurzfristigen Gewinnmaximierung* nach sich zieht, *kann* also *nicht* als Erfolgsfaktor gelten.

– Ausgewogene Interessenberücksichtigung angestrebt

Unsere Unternehmung berücksichtigt Interessen von Kapitalgebern (Inhabern), Unternehmungsleitung (»Management«) und Mitarbeitern in »ausgewogenem« Maße: trifft nicht zu – gering – mittel – ausgeprägt

Item 25	**Leitbild = Interessen**		
	1. Welle	**2. Welle**	**3. Welle**
trifft nicht zu	6,4 %	3,9 %	7,6 %
gering	8,8 %	7,3 %	4,9 %
mittel	46,4 %	48,1 %	47,2 %
ausgeprägt	38,3 %	40,8 %	40,3 %
n	295	206	144
Tau C – ROI	0,12	0,15	0,22
Tau C – CF	0,13	0,16	0,17

Der Erfolgsfaktor *»ausgewogene Interessenberücksichtigung«* konnte sich in allen drei Wellen durchsetzen. Darüber hinaus ist eine zunehmende Korrelationsstärke festzustellen. In der Erhebungszeit gewinnt offenbar eine auf ausgewogene Interessenberücksichtigung ausgelegte Politik erfolgskritischen Charakter. Hier kann z.B. an die Einführung der Vier-Tage-Arbeitswoche mit Gehaltsverzicht bei VW gedacht werden. Dieses Modell wurde im Konsens mit der Belegschaft eingeführt und stieß deshalb auf weitgehende Akzeptanz.

– Langfristige Überlebenssicherung angestrebt

Unsere Unternehmung verfolgt eine langfristige Überlebenssicherung (»Firmenerhalt«): trifft nicht zu – gering – mittel – ausgeprägt

Item 26	**Leitbild = Überleben**		
	1. Welle	**2. Welle**	**3. Welle**
trifft nicht zu	0,7 %	0 %	0,7 %
gering	1,7 %	1,4 %	0,7 %
mittel	17,3 %	15,4 %	15,2 %
ausgeprägt	80,3 %	83,2 %	83,4 %
n	295	208	145
Tau C – ROI	–	–	–
Tau C – CF	0,1	–	–

Mehr als 80 Prozent geben jeweils an, nach *langfristiger Überlebenssicherung* zu streben. Dieses Merkmal stellt offenbar eine weitgehende Grundeinsicht unternehmerischen Denkens dar. Es ist aber offensichtlich nicht geeignet, erfolgreiche und nicht erfolgreiche Unternehmungen zu unterscheiden. Daran ändert auch das einmalige erfolgskritische »Aufflackern« in der 1. Welle nichts.

– Lebendigkeit und Entwicklungsfähigkeit (Evolutionäre Organisation)

Unsere Unternehmung ist lebendig und entwicklungsfähig: trifft nicht zu – gering – mittel – ausgeprägt

Item 27	Leitbild = evolutionär		
	1. Welle	**2. Welle**	**3. Welle**
trifft nicht zu	0,7 %	0 %	1,4 %
gering	1,7 %	2,4 %	2,8 %
mittel	17,3 %	33,7 %	37,9 %
ausgeprägt	80,3 %	63,9 %	57,9 %
n	295	208	145
Tau C – ROI	0,12	0,28	0,18
Tau C – CF	0,14	0,32	0,18

Eine Unternehmung, die sich als lebendig und entwicklungs- bzw. wandlungsfähig im Sinne einer »evolutionären Organisation« empfindet, erfüllt in einer zunehmend dynamischeren Umwelt eine der Grundvoraussetzungen zur Erzielung dauerhaften Erfolges. Dieser Sachverhalt konnte in allen drei Wellen empirisch verifiziert werden.

3.2.3.3 Funktionsbereichskennzeichen: Vermögens- und Mitarbeitereinsatz sowie EDV-Einsatz

Vermögenseinsatz in den Funktionsbereichen Marketing/ Vertrieb, F&E, Produktion und Verwaltung
(Item 30–33, Frage 4.2.1.a, S. 3 im FB)

Bitte schätzen Sie (grob) die prozentuale Verteilung von Anlage- und Umlaufvermögen auf die nebenstehenden Bereiche (Summe soll 100 Prozent ergeben).

Vermögenseinsatz	1. Welle	2. Welle	3. Welle
im M/V	–	–	–
in F&E	–	–	–
in der Produktion	–	–	–
in der Verwaltung	$r_{ROI} = -0{,}17$	$r_{CF} = -0{,}16$	–

Hinsichtlich der Höhe des prozentualen *Vermögenseinsatzes* in den Funktionsbereichen ist festzustellen, daß bis auf den Bereich Verwaltung keine statistische *Beziehung* zum Erfolg besteht. In zwei von drei Wellen wurde ermittelt, daß ein eher geringer prozentualer Vermögenseinsatz in der Verwaltung mit Erfolg einhergeht. Dies deutet auf die Effizienz »schlanker« Verwaltungen hin, die nicht das »Wasserkopf-Syndrom« aufweisen.

– Mitarbeitereinsatz in den Funktionsbereichen
(Item 34–37, Frage 4.2.1.b, S. 3 im FB)

Bitte schätzen Sie (grob) die prozentuale Verteilung der Mitarbeiter auf die nebenstehenden Bereiche (Summe soll 100 Prozent ergeben).

Mitarbeitereinsatz	1. Welle	2. Welle	3. Welle
im M/V	–	–	–
in F&E	–	–	–
in der Produktion	–	–	–
in der Verwaltung	$r_{ROI} = -0{,}15$	–	–

Der prozentuale *Mitarbeitereinsatz* erwies sich lediglich in der Verwaltung (in negativer Hinsicht) in der 1. Welle als erfolgskritisch. Dies bestätigt die Bedeutung einer »schlanken« Verwaltung.

– EDV-Einsatz in den Funktionsbereichen im Verhältnis zum Branchendurchschnitt
(Item 38–41, Frage 4.2.2, S. 4 im FB)

– EDV-Einsatz im Marketing/Vertriebsbereich (M/V)

Item 38	EDV in M/V		
	1. Welle	2. Welle	3. Welle
unter B-durch.	24,5 %	18,3 %	19,3 %
wie B-durch.	56,9 %	64 %	60 %
über B-durch.	18,6 %	17,8 %	20,7 %
n	290	197	140
Tau C – ROI	0,18	0,28	–
Tau C – CF	0,23	0,24	0,16

Obwohl der *überdurchschnittliche EDV-Einsatz im M/V* in der 3. Welle etwas von seiner Stärke eingebüßt hat, ist er immer noch als *sehr solider Erfolgsfaktor* einzustufen.

– EDV-Einsatz in Forschung und Entwicklung (F&E)

Item 39	**EDV in F&E**		
	1. Welle	**2. Welle**	**3. Welle**
unter B-durch.	36,7 %	37,3 %	32,8 %
wie B-durch.	42,6 %	47,6 %	53,7 %
über B-durch.	20,7 %	15,1 %	13,4 %
n	270	185	134
Tau C – ROI	0,12	0,24	–
Tau C – CF	0,16	0,22	–

Ein über dem Branchendurchschnitt liegender EDV-Einsatz im Bereich der Forschung & Entwicklung konnte sich zwar in der 3. Welle nicht als Erfolgsfaktor bestätigen, dennoch verdient dieses Item Beachtung.

– EDV-Einsatz in der Produktion

Item 40	**EDV in der Produktion**		
	1. Welle	**2. Welle**	**3. Welle**
unter B-durch.	23,6 %	23,2 %	28 %
wie B-durch.	50,3 %	47,5 %	44,1 %
über B-durch.	26 %	29,3 %	28 %
n	296	198	143
Tau C – ROI	0,20	0,2	0,17
Tau C – CF	0,26	0,23	–

Ein überdurchschnittlicher *EDV-Einsatz in der Produktion* (Stichwort CIM-Technologien) konnte sich als *Erfolgsfaktor* in allen drei Wellen durchsetzen. Es zeigt sich aber eine stagnierende Bedeutung dieses Faktors für den Erfolg, ein Indiz dafür, daß schon seit längerem verstärkte Rationalisierungsbemühungen durch EDV-Einsatz in der Produktion laufen.

– EDV-Einsatz in der Verwaltung

Item 41	EDV in der Verwaltung		
	1. Welle	2. Welle	3. Welle
unter B-durch.	8,8 %	8 %	8,4 %
wie B-durch.	61,6 %	63,7 %	60,1 %
über B-durch.	29,6 %	28,4 %	31,5 %
n	297	201	143
Tau C – ROI	0,13	0,17	0,3
Tau C – CF	0,2	0,15	0,18

Ein über dem Branchendurchschnitt liegender *EDV-Einsatz in der Verwaltung* erwies sich in allen drei Wellen als *Erfolgsfaktor,* wobei eine aufsteigende Tendenz der Korrelationsstärken (beim ROI) feststellbar ist. Dieses Ergebnis korrespondiert mit der erfolgskritischen Bedeutung eher schlanker Verwaltungen, denn um dieses zu erreichen, ist ein verstärkter EDV-Einsatz wohl eine der wesentlichen Voraussetzungen.

3.2.3.4 Aspekte des Managementprozesses: Planungssystem, Controllingsystem, Organisation und Mitarbeiterführung

– Planungssystem
(Item 42–45, Frage 4.3.1, S. 4 im FB)

– Grundlegende Zielplanung/Leitbildplanung

In unserer Unternehmung ist die grundlegende Zielplanung (Leitbildplanung) in folgender Intensitätsstufe vorhanden: trifft nicht zu – geringfügig – im wesentlichen – ausgeprägt

Item 42	Leitbildplanung		
	1. Welle	2. Welle	3. Welle
trifft nicht zu	8,2 %	6,3 %	6,9 %
geringfügig	22,7 %	22 %	26,9 %
im wesentlichen	48,8 %	52,2 %	49,7 %
ausgeprägt	20,3 %	19,5 %	16,6 %
n	291	205	145
Tau C – ROI	0,2	0,16	0,16
Tau C – CF	0,26	0,21	0,16

Eine ausgeprägte *Planung der grundlegenden Ziele* bzw. des Leitbildes hat in einer von starker Wandlung geprägten Zeit offenbar eine *sehr erfolgskritische Bedeutung.* Sie ermöglicht eine bewußte Festlegung der grundlegenden Ziele. Diese Ziele wiederum werden insbesondere für die Mitarbeiter mit weitgehend nicht standardisierten Aufgaben- und Arbeitsfeldern zu einer wichtigen Richtschnur, wodurch ein Handeln im Interesse der Unternehmung oft erst möglich wird.

– Strategische Planung

In unserer Unternehmung ist die Strategische Planung (z.B. Projekt-/ Programmplanung) in folgender Intensitätsstufe vorhanden: trifft nicht zu – geringfügig – im wesentlichen – ausgeprägt -

Item 43	**Strategische Planung**		
	1. Welle	**2. Welle**	**3. Welle**
trifft nicht zu	5,9 %	6,9 %	4,1 %
geringfügig	22,8 %	24,6 %	32,2 %
im wesentlichen	47,6 %	44,3 %	45,2 %
ausgeprägt	23,8 %	24,1 %	18,5 %
n	290	203	146
Tau C – ROI	0,2	0,15	–
Tau C – CF	0,29	–	–

Die Strategische Planung konnte in der 1. und 2. Welle deutlich als Erfolgsfaktor identifiziert werden. In der 3. Welle ist hingegen festzustellen, daß weniger Unternehmungen die Strategische Planung in ausgeprägter Weise praktizieren und sie ihren erfolgskritischen Stellenwert – zumindest bei den antwortenden Unternehmungen – verloren hat. Offenbar gewinnt in wirtschaftlichen Krisenzeiten das operative flexible Agieren zunehmend an Bedeutung.

– Operative Planung

In unserer Unternehmung ist die Operative Planung (»Budgetplanung«) in folgender Intensitätsstufe vorhanden: trifft nicht zu – geringfügig – im wesentlichen – ausgeprägt

Item 44	**Operative Planung**		
	1. Welle	**2. Welle**	**3. Welle**
trifft nicht zu	6,5 %	6,9 %	8,3 %
geringfügig	19,9 %	18,6 %	15,3 %
im wesentlichen	35,7 %	32,8 %	41,7 %
ausgeprägt	37,8 %	41,7 %	34,7 %
n	291	204	144

Die *Operative Planung* wird bei über 70 Prozent der Unternehmungen in ausgeprägter Weise oder im wesentlichen *vorgenommen*, wobei sich aber *erfolgreiche* und *nicht erfolgreiche nicht unterscheiden.* Es konnte jedenfalls in keiner Welle ein signifikanter statistischer Zusammenhang zum Erfolg ermittelt werden.

– *Bereichsbezogene Pläne*

In unserer Unternehmung sind bereichsbezogene Pläne (z. B. Produktionsplan, Marketingplan) in folgender Intensitätsstufe vorhanden: trifft nicht zu – geringfügig – im wesentlichen – ausgeprägt

Item 45	**Bereichsbezogene Pläne**		
	1. Welle	**2. Welle**	**3. Welle**
trifft nicht zu	5,4 %	4,9 %	4,9 %
geringfügig	18,6 %	14,1 %	16,8 %
im wesentlichen	46,1 %	49,3 %	49,7 %
ausgeprägt	29,8 %	31,7 %	28,7 %
n	295	205	143
Tau C – ROI	0,18	0,17	–
Tau C – CF	0,16	–	–

Dieses Item konnte seinen *erfolgskritischen Charakter* nicht behalten. Als Begründung sind die gleichen Argumente anführbar wie für die Strategische Planung.

– Controllingsystem
(Item 46–49, Frage 4.3.2, S. 4 im FB)

– Vorhandensein eines Controlling und Mitwirkung bei der Planung

In unserer Unternehmung ist ein Controlling vorhanden und wirkt bei der Planung mit und zwar in folgender Intensitätsstufe: trifft nicht zu – geringfügig – im wesentlichen – ausgeprägt

Item 46	**Controllingexistenz**		
	1. Welle	**2. Welle**	**3. Welle**
trifft nicht zu	14,4 %	10,5 %	13,3 %
geringfügig	25,4 %	27,5 %	23,1 %
im wesentlichen	35,7 %	33 %	40,6 %
ausgeprägt	24,4 %	29 %	23,1 %
n	292	200	143
Tau C – ROI	0,18	0,14	–
Tau C – CF	0,17	0,16	–

Auch dieses Item konnte seine *erfolgskritische Bedeutung* nicht bestätigen. Es zeigt sich, daß Unternehmungen mit einem ausgeprägten Controlling 1994 gleichermaßen erfolgreich oder nicht erfolgreich waren. Dennoch sollte dem Controlling starke *Beachtung* geschenkt werden, da es sich in zwei Wellen als Erfolgsfaktor erwies.

– Controlling und Ergebnis- und Finanzplanung

In unserer Unternehmung erfolgt die Koordination und Durchführung der periodischen Ergebnis- und Finanzplanung durch das Controlling: trifft nicht zu – geringfügig – im wesentlichen – ausgeprägt

Item 47	**Ergebnis-/Finanzrechn. m. C.**		
	1. Welle	**2. Welle**	**3. Welle**
trifft nicht zu	11,8 %	9 %	9,9 %
geringfügig	17,3 %	20,5 %	19,9 %
im wesentlichen	39,1 %	35 %	39 %
ausgeprägt	31,8 %	35,5 %	31,2 %
n	289	200	141
Tau C – ROI	–	–	–
Tau C – CF	0,16	0,15	–

Ein *Controlling*, welches in ausgeprägter Weise die Koordination und Durchführung der periodischen Ergebnis- und Finanzplanung durchführt, konnte sich bezüglich des Cash flows *zweimal als Erfolgsfaktor* durchsetzen. Auch wenn dieses Item in der 3. Welle keinen erfolgskritischen Charakter mehr aufweist, ist es besonders beachtenswert.

– Controlling und Kosten-/Erlösrechnung

In unserer Unternehmung führt das Controlling die Kosten-/Erlösrechnung durch: trifft nicht zu – geringfügig – im wesentlichen – ausgeprägt

Item 48	**KuER mittels Controlling**		
	1. Welle	**2. Welle**	**3. Welle**
trifft nicht zu	10,3 %	7,4 %	9,2 %
geringfügig	14,4 %	15,7 %	12,7 %
im wesentlichen	41,6 %	38,7 %	35,9 %
ausgeprägt	33,7 %	38,2 %	42,3 %
n	291	204	142
Tau C – ROI	–	0,17	–
Tau C – CF	0,16	0,14	–

Die Frage, inwieweit das *Controlling* die Kosten-/Erlösrechnung durchführt, erhielt *zweimal erfolgskritische Bedeutu*ng. In der 3. Welle zeigte sich aber, daß auch nicht erfolgreiche Unternehmungen das Controlling in diesem Bereich verstärkt einsetzen, so daß es kein Unterscheidungsmerkmal mehr darstellt; dennoch kann es als besonders beachtenswert gelten.

– Computergestütztes Controlling

In unserer Unternehmung wird ein computergestütztes Controlling genutzt: trifft nicht zu – geringfügig – im wesentlichen – ausgeprägt

Item 49	**Controlling mittels EDV**		
	1. Welle	**2. Welle**	**3. Welle**
trifft nicht zu	23,2 %	19,8 %	20,4 %
geringfügig	19,2 %	21,8 %	17,6 %
im wesentlichen	34 %	33,2 %	33,1 %
ausgeprägt	23,4 %	25,2 %	28,9 %
n	291	202	142
Tau C – ROI	0,12	0,15	–
Tau C – CF	0,17	–	–

Erstaunlicherweise gibt es einen großen Anteil von Firmen, die das Controlling ohne EDV (circa 20 Prozent) anwenden; dieses dürfte wohl nicht zuletzt daraus resultieren, daß auch sehr viele kleine Unternehmungen in der Stichprobe enthalten sind. Hinsichtlich der *Erfolgswirksamkeit* dieses Items ist festzustellen, daß eine *stetige Bedeutungsabnahme* zu verzeichnen ist. Auch Firmen mit ausgeprägter Nutzung eines computergestützten Controllings zeigen hierdurch keine erfolgskritischere Ausrichtung.

– Organisation
(Item 50–57, Frage 4.3.3, S. 5 im FB)

– Grad der schriftlich fixierten Organisationsstruktur

Unsere Organisationsstruktur ist überwiegend schriftlich niedergelegt: Nein – z.T. – Ja

Item 50	**schriftlich fixierte Organisationsstruktur**		
	1. Welle	**2. Welle**	**3. Welle**
nein	21,7 %	25,5 %	21,4 %
zum Teil	40,7 %	42,2 %	40,7 %
ja	37,6 %	32,4 %	37,9 %
n	295	204	145

Dieses Item konnte in *keiner Welle erfolgskritische Bedeutung* erlangen. Offensichtlich reicht es gerade in kleineren Unternehmungen aus, über verbal festgelegte Organisationsstrukturen zu verfügen.

– Art der Aufbaustruktur

Unsere Aufbaustruktur ist eher (2. Ebene entscheidend): verrichtungsorientiert (FO) – divisionalisiert (DO) – matrixorientiert (MO)

Item 51	**Art der Aufbaustruktur**		
	1. Welle	**2. Welle**	**3. Welle**
FO	67,9 %	73,7 %	78,4 %
DO	23,2 %	19,6 %	15,1 %
MO	8,9 %	6,7 %	6,5 %
n	271	194	139

Die überwiegende Mehrheit der Unternehmungen hat eine verrichtungsorientierte Organisationsstruktur. Hinsichtlich der Erfolgsrelevanz der *Aufbaustruktur* ist festzustellen, daß weitgehende *Wahlfreiheit* besteht; erfolgreiche und nicht erfolgreiche Firmen unterscheiden sich darin nicht.

– Art der Unternehmungsspitze

Unsere Unternehmungsspitze besteht aus einer:
a. Geschäftsführergruppe mit einem Sprecher,
b. Leitungskraft (»Betriebs-Chef«).

Item 52	**Unternehmungsspitze**		
	1. Welle	**2. Welle**	**3. Welle**
Gruppe	44,2 %	47,5 %	44,8 %
Leitungskraft	55,8 %	52,5 %	55,2 %
n	292	198	145
Phi – ROI	–	–	–
Phi – CF	0,13	–	–

In der ersten Welle wurde festgestellt, daß Firmen mit einer Geschäftsführergruppe erfolgreicher sind als die mit nur einem Betriebs-Chef. Dieser Befund konnte sich aber in den weiteren Wellen nicht bestätigen.

– Strukturierung der Arbeitsprozesse im Fertigungsbereich
(Item 53–57, Frage 4.3.3, S. 5 im FB)

(1) Spezialisierung

Die Arbeitsprozesse im Fertigungsbereich sind charakterisiert durch überwiegend hohe Spezialisierung und engumgrenzte Arbeitsfelder: trifft nicht zu – geringfügig – im wesentlichen – ausgeprägt

Item 53	**Spezialisierung**		
	1. Welle	**2. Welle**	**3. Welle**
trifft nicht zu	7 %	5,1 %	5,7 %
geringfügig	19,9 %	23 %	27 %
im wesentlichen	39,9 %	50 %	42,6 %
ausgeprägt	33,2 %	21,9 %	24,8 %
n	286	196	141

Eine *ausgeprägte Spezialisierung* bei den Arbeitsprozessen im Fertigungsbereich konnte in keiner der drei Wellen als *Erfolgsfaktor* identifiziert werden.

(2) Job enlargement

Die Arbeitsprozesse im Fertigungsbereich sind charakterisiert durch quantitative Arbeitserweiterung (z. B. »Job enlargement«): trifft nicht zu – geringfügig – im wesentlichen – ausgeprägt

Item 54	**Job enlargement**		
	1. Welle	**2. Welle**	**3. Welle**
trifft nicht zu	23,4 %	15,2 %	15,6 %
geringfügig	39,6 %	45,1 %	43,7 %
im wesentlichen	33,1 %	37 %	38,5 %
ausgeprägt	4 %	2,7 %	2,2 %
n	278	184	135
Tau C – ROI	0,14	0,15	–
Tau C – CF	0,16	–	–

Das Item »Job enlargement« wies in der 1. Welle relativ starke Erfolgsbezogenheit auf. Die *erfolgskritische Bedeutung ging* aber sukzessive zurück.

(3) Job rotation

Die Arbeitsprozesse im Fertigungsbereich sind charakterisiert durch Arbeitsplatzwechsel/flexible Arbeitsgruppen (z. B. »Job rotation«): trifft nicht zu – geringfügig – im wesentlichen – ausgeprägt

Item 55	**Job rotation**		
	1. Welle	**2. Welle**	**3. Welle**
trifft nicht zu	20 %	14,6 %	12,3 %
geringfügig	43,9 %	45,7 %	42 %
im wesentlichen	27,1 %	25,6 %	24,6 %
ausgeprägt	8,9 %	14,1 %	21 %
n	280	199	138
Tau C – ROI	0,17	–	–
Tau C – CF	0,11	–	–

Job rotation wird – bei steigender Tendenz über die Befragungswellen – in den Betrieben durchaus *eingesetzt;* dennoch war nur in der ersten Welle ein deutlicher Zusammenhang zum Erfolg zu verzeichnen. Dieser Effekt konnte sich aber nicht stabilisieren.

(4) Job enrichment

Die Arbeitsprozesse im Fertigungsbereich sind charakterisiert durch Aufgabenbereicherung: trifft nicht zu – geringfügig – im wesentlichen – ausgeprägt

Item 56	**Job enrichment**		
	1. Welle	**2. Welle**	**3. Welle**
trifft nicht zu	23,7 %	18,5 %	14,1 %
geringfügig	44,2 %	48,1 %	51,1 %
im wesentlichen	27,7 %	29,1 %	26,7 %
ausgeprägt	4,4 %	4,2 %	8,1 %
n	274	189	135

Immerhin fühlten sich – werden die Kategorien »im wesentlichen« und »ausgeprägt« zusammengenommen – etwa ein Drittel der Betriebe einer Aufgabenbereicherung im Fertigungsbereich verpflichtet. *Job enrichment* konnte allerdings in *keiner* der drei Wellen als *Erfolgsfaktor* identifiziert werden.

(5) Teilautonome Arbeitsgruppen

Die Arbeitsprozesse im Fertigungsbereich sind charakterisiert durch Teilautonome Arbeitsgruppen: trifft nicht zu – geringfügig – im wesentlichen – ausgeprägt

Item 57	Teilautonome Arbeitsgruppen		
	1. Welle	2. Welle	3. Welle
trifft nicht zu	37,3 %	35,1 %	28,8 %
geringfügig	31,9 %	32,5 %	30,2 %
im wesentlichen	23,6 %	24,1 %	33,8 %
ausgeprägt	7,2 %	8,4 %	7,2 %
n	276	191	139

Hinsichtlich des Einsatzes Teilautonomer Arbeitsgruppen ist zu verzeichnen, daß ein verstärkter Einsatz inzwischen erfolgt; dennoch konnte bisher keine erfolgskritische Beziehung festgestellt werden. Dies könnte sich im Zeichen der weitgehenden Einführung von Lean Production-Konzepten möglicherweise ändern.

– Mitarbeiterführung
(Item 63–66, Frage 4.3.4, S. 6 im FB)

– Ausformulierung des Führungsmodells

Ein ausformuliertes Führungsmodell (»Führungsgrundsätze«) ist vorhanden: Nein – Ja

Item 63	Führungsmodell		
	1. Welle	2. Welle	3. Welle
nein	64,4 %	62,8 %	66,2 %
ja	35,6 %	37,2 %	33,8 %
n	295	207	145

Die Mehrzahl der Unternehmungen besitzt kein ausformuliertes *Führungsmodell;* es ist aber auch *keine Korrelation zum Erfolg* festzustellen gewesen. Es reicht offenbar, Führung »zu leben«. Eine explizite Formulierung des Führungsmodells in Grundsätzen ist anscheinend nicht erfolgskritisch.

– Ziel des Führungsmodells

Wenn ein ausformuliertes Führungsmodell vorhanden ist, welche Zielsetzung steht überwiegend im Vordergrund?
a. Zufriedenheit und Bedürfnisbefriedigung der Mitarbeiter,
b. Verbesserung des Unternehmungserfolgs,
c. Annähernd gleichrangige Verfolgung von Unternehmungserfolg und Mitarbeiterzufriedenheit

Item 64	**Ziel des Führungsmodells**		
	1. Welle	**2. Welle**	**3. Welle**
a.	7,4 %	7,5 %	0 %
b.	25 %	21,3 %	22 %
c.	67,6 %	71,3 %	78
n	108	80	50

Interessanterweise ist 1994 in Zeiten der Rezession kein Führungsmodell mit der einseitigen Zielsetzung der Mitarbeiterzufriedenheit mehr vorzufinden; diese Orientierung paßt anscheinend nicht in eine Rezession, obwohl in 1992 und 1993 dieses Item nicht – weder positiv noch negativ – mit Erfolg korrelierte. Orientierung an der Mitarbeiterzufriedenheit bei der Führung war und ist also keineswegs ein Mißerfolgsfaktor. Interessant ist weiter der stetige Bedeutungszuwachs des Zieles einer annähernd gleichrangigen Verfolgung von Unternehmungserfolg und Mitarbeiterzufriedenheit.

– Art des Führungsmodells

Insgesamt entspricht unser Führungsmodell:
a. dem Harzburger Führungsmodell,
b. einem eigenentwickelten Modell,
c. der Führung durch Ziele (MbO).

Item 65	**Art des Führungsmodells**		
	1. Welle	**2. Welle**	**3. Welle**
a.	1,9 %	10,1 %	5,8 %
b.	49,1 %	46,8 %	50 %
c.	49,1 %	43 %	44,2 %
n	108	79	52

Aufgrund dieses Ergebnisses kann konstatiert werden, daß dem Harzburger Führungsmodell nur eine geringe Bedeutung zukommt. Ein Faktum, was angesichts der motivations-theoretischen und praktischen Nachteile dieses Modells auch nicht weiter verwundert. Etwa die Hälfte der Firmen verfügt über ein eigenentwickeltes Führungsmodell, knapp die Hälfte orientiert sich an der Führung durch Ziele. Grundlegend ist festzustellen, daß die *Art des Führungsmodells nicht* mit *Erfolg* korreliert.

– *Mitarbeiterbild im Führungsmodell*

Wir gehen in unserem Führungsmodell davon aus, daß die Mitarbeiter wie folgt charakterisiert werden:

a. Mitarbeiter scheuen Verantwortung, ergreifen ungern die Initiative und wollen Sicherheit.
b. Mitarbeiter akzeptieren eine Übertragung von Verantwortung, sind zum Teil initiativ und streben gute Arbeitsbeziehungen mit den Kollegen an.
c. Mitarbeiter übernehmen gern Verantwortung, setzen sich für verpflichtende Ziele ein und streben nach beruflicher Entfaltung.

Item 66	**Mitarbeiterbild im Führungsmodell**		
	1. Welle	**2. Welle**	**3. Welle**
a.	4,6 %	2,5 %	3,8 %
b.	47,2 %	51,9 %	50 %
c.	48,1 %	45,6 %	46,2 %
n	108	79	52

Das Mitarbeiterbild im Führungsmodell wies in allen drei Wellen keinen Zusammenhang zum Erfolg auf. Erwähnenswert ist die Orientierung von knapp der Hälfte der antwortenden Unternehmungen am Bild des verantwortlichen und engagierten Mitarbeiters sowie die Stabilität im Antwortverhalten.

– Stärken und Schwächen im Managementprozeß
(Item 67–78, Frage 4.4, S. 6 im FB)

– Stärken

Wenn Sie die vorangegangenen Fragen im Überblick betrachten, worin liegen dabei Ihre primären Stärken? (Mehrfachnennungen sind zulässig)
a. im Leitbild,
b. in den Funktionsbereichen,
c. im Planungssystem,
d. im Controllingsystem,
e. in der Organisation,
f. in der Mitarbeiterführung.

Als Ergebnis der für jede Antwortmöglichkeit einzeln durchgeführten Korrelationsanalysen stellte sich heraus, daß sich die erfolgreichen von den nicht erfolgreichen Unternehmungen lediglich im *Leitbild als Stärke* (Phi – CF = 0,2) in der 1. Welle unterschieden.

– Schwächen

Wo bestehen primär noch Schwächen? (Mehrfachnennungen sind zulässig)
a. im Leitbild,
b. in den Funktionsbereichen,
c. im Planungssystem,
d. im Controllingsystem,
e. in der Organisation,
f. in der Mitarbeiterführung.

Als Ergebnis der diesbezüglichen Analysen stellte sich heraus, daß kein einziges Item davon erfolgskritischen Charakter aufweist; dieses wurde in allen drei Wellen bestätigt.

3.2.4 Bedeutung strategischer Optionen und der Querschnittsfunktionen Innovations-, Zeit- und Umweltschutzmanagement als Erfolgsfaktorbereiche

3.2.4.1 Bedeutung strategischer Optionen auf Unternehmungsebene

Bei den strategischen Optionen auf Unternehmungsebene geht es um eine eventuelle Unternehmungsdiversifikation sowie – damit in einem gewissen Zusammenhang stehend – um die Anwendung der Portfolio-Analyse.

– Unternehmungsdiversifikation
(Item 79, Frage 5.1, S. 7 im FB)

Wurde in den vergangenen fünf Jahren ein Übergang von einer Produktgruppe auf mehrere Produktgruppen vorgenommen (»Diversifikation«)? (Nein – Ja)

Item 79	**Diversifikation**		
	1. Welle	**2. Welle**	**3. Welle**
nein	52,3 %	56,1 %	54,9 %
ja	47,7 %	43,9 %	45,1 %
n	298	205	144

Erfolgreiche Unternehmungen unterscheiden sich dabei nicht hinsichtlich des Diversifikationsmerkmals von den nicht erfolgreichen.

– Zielrichtung der Diversifikation
(Item 80, Frage 5.1, S. 7 im FB)

Wenn eine Diversifikation erfolgte, erfolgte sie:
a. eher in ähnliche/verwandte Märkte und mit ähnlicher/verwandter Produkttechnologie oder
b. eher in völlig neue Märkte mit völlig neuer Produkttechnologie.

Item 80	Diversifikation wohin?		
	1. Welle	2. Welle	3. Welle
a.	87,3 %	82 %	80 %
b.	12,7 %	18 %	20 %
n	142	89	65

Hinsichtlich der Zielrichtung der Diversifikation ist festzuhalten, daß die überwältigende Mehrheit (circa 80 Prozent) eher in verwandte Märkte mit ähnlicher Produkttechnologie hineinstrebt. Die Begründung liegt möglicherweise darin, daß so die meisten Synergien entstehen. Bemerkenswert ist allerdings die sich verstärkende Diversifikationstendenz in völlig neue Märkte mit völlig neuer Produkttechnologie. Allerdings hat dieses Item für den Gesamterfolg *keinen erfolgskritischen Charakter.*

– Anwendung der Portfolio-Analyse
(Item 81, Frage 3.3, S. 7 im FB)

Nutzt Ihre Unternehmung die Portfolio-Analyse zur Steuerung der einzelnen Produktgruppen (bzw. Geschäftsbereiche)? (Nein – Ja)

Item 81	Portfolio-Analyse		
	1. Welle	2. Welle	3. Welle
nein	86 %	85,6 %	84,2 %
ja	14 %	14,4 %	15,8 %
n	293	194	139

Die »erdrückende« Mehrheit der Unternehmungen nutzt nicht die Portfolio-Analyse; eine Korrelation zum Erfolg konnte außerdem in keiner Welle festgestellt werden.

3.2.4.2 Bedeutung strategischer Optionen auf SGE-Ebene[78]

Strategische Optionen auf SGE-Ebene sind mit Produktstrategiealternativen gleichzusetzen, die in Abschnitt 2.2.3.1 theoretisch erarbeitet wurden. Im einzelnen handelt es sich dabei um:

78 Die Fragen zu diesem Abschnitt umfassen Item 82–89; sie sind im Fragebogen auf den Seiten 7 und 8 zu finden.

- die Produktprogrammstrategien (Breite des Leistungsangebotes und angebotene Problemlösung),
- die Wettbewerbsstrategien (Verhalten im Markt und Wettbewerbsverhalten),
- Aktivitätsstrategien (Produktziel und Aktivitätenauswahl),
- Ressourcenstrategien (Ressourceneinsatz und Art der Leistungspotentiale).

– Produktprogrammstrategien

– Leistungsangebot

a. Verfolgen Sie eher das Ziel der Erstellung enger Leistungsangebote/ Produktpaletten?
oder
b. Verfolgen Sie eher das Ziel der Erstellung breiter Leistungsangebote/ Produktpaletten?

Item 82	**Leistungsangebot**		
	1. Welle	**2. Welle**	**3. Welle**
a.	35,2 %	23,2 %	36,6 %
b.	64,8 %	76,8 %	63,4 %
n	284	203	142

Es zeigt sich, daß die überwiegende Anzahl der Unternehmungen eher breite Leistungsangebote bzw. Produktpaletten anbietet. Allerdings korreliert die Breite des Leistungsangebotes nicht mit Erfolg; es sind also beide Produktprogrammstrategien in einem »neutralen« Verhältnis mit Erfolg zu sehen.

– Angebotene Problemlösung

a. Streben Sie eher standardisierte Problemlösungen an?
oder
b. Streben Sie eher individuelle Problemlösungen an?

Item 83	**Angebotene Problemlösung**		
	1. Welle	**2. Welle**	**3. Welle**
a.	29,5 %	27,9 %	28,9 %
b.	64,8 %	72,1 %	71,1 %
n	284	203	142

Die Art der angebotenen Problemlösung – eher standardisiert oder individuell – korreliert nicht mit Erfolg; beide Produktprogrammstrategien sind folglich in einem »neutralen« Verhältnis mit Erfolg zu sehen.

Schließlich ist in diesem Bereich festzuhalten, daß die Art der *Produktprogrammstrategie* als Index von Item 82 und 83 mit Erfolg gleichfalls *nicht korreliert.*

– Wettbewerbsstrategien

– Verhalten im Markt

a. Verhalten Sie sich am Markt eher abwartend und versuchen, bestehende Positionen zu halten?
oder
b. Versuchen Sie eher, alte Wettbewerbsstrukturen aktiv zu ändern?

Item 84	**Verhalten am Markt**		
	1. Welle	**2. Welle**	**3. Welle**
a.	29,6 %	28,9 %	24,3 %
b.	70,4 %	71,1 %	75,7 %
n	287	201	140

Hinsichtlich des Verhaltens der Unternehmungen am Markt ist zu verzeichnen, daß ein Trend zu einem eher aktiveren, auf Veränderung bestehender Strukturen ausgerichteten, Vorgehen besteht, was jedoch nicht mit Erfolg korreliert. Allerdings konnte eine eher abwartende Haltung nicht als Mißerfolgsfaktor ermittelt werden.

– Wettbewerbsverhalten

a. Neigen Sie eher dazu, nur bewährte Wettbewerbsverhaltensmuster zu übernehmen oder einzusetzen?
oder

b. Versuchen Sie eher, durch ständig neue Innovationen Wettbewerbsvorteile zu erringen?

Item 85	**Wettbewerbsverhalten**		
	1. Welle	**2. Welle**	**3. Welle**
a.	24 %	26,1 %	24,1 %
b.	76 %	73,9 %	75,9 %
n	288	201	141
Phi – ROI	0,17	–	–
Phi – CF	–	–	–

Drei Viertel der Unternehmungen verhält sich gegenüber den Wettbewerbern eher offensiv. Dieses zeigte sich in der 1. Welle auch deutlich als Erfolgsfaktor.

Abschließend ist zu diesem Themenkomplex noch anzumerken, daß die Art der Wettbewerbsstrategie i.e.S. – als Index von Item 84 und 85 – in der 2. und 3. Welle nicht mit Erfolg korreliert. In der 1. Welle war jedoch eine Korrelation festzustellen; d. h. ein offensives und innovatives Verhalten konnte als erfolgsbezogen eingeschätzt werden. Auch wenn sich dieser Trend nicht fortsetzen konnte, gibt es jedoch schwache Hinweise für die Erfolgsbezogenheit eines offensiven und innovativen Wettbewerbsverhaltens.

– Aktivitätsstrategien

– Produktziel

a. Streben Sie bei Ihrer wichtigsten Produktgruppe an, einen Kostenvorsprung zu erreichen (»Kostenführerschaft«)?
oder
b. Streben Sie an, Ihr Produkt bzw. Angebot unnachahmlich von der Konkurrenz abzugrenzen (»Differenzierung«)?

Item 86	**Produktziel**		
	1. Welle	**2. Welle**	**3. Welle**
a.	48,1 %	48 %	53,7 %
b.	51,9 %	52 %	46,3 %
n	291	200	136

Bei der Art des Produktziels »Kostenführerschaft« oder »Differenzierung« ist in 1994 eine Zunahme des Kostenführer-Strebens festzustellen. Dies reflektiert den in der konjunkturellen Flaute bestehenden Kostendruck, der nicht zuletzt daraus resultiert, daß viele Kunden in Krisen preissensibler reagieren. Insgesamt ist eine Erfolgsbezogenheit korrelativ jedoch nicht festzustellen.

– Aktivitätenauswahl

a. Versuchen Sie, möglichst viele Aktivitäten in der Unternehmung durchzuführen, um interne Synergien auszunutzen (tendenziell hohe Fertigungstiefe)?
   oder
b. Konzentrieren Sie sich auf bestimmte Kernfähigkeiten (tendenziell geringe Fertigungstiefe)?

Item 87	**Aktivitätenauswahl**		
	1. Welle	**2. Welle**	**3. Welle**
a.	49,7 %	54 %	53,9 %
b.	50,3 %	46 %	46,1 %
n	291	202	141

Hinsichtlich der Aktivitätenauswahl bzw. der Fertigungstiefe besteht ungefähr eine Gleichverteilung zwischen internem Synergiestreben und Konzentrieren auf Kernfähigkeiten. *Keine* der beiden Vorgehensweisen *zeigt sich* in bezug auf Erfolg generell *überlegen;* dies wurde in allen drei Wellen bestätigt.

Die aus der Zusammensetzung der Items 86 und 87 erhaltenen Aktivitätsstrategien korrelierten in *keiner Welle* mit Erfolg.

– Ressourcenstrategien

– Ressourceneinsatz

a. Wird der Einsatz der Ressourcen bzw. Leistungspotentiale (z. B. Maschinen) vorwiegend vorab exakt geplant (starrer Einsatz)?
   oder
b. Wird der Einsatz der Ressourcen bzw. Leistungspotentiale nur grob geplant, um eine größere Flexibilität zu erreichen (flexibler Einsatz)?

Item 88	Ressourceneinsatz		
	1. Welle	**2. Welle**	**3. Welle**
a.	16,9 %	23,5 %	16,2 %
b.	83,1 %	76,5 %	83,8 %
n	290	200	142
Phi – ROI	0,13	–	–
Phi – CF	–	–	–

Die überwältigende Mehrheit der Firmen setzt die Ressourcen bzw. Leistungspotentiale eher flexibel ein. Dies erwies sich in der 1.Welle auch als erfolgskritisch; dieses Ergebnis konnte sich aber nicht stabilisieren.

– Art der Leistungspotentiale

a. Werden vorwiegend spezialisierte Leistungspotentiale (Maschinen) genutzt?
oder
b. Werden vorwiegend universell einsetzbare Leistungspotentiale (Maschinen) genutzt?

Item 89	Art der Leistungspotentiale		
	1. Welle	**2. Welle**	**3. Welle**
a.	47,9 %	44,2 %	48,6 %
b.	52,1 %	55,8 %	51,4 %
n	282	197	142

Die Art der Leistungspotentiale – spezialisiert oder universell einsetzbar – korreliert nicht mit Erfolg. Der Index aus Item 88 und 89 – Ressourcenstrategien – korreliert ebenfalls nicht mit Erfolg.

Als Resümee aus den Untersuchungen zu den verschiedenen Produktprogrammalternativen läßt sich die recht ernüchternde Schlußfolgerung ziehen, daß eine bestimmte Strategieart allgemein keinen Erfolgsfaktorcharakter hat.

Strategien sind vielmehr vor dem Hintergrund der jeweiligen Unternehmungs- und Umweltsituation hinsichtlich ihrer Vorteilhaftigkeit zu beurteilen und dann einzusetzen. Je nach Situation werden sie dann adäquat oder nicht adäquat, erfolgbringend oder nicht erfolgbringend wirken.

3.2.4.3 Elemente zur Identifizierung eines ausgeprägten Innovationsmanagements

Zur Identifizierung eines ausgeprägten Innovationsmanagements wurden insgesamt 8 Fragen gestellt, die sich auf folgende Sachverhalte beziehen (vgl. Abschnitt 2.2.3.2.4):
- Vorhandensein organisatorischer Einheiten zur Innovationssuche,
- Häufigkeit von Innovationen,
- Ansatz der Innovationen,
- Anzahl der Patente/»Patentstärke«,
- Vorhandensein eines betrieblichen Vorschlagwesens,
- Vorhandensein von Qualitätszirkeln,
- Anzahl gemachter Vorschläge/»Vorschlagsstärke«,
- Kundeneinbezug bei der Innovationssuche.

– Vorhandensein organisatorischer Einheiten zur Innovationssuche
(Item 58, Frage 4.3.3, S. 5 im FB)

Wird in Ihrer Unternehmung die zielgerichtete Suche nach Innovationschancen durch spezielle organisatorische Einheiten begleitet und unterstützt? (trifft nicht zu – geringfügig – im wesentlichen – ausgeprägt)

Item 58	**Organisatorische Einheiten/Innovationssuche**		
	1. Welle	**2. Welle**	**3. Welle**
trifft nicht zu	25,3 %	25,5 %	20,8 %
geringfügig	42,8 %	41,2 %	44,4 %
im wesentlichen	21,9 %	24,5 %	27,1 %
ausgeprägt	9,9 %	8,8 %	7,6 %
n	292	204	144
Tau C – ROI	–	0,21	–
Tau C – CF	–	0,18	–

Nur circa ein Drittel der Unternehmungen besitzt organisatorische Einheiten zur Suche nach Innovationen im wesentlichen oder in ausgeprägter Weise. Hinsichtlich der Erfolgswirksamkeit dieses Items ist festzustellen, daß eine positive Korrelation in der 2. Welle ermittelt werden konnte; dieses Item verdient also besondere Beachtung.

– Häufigkeit von Innovationen
(Item 96, Frage 5.3, S. 9 im FB)

Wie oft ändern Sie Ihre Produkte im Sinne einer Innovation oder Variation? (unter – wie – über Branchendurchschnitt)

Item 96	Häufigkeit von Innovationen		
	1. Welle	2. Welle	3. Welle
unter B.	6,1 %	5 %	9 %
wie B.	66 %	69 %	68,1 %
über B.	27,9 %	26 %	22,9 %
n	294	200	144
Tau C – ROI	0,12	0,25	0,2
Tau C – CF	0,15	0,22	–

Ein ganz wesentlicher Erfolgsfaktor ist in der Häufigkeit der Innovationen (Item 96) zu sehen, da dieses Item sich in *allen drei Wellen* als *erfolgsbezogen* durchsetzen konnte.

– Ansatz der Innovationen
(Item 97, Frage 5.3, S. 9 im FB)

a. Konzentrieren Sie Ihre Innovationsbemühungen auf den Produktionsbereich und die Produktentwicklung?
oder
b. Setzen Sie Innovationen in allen Bereichen Ihrer Wertschöpfungskette an? (z.B. Serviceleistungen oder Innovationen innerhalb der Logistikkette?)

Item 97	Ansatz der Innovationen		
	1. Welle	2. Welle	3. Welle
a.	49,7 %	45,2 %	42,3 %
b.	50,3 %	54,8 %	57,7 %
n	292	199	142
Phi – ROI	–	0,15	–
Phi – CF	0,16	0,2	–

Hinsichtlich des Ansatzes der Innovationen ist ein Trend zu einer verstärkten Ausweitung des Innovationsstrebens (b) zu verzeichnen. Anscheinend haben inzwischen auch zunehmend die nicht so erfolgreichen Unternehmungen das Potential des Innovierens von nicht Produktions- und Produktaspekten erkannt, so daß dieses Item nicht mehr als Unterscheidungsmerkmal dienen kann und somit keinen Erfolgsfaktor mehr darstellt. Dennoch dürfte es besonders beachtenswert sein.

– Anzahl der Patente/»Patentstärke«

(Item 119 (Anzahl der Patente im vorigen Jahr), Item 120 (Anzahl der Patente im relevanten Jahr der jeweiligen Erhebungswelle), Patentstärke als Index von Item 119 und 120; Frage 8, S. 12 im FB)

Wieviele Patente meldete Ihre Unternehmung an? (1992–1993 (bei 3. Welle in 1994 z. B.))

Als Ergebnis dieser Untersuchungen läßt sich festhalten, daß die Anzahl der Patente lediglich in der 3. Welle mit Erfolg korrelierte.

Patente 1992: $r_{ROI} = 0{,}2$
$r_{CF} = -$
Patente 1993: $r_{ROI} = 0{,}19$
$r_{CF} = -$

Die daraus zu berechnende »Patentstärke« verteilt sich folgendermaßen:

Index aus Item 119 und 120	»Patentstärke« in der 3. Welle
schwach (keine Patente)	65,9 %
mittel (1–9 Patente)	28,4 %
stark (10–360 Patente)	5,7 %
n	88

– Vorhandensein eines betrieblichen Vorschlagwesens

(Item 60, Frage 4.3.3, S. 5 im FB)

Ist in Ihrer Unternehmung ein betriebliches Vorschlagwesen vorhanden? (Nein – Ja)

Item 60	Vorhandensein eines Vorschlagwesens		
	1. Welle	2. Welle	3. Welle
nein	57,6 %	55,7 %	53,8 %
ja	42,4 %	44,3 %	46,2 %
n	295	203	141

Beim betrieblichen Vorschlagwesen ist eine leichte Tendenz zu einer verstärkten Einführung feststellbar; dennoch *unterscheiden sich* erfolgreiche und nicht erfolgreiche Firmen in diesem Aspekt *nicht.*

– Vorhandensein von Qualitätszirkeln
(Item 61, Frage 4.3.3, S. 5 im FB)

Sind in Ihrer Unternehmung Qualitätszirkel eingeführt? (Nein – Ja)

Item 61	Qualitätszirkel		
	1. Welle	2. Welle	3. Welle
nein	68,9 %	63,7 %	67,4 %
ja	31,1 %	36,3 %	32,6 %
n	291	201	141
Phi – ROI	–	0,19	–
Phi – CF	–	0,22	–

Etwa zwei Drittel der Unternehmungen haben keine Qualitätszirkel eingeführt. Hinsichtlich der Erfolgsrelevanz der Qualitätszirkel ist festzustellen, daß positive Korrelationen zum ROI und Cash flow in der 2. Welle sehr deutlich identifiziert werden konnten. Von daher sollte die Bedeutung dieses Items nicht unterschätzt werden. Außerdem ist damit zu rechnen, daß die Einführung von Qualitätszirkeln durch die »Lean-Welle« schon in naher Zukunft verstärkt betrieben werden wird.

– Anzahl gemachter Vorschläge/»Vorschlagsstärke«
(Item 62 (Anzahl der Vorschläge im vorigen Jahr),
Item 125 (Anzahl der Vorschläge im relevanten Jahr für die jeweilige Erhebung); Frage 4.3.3, S. 5 im FB)

Wenn Sie ein betriebliches Vorschlagwesen oder Qualitätszirkel haben – wieviele Vorschläge wurden dort entwickelt?

Als Ergebnis der diesbezüglichen Datenanalysen ist festzustellen, daß die Anzahl der Vorschläge und damit auch die »Vorschlagstärke« in keiner Welle mit Erfolg korrelierte.

– Kundeneinbezug bei der Innovationssuche
(Item 98, Frage 5.3, S. 9 im FB)

Beziehen Sie Ihre Kunden in Ihre Innovationsbemühungen ein?
a. Nein, den Kunden fehlt in diesem Fall die Kompetenz.
b. Nein, die Kunden haben kein Interesse an einer derartigen Mitwirkung.
c. Ja, bei konkreten Vorschlägen, die die Kunden an uns herantragen.
d. Ja, im Rahmen von Kundengremien oder direkten Kundenbefragungen.

Item 98	**Kundeneinbezug bei der Innovationssuche**		
	1. Welle	**2. Welle**	**3. Welle**
a.	3,1 %	2,1 %	0,7 %
b.	8,1 %	5,7 %	10,9 %
c.	62,7 %	68,2 %	68,1 %
d.	26,1 %	24 %	20,3 %
n	295	192	138
Tau C – ROI	–	0,17	–
Tau C – CF	0,13	0,17	–

Bemerkenswert an diesem Ergebnis ist besonders, daß eine Tendenz zur Abnahme von Kundengremien zu verzeichnen ist. Möglicherweise sind viele Gremien Sparmaßnahmen zum Opfer gefallen. Dies scheint insofern problematisch, als der weitgehende *Kundeneinbezug* bei der Innovationssuche in der 1. und 2. Welle deutlich als *Erfolgsfaktor* identifiziert wurde. Dieses Item als operationalisierter Aspekt einer möglichen Kundenorientierung ist von daher besonders beachtenswert.

3.2.4.4 Aspekte des Zeitmanagements

Zur Operationalisierung des Zeitmanagements wurden Fragen zur Gestaltung der Wertschöpfungskette, zum Innovationsverhalten, zu der Anzahl der Varianten und zu den Lieferzeiten und der Produktauswahl gestellt,[79] wobei hinter diesen kurzen Begriffen zum Teil vielfältige Sachverhalte stehen.[80]

– Gestaltung der Wertschöpfungskette

a. Wir orientieren uns bei der Gestaltung unserer Wertschöpfungskette primär an Kosten.
oder
b. Wir orientieren uns bei der Gestaltung unserer Wertschöpfungskette primär an Zeiten.

Item 90	**Gestaltung der Wertschöpfungskette**		
	1. Welle	**2. Welle**	**3. Welle**
a.	58,9 %	64 %	66,4 %
b.	41,1 %	36 %	33,6 %
n	285	200	137

Allgemein ist eine *Tendenz zu* einer *verstärkten Kostenorientierung* bei der Gestaltung der Wertschöpfungskette festzustellen. Insgesamt korreliert jedoch die Art der Gestaltung der Wertschöpfungskette – kosten- oder zeitorientiert – nicht mit Erfolg.

– Zeitorientiertes Innovationsverhalten

a. Wir bevorzugen relativ wenige Neuentwicklungen dafür aber mit möglichst hohen Innovationsgraden.
oder
b. Wir versuchen so schnell wie möglich hintereinander, wenngleich kleinere, Innovationen bzw. Variationen auf den Markt zu bringen.

79 Vgl. zum theoretischen Hintergrund und zur Entwicklung der Fragen des Zeitmanagements ausführlich Abschnitt 2.2.3.3.

80 Siehe im einzelnen die entsprechenden Fragen auf S. 8 im FB (Item 90–93) bzw. die folgenden Ausführungen.

Item 91	**Innovationsverhalten**		
	1. Welle	**2. Welle**	**3. Welle**
a.	54,2 %	51 %	49,6 %
b.	45,8 %	49 %	50,4
n	273	194	135

Ein *Innovationsverhalten* im Sinne des Zeitmanagements (Alternative b.) *gewinnt* zunehmend *an Beachtung*. Es konnte – isoliert gesehen – bisher aber noch nicht den Status eines allgemeinen Erfolgsfaktors erreichen.

– Anzahl der Varianten

a. Wir beschränken uns auf möglichst wenige Varianten/Produkte, um diese so kostengünstig wie möglich herzustellen.
oder

b. Unsere Anstrengungen bewegen sich dahin, die Komplexität der Leistungserstellungsprozesse aktiv zu reduzieren, um eine möglichst große Anzahl von Varianten/Produkten kostengünstig anbieten zu können.

Item 92	**Anzahl der Varianten**		
	1. Welle	**2. Welle**	**3. Welle**
a.	31 %	30,3 %	34,8 %
b.	69 %	69,7 %	65,2 %
n	287	195	135

Bei isolierter Betrachtung dieses Items kann festgestellt werden, daß sich circa zwei Drittel der Unternehmungen im Sinne des Zeitmanagements (b.) verhalten, daß dieses *Item* aber dennoch *nicht mit Erfolg* korreliert.

– Lieferzeiten und Produktauswahl

a. Unsere Kunden bevorzugen preiswerte Angebote. Lieferzeitvorteile und große Produktvielfalt sind eher nachrangige Wünsche.
oder

b. Wir versuchen Kunden anzusprechen, die eine schnelle Lieferung wollen, breite Produktauswahl wünschen und dafür bereit sind, höhere Preise zu bezahlen.

Item 93	**Lieferzeiten und Produktauswahl**		
	1. Welle	**2. Welle**	**3. Welle**
a.	30,5 %	29,2 %	33,1 %
b.	69,5 %	70,8 %	66,9 %
n	282	192	133
Phi – ROI	0,24	–	–
Phi – CF	0,16	–	–

Hinsichtlich der potentiellen Vorteilhaftigkeit kurzer Lieferzeiten und breiter Produktauswahl konnte nur in der 1. Welle ein signifikanter Zusammenhang zum Erfolg festgestellt werden.

Es ist noch anzumerken, daß ein ausgeprägtes *Zeitmanagement* als *Index* der Items 90–93 sowohl in der 1. als auch in der 3. Welle deutlich mit Erfolg korreliert.

3.2.4.5 Bereiche eines ausgeprägten Umweltschutzmanagements

Zur Operationalisierung des Umweltschutzmanagements wurden Fragen zu folgenden Bereichen gestellt (vgl. Abschnitt 2.2.3.4.3):
- Umweltschutz im Leitbild,
- Wettbewerbsauswirkungen von Umweltschutzausgaben,
- Wettbewerbsvorteile durch umweltgerechtere Produkte,
- Existenz organisatorischer Einheiten für Umweltschutzfragen,
- umweltgerechte Gestaltung des Produktionsprozesses,
- umweltgerechte Gestaltung der Produkte.

– Umweltschutz im Leitbild
(Item 28, Frage 4.1, S. 3 im FB)

Inwiefern enthalten Ihre Unternehmungsgrundsätze Aussagen zum Umweltschutz? (trifft nicht zu – gering – mittel – ausgeprägt)

Item 28	**Leitbild = Ökologie**		
	1. Welle	**2. Welle**	**3. Welle**
trifft nicht zu	13,8 %	12,5 %	10,7 %
gering	18,6 %	19,7 %	22,1 %
mittel	38,3 %	38,9 %	38,6 %
ausgeprägt	29,3 %	28,8 %	28,6 %
n	290	208	140
Tau C – ROI	0,13	0,14	0,17
Tau C – CF	–	0,14	0,22

Die Manifestierung des *Umweltschutzstrebens im Leitbild* bzw. in den Unternehmungsgrundsätzen – mithin die Deklarierung des Umweltschutzes als explizites Unternehmungsziel – erwies sich in allen drei Erhebungswellen als *Erfolgsfaktor*, wobei bei der Korrelationsstärke eine beachtliche Zunahme zu verzeichnen ist. Dies unterstreicht die wachsende Bedeutung des Umweltschutzes für den Unternehmungserfolg.

– Wettbewerbsauswirkungen von Umweltschutzausgaben
(Item 29, Frage 4.1, S. 3 im FB)

a. Für unsere Unternehmung wirken sich Umweltschutzausgaben besonders im Vergleich zur internationalen Konkurrenz als *Wettbewerbsnachteil* aus.
oder
b. Wir glauben, durch Umweltschutzausgaben besonders im Vergleich zur internationalen Konkurrenz *Wettbewerbsvorteile* erreichen zu können.

Item 29	**Wettbewerbsauswirkungen von Umweltschutzausgaben**		
	1. Welle	**2. Welle**	**3. Welle**
a.	61,6 %	70,1 %	63,6 %
b.	38,4 %	29,9 %	36,4 %
n	224	157	118

Nahezu *zwei Drittel* der Unternehmungen beurteilen *Umweltschutzausgaben* als *Last,* die Wettbewerbsnachteile nach sich zieht. Nur *ein Drittel* betrachtet Umweltschutzausgaben *als Chance* zur Erreichung von

Wettbewerbsvorteilen. Bemerkenswert an den Ergebnissen der Korrelationsanalysen ist, daß *keine negative Beziehung zum Erfolg* festgestellt werden konnte; d. h. Unternehmungen, die dem Umweltschutz gegenüber positiver eingestellt sind, sind nicht weniger erfolgreich als die anderen. Dieses Ergebnis zeigt aber auch, daß die häufig in der Praxis geäußerte Klage, durch Umweltschutzauflagen und -ausgaben eindeutig Wettbewerbsnachteile und damit negativen Erfolg zu »erleiden«, in Frage zu stellen ist.

– Wettbewerbsvorteile durch umweltgerechtere Produkte
(Item 94, Frage 5.3, S. 9 im FB)

a. In unserer Branche besteht keine Möglichkeit, durch umweltgerechte Produkte Wettbewerbsvorteile zu erringen.
oder
b. Wir versuchen, uns durch Erzeugung und kommunikative Hervorhebung umweltgerechterer Produkte von der Konkurrenz abzuheben und somit relative Wettbewerbsvorteile zu erreichen.

Item 94	**Wettbewerbsvorteile durch umweltgerechtere Produkte**		
	1. Welle	**2. Welle**	**3. Welle**
a.	63,3 %	61,4 %	56,7 %
b.	36,7 %	38,6 %	43,3 %
n	289	202	141

Es ist ein deutlicher Trend zum Versuch, durch *umweltgerechtere Produkte* Wettbewerbsvorteile zu erringen, festzustellen. In der 3. Welle konnte nur ganz knapp zwischen Cash flow und diesem Item kein signifikanter Zusammenhang ermittelt werden; das Signifikanzniveau betrug 0,06 und überragte somit das Testniveau von 0,05 um 0,01. Von daher kann dieses Item als »erfolgsfaktornah« betrachtet werden.

– Existenz organisatorischer Einheiten für Umweltschutzfragen
(Item 59, Frage 4.3.3, S. 5 im FB)

Gibt es in Ihrer Unternehmung organisatorische Einheiten, die sich primär mit innerbetrieblichen Umweltschutzfragen beschäftigen? (Nein – Ja)

Item 59	**Organisatorische Einheiten für Umweltschutz**		
	1. Welle	**2. Welle**	**3. Welle**
nein	66 %	62,7 %	67,4 %
ja	34 %	37,3 %	32,6 %
n	294	204	144
Phi – ROI	–	0,2	–
Phi – CF	–	0,19	–

Immerhin ein Drittel der Firmen hat organisatorische Einheiten zur Behandlung von Umweltschutzfragen eingerichtet. Erfreulicherweise konnte keine negative Beziehung zum Erfolg festgestellt werden; im Gegenteil : In der 2. Welle war sogar eine deutlich positive Korrelation sowohl zum ROI als auch zum Cash flow zu ermitteln.

– Umweltgerechte Gestaltung des Produktionsprozesses
(Item 14, Frage 3.2, S. 2 im FB)

Wir versuchen unseren Produktionsprozeß systematisch umweltgerechter zu gestalten und achten von vornherein auf Schadstoff-/Müllvermeidung: trifft nicht zu – gering – mittel – ausgeprägt

Item 14	**Umweltgerechter Produktionsprozeß**		
	1. Welle	**2. Welle**	**3. Welle**
trifft nicht zu	6,8 %	5,8 %	4,9 %
gering	6,4 %	7,3 %	7,6 %
mittel	40,9 %	39,3 %	38,2 %
ausgeprägt	45,9 %	47,6 %	49,3 %
n	296	206	144
Tau C – ROI	0,16	0,17	0,17
Tau C – CF	0,23	–	0,16

Die *umweltgerechtere Gestaltung* des *Produktionsprozesses* konnte sich in allen drei Erhebungswellen als *Erfolgsfaktor* durchsetzen. Der Vorteil einer solchen Vorgehensweise besteht nicht nur darin, etwas für die Umwelt zu tun, sondern es besteht die Möglichkeit, den Produktionsprozeß von Grund auf neu zu überdenken und somit effektiver – z. B. hinsichtlich der Verkürzung von Rüstzeitbedarfen – zu gestalten.

– Umweltgerechte Gestaltung der Produkte
(Item 15, Frage 3.2, S. 2 im FB)

Der Konsum unserer Produkte soll zunehmend weniger Schadstoffe/ Müll verursachen: trifft nicht zu – gering – mittel – ausgeprägt

Item 15	Umweltgerechte Produkte		
	1. Welle	2. Welle	3. Welle
trifft nicht zu	32,3 %	30,3 %	27,3 %
gering	7,8 %	8,5 %	7,7 %
mittel	26,2 %	23,4 %	21 %
ausgeprägt	33,7 %	37,8 %	44,1 %
n	294	201	141
Tau C – ROI	–	–	–
Tau C – CF	–	–	0,26

Das Streben nach *umweltgerechteren Produkten,* die dann beim Konsum weniger Schadstoffe bzw. Müll verursachen, befindet sich ganz stark »im Aufwind«; praktizierten dies 1992 33,7 Prozent der Firmen in ausgeprägter Weise, so waren es 1994 bereits 44,1 Prozent. 1994 stellte sich dieses Item sogar als sehr erfolgskritisch heraus. Dabei ist anzumerken, daß es die stärkste Korrelation der »Einzel-Erfolgsfaktoren« zum Cash flow überhaupt aufweist. Dies untermauert die wachsende Bedeutung und Einsicht in die Erfordernisse des Umweltschutzes. Die umweltgerechtere Gestaltung des Produktes tragt dabei wohl einerseits den sich verändernden Kundenpräferenzen und andererseits restriktiveren Umweltschutzauflagen – oft in antizipativer Weise – Rechnung.

3.2.5 Erfolgsrelevanz der »Faktoren Strategischer Wahl«

3.2.5.1 Faktoren Strategischer Wahl i.e.S.

Faktoren Strategischer Wahl i.e.S. sind Kriterien zur Beurteilung von Strategiealternativen – sie stellen als solches also Beeinflussungskriterien der Strategiewahl dar – hinsichtlich ihrer Machbarkeit, wirtschaftlichen Vorteilhaftigkeit und ethischen Vertretbarkeit (vgl. Abschnitt 2.2.4). Im Rahmen des HEFAP's wurden dazu folgende Sachverhalte im einzelnen untersucht:

- Grad der Abstimmung von Ressourcen und Strategie,
- Einschätzung der Machbarkeit und Steuerungsfähigkeit der Strategie,
- Ausmaß von Interessenunterschieden bei der Strategie,
- Erfolgsrelevante Eigenschaften der Strategieträger.

– Grad der Abstimmung von Ressourcen und Strategie
(Item 99, Frage 6.1, S. 9 im FB)

Wenn in Ihrer Unternehmung eine Strategie für eine Produktgruppe formuliert wird, inwiefern findet dabei eine Abstimmung der geplanten Strategie mit den vorhandenen Ressourcen (z. B. personale, finanzielle oder technologische Ressourcen) statt?
a. überhaupt nicht,
b. nur ganz grob,
c. hinsichtlich wesentlicher Ressourcen,
d. bis in alle Einzelheiten.

Item 99	**Abstimmung von Ressourcen und Strategie**		
	1. Welle	**2. Welle**	**3. Welle**
a.	4,4 %	4 %	2,1 %
b.	28,8 %	27,9 %	30,3 %
c.	57,6 %	59,7 %	60 %
d.	9,2 %	8,5 %	7,6 %
n	295	201	145
Tau C – ROI	–	–	–
Tau C – CF	0,12	–	–

Hinsichtlich des *Grades der Abstimmung* der Strategie mit den vorhandenen Ressourcen ist festzustellen, daß circa ein Drittel der Unternehmungen nur eine grobe oder überhaupt keine Abstimmung vornimmt. Außerdem ist dieses Item nicht geeignet, erfolgreiche von nicht erfolgreichen Unternehmungen zu unterscheiden; es ist also *kein Erfolgsfaktor*. Das einmalige »Aufflackern« in der 1. Welle ändert an dieser Einschätzung nichts.

– Einschätzung der Machbarkeit und Steuerungsfähigkeit der Strategie
(Item 100, Frage 6.2, S. 10 im FB)

Inwieweit geht Ihre Unternehmung davon aus, eine Strategie wie geplant durchführen zu können (»Durchziehen einer Strategie«)?
a. überhaupt nicht wie geplant,
b. nur geringfügig wie geplant,
c. im wesentlichen wie geplant,
d. vollständig wie geplant.

Item 100	**Strategiemachbarkeit**		
	1. Welle	**2. Welle**	**3. Welle**
a.	2,4 %	2 %	0,7 %
b.	12,8 %	13,7 %	12,5 %
c.	79,8 %	80 %	84 %
d.	5,1 %	4,4 %	2,8 %
n	297	205	144
Tau C – ROI	–	–	–
Tau C – CF	0,13	–	0,12

Gut 80 Prozent der Unternehmungen gehen davon aus, eine Strategie im wesentlichen oder vollständig wie geplant durchführen zu können. Außerdem setzte sich dieses Item in zwei Erhebungswellen als Erfolgsfaktor durch. Anscheinend können erfolgreichere Unternehmungen in größerem Maße von einer Strategiemachbarkeit ausgehen. Dies läßt sich möglicherweise dahingehend interpretieren, daß Mitarbeiter erfolgreicher Unternehmungen bei der Realisierung angestrebter Strategien positivere Erfahrungen in der Vergangenheit gesammelt haben.

– Ausmaß von Interessenunterschieden bei der Strategie
(Item 101, Frage 6.3, S. 10 im FB)

Wenn Sie an die Formulierung einer Strategie für Ihre wichtigste Produktgruppe denken, in welchem Ausmaß treten dabei schon Interessenunterschiede auf? (starke – mittlere – schwache – gar keine)

Item 101	**Interessenunterschiede bei der Strategie**		
	1. Welle	**2. Welle**	**3. Welle**
starke	6,8 %	3,5 %	1,4 %
mittlere	49,5 %	53,8 %	53,9 %
schwache	35,5 %	32,2 %	36,2 %
gar keine	8,2 %	10,6 %	8,5 %
n	293	199	141

Erstaunlicherweise ist bei der Ausprägung »starke Interessenunterschiede« eine Abwärtstendenz festzustellen. Anscheinend führt die wirtschaftliche Krise zu einer vorsichtigeren Haltung der Strategieträger bzw. fördert die Einsicht in strategische Änderungsbedarfe. Dennoch konnte dieses Item *keinen Erfolgsfaktorstatus* erhalten.

– Erfolgsrelevante Eigenschaften der Strategieträger[81]
(Item 102 – 105, Frage 6.4, S. 10 im FB)

Wenn Sie an die Formulierung einer Strategie denken, welche Bedeutung haben die nachstehenden Faktoren für eine erfolgreiche Strategieformulierung? (keine – niedrig – mittel – hoch)
a. Qualifikation,
b. Motivation,
c. Innovationsorientierung,
d. Führungsverhalten.

– Qualifikation (»Fachkenntnisse«) der Strategieträger

Item 102	**Qualifikation der Strategieträger**		
	1. Welle	**2. Welle**	**3. Welle**
keine	0 %	0,5 %	0 %
niedrig	2,1 %	2,5 %	2,1 %
mittel	31,3 %	26,2 %	34,5 %
hoch	66,7 %	70,8 %	63,4 %
n	291	202	142

81 Unter Strategieträgern werden hier diejenigen Personenkreise verstanden, die maßgeblich für die Umsetzung der Strategie verantwortlich sind bzw. die die Strategie »durch die Unternehmung tragen«.

Nach Einschätzung der Praktiker ist für eine erfolgreiche Strategieformulierung eine mittlere bis hohe Qualifikation der Strategieträger unabdingbar; dennoch war dieses Item *nicht erfolgskritisch.*

– Motivation (»Wollen«) der Strategieträger

Item 103	Motivation der Strategieträger		
	1. Welle	2. Welle	3. Welle
keine	0 %	0,5 %	0 %
niedrig	3,5 %	2,5 %	1,4 %
mittel	26,4 %	21,5 %	22,7 %
hoch	70,1 %	75,5 %	75,9 %
n	284	200	141
Tau C – ROI	–	0,12	–
Tau C – CF	0,17	–	–

Drei Viertel der Probanden halten eine hohe Motivation für eine erfolgreiche Strategieformulierung für wichtig. Dieses *Item* konnte sich in *zwei Wellen* als *Erfolgsfaktor* durchsetzen. Daraus ist zu entnehmen, daß bei der Strategieformulierung eine hohe Motivation der Strategieträger erfolgsförderlich wirkt.

– Innovationsorientierung (»Offen für Neuerungen«) der Strategieträger

Item 104	Innovationsorientierung der Strategieträger		
	1. Welle	2. Welle	3. Welle
keine	0,7 %	0 %	0 %
niedrig	6,3 %	4,5 %	4,2 %
mittel	38,9 %	42,9 %	39,9 %
hoch	54 %	52,5 %	55,9 %
n	285	198	143
Tau C – ROI	–	0,2	–
Tau C – CF	–	0,15	–

In der Regel ist für eine erfolgreiche Strategieformulierung eine mittlere bis hohe *Innovationsorientierung* erforderlich, was sich in der 2. Welle auch deutlich als *erfolgskritisch* erwies. In der 3. Welle betrug das

Signifikanzniveau beim ROI nur knapp über 5 Prozent; dieses Item ist also beachtenswert.

– *Führungsverhalten (»Mitarbeiterführung«) der Strategieträger*

Item 105	**Führungsverhalten der Strategieträger**		
	1. Welle	**2. Welle**	**3. Welle**
keine	2,1 %	1,5 %	0,7 %
niedrig	7,3 %	8,5 %	9,2 %
mittel	46 %	48,2 %	43,7 %
hoch	44,6 %	41,7 %	46,5 %
n	287	199	142
Tau C – ROI	–	–	–
Tau C – CF	0,13	–	–

Das *Führungsverhalten* spielt nach Angaben der Praktiker für eine erfolgreiche Strategieformulierung eine bedeutende Rolle; dennoch konnte sich dieses Item nur in der *1. Welle* als *Erfolgsfaktor* durchsetzen.

3.2.5.2 Aspekte der Strategieimplementation

Zur Untersuchung der Bedeutung der Strategieimplementation wurden folgende Sachverhalte untersucht:
- Detaillierungsgrad der Umsetzungsplanung,
- Detaillierungsgrad der Organisationsplanung,
- Detaillierungsgrad der Personalplanung,
- Weitere Umsetzungsplanungen (offene Frage),
- Art des Einbezuges betroffener Mitarbeiter.

– Detaillierungsgrad der Umsetzungsplanung
(Item 106, Frage 7.1, S. 10 im FB)

Inwiefern wird – nachdem eine Strategie formuliert ist – eine Umsetzungsplanung durchgeführt?
a. keine Umsetzungsplanung,
b. vage Grobplanung,
c. nur hinsichtlich wesentlicher (»kritischer«) Vorgehensschritte,
d. sehr detailliert, bis in alle Einzelheiten.

Item 106	Umsetzungsplanung		
	1. Welle	2. Welle	3. Welle
a.	4,7 %	3,4 %	4,2 %
b.	25 %	21,7 %	19 %
c.	61,1 %	60,6 %	66,9 %
d.	9,1 %	14,3 %	9,9 %
n	296	203	142

In der Regel – bei circa 63 Prozent der Unternehmungen – erfolgt eine Umsetzungsplanung nur hinsichtlich wesentlicher, als kritisch empfundener, Vorgehensschritte. Dieses *Item* konnte aber *nicht als Erfolgsfaktor* identifiziert werden.

– Detaillierungsgrad der Organisationsplanung
(Item 107, Frage 7.2, S. 11 im FB)

Findet eine Anpassung der Organisationsstruktur im Anschluß an die Strategieformulierung statt?
a. keine Organisationsstruktur- und -prozeßplanung,
b. Entwicklung vager Strukturvorstellungen,
c. nur hinsichtlich kritischer Strukturen und Prozesse,
d. sehr detaillierte Anpassung, bis in alle Einzelheiten.

Item 107	Organisationsplanung		
	1. Welle	2. Welle	3. Welle
a.	13,6 %	15,9 %	7,1 %
b.	23,1 %	14,9 %	21,4 %
c.	57,3 %	62,7 %	68,6 %
d.	6,1 %	6,5 %	2,9 %
n	295	201	140
Tau C – ROI	0,11	–	–
Tau C – CF	0,13	–	–

In der Regel – circa 60 Prozent – erfolgt im Rahmen der Strategieimplementation eine Organisationsplanung nur hinsichtlich kritischer Strukturen und Prozesse, wobei diese Ausprägung zunehmendes Gewicht erhielt. Außer in Welle 1 ist der Detaillierungsgrad der *Organisationsplanung kein* kritischer *Erfolgsfaktor.*

– Detaillierungsgrad der Personalplanung
(Item 108, Frage 7.3, S. 11 im FB)

Wird eine strategieabhängige – entsprechend der Strategie für Ihre wichtigste Produktgruppe – Personalbedarfsplanung durchgeführt?
a. keine Personalbedarfsplanung,
b. vage Schätzung des Personalbedarfs,
c. Planung des wesentlichen Personalbedarfs (»Schlüsselpersonal«),
d. sehr detaillierte Ausarbeitung des Personalbedarfs.

Item 108	**Personalplanung**		
	1. Welle	**2. Welle**	**3. Welle**
a.	8,4 %	9,9 %	10,6 %
b.	25,6 %	23,6 %	24,1 %
c.	53,5 %	53,7 %	56 %
d.	12,5 %	12,8 %	9,2 %
n	297	203	141

Bei circa einem Drittel der Unternehmungen erfolgt eine Personalbedarfsplanung im Anschluß an den Strategieformulierungsprozeß nur vage oder überhaupt nicht. Dieses *Item* konnte den Status eines *Erfolgsfaktors nicht erringen.*

– Weitere Umsetzungsplanungen (offene Frage)
(Item 109, Frage 7.3, S. 11 im FB)

Führen Sie weitere/andere Umsetzungsplanungen für die Strategie Ihrer wichtigsten Produktgruppe durch? Wenn ja, welche? ...

Diese offene Frage erwies sich in allen drei Wellen als wenig ergiebig. Es sind nur vereinzelte Antworten zu verzeichnen gewesen; wie z. B.:
- Planung interner Werbemaßnahmen für die neue Strategie,
- Logistikplanung,
- Planung der Verkaufsmengen,

- Kapazitätsbelastungs- und Investitionsplanung,
- Lagerraum- und Vertriebswegeplanung.

– Art des Einbezuges der betroffenen Mitarbeiter
(Item 110–112, Frage 7.4, S. 11 im FB)

Inwiefern werden die von der Strategiedurchführung betroffenen Mitarbeiter – Führungskräfte, mittlere Angestellte/Facharbeiter und angelernte Arbeiter – grundsätzlich in den Umsetzungsprozeß miteinbezogen?
a. im Sinne »informierender« Zielvorgabe,
b. im Sinne einer Information und Möglichkeit zur Stellungnahme,
c. im Sinne einer gemeinsamen Zielvereinbarung.

– Führungskräfte

Item 110	**Einbezug der Führungskräfte**		
	1. Welle	**2. Welle**	**3. Welle**
a.	3,1 %	3,5 %	1,4 %
b.	18,7 %	13,9 %	16,5 %
c.	78,2 %	82,7 %	82 %
n	294	202	139
Tau C – ROI	0,1	–	–
Tau C – CF	0,1		–

Bei circa 80 Prozent der Firmen werden die von der neuen Strategie betroffenen Führungskräfte im Sinne einer gemeinsamen Zielvereinbarung einbezogen. Konnte dieses Item sich in der 1. Welle noch als Erfolgsfaktor profilieren, so fand danach eine Nivellierung statt. Der weitgehende Einbezug von Führungskräften bei vielen Firmen zeigt die ausgeprägte Bedeutung der Führungskräfte für das Gelingen einer neuen Strategie. Möglicherweise ist dies inzwischen sowohl den erfolgreichen als auch den nicht erfolgreichen Unternehmungen weitgehend bekannt geworden, so daß dieses *Item nicht* mehr als Unterscheidungsmerkmal und damit als *Erfolgsfaktor* festgestellt werden konnte.

– Mittlere Angestellte/Facharbeiter

Item 111	**Einbezug mittlerer Angestellter/Facharbeiter**		
	1. Welle	**2. Welle**	**3. Welle**
a.	18 %	13,9 %	12,4 %
b.	69,6 %	72,8 %	64,2 %
c.	12,5 %	13,4 %	23,4 %
n	99	202	137
Tau C – ROI	–	–	0,16
Tau C – CF	0,12	–	–

Im Gegensatz zu den Führungskräften werden mittlere Angestellte und Facharbeiter in der Regel nur im Sinne einer Information und Möglichkeit zur Stellungnahme in den Umsetzungsprozeß miteinbezogen. Bemerkenswert ist, daß 1994 eine *starke Zunahme* des Einbeziehungsgrades mittlerer Angestellter und der Facharbeiter zu verzeichnen ist. Offenbar wird man sich der hohen Bedeutung dieser Ebene für die tatsächliche Umsetzung/Realisierung der Strategie zunehmend bewußter. Dies ist möglicherweise sinnvoll, denn dieses *Item* konnte sich *zweimal als Erfolgsfaktor* durchsetzen und kann deshalb als besonders beachtenswert gelten.

– Angelernte Arbeiter

Item 112	**Einbezug angelernter Arbeiter**		
	1. Welle	**2. Welle**	**3. Welle**
a.	79,3 %	79,5 %	66,9 %
b.	18,5 %	18,4 %	30,8 %
c.	2,2 %	2,1 %	2,3 %
n	270	190	130
Tau C – ROI	0,11	–	–
Tau C – CF	–	–	–

In den meisten Unternehmungen werden die angelernten Arbeiter im Sinne einer »informierenden« Zielvorgabe in den Umsetzungsprozeß mit einbezogen. Bemerkenswert ist die 3. Welle; dort konnte eine beachtliche Aufwärtsbewegung zu Antwort 2 »Information und Möglichkeit zur Stellungnahme« verzeichnet werden. Dies erscheint auch gerechtfertigt, da erfahrene Arbeiter möglicherweise wertvolle Umsetzungshinweise geben können. Dieses *Item* war nur in der *1. Welle Erfolgsfaktor.*

3.2.5.3 Strategiekontrolle

Im Bereich der Strategiekontrolle wurden folgende Kontrollarten auf ihre Erfolgswirksamkeit hin untersucht:
- Zwischenzielkontrolle (Fortschrittskontrolle),
- Prämissenkontrolle,
- Globale Strategische Kontrolle.

– Zwischenzielkontrolle
(Item 113, Frage 7.5, S. 12 im FB)

Inwiefern besteht eine Strategiekontrolle hinsichtlich der Erreichung von Zwischenzielen der Programme und Pläne? (überhaupt nicht – gering – mittel – ausgeprägt)

Item 113	**Zwischenzielkontrolle**		
	1. Welle	**2. Welle**	**3. Welle**
überhaupt nicht	4,1 %	6,5 %	5,7 %
gering	16,7 %	11,4 %	12,1 %
mittel	45,6 %	48,8 %	51,1 %
ausgeprägt	33,7 %	33,3 %	31,2 %
n	294	201	139
Tau C – ROI	–	–	–
Tau C – CF	0,13	–	–

Strategiekontrollen hinsichtlich der Erreichung von Zwischenzielen der Programme und Pläne werden bei circa 33 Prozent der Firmen in ausgeprägter Weise vorgenommen. Dieses *Item* konnte in der *1. Welle Erfolgsfaktorcharakter* einnehmen; allerdings wies es keine Stabilität auf.

– Prämissenkontrolle

Inwiefern besteht eine Strategiekontrolle der grundlegenden Annahmen (Umwelt-/Ressourcenänderungen)? (überhaupt nicht – gering – mittel – ausgeprägt)

Item 114	**Prämissenkontrolle**		
	1. Welle	**2. Welle**	**3. Welle**
überhaupt nicht	15,7 %	10,9 %	13,9 %
gering	26,4 %	29,2 %	27 %
mittel	44,3 %	45,3 %	48,9 %
ausgeprägt	13,6 %	14,6 %	10,2 %
n	280	192	137
Tau C – ROI	–	0,14	–
Tau C – CF	0,2	–	0,19

Eine Strategiekontrolle der bei der Strategieformulierung unterstellten grundlegenden Annahmen (Prämissen) über zukünftige Umwelt- und Ressourcenzustände bzw. -änderungen wird bei circa 45 Prozent der Firmen in mittlerer Ausprägung durchgeführt. Durch die Prämissenkontrolle wird die Berechtigung der anvisierten Strategie laufend überprüft und damit ihre Aktualität gewährleistet. Interessanterweise konnte sich dieses *Item in allen drei Erhebungswellen* als *Erfolgsfaktor* durchsetzen. Erfolgreiche Unternehmungen sind sich offenbar der Gefahren, die aus einer nicht mehr zeitgemäßen Strategie resultieren, bewußter als nicht erfolgreiche Firmen und setzen die Prämissenkontrolle deshalb stärker ein.

– Globale Strategische Kontrolle
(Item 115, Frage 7.5, S. 12 im FB)

Inwiefern besteht eine Strategiekontrolle bezüglich neuer Chancen und Risiken der globalen Umwelt? (überhaupt nicht – gering – mittel – ausgeprägt)

Item 115	**Globale Strategische Kontrolle**		
	1. Welle	**2. Welle**	**3. Welle**
überhaupt nicht	23,5 %	18,3 %	18,2 %
gering	37,5 %	28,3 %	31,4 %
mittel	31,4 %	42,9 %	44,5 %
ausgeprägt	7,6 %	10,5 %	5,8 %
n	277	191	137
Tau C – ROI	–	–	–
Tau C – CF	0,14	–	0,2

Eine Strategiekontrolle bezüglich neuer, sich aus der globalen Umwelt ergebenden, Chancen und Risiken findet in ausgeprägter Weise nur bei circa 8 Prozent der Firmen statt; ein Faktum, welches angesichts der zweimaligen Erfolgsrelevanz dieses Items einen diesbezüglichen Handlungsbedarf in der Praxis aufzeigt. Dies gilt um so mehr, als daß die globale Umwelt in Zukunft noch dynamischer als bisher werden dürfte. Letzteres führt übrigens u.a. dazu, daß sich neue Chancen und Risiken immer später ankündigen.

3.2.6 Grundstrategien der Ressourcenzuordnung als potentiell erfolgskritische Größen

In diesem Bereich wurden die Unternehmungen hinsichtlich ihrer individuellen Strategie bezüglich der Ressourcenzuordnung befragt, da aus den Hinweisen, ob z.B. investiert oder desinvestiert sind, interessante Rückschlüsse zur Erklärung von Erfolg oder Mißerfolg vermutet wurden.

– Grundstrategie
(Item 95, Frage 5.3, S. 9 im FB)

Ist Ihre Strategie hinsichtlich Ihrer wichtigsten Produktgruppe eher verbunden mit:
a. Desinvestitionen (»Auslaufenlassen«),
b. Konsolidierung (»Abrundungsinvestitionen«),
c. starker Investionstätigkeit.

Item 95	Grundstrategie		
	1. Welle	2. Welle	3. Welle
a.	5,7 %	3 %	1,4 %
b.	44,7 %	59,4 %	56,6 %
c.	48 %	37,6 %	42 %
n	293	202	143
Contingenz C – ROI	–	–	–
Contingenz C – CF	0,15	–	–

Aus der Entwicklung dieses Items ist der konjunkturelle Verlauf der letzten drei Jahre gut zu entnehmen; gaben 1992 noch 48 Prozent der

Unternehmungen eine Investitionsstrategie an, so waren es 1993 nur noch 37,6 Prozent und 1994 bereits wieder 42 Prozent. Überraschenderweise stellte sich eine Investitionstrategie nur 1992 als erfolgsträchtig heraus.

3.2.7 Überblick über die einzelnen Erfolgsfaktoren der 1. – 3. Welle

3.2.7.1 Die einzelnen Erfolgsfaktoren der 1. Welle in 1992

Cash flow[82]	ROI[83]	Item[84]	Frage[85]	Variablenname	Typ[86]
0,23	0,16	14	3.2	Umweltgerechter Produktionsprozeß	o
–	0,14 (-)	16	3.3	Wettbewerbsdruck	i
–	0,12 (-)	17	3.3	Abnehmerabhängigkeit	i
–	0,18 (-)	18	3.3	Lieferantenabhängigkeit	i
0,13	0,12	25	4.1	Leitbild = Interessen	o
0,1	–	26	4.1	Leitbild = Überleben	o
0,14	0,12	27	4.1	Leitbild = evolutionär	o
–	0,13	28	4.1	Leitbild = Ökologie	o
–	0,17 (-)	33	4.2.1	Vermögenseinsatz Verw.	i
–	0,15 (-)	37	4.2.1	Mitarbeitereinsatz Verw.	i
0,23	0,18	38	4.2.2	EDV in M/V	o
0,16	0,12	39	4.2.2	ED Vin F&E	o
0,26	0,2	40	4.2.2	EDV in der Produktion	o
0,2	0,13	41	4.2.2	EDV in der Verwaltung	o

82 In dieser Spalte stehen jeweils die Cash flow-bezogenen signifikanten Korrelationskoeffizienten.

83 In dieser Spalte stehen jeweils die ROI-bezogenen signifikanten Korrelationskoeffizienten.

84 Item = Item-Nummer aus dem der Datenanalyse zugrunde liegenden Kodierplan.

85 Frage = Fragenummer aus Fragebogen.

86 Aus dieser Spalte ist jeweils der Skalierungstyp zu entnehmen, wonach sich die Wahl des Korrelationskoeffizienten richtet (n = nominalskaliert; o = ordinalskaliert; i= intervallskaliert).

Cash flow	ROI	Item	Frage	Variablenname	Typ
0,26	0,2	42	4.3.1	Leitbildplanung	o
0,29	0,2	43	4.3.1	Strategische Planung	o
0,16	0,18	45	4.3.1	Bereichsbezogene Pläne	o
0,17	0,18	46	4.3.2	Controllingexistenz	o
0,16	–	47	4.3.2	Ergebnis/Finanzrechn.mit C.	o
0,16	–	48	4.3.2	KuER mittels Controlling	o
0,17	0,12	49	4.3.2	Controlling mittels EDV	o
0,13	–	52	4.3.3	Unternehmungsspitze	n
0,16	0,14	54	4.3.3	Job enlargement	o
0,11	0,17	55	4.3.3	Job rotation	o
0,2	–	67	4.4	Stärke im Leitbild	n
–	0,17	85	5.3	Wettbewerbsverhalten	n
–	0,13	88	5.3	Ressourceneinsatz	n
0,16	0,24	93	5.3	Lieferzeit u. Produktauswahl	n
0,15	–	95	5.3	Grundstrategie	n
0,15	0,12	96	5.3	Häufigkeit von Innovationen	o
0,16	–	97	5.3	Ansatz der Innovationen	n
0,13	–	98	5.3	Kund.einbez. bei Inno-suche.	o
0,12	–	99	6.1	Abstimmung von Ress. und Strat.	o
0,13		100	6.2	Strategiemachbarkeit	o
0,17	–	103	6.4	Motivation der Strat.träger	o
0,13	–	105	6.4	Führungsverh. der Strat.träger	o
0,13	0,11	107	7.2	Organisationsplanung	o
0,1	0,1	110	7.4	Einbezug der Führungskräfte	o
0,12	–	111	7.4	Einbezug mittlerer Angst./Facharb.	o
–	0,11	112	7.4	Einbezug angelernter Arbeiter	o
0,13	–	113	7.5	Zwischenzielkontrolle	o
0,2	–	114	7.5	Prämissenkontrolle	o
0,14	–	115	7.5	Globale Strategische Kontrolle	o

Ergebnis der 1. Welle: 43 einzelne Erfolgsfaktoren

3.2.7.2 Die einzelnen Erfolgsfaktoren der 2. Welle in 1993

Cash flow	ROI	Item	Frage	Variablenname	Typ
0,17	0,17	3	2	Einschätzung der Konjunktur	o
–	0,25	12	3.1	Marktanteil d. wicht. Produktes	i
–	0,17	14	3.2	Umweltgerechter Prod.proz.	o
0,16 (-)	0,14 (-)	19	3.3	Verdrängungsgefahr	i
0,18	–	22	3.3	Risiko 3: Konkurrenz aus Billiglohn-Ländern	n
0,16	0,15	25	4.1	Leitbild = Interessen	o
0,32	0,28	27	4.1	Leitbild = evolutionär	o
0,14	0,14	28	4.1	Leitbild = Ökologie	o
0,16 (-)	–	33	4.2.1	Vermögenseinsatz Verw.	i
0,24	0,28	38	4.2.2	EDV in M/V	o
0,22	0,24	39	4.2.2	EDV in F&E	o
0,23	0,2	40	4.2.2	EDV in der Produktion	o
0,15	0,17	41	4.2.2	EDV in der Verwaltung	o
0,21	0,16	42	4.3.1	Leitbildplanung	o
–	0,15	43	4.3.1	Strategische Planung	o
–	0,17	45	4.3.1	Bereichsbezogene Pläne	o
0,16	0,14	46	4.3.2	Controllingexistenz	o
0,15	–	47	4.3.2	Ergebnis-/Finanzrechn. mit C.	o
0,14	0,17	48	4.3.2	KuER mittels Controlling	o
–	0,15	49	4.3.2	Controlling mittels EDV	o
–	0,15	54	4.3.3	Job enlargement	o
0,18	0,21	58	4.3.3	Org.Einheiten/Inno-Suche	o
0,19	0,2	59	4.3.3	Org.Einheiten/Ökologie	o
0,22	0,19	61	4.3.3	Qualitätszirkel	n
0,22	0,25	96	5.3	Häufigkeit von Innovationen	n
0,2	0,15	97	5.3	Ansatz der Innovationen	n
0,17	0,17	98	5.3	Kund.einbez. bei Inno-Suche.	o
–	0,12	103	6.4	Motivation der Strat.träger	o
0,15	0,2	104	6.4	Inno-Orientierung d. S-träger	o
–	0,14	114	7.5	Prämissenkontrolle	o

Ergebnis der 2. Welle: 30 einzelne Erfolgsfaktoren

3.2.7.3 Die einzelnen Erfolgsfaktoren der 3. Welle in 1994

Cash flow	**ROI**	**Item**	**Frage**	**Variablenname**	**Typ**
0,16	0,17	14	3.2	Umweltgerechter Prod.proz.	o
0,26	–	15	3.2	Umweltgerechte Produkte	o
0,15 (-)	0,14 (-)	16	3.3	Wettbewerbsdruck	i
0,17	0,22	25	4.1	Leitbild = Interessen	o
0,18	0,18	27	4.1	Leitbild = evolutionär	o
0,22	0,17	28	4.1	Leitbild = Ökologie	o
0,16	–	38	4.2.2	EDV in M/V	o
–	0,17	40	4.2.2	EDV in der Produktion	o
0,18	0,3	41	4.2.2	EDV in der Verwaltung	o
0,16	0,16	42	4.3.1	Leitbildplanung	o
–	0,2	96	5.3	Häufigkeit von Innovationen	o
0,12	–	100	6.2	Strategiemachbarkeit	o
–	0,16	111	7.4	Einbezug mittlerer Angst./Facharb.	o
0,19	–	114	7.5	Prämissenkontrolle	o
0,2	–	115	7.5	Globale Strategische Kontrolle	o
–	0,2	119	8.	Patentanmeldungen 1992	i
–	0,19	120	8.	Patentanmeldungen 1993	i

Ergebnis der 3. Welle: 17 einzelne Erfolgsfaktoren

Die über die drei Erhebungswellen zu verzeichnende abnehmende Anzahl der erfolgskritischen Items hat eine wesentliche Ursache darin, daß bei gleichzeitig zu beobachtender abnehmender Antwortbereitschaft und gleichbleibendem Testniveau von 5 Prozent sowie in der Regel relativ schwachen Korrelationskoeffizienten die Gefahr des Herausfallens steigt, da keine Signifikanz mehr besteht.

3.3 Ergebnisse der Aggregationen der einzelnen Erfolgsfaktoren zu »verdichteten« Erfolgsfaktoren für die Gesamtstichprobe, die Branchengruppen und die Größenklassen

3.3.1 Darstellung der verdichteten Erfolgsfaktoren der drei Erhebungswellen bezogen auf die Gesamtstichprobe[87]

3.3.1.1 Überblick: Das »Erfolgsfaktoren-Hufeisen« der ersten Erhebungswelle in 1992

Den Beginn dieses Abschnittes soll die Abbildung 19 bilden; innerhalb dieses »Erfolgsfaktoren-Hufeisens« sind die verschiedenen Erfolgsfaktoren hinsichtlich ihrer ROI- und Cash flow-Spezifizierung dargestellt, so daß dem Leser ein einführender Überblick gewährt wird. Aus dieser Abbildung wird somit ersichtlich, welche Faktoren wie stark (hinsichtlich ROI und Cash flow) mit Erfolg korrelieren.

3.3.1.2 Die 14 verdichteten Erfolgsfaktoren der 1. Welle in 1992

Im folgenden werden die in der Abbildung 19 aufgezeigten Erfolgsfaktoren verbal näher erläutert. Die verdichteten Erfolgsfaktoren wurden gebildet, indem Einzel-Items, welche im identischen Sinnzusammenhang zum Erfolg stehen, zusammengefaßt wurden. Statistisch wurde diese Vorgehensweise durch die Bildung von Indizes durchgeführt. Die nachfolgend dargestellten verdichteten Erfolgsfaktoren werden hinsichtlich ihrer absteigenden Korrelationswerte zum Erfolg, ausgedrückt durch den Cash flow, gereiht, d. h. es wird mit dem wichtigsten, im Sinne von mit Erfolg am stärksten korrelierenden, verdichteten Erfolgsfaktor angefangen. Weisen mehrere verdichtete Erfolgsfaktoren identische Korrelationskoeffizienten zum Cash flow auf, so wird als zweites Ordnungskriterium der Korrelationskoeffizient zum ROI herangezogen.

1. EDV-Einsatz

Der *EDV-Einsatz* stellte sich bezogen auf die Gesamtstichprobe, mit einem Korrelationskoeffizienten von 0,32, als stärkster (verdichteter)

87 Vgl. Anhang 5. Die branchenbezogenen und die größenklassendifferenzierenden Analysen sind in Anhang 3 und Anhang 4 zusammengefaßt.

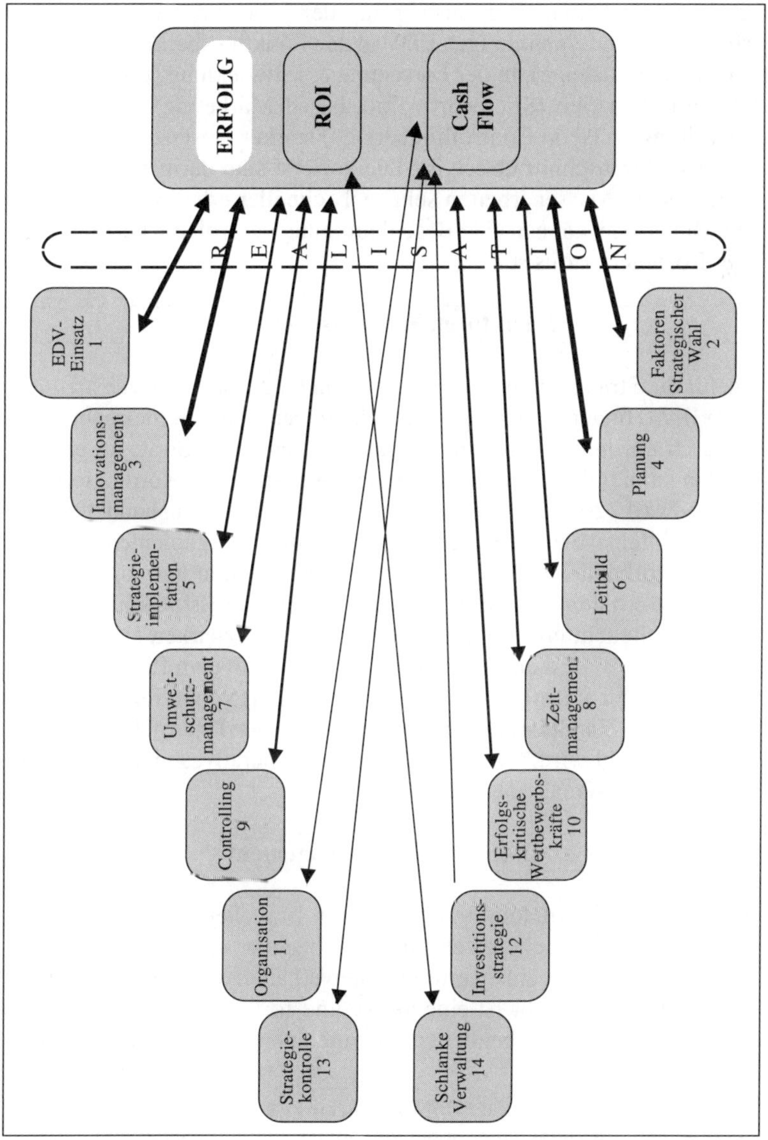

Abbildung 19: Das »Erfolgsfaktoren-Hufeisen« der ersten Erhebungswelle

Erfolgsfaktor heraus. Die Auswertung der Erhebung hat gezeigt, daß erfolgreiche Unternehmungen EDV in den Funktionsbereichen Produktion (CIM-Bausteine), in der Forschung & Entwicklung (CAD) und im Marketing/Vertrieb (Stichwort »Data based Marketing) sowie in der Verwaltung (z. B. im Controllingbereich) stärker einsetzen, als dies im Branchendurchschnitt üblich ist. Die Vorteile sind darin zu sehen, daß insbesondere Massenarbeiten sehr viel schneller erledigt werden können. Die Folgen können eine Beschleunigung der Abläufe bei gleichzeitiger Kostenersparnis sein.

2. Faktoren Strategischer Wahl

Die für die Strategieumsetzung relevanten Faktoren *(Faktoren Strategischer Wahl)* finden bei Erfolgsunternehmungen starke Berücksichtigung, wodurch ein hoher Umsetzungsgrad der geplanten Strategie erreicht werden kann. Dies spiegelt sich in der zweitstärksten Korrelation zum Cash flow (0,226) wieder. Beim betrachteten Sachverhalt handelt es sich um eine intensive und frühzeitige Abstimmung der geplanten Strategie mit den vorhandenen Ressourcen. Hohe Motivation und kompetentes Führungsverhalten der Strategieträger als weitere Erfolgsfaktoren finden große Beachtung und Bedeutung. Die Umsetzbarkeit einer geplanten Strategie ist deshalb so erfolgskritisch, da von dem Einsatz und der Umsetzung der »richtigen« Strategie, sei sie nun explizit formuliert oder nur aus dem Handeln ableitbar, der Erfolg einer Unternehmung maßgeblich bedingt wird.[88] Dazu kommen muß operatives und dispositives Geschick des Managements.

3. Innovationsmanagement

Die Wettbewerbssituation in den meisten Branchen wird immer komplexer und dynamischer, weshalb es nicht mehr ausreicht, alte wenngleich in der Vergangenheit erfolgreiche Verhaltensweisen und Konzepte fortzuführen. Vielmehr ist eine aktive und fortlaufende Anpassung an die wechselnden Gegebenheiten vorzunehmen, was sich in der ständi-

88 Laut den Ergebnissen des PIMS-Projektes ist der Erfolg einer Unternehmung bis zu 70 Prozent davon abhängig, ob die »richtige« Strategie umgesetzt wird (vgl. Buzzell/Gale, 1989, S. 44).

gen Entwicklung von Innovationen äußert. Dabei darf das Innovationsstreben nicht nur auf das Produktangebot oder den Fertigungsprozeß beschränkt bleiben, sondern soziale Innovationen, bedingt durch den zunehmenden Wertewandel und Strategieinnovationen (z.B. Neusegmentierung des Marktes), müssen ebenso im Blickfeld stehen. Dafür ist aber ein systematisches Innovationsmanagement sehr zweckdienlich. Der verdichtete Erfolgsfaktor »Innovationsmanagement« nimmt den dritten Platz in der hier vorgestellten Rangliste ein – mit einem Korrelationswert von 0,223 zum Cash flow. Die Operationalisierung des *Innovationsmanagements* erfolgte in mehreren Schritten. Zunächst wurde erfragt, inwieweit die Hervorbringung von Innovationen strategisch intendiert ist, mithin das gesamte Wettbewerbsverhalten innovationsorientiert ausgerichtet ist. Des weiteren wurden die Zahl der Innovationen sowie Art und Umfang des Kundeneinbezugs bei der Innovationssuche als Indikatoren herangezogen. Schließlich läßt sich die Intensität und Konsequenz der Innovationsorientierung einer Unternehmung auch darin messen, ob Innovationen entlang der gesamten Wertschöpfungskette oder nur im Produktionsbereich und am Produkt angestrebt werden. Die Befunde bezüglich dieser einzelnen Sachverhalte manifestieren insgesamt die hohe, erfolgskritische Bedeutung des Innovationsmanagements.

4. Planung

Eine ausgeprägte *Planung* wurde hinsichtlich der Leitbildplanung, der Strategischen und der Funktionsbereichsplanung als Erfolgsfaktor identifiziert. Er nimmt die vierte Stelle innerhalb der Reihenfolge ein mit einem Korrelationswert von 0,213 zum Cash flow. Dieses Ergebnis bestätigt auch die Erfolgsrelevanz einer richtigen (weil situationsadäquaten) Strategie, die angesichts einer zunehmend komplexeren und dynamischeren Umweltsituation professionell und bewußt geplant werden sollte; andererseits sollte sie in ihrer Ausprägung nicht zu deterministisch sein, damit die operativ notwendige Flexibilität nicht zu stark eingeschnürt wird. Dennoch muß die grobe Richtung bewußt angesteuert werden, da sonst die ständige Gefahr besteht, sich im »Meer der Ereignisse« treiben zu lassen und Gestaltungsspielräume einzubüßen, weil neue sich bietende Chancen und aufziehende Risiken verkannt werden.

5. Strategieimplementation

Neben den Faktoren strategischer Wahl ist die konkrete *Strategieimplementation,* soweit sie die strategieadäquate Organisationsanpassung enthält, besonders erfolgsrelevant, was sich im fünftstärksten Korrelationswert von 0,199 zum Cash flow manifestiert. Es stellte sich der weitgehende Einbezug von Führungskräften, mittleren Angestellten und überraschenderweise auch der Arbeiter als erfolgskritisch heraus. Darin zeigt sich, daß die bewußte und weitgehende Einbeziehung der Mitarbeiter, die letztlich die Strategie »leben«, für eine intentionsgemäße Realisierung und damit für den Erfolg der Unternehmung nicht zu unterschätzen ist.

6. Leitbild

Insbesondere angesichts eines in der Gesellschaft zunehmenden Wertepluralismus sollte sich eine Unternehmung über ihre grundlegenden ethisch verantwortbaren Handlungsmaximen im klaren werden, denn es kann nicht (mehr) von vornherein vorausgesetzt werden, daß alle Mitarbeiter die gleichen Werte teilen. Als erfolgskritisch erwies sich deshalb auch ein ausgeprägtes Streben nach ausgewogener Interessenberücksichtigung zwischen Kapitalgebern, Management und Mitarbeitern im Gegensatz zur Politik einer kurzfristigen Gewinnmaximierung. In die gleiche Richtung zielt auch das als erfolgsrelevant identifizierte Verständnis der Unternehmung als lebendiges und entwicklungsfähiges System im Sinne einer »Evolutionären Organisation«. Diese Faktoren subsumieren sich im Erfolgsfaktor *»Leitbild«,* der mit einem Indexwert von 0,192 mit Cash flow korreliert.

7. Umweltschutzmanagement

Besonders in der Chemischen Industrie aber auch in der Gesamtstichprobe konnte die Bedeutung des *Umweltschutzmanagements* als Erfolgsfaktor herausgearbeitet werden. Der Indexwert dieses verdichteten Erfolgsfaktors beträgt 0,156 zum Cash flow. Dabei unterscheiden sich erfolgreiche Unternehmungen von den nicht erfolgreichen durch eine ausgeprägte Manifestierung des Umweltschutzgedankens im Leitbild, sowie dem konkreten Streben nach einer umweltgerechten Gestaltung des Produktionsprozesses. Überraschenderweise wurde keine statistische Beziehung von ROI und Cash flow zur umweltgerechten Produktgestaltung festgestellt. Dies kann dadurch erklärt werden, daß bislang anscheinend umweltgerechte Produkte noch nicht ausreichend lohnend vermarktet werden (können). Dies könnte sich jedoch in naher Zukunft ändern, da sich das Umweltbewußtsein der Konsumenten immer mehr verstärkt.

8. Zeitmanagement

Ein weiterer Erfolgsfaktor liegt im Bereich des *Zeitmanagements,* also dem professionellen Streben, Schnelligkeit und Flexibilität als Wettbewerbsfaktoren einzusetzen. Der verdichtete Erfolgsfaktor »Zeitmanagement« korreliert mit einem Wert von 0,131 mit dem Cash flow. Schnelligkeit äußert sich einerseits in der im Vergleich zur Konkurrenz schnelleren Lieferfähigkeit und in kürzeren Produktinnovationszeiten. Durch die kürzeren Lieferzeiten können bei zeitsensiblen Kunden (erhebliche) Preisaufschläge realisiert werden. Durch kurze Innovationszeiten besteht z. B. die Chance neue Marktsegmente frühzeitig zu bedienen, bevor Preisnachlässe bedingt durch nachziehende Konkurrenz die Attraktivität des Segmentes schmälern. Es können also Pionierboni realisiert werden. Flexibilität wird erreicht, indem nicht nur standardisierte Massenprodukte, sondern weitgehend individualisierte Produkte angeboten werden. Diese marktseitige Flexibilität erfordert nach innen eine hohe produktionswirtschaftliche Anpassungsfähigkeit.

9. Controlling

Auch ein ausgeprägtes *Controllingsystem* stellte sich als erfolgsträchtig heraus, was sich in einem Korrelationswert von 0,13 zum Cash flow äußerte. Dabei konnte festgestellt werden, daß erfolgreiche Unternehmungen ein institutionalisiertes Controllingsystem haben und dieses bei der Planung beteiligt wird. Das Controlling wird ferner zur Koordination und Durchführung der periodischen Ergebnis- und Finanzplanung herangezogen. Des weiteren führt das Controlling die Kosten- und Erlösrechnung durch. Besonders hilfreich zur Handhabung der im finanzwirtschaftlichen Bereich anfallenden großen Datenmengen kann die Nutzung eines computergestützten Controllingsystems sein, worin sich erfolgreiche von nicht erfolgreichen Unternehmungen in der Tat unterscheiden.

10. Erfolgskritische Wettbewerbskräfte

Der Erfolg einer Unternehmung hängt langfristig immer von der erfolgreichen Vermarktung ihrer Produkte ab. Deren Absatzmenge wiederum unterliegt neben konjunkturellen auch strukturellen Einflüssen der Branche bzw. der Wettbewerbssituation. Nach Porter wird die Branchensituation durch folgende vier Wettbewerbskräfte bestimmt: Konkurrenzdruck, Abhängigkeit von Abnehmern und Lieferanten sowie der Gefahr der Produktsubstitution durch alternative zum Teil branchenfremde Problemlösungsangebote. Im Sinne *»Erfolgskritischer Wettbewerbskräfte«* konnte in der Praxis festgestellt werden, daß erfolgreiche Unternehmungen sich einem niedrigeren Konkurrenzdruck und geringeren Abhängigkeitsverhältnissen von Kunden und Lieferanten gegenüber sehen und daß dies mit dem Indexwert -0,128 mit dem Cash flow korrelierte.

11. Organisation

Im Bereich der *Organisation* zeigen sich nur die modernen Formen der Organisation im Fertigungsbereich »Job Enlargement« sowie »Job Rotation« als erfolgskritisch, was sich in einem Korrelationswert von 0,172 äußerte. Überraschenderweise stellten sich Teilautonome Arbeitsgruppen nicht als erfolgskritisch heraus. In der Zukunft ist möglicherweise eine Änderung zu erwarten, da durch die verstärkte Einführung von Lean Production-Konzepten die Teamarbeit verstärkt Einzug halten wird. Ein wesentlicher Vorteil liegt darin, das Kreativitätspotential der Mitarbeiter besser ausschöpfen zu können.

Es wurde ferner ermittelt, daß die Art der Aufbauorganisation (funktional-, divisional- oder matrixorientiert) kein Erfolgsfaktor an sich ist. Es bestehen also beachtliche Spielräume bei der Organisationsgestaltung. Wichtig in diesem Zusammenhang dürfte aufgrund konzeptioneller Überlegungen sein, daß die Organisationsstruktur nicht kontraproduktiv zur Strategie wirken darf. Außerdem konnte ermittelt werden, daß die Organisation der Unternehmungsspitze in Form einer Geschäftsführergruppe mit einem Sprecher einer einzelnen Leitungskraft leicht überlegen ist, was angesichts der zunehmend komplexer werdenden Unternehmungsführungsaufgaben durchaus erwartet werden kann.

12. Investitionsstrategie

Erfolgreiche Unternehmungen zeichnen sich signifikant dadurch aus, daß sie die *Investitionsstrategie* als Grundstrategie des Ressourceneinsatzes einsetzen. Dieser Zusammenhang ist allerdings nicht sehr stark; der Korrelationskoeffizient zum Cash flow beträgt 0,153. Erklärbar ist dieses Phänomen daher, daß Investitionen kurzfristig den Cash flow belasten, langfristig jedoch das Überleben und die Entwicklung der Unternehmung gewährleisten. Später allerdings kann »geerntet« werden, was sich in der Ressourcenstrategie der Konsolidierung äußert. In schrumpfenden Märkten wird oftmals die Strategie der Desinvestition verfolgt, wodurch die Geschäftstätigkeit langsam ausläuft, ohne weiteres Kapital zu beanspruchen. Die Gewinnsituation ist dabei aber meistens schwach, was sich empirisch nachweisen ließ.

13. Strategiekontrolle

Für die erfolgreiche Strategierealisierung ist letztlich auch immer eine konsequente *Strategiekontrolle* nötig. Dabei handelt es sich im Sinne einer Fortschrittskontrolle um die Überprüfung von Zwischenzielen der Programme und Pläne. Ziel dabei ist es, Soll-/Ist-Abweichungen als Rückkopplungsinformationen zu diagnostizieren, um frühzeitig gegensteuern zu können. Außerdem sollten die Planungsprämissen bezüglich Umwelt- und Ressourcenannahmen stetig überprüft werden. Darüber hinaus ist es empfehlenswert im Sinne einer strategischen Überwachung, ständig Ausschau nach neuen Chancen und Risiken in der globalen Umwelt zu halten. Die Teilfaktoren korrelieren als Index mit dem Wert 0,133 mit Cash flow.

14. Effiziente Verwaltung

Zwischen Erfolg und einer *effizienten Verwaltung,* die durch einen eher geringen Einsatz von Kapital und Mitarbeitern charakterisiert ist, besteht nur ein sehr schwacher Zusammenhang von -0,183 zum ROI (die Korrelation zum Cash flow ergab kein signifikantes Ergebnis); dennoch konnte auch in diesem Bereich noch ein statistisch signifikanter Zusammenhang zu den Erfolgsindikatoren festgestellt werden. Aufgeblähte Verwaltungsapparate (Wasserkopf-Syndrom) führen meistens zu einer Verzögerung von Entscheidungsbildungs- und -umsetzungsprozessen sowie zu erhöhten (Personal-)Kosten. Bezogen auf die Durchsetzung einer geplanten Strategie besteht verstärkt die Gefahr eines »Versandens«. Überdimensionierte Verwaltungen sind insbesondere durch das Vorhandensein relativ vieler Hierarchieebenen gekennzeichnet. Angesichts des offensichtlich im Verwaltungsbereich oftmals vorhandenen Ressourcenüberschusses sind insbesondere hier unter dem Stichwort »Lean Administration« in Zukunft verstärkte Rationalisierungsanstrengungen zu erwarten, so könnte jedenfalls konzeptionell-theoriebezogen argumentiert werden.

3.3.1.3 Überblick: Das »Erfolgsfaktoren-Hufeisen« der zweiten Erhebungswelle in 1993

3.3.1.4 Darstellung der 12 verdichteten Erfolgsfaktoren der 2. Welle in 1993

1. EDV-Einsatz

Wie in der ersten Erhebungswelle in 1992 stellte sich der *EDV-Einsatz* mit einem Korrelationskoeffizienten von 0,37 bezogen auf den Cash flow als stärkster verdichteter Erfolgsfaktor heraus. Dabei nahm seine Bedeutung, gemessen an der Korrelationsstärke, noch weiter zu. Auch bei der zweiten Befragung hat sich gezeigt, daß erfolgreiche Unternehmungen EDV in den Funktionsbereichen Produktion (CIM-Bausteine), in der Forschung & Entwicklung (CAD) und im Marketing/Vertrieb (Stichwort »Data based Marketing) sowie in der Verwaltung (z. B. im Controllingbereich) stärker einsetzen, als dies im Branchendurchschnitt üblich ist. Die Vorteile sind darin zu sehen, daß insbesondere Massenarbeiten sehr viel schneller erledigt werden können. Die Folgen sind eine Beschleunigung der Abläufe bei gleichzeitiger Kostenersparnis. Vorteile, die angesichts der Rezession möglicherweise wichtiger wurden. Die seit einiger Zeit unter dem Stichwort Lean Production oder Lean Management zu verzeichnende stärkere Betonung des Faktors Mensch steht diesen Zusammenhängen nur scheinbar entgegen. Tatsächlich gewinnt der

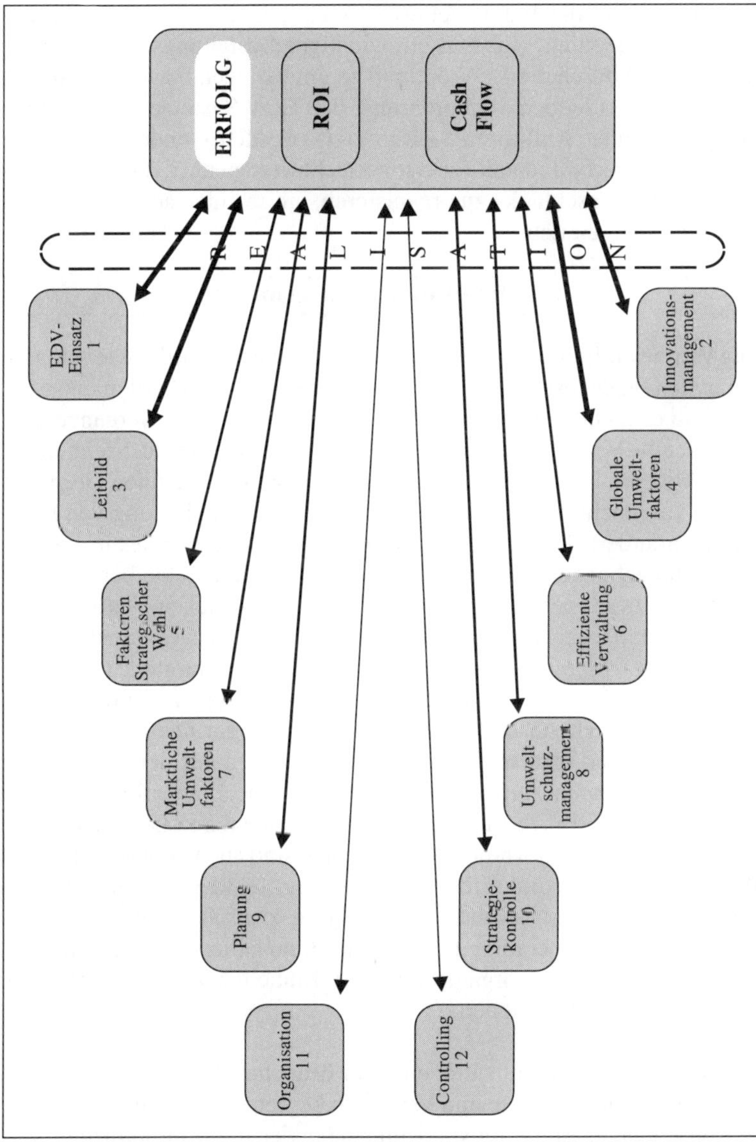

Abbildung 20: Das »Erfolgsfaktoren-Hufeisen« der zweiten Erhebungswelle

EDV-Einsatz in der Praxis bei erfolgreichen Unternehmungen zunehmend an Bedeutung, wobei es ein wichtiges Gestaltungsziel sein muß, das Personal durch die EDV optimal zu unterstützen bzw. zu ergänzen. Dies impliziert jedoch die Forderung, daß EDV-Systeme nicht einfach auf bestehende Strukturen »aufgesetzt« werden, sondern im Sinne »Organisation vor Technik« zuerst versucht werden muß, die Wertschöpfungsprozesse »schlank« zu organisieren, um so einen adäquaten EDV-Einsatz vorzubereiten.

2. Innovationsmanagement

Die Wettbewerbssituation in den meisten Branchen wird – wie schon in der ersten Welle festzustellen war – immer komplexer und dynamischer, weshalb es nicht mehr ausreicht, alte wenngleich in der Vergangenheit erfolgreiche Verhaltensweisen und Konzepte fortzuführen. Vielmehr ist eine aktive und fortlaufende Anpassung an die wechselnden Gegebenheiten vorzunehmen, was sich in der ständigen Entwicklung von Innovationen äußert. Dabei darf das Innovationsstreben nicht nur auf das Produktangebot oder den Fertigungsprozeß beschränkt bleiben, sondern soziale Innovationen müssen ebenso im Blickfeld stehen. Dafür ist aber ein systematisches Innovationsmanagement sehr zweckdienlich. Ein ausgeprägtes *Innovationsmanagement* korreliert sehr stark mit Erfolg (der Korrelationswert beträgt 0,31 zum Cash flow), wobei dieser Einfluß im Vergleich zur ersten Erhebungswelle sogar noch weiter angestiegen ist. Dies korrespondiert durchaus mit den aus dem politischen Raum kommenden Aufforderungen, durch eine Innovationsoffensive Wege aus der Krise zu finden, denn hier konnte deren Erfolgsrelevanz eindeutig festgestellt werden. Innovationen sind auch gerade angesichts der zunehmenden Konkurrenz aus Billiglohn-Ländern als ein entscheidender Erfolgsfaktor anzusehen. Als erfolgskritisch erweisen sich folgende Items zur Operationalisierung des Innovationsmanagements:

1. das Vorhandensein organisatorischer Einheiten zur systematischen Suche nach Innovationen;
2. Qualitätszirkel,
3. hohe Anzahl von Innovationen (über Branchendurchschnitt liegend),
4. nicht nur auf Produkte und Verfahren begrenzte Innovationen und
5. konsequenter Einbezug von Kunden bei der Innovationssuche.

3. Leitbild

Insbesondere angesichts eines in der Gesellschaft zunehmenden Wertepluralismus sollte sich eine Unternehmung über ihre grundlegenden ethisch verantwortbaren Handlungsmaximen im klaren werden, denn es kann nicht (mehr) von vornherein vorausgesetzt werden, daß alle Mitarbeiter die gleichen Werte teilen. Als erfolgskritisch erwies sich deshalb in der zweiten Welle ein ausgeprägtes Streben nach ausgewogener Interessenberücksichtigung zwischen Kapitalgebern, Management und Mitarbeitern im Gegensatz zur Politik der kurzfristigen Gewinnmaximierung. In die gleiche Richtung zielt auch das als erfolgsrelevant identifizierte Verständnis der Unternehmung als lebendiges und entwicklungsfähiges System im Sinne einer »Evolutionären Organisation«. Diese Faktoren subsumieren sich im Erfolgsfaktor *»Leitbild«*. Im Vergleich zur ersten Erhebungswelle stieg die Bedeutung des Leitbildes entscheidend an. 1992 betrug der Korrelationskoeffizient bezogen auf den Cash flow 0,19, 1993 hingegen sogar 0,3. Gerade in wirtschaftlich schwierigen Zeiten gewinnt offensichtlich eine Orientierung an gemeinsamen Werten, wie sie im Leitbild formuliert werden, an Bedeutung, weil dadurch die Zusammenarbeit erleichtert wird. Der Vorteil liegt insbesondere darin, daß nicht ständig wertebezogene Grundsatzdebatten geführt werden müssen und somit kostbare Handlungszeit verloren geht.

4. Globale Umweltfaktoren

Der verdichtete Erfolgsfaktor *»Globale Umweltfaktoren«* beinhaltet den Konjunktureinfluß und das Risiko, durch Anbieter aus Billiglohn-Ländern verdrängt zu werden. Dabei korreliert Erfolg mit positiveren branchenbezogenen Konjunkturaussichten als bezüglich der Gesamtwirtschaft; ein Ergebnis, das angesichts der starken Auswirkungen der Rezession kaum verwundert. Der zweite Bereich »Risiko durch Anbieter aus Billiglohn-Ländern« ist das Ergebnis einer offenen Frage nach den stärksten Risiken der Unternehmungen. Dabei gaben 41 Unternehmungen an, durch Konkurrenz aus Fernost und/oder Osteuropa, als typische Vertreter der Billiglohn-Länder, bedroht zu sein. Von diesen 41 Unternehmungen waren 63 Prozent nicht erfolgreich und nur 37 Prozent erfolgreich. Unternehmungen, die sich keiner Billiglohn-Konkurrenz ausgesetzt sehen, sind demgegenüber zu 58 Prozent erfolgreich, so daß ein negativer statistischer Zusammenhang zwischen dem Vorhandensein der Billiglohn-Konkurrenz und Erfolg zu verzeichnen ist (der Korrelationskoeffizient beträgt 0,17). Volkswirtschaftlich betrachtet, ergibt sich daraus, daß der wachsende Wettbewerbsdruck aus Ländern mit billigen Arbeitskräften eine ganz entscheidende strukturelle Ursache für die derzeitige Wirtschaftskrise ist, und daß genau daran durch eine Vielzahl von Maßnahmen – auch der Wirtschaftspolitik – gearbeitet werden muß. Allerdings ist dazu ebenso die Erhöhung der Wettbewerbsfähigkeit der deutschen Unternehmungen nötig.

5. Faktoren Strategischer Wahl

Faktoren Strategischer Wahl sind Einflußfaktoren zur Beurteilung der Realisierbarkeit einer Strategiealternative/-option in der Unternehmung. Ziel ist es, schon im Rahmen der Strategieformulierung dafür Sorge zu tragen, daß ein möglichst hoher Umsetzungsgrad der geplanten Strategie erreicht werden kann. Die Zusammenhänge konnten auch in der zweiten Erhebungswelle registriert werden. Im einzelnen stellten sich dabei, im Rahmen des verdichteten Erfolgsfaktors *»Faktoren Strategischer Wahl«,* eine hohe Motivation sowie eine Innovationsorientierung als erfolgsrelevant heraus, der Korrelationswert für diesen Index beträgt 0,16 zum Cash flow. Dieses ist wenig verwunderlich, denn wirtschaftlich schwierige Zeiten erfordern das Generieren innovativer und vor allem weitgehend umsetzbarer Konzepte/Strategien und nicht das schlichte Imitieren der Erfolgsrezepte anderer.

6. Effiziente Verwaltung

Zwischen Erfolg und einer *effizienten Verwaltung,* die eher durch einen relativ geringen Einsatz von Kapital charakterisiert ist, besteht ein im Vergleich zur ersten Welle verstärkter Zusammenhang, der sich in einem Korrelationswert von -0,16 zum Cash flow manifestiert, wodurch dieser Faktor in seiner erfolgskritischen Bedeutung »nach vorne« gerückt ist.

7. Marktliche Umweltfaktoren

Der verdichtete Erfolgsfaktor *»Marktliche Umweltfaktoren«* beinhaltet den positiven Einfluß eines hohen Marktanteils bezogen auf das wichtigste Produkt und die Bedeutung der Verdrängungsgefahr vom Markt durch neue Produkte. Beim Marktanteil ist festzustellen, daß eine positive Korrelation zum Erfolg nur bezogen auf ein Produkt nicht jedoch bezogen auf eine ganze Produktgruppe besteht. Die Verdrängungsgefahr durch ein völlig anderes Produkt vom Markt (Produktsubstitution) ist bei 75 Prozent der Unternehmungen als niedrig bis sehr niedrig zu bezeichnen. Insgesamt konnte eine negative Korrelation von 0,12 zum Cash flow festgestellt werden, d.h. je höher die Verdrängungsgefahr desto gefährdeter ist tendenziell der Erfolg.

8. Umweltschutzmanagement

Besonders in der Chemischen Industrie aber auch in der Gesamtstichprobe konnte wiederum die Bedeutung des *Umweltschutzmanagements* als Erfolgsfaktor festgestellt werden, was sich in einem Korrelationskoeffizienten von 0,12 manifestierte. Dabei unterscheiden sich erfolgreiche Unternehmungen von den nicht erfolgreichen durch eine ausgeprägte Manifestierung des Umweltschutzgedankens im Leitbild, sowie dem konkreten Streben nach einer umweltgerechten Gestaltung des Produktionsprozesses. Auch in der zweiten Welle wurde keine statistische Beziehung von ROI und Cash flow zur umweltgerechten Produktgestaltung festgestellt. Dies kann dadurch erklärt werden, daß anscheinend bislang umweltgerechte Produkte noch nicht ausreichend lohnend vermarktet werden (können). Neu ist, daß erfolgreiche Unternehmungen Umweltschutzbestrebungen explizit organisatorisch verankern, um professionelle Arbeitsbedingungen zu schaffen und systematisch Verbesserungen in diesem Bereich zu erzeugen.

9. Planung

Eine ausgeprägte *Planung* wurde auch in der 2. Welle hinsichtlich der Leitbildplanung, der Strategischen und der Funktionsbereichsplanung als Erfolgsfaktor identifiziert, der einen Korrelationskoeffizienten von 0,12 zum Cash flow aufweist. Interessant ist dabei, daß der Stellenwert der Planung im Vergleich zur ersten Erhebungswelle, gemessen an der Korrelationsstärke von Cash flow und ROI, erheblich gesunken ist. Möglicherweise gewinnt in Rezessionsphasen das operative Agieren insbesondere mit dem Ziel, Kostenblöcke abzubauen, an Bedeutung. Dennoch muß eingewendet werden, daß dieses kurzfristige Kostendenken Gefahren impliziert. Mittel- bis langfristig auftretende Chancen und Risiken werden, wenn überhaupt, zu spät erkannt, so daß die dann noch verbleibende Reaktionszeit extrem kurz wird. Folge einer derartigen Vorgehensweise kann eine Schwächung der langfristigen Wettbewerbsfähigkeit sein.

10. Strategiekontrolle

Die grundlegende Relevanz der *Strategiekontrolle* liegt darin, im Sinne einer Fortschrittskontrolle die Erreichung von Zwischenzielen (Meilensteinen) von strategischen Programmen oder Projekten und der verfolgten Strategie an sich zu überwachen. Des weiteren umfaßt sie als Erhebungskonstrukt eine Kontrolle der grundlegenden Annahmen (Prämissen) über Umwelt- und Ressourcenentwicklungen, um rechtzeitig darauf reagieren zu können. Außerdem sollte die Umwelt hinsichtlich neuer Chancen und Risiken systematisch beobachtet werden. Im Rahmen der zweiten Erhebungswelle stellte sich lediglich die Kontrolle der Prämissen als erfolgskritisch mit einem Korrelationskoeffizienten von 0,12 zum Cash flow heraus.

11. Organisation

Im Bereich der *Organisation* konnte nur die moderne Form der Ablauforganisation im Fertigungsbereich des »Job enlargement« als erfolgskritisch identifiziert werden. Der Korrelationskoeffizient zum Cash flow betrug 0,07. Überraschenderweise stellten sich Teilautonome Arbeitsgruppen nicht als erfolgskritisch heraus. Dagegen konnten innovative Konzepte wie Qualitätszirkel und organisatorische Einheiten für die Innovationssuche als erfolgskritisch identifiziert werden. Diese wurden jedoch dem Innovationsmanagement zugeordnet. Außerdem erwies sich das Vorhandensein organisatorischer Einheiten, die sich mit dem Bereich Umweltschutz beschäftigen, beim Erfolgsfaktor Umweltschutzmanagement als erfolgsrelevant.

Es wurde ferner ermittelt, daß die Art der Aufbauorganisation (funktional-, divisional- oder matrixorientiert) mit Erfolg nicht korreliert. Es bestehen also Gestaltungsspielräume bei der Organisationsgestaltung.

12. Controlling

Ein ausgeprägtes *Controllingsystem* stellte sich auch in der zweiten Welle als erfolgsträchtig heraus; der Korrelationskoeffizient zum Cash flow betrug 0,07. Dabei konnte festgestellt werden, daß sich alle vier Items zur Operationalisierung des Konstruktes Controlling stabilisierten. Erfolgreiche Unternehmungen haben ein institutionalisiertes Controllingsystem und beteiligen dieses bei der Planung. Das Controlling wird ferner zur Koordination und Durchführung der periodischen Ergebnis- und Finanzplanung herangezogen. Des weiteren führt das Controlling die Kosten- und Erlösrechnung durch. Besonders hilfreich zur Handhabung der im finanzwirtschaftlichen Bereich anfallenden großen Datenmengen kann die Nutzung eines computergestützten Controllingsystems sein, worin sich erfolgreiche von nicht erfolgreichen Unternehmungen in der Tat unterscheiden.

3.3.1.5 Überblick: Das »Erfolgsfaktoren-Hufeisen« der dritten Erhebungswelle in 1994

3.3.1.6 Die 10 verdichteten Erfolgsfaktoren der 3. Erhebungswelle in 1994

1. Innovationsmanagement

Die Wettbewerbssituation in den meisten Branchen ist durch zunehmende Komplexität und Dynamik geprägt. Diese seit Jahren festzustellende Entwicklung wird verschärft durch die sich nur langsam erholende Konjunktur und das Auftreten neuer Billig-Anbieter aus Osteuropa und Fernost. Wie in der ersten und zweiten Welle unterscheiden sich erfolgreiche von den nicht erfolgreichen Unternehmungen dadurch, daß sie ein ausgeprägteres *Innovationsmanagement* betreiben (Korrelationskoeffizient von 0,24 zum Cash flow), was dazu führt, daß erstere eine über dem Branchendurchschnitt liegende Anzahl von Innovationen erzeugen und mehr Patente anmelden können. Reflektiert man die relative Bedeutung

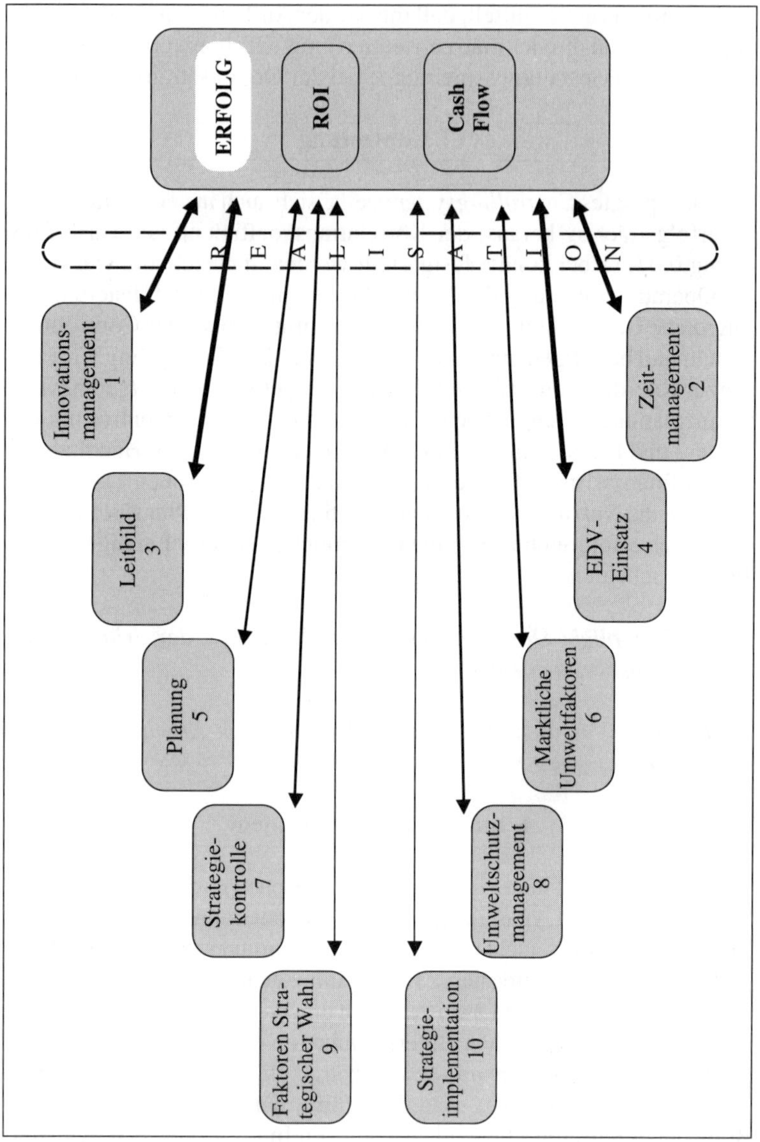

Abbildung 21: Das »Erfolgsfaktoren-Hufeisen« der dritten Erhebungswelle

des verdichteten Erfolgsfaktors »Innovationsmanagement«, so ist festzustellen, daß dieser im Zeitablauf (1992–1994) zunehmende Wichtigkeit erlangt hat und inzwischen Rang 1 belegt. Dies zeigt, daß die erfolgreichen Unternehmungen die zentrale Rolle des Innovationsmanagements zur Bewältigung der konjunkturellen und strukturellen Krise erkannt haben.

2. Zeitmanagement

Neben dem Innovationsmanagement stellte sich in der 3. Erhebungswelle auch ein ausgeprägtes *Zeitmanagement* als bedeutender Erfolgsfaktor heraus, was sich in einem Korrelationsfaktor von 0,24 zum Cash flow manifestierte. Dies ist nicht verwunderlich, denn in einer ständig komplexeren und dynamischeren Umwelt wird die überlegene Handhabung der knappen Ressource Zeit zunehmend zum Erfolgsfaktor. Zeit als Wettbewerbsdeterminante ist z. B. in der Form der Durchlaufzeiten betrieblicher Leistungserstellungsprozesse zu sehen. Dabei erweist sich eine primär zeitorientierte Gestaltung der Wertschöpfungskette(-n) als zeit- und oft gleichzeitig kostensparend. Ein spezifischer erfolgskritischer Aspekt im Zeitwettbewerb ist die Innovationszeit, also der Zeitbedarf von der Ideengenerierung für ein neues Produkt bis zu dessen Markteinführung. Ein weiterer zeitbezogener Wettbewerbsaspekt liegt in der Lieferzeit. Durch das Realisieren kürzerer Lieferzeiten und das Anbieten relativ breiter Produktpaletten gelingt es oft – im Sinne einer Strategie der Differenzierung – die attraktivsten Kundengruppen anzusprechen und dauerhaft zu binden. Attraktive Kundengruppen zeichnen sich insbesondere dadurch aus, daß sie als eher zeit- denn als preissensibel zu charakterisieren sind. Zur kostengünstigen Erstellung relativ vieler Produktvarianten ist eine flexible Produktion mit einem geringen Anstieg der variantenvielfalt-abhängigen Stückkosten erforderlich. Um dieses zu erreichen, ist eine konsequente Reduzierung der Komplexität der Leistungserstellungsprozesse, also deren Vereinfachung, vorzunehmen.

3. Leitbild

Ein klar erkennbares *Leitbild,* das eine ausgewogene Interessenberücksichtigung sowie die Entwicklungsfähigkeit der Unternehmung (im Sinne einer evolutionären Organisation) in den Vordergrund stellt, erwies sich denn in der Praxis auch als sehr erfolgskritisch, was sich in einem Korrelationskoeffizienten von 0,23 zum Cash flow äußerte. Dabei ist festzustellen, daß das Leitbild den 3. Platz in der Rangfolge der verdichteten Erfolgsfaktoren verteidigen konnte. Der Vorteil eines klaren Leitbildes ist vor allem in der Transparenzschaffung der grundlegenden Handlungsmaximen zu sehen, so daß die Gefahr zeitraubender Grundsatzdebatten, welche letztlich auf Wertedifferenzen basieren, sinkt.

4. EDV-Einsatz

Überraschenderweise ist die relative Bedeutung des verdichteten Erfolgsfaktors *»EDV-Einsatz«* – nachdem er in den beiden ersten Erhebungswellen jeweils Platz 1 belegte – etwas gesunken und weist nun einen Korrelationskoeffizienten von 0,23 auf. Dennoch konnte der EDV-Einsatz Rang 4 erreichen und gehört damit auch weiterhin zu den entscheidenden Erfolgsfaktoren. Erfolgreiche Unternehmungen setzen die EDV in den Bereichen Marketing/Vertrieb, Produktion und Verwaltung stärker ein, als es im Branchendurchschnitt üblich ist.

5. Planung

Analog zur anhaltend hohen Bedeutung des Leitbildes für den Unternehmungserfolg stellte sich auch die Leitbildplanung als erfolgskritisch heraus und wies einen Korrelationskoeffizienten von 0,16 zum Cash flow auf. Im Bereich der *Planung* ist aber zu verzeichnen, daß die Strategische Planung und die Funktionsbereichsplanung keine erfolgskritische Bedeutung mehr haben. Anscheinend gewinnt in Krisenzeiten das operative flexible Agieren an Wichtigkeit. Nicht mehr ausgeprägtes Planen, sondern Flexibilität unterscheidet nunmehr erfolgreiche von nicht erfolgreichen Unternehmungen.

6. Marktliche Umweltfaktoren

Der Erfolg einer Unternehmung hängt letztlich immer von der erfolgreichen Vermarktung ihrer Produkte ab. Deren Absatzpotentiale unterliegen neben konjunkturellen auch branchenbezogenen Einflüssen. Die Wettbewerbssituation einer Branche wird wiederum maßgeblich durch den Konkurrenzdruck, die Abhängigkeiten von Abnehmern und Lieferanten sowie von der Gefahr von Produktsubstitutionen determiniert. Bei den statistischen Untersuchungen zur Analyse der 3. Welle stellte sich heraus, daß eine negative Korrelation zwischen Erfolg und Konkurrenzdruck besteht. Mit anderen Worten: Erfolgreiche Unternehmungen sehen sich, bezogen auf ihre wichtigste Produktgruppe, einem geringeren Konkurrenzdruck ausgesetzt als nicht erfolgreiche. Ersteren gelingt es offenbar besser, sich von der Konkurrenz zu differenzieren und somit gewinnträchtige Nischen zu erhalten. Es bleibt abschließend bezüglich des verdichteten Erfolgsfaktors *»Marktliche Umweltfaktoren«* (erfolgsbezogene Korrelation: -0,15) noch anzumerken, daß sich der Marktanteil nicht als erfolgskritischer Faktor bestätigen konnte.

7. Strategiekontrolle

Die *Strategiekontrolle* als verdichteter Erfolgsfaktor ist in ihrer Bedeutung weiter gestiegen, was sich in einem Korrelationskoeffizienten von 0,13 zum Cash flow manifestiert. Dabei stellte sich im einzelnen eine Kontrolle der bei der Strategieformulierung für die wichtigste Produktgruppe unterstellten grundlegenden Annahmen (Prämissen) über die Umwelt- und Ressourcenentwicklungen als erfolgskritisch heraus. Außerdem konnte die Kontrolle bezüglich neuer sich abzeichnender Chancen und Risiken aus der globalen Umwelt als erfolgsträchtig identifiziert werden. Der Zweck der Strategiekontrolle besteht insbesondere darin, die Richtigkeit der aktuellen Strategie zu überprüfen. Weichen gesetzte Prämissen von den tatsächlich eingetroffenen Zuständen zu weit ab, so kann dies umfangreiche Planrevisionen zur Folge haben, um die Aktualität und damit die Schlagkraft der Strategie zu gewährleisten. Auch das Erkennen neuer Chancen und Risiken aus der globalen Umwelt kann strategische Änderungen nach sich ziehen. Der Vorteil der Strategiekontrolle besteht nun darin, sich abzeichnende strategische Änderungsbedarfe frühzeitig zu erkennen und mehr Reaktionszeit zu erhalten.

8. Umweltschutzmanagement

Das Themenfeld Umweltschutz und damit die Implementierung eines professionellen *Umweltschutzmanagements* wird angesichts der steigenden weltweiten Umweltverschmutzung und dadurch bedingter schärferer Gesetzesauflagen sowie Änderungen in den Kundenpräferenzen für den Erfolg einer Unternehmung zunehmend zum Erfolgsfaktor (erfolgsbezogene Korrelation: 0,12). Um ein chancen-orientiertes Umweltschutzverständnis in einer Unternehmung zu implementieren, könnte in einem ersten Schritt Umweltschutz expliziter Bestandteil des (schriftlich ausformulierten und gelebten) Leitbildes werden. Und in der Tat konnte festgestellt werden, daß sich erfolgreiche von den nicht erfolgreichen Unternehmungen u.a. genau in diesem Punkt signifikant unterscheiden. Des weiteren korreliert das Streben nach einer umweltgerechteren Gestaltung des Produktionsprozesses mit Erfolg. Wie in der Vergangenheit immer wieder postuliert, wurde nun in der 3. Welle die empirische Bestätigung für die Erfolgsträchtigkeit auch einer umweltgerechteren Gestaltung der Produkte gewonnen. Dieses Merkmal konnte dabei sogar als stärkster einzelner Erfolgsfaktor identifiziert werden.

9. Faktoren Strategischer Wahl

Faktoren Strategischer Wahl sind Einflußdeterminanten zur Beurteilung der potentiellen Realisierbarkeit einer Strategiealternative. Ziel ist es, schon bei der Strategieformulierung durch die Berücksichtigung dieser Faktoren dafür zu sorgen, daß ein möglichst hoher Umsetzungsgrad der geplanten Strategie erreichbar ist. Bei der Datenanalyse hat sich gezeigt, daß erfolgreiche Unternehmungen in stärkerem Maße davon ausgehen können, daß eine Strategie wie geplant durchführbar ist. Hinsichtlich der relativen Bedeutung des verdichteten Erfolgsfaktors *»Faktoren Strategischer Wahl«* (Korrelationskoeffizient: 0,12) ist aber anzumerken, daß dieser die größte Abwärtstendenz aufweist; wurde 1992 der 2. Platz erreicht, so folgte 1993 der 5. und in der 3. Welle 1994 nur noch der 9. Platz. Die Gründe dafür können analog zur abnehmenden Bedeutung der Strategischen Planung gesehen werden.

10. Strategieimplementation

An den Prozeß der Strategieformulierung schließt sich die Phase der Strategieimplementation an. Als erfolgskritischer Aspekt im Bereich des verdichteten Erfolgsfaktors *»Strategieimplementation«* stellte sich dabei lediglich der weitgehende Einbezug mittlerer Angestellter und Facharbeiter bei der Strategieumsetzung heraus (Korrelationskoeffizient 0.01; 0.16 mit ROI). Es zeigt sich also, daß nicht nur Führungskräfte, sondern auch die mittleren Angestellten und Facharbeiter weitgehend im Sinne gemeinsamer Zielvereinbarungen bei erfolgreichen Unternehmungen in den Umsetzungsprozeß einbezogen werden. Durch diese ausgeprägte Praktizierung von Partizipation werden wohl die Widerstände auf der operativen Ebene von vornherein vermieden bzw. reduziert, so daß sich die Chance einer erfolgreichen Umsetzung der geplanten Strategie, welche die Unternehmung letztlich zum Erfolg führen soll, entscheidend erhöht.

3.3.2 Entwicklung der verdichteten Erfolgsfaktoren im Zeitablauf

Bei der Reflexion der verdichteten Erfolgsfaktoren in den drei Erhebungswellen von 1992–1994 fällt auf, daß die relative Bedeutung der einzelnen Faktoren nicht konstant ist, sondern Schwankungen unterliegt. Abbildung 22 (S. 184) gewährt einen Überblick über alle Erfolgsfaktoren der drei Wellen und deren relative Bedeutungsänderungen (siehe Pfeile).

Die Schwankungen in den relativen Bedeutungen können sich wie z. B. bei der »Planung« in einer Abwärts- und wieder Aufwärtsbewegung offenbaren, nur in einer stetigen Aufwärtsbewegung wie beim »Innovationsmanagement« manifestieren oder in einer kontinuierlichen Bedeutungsabnahme wie etwa beim Erfolgsfaktor »Faktoren Strategischer Wahl« zeigen.

Auch die Inhalte der Erfolgsfaktoren sind nicht konstant. In der Abbildung 22 sind dementsprechend die Item-bezogenen Abweichungen in Klammern unter den Faktoren der 2. und 3. Welle aufgeführt.

Außerdem können neue Erfolgsfaktoren im Vergleich zur vorgehenden Erhebungswelle hinzukommen (siehe schraffierte Bereiche in Abbildung 22 wie etwa »Marktliche Umweltfaktoren« in Welle 2). Zusätzlich verschwinden Erfolgsfaktoren zwischenzeitlich und tauchen wieder auf (wie z. B. »Zeitmanagement«) oder verlieren ganz an Bedeutung (siehe etwa »Investitionsstrategie« aus Welle 1).

Wodurch ist diese fehlende Konstanz der verdichteten Erfolgsfaktoren im Zeitablauf zu erklären? Zum einen kann es sich in der Praxis tatsächlich so verhalten, daß die Bedeutung einzelner Faktoren für den Unternehmungserfolg in der oben beschriebenen Weise schwankt. Eine dahingehende Annahme war die Basis für die Idee, eine Panel-Untersuchung durchzuführen. Ziel ist es dabei, die Schwankungen bei den Erfolgsfaktoren im einzelnen aufzuzeigen. Theoretisch läßt sich die An-

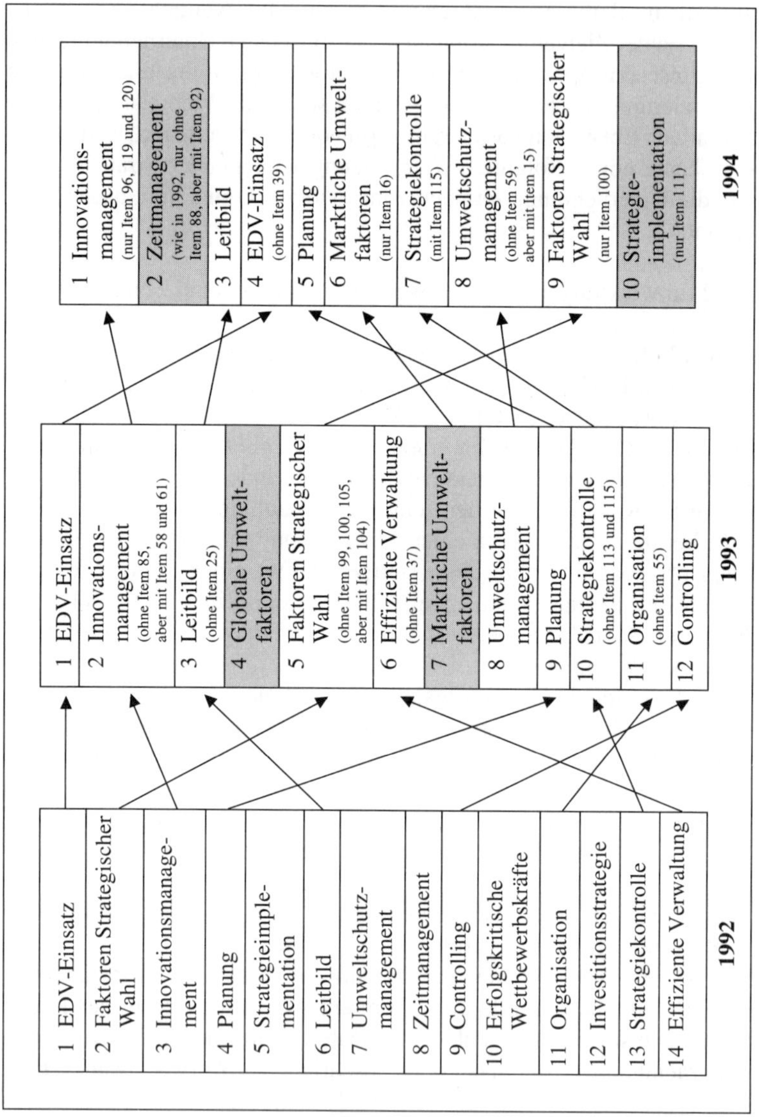

Abbildung 22: Entwicklung der verdichteten Erfolgsfaktoren im Zeitablauf (1992–1994)

nahme fehlender Bedeutungskonstanz der Erfolgsfaktoren im Zeitablauf dadurch untermauern, daß in unterschiedlichen Zeiten verschiedene Umweltzustände anzutreffen sind, die andersartige Anforderungen an die Unternehmungen stellen, so daß unterschiedliche Eigenschaften erfolgskritischen Charakter erlangen können.

So ist z. B. die Konjunktur, als eine wesentliche Determinante der Umwelt, als Schwankungsursache bei den Erfolgsfaktoren anzuführen. Unternehmungen in einer Hochkonjunktur sehen sich anderen Chancen und Risiken ausgesetzt als in einer rezessiven Phase. In einer Rezession gewinnt z. B. das operative Agieren (beispielsweise in Form rigider Kostensenkungsprogramme) im Gegensatz zum strategischen Element an Gewicht. Kann sich die Strategische Planung in einer Hochkonjunktur also durchaus als wesentlicher Erfolgsfaktor herausstellen, so ist ihre Bedeutung für Rezessionszeiten eher als gering zu vermuten.[89]

Bezogen auf die HEFAP-Panel-Untersuchung ist anzumerken, daß diese in der Tat nicht in einer Zeit der konjunkturellen Konstanz, sondern der gravierenden Veränderung stattfand. War 1992 noch eine Phase der Hochkonjunktur festzustellen, so befand sich die deutsche Wirtschaft 1993 bereits in einer tiefen Rezession, die sich erst 1994 ein wenig besserte (gemessen am Bruttoinlandsprodukt).

Es wäre aber zu kurz gegriffen, die Schwankungen bei den verdichteten Erfolgsfaktoren des HEFAP's allein auf eine fehlende Konstanz der Umweltbedingungen zurückzuführen. So ist eine weitere wesentliche Ursache im Bereich des Zufalls anzusiedeln. Dieser Zufallseinfluß resultiert zum einen aus einer fehlenden Teilnehmerkonstanz bei der Panel-Untersuchung und zum anderen aus den unterschiedlichen Antwortraten.

Beim HEFAP-Panel liegt keine Teilnehmerkonstanz vor, da nur durch »Auffüllungen« der Gefahr einer drohenden Panel-Mortalität begegnet werden konnte.[90] So wurden in der 2. und 3. Welle nicht wieder alle 1100 Firmen der 1. Welle befragt, sondern nur diejenigen, die zuvor geantwortet hatten. In der 2. Welle sind deshalb Probanden der 1. Welle und neue Teilnehmer zu verzeichnen; in der 3. Welle analog. Insofern handelt es sich beim HEFAP nicht um ein »reines« Panel.

89 Dieses konnte im HEFAP tatsächlich bestätigt werden (vgl. Abschnitt 3.2.3.4).

90 Dies ist ein statistisch durchaus zulässiges Verfahren (vgl. Anhang 2).

Auch die abnehmende Antwortrate im Panel – als ein Charakteristikum fast aller Panels – kann die fehlende Konstanz bei den Erfolgsfaktoren mit verursacht haben. So ist statistisch diesbezüglich anzumerken, daß signifikante (verallgemeinerbare) Ergebnisse bei schwachen Korrelationen bei großen Fallzahlen – einer hohen Antwortrate – sehr schnell erreicht werden können und umgekehrt (vgl. Kähler, 1990, S. 147). Gerade beim HEFAP zeigte es sich aber, daß allgemeingültige erfolgskritische Items oft nur sehr niedrige Korrelationskoeffizienten aufweisen bzw. schwach mit Erfolg korrelieren (vgl. Abschnitt 3.2). Sinkt nun in der nächsten Erhebungswelle der Rücklauf, so besteht eine erhebliche Gefahr, daß solche Items nicht mehr mit Erfolg in signifikanter Weise (bei Beibehaltung des gleichen Testniveaus) korrelieren.

3.4 Ermittlung von Beziehungsmustern unter den verdichteten Erfolgsfaktoren der 2. Erhebungswelle und ihre Wirkung auf wichtige Erfolgspotentiale im Rahmen eines Praktiker-Workshops

3.4.1 Ziele und Verlauf des Praktiker-Workshops

Im Rahmen der Ermittlung signifikanter Beziehungen zwischen potentiellen Erfolgsfaktoren und den Erfolgsindikatoren ROI und CF wurde nach der zweiten Erhebungswelle die Frage nach den *Beziehungen* der ermittelten Erfolgsfaktoren *untereinander* virulent. Dies äußerte sich in einem starken Interesse an der Bestimmung von *Wirkungszusammenhängen* zwischen den (verdichteten) Erfolgsfaktoren sowie der Identifizierung von *Wirkungsketten.*

Darüber hinaus sollten Zusammenhänge zwischen den Erfolgsfaktoren und den zuvor (vgl. Abschnitt 2.2.5) entwickelten *Erfolgspotentialen* eruiert und in ihrer erfolgskritischen Rolle bestimmt werden.

Theoriegestützt konnte eine solche Bestimmung allerdings zunächst nicht erfolgen, da eine intensive Literaturanalyse – bezogen auf die hier unterschiedenen und empirisch bestimmten Erfolgsfaktoren – kaum Ansätze mit einer hinlänglich breiten Abdeckung der Erfolgsfaktoren und ihrer möglichen Beziehungsnetzordnung ergab.

Auch der Weg einer »Datenordnung« über fortgeschrittene, statistisch-orientierte »Pfadfindungs«-Verfahren wie z. B. LISREL (vgl. Balderjahn, 1988, S. 61ff.) war nicht gangbar, da sich bei 120 Variablen der *Rechenaufwand* als kaum bewältigbar, andererseits aber auch die *Lösungsmächtigkeit* entsprechener Verfahren als unzureichend erwies.

Vor diesem Hintergrund wurde im Sinne einer Bewältigungsheuristik für die Strukturierung der Wirkbeziehungen ein Rückgriff auf Denkrahmen von Führungskräften gewählt. Wenn es gelingt, entsprechende Deutungsrahmen für Wirkbeziehungen zwischen den Erfolgsfaktoren zu erhalten und wenn sich erfolgreiche Führungskräfte dadurch auszeichnen, daß sie in überzufälliger Weise erfolgskritische Wirkzusammenhänge bestimmen und handhaben können, dann lassen sich aus der Erhebung entsprechender Praktikerannahmen Hinweise für Variablenzusammenhänge entnehmen. Diese »Erhebung« wurde in Form eines Praktiker-Workshops vorgenommen.

Die Ziele des Workshops bzw. des Praktikerbeitrages lauteten dabei:

1. Klärung der Wirkbeziehungen der 12 verdichteten Erfolgsfaktoren der zweiten Erhebungswelle untereinander;
2. Identifizierung der Wirkungen der 12 Erfolgsfaktoren über ausgesuchte wesentliche Erfolgspotentiale auf den Unternehmungserfolg.

Die Teilnehmer des Workshops[91] waren 11 Praktiker aus kleinen, mittleren und großen Unternehmungen verschiedener Branchen in Niedersachsen. Es handelte sich dabei ausschließlich um Manager aus den oberen Führungsebenen bzw. der Geschäftsführerebene.

Nach kurzer Begrüßung und Vorstellung der Teilnehmer erfolgte eine Präsentation des Hannoveraner Erfolgsfaktoren-Projekts (HEFAP) bezüglich seines Forschungsziels und -designs. Danach wurden die 12 verdichteten Erfolgsfaktoren der 2. Erhebungswelle in 1993 erläutert und konkret die Ziele des Workshops bzw. der von den Praktikern zu leistende Beitrag umrissen.

Im Rahmen eines Vortrags zu den »Ursachen des Erfolgs: Erfolgspotentiale und Erfolgsfaktoren« erhielten die Teilnehmer weitere Hinweise zur Erfolgsfaktorenproblematik.

Danach begann die Erfolgsfaktoren-Beziehungsanalyse. Dazu wurde zunächst die Vorgehensweise zur Erstellung der Einflußmatrix (»Papiercomputer«) und des davon graphisch abzuleitenden Netzwerkes erläutert. Daraufhin bewerteten die Führungskräfte die Beziehungen der 12 Erfolgsfaktoren jeweils paarweise im Sinne von abhängiger/unabhängiger Variable (et vice versa). Die Moderatoren trugen dann die entsprechenden Werte in die Ergebnismatrix eines »Papiercomputers« ein. An-

91 Dieser Workshop fand am 19. 1. 1994 im Hotel Benther Berg bei Hannover statt.

hand dieser Matrix sowie weiterer Plausibilitätsüberlegungen zur Untermauerung der einzelnen Wirkbezüge erfolgte dann die Erstellung des Beziehungsnetzwerks der Erfolgsfaktoren und dessen graphische Darstellung.

Darauffolgend wendete sich die Gruppenarbeit einer Analyse der Erfolgswirksamkeit der Erfolgsfaktoren über ausgesuchte Erfolgspotentiale (direkte Ursachen des monetären Erfolgs) zu.

Seinen Abschluß fand der Workshop in einer Zusammenfassung der Ergebnisse und einer kritischen Reflexion.

3.4.2 Darstellung und Interpretation der Erfolgsfaktoren-Beziehungsmuster aus Praktikersicht

3.4.2.1 Ermittlung der Erfolgsfaktoren-Beziehungsmuster durch eine Einflußmatrix (»Papiercomputer«) und graphische Darstellung in einem Netzwerk mittels Metaplan-Technik

Ziel einer ganzheitlich-vernetzten Betrachtungsweise ist es, Elemente bzw. Faktoren in ihrem Zusammenwirken zu erfassen, d. h. auch Interdependenzen, Neben-, Schwellen- und Grenzwerte zu erkennen. Viele Vorgehensweisen haben in der Vergangenheit ein isolierendes Denken und Handeln begünstigt, das nur in eindimensionalen Ursache-Wirkungsketten verläuft.

Vor diesem Hintergrund wurde versucht, mittels entsprechender Techniken Vernetzungen zwischen den einzelnen Erfolgsfaktoren herzustellen. In diesem Zusammenhang bietet sich der von Frederic Vester entwikkelte »Papiercomputer« an.[92] Dabei handelt es sich um eine Einflußmatrix, die alle Faktoren eines Problemfeldes miteinander in Beziehung setzt, wie es Abbildung 23 beispielhaft aufzeigt.

Die Beziehungen zwischen den Faktoren eines Untersuchungsfeldes wurden im Rahmen der Erfolgsfaktoren-Beziehungsanalyse ermittelt, indem die Praktiker ihre Einschätzungen zunächst einzeln abgaben. Hierzu wurden Kärtchen mit den Ziffern 1 (= geringe Intensität), 2 (= mittlere Intensität) und 3 (= starke Intensität) beschriftet. Bei jeder der 132 denkbaren Beziehungen[93] im Sinne moderierter Fragestellungen (z. B. »Wie wirkt das Leitbild auf das Innovations-

92 Siehe grundlegend etwa Vester, 1984, und Ulrich/Probst, 1991, S. 142.
93 Bei 12 Erfolgsfaktoren: 12 x 12 - 12 = 132 Beziehungen.

Wirkung auf von	A	B	C	
A	—			
B		—		
C			—	

Abbildung 23: Der »Papiercomputer« (Ulrich/Probst, 1991, S. 142)

management?«) wurde dann auf der Basis der Einzelurteile ein statistisches Gruppenurteil gebildet, indem durch die Anzahl der Befragten dividiert wurde.

Neben den genannten Intensitäten bestand auch die Möglichkeit, sich für »keine Intensität« auszusprechen. In diesem Fall wurde kein Kärtchen gezeigt (»gedankliche Null«). Abbildung 24 zeigt die auf diese Weise ermittelten Intensitäten bzw. den Papiercomputer.

Zur Herleitung des Netzwerkes sollten nicht alle Intensitäten weiter beachtet werden. Vielmehr galt es, die Stellhebel des Erfolges weiter zu verdichten und in ihrem Zusammenwirken zu erkennen. Deshalb wurden im nächsten Schritt mit Hilfe der Metaplan-Visualisierungs-Technik und Bausteinen der PUZZLE-Methodik[94] die wichtigsten Vernetzungen graphisch herausgearbeitet (siehe dazu Abbildung 25 auf Seite 192).

Dazu wurden pro Zeile die stärksten Intensitäten (in der Regel ab 2,0) und ihre Rückbeziehungen ermittelt. Im nächsten Schritt wurde dann mit der Entwicklung von Kreisläufen und weiteren (wechselseitigen) Vernetzungen begonnen. Dabei erfolgte jeweils eine argumentative Auseinandersetzung in der Gruppe, um Gründe für bestimmte Zusammenhänge zu ermitteln und in einem Gruppenurteil »zusammenfließen« zu lassen.

94 Siehe zu diesen Methodiken ausführlich Eggers, 1994.

unabhängige Variablen \ abhängige Variablen	EDV	Innovations-management	Leitbild	Globale Umweltfaktoren	Faktoren Strategi-scher Wahl	Effiziente Verwal-tung	Marktliche Umwelfaktoren	Umweltschutz-management	Planung	Strategiekontrolle	Organisation	Controlling
EDV		1,5	0,5	0,4	0,6	2,7	0,9	1,0	2,0	0,6	1,2	2,7
Innovations-management	1,8		1,3	1,6	2,3	1,0	2,9	2,5	1,8	0,3	1,7	1,0
Leitbild	0,6	2,6		0,6	2,8	0,9	1,1	2,6	2,3	0,3	1,5	1,4
Globale Umweltfaktoren	0,9	2,7	0,9		2,0	1,5	2,5	1,2	2,1	1,2	0,6	1,6
Faktoren Strategischer Wahl	0,5	2,2	1,3	0,3		1,4	1,8	1,7	1,9	0,6	1,5	1,5
Effiziente Verwaltung	2,0	0,4	0,3	0,3	1,2		0	0,1	0,7	0	1,6	1,7
Marktliche Umwelfaktoren	2,1	2,4	1,4	0,7	2,3	1,8		1,5	2,2	1,1	0,4	1,7
Umweltschutz-management	1,1	2,4	2,1	0,4	1,3	0,4	1,8		2,0	0,5	0,8	0,6
Planung	2,7	1,9	1,8	1,2	1,4	2,1	1,8	2,0		1,9	1,5	2,9
Strategiekontrolle	0,2	1,1	1,7	0,8	1,4	0,1	1,5	0,9	2,4		0,2	1,5
Organisation	0,9	1,0	0,8	0	1,9	1,5	0,6	0,9	0,4	0		0,5
Controlling	2,6	0,9	0,7	0,3	0,7	1,9	1,0	0,6	2,6	2,3	0,9	

Abbildung 24: Ergebnis der Erfolgsfaktoren-Beziehungsanalyse mittels Papiercomputer im Praktiker-Workshop

3.4.2.2 Begründungen für das Zusammenwirken verschiedener Erfolgsfaktoren[95]

Im Rahmen des Workshops wurde bei der Untersuchung der Beziehungen zweier Erfolgsfaktoren untereinander das Ergebnis des im Papiercomputer wiederzufindenden Gruppenurteils einer kritischen Analyse unterzogen und geklärt, ob sich die Zusammenhänge auch theoretisch begründen lassen. Dabei stellten sich einige Beziehungen als sehr kon-

95 Basis für die folgenden Ausführungen ist das Netzwerk in Abbildung 25, S. 192.

trovers in der Beurteilung der Intensität heraus. Andere wiederum wurden einheitlich beurteilt und keiner weiteren expliziten Begründung unterzogen.

Begründungen für das Zusammenwirken des Erfolgsfaktors »a« auf den Erfolgsfaktor »b«:[96]

– EDV auf Controlling
Ohne EDV ist heute ein effizientes Controlling wegen der zu bewertenden Datenmassen überhaupt nicht mehr möglich.

– Controlling auf EDV
Contolling-Vorgaben beeinflussen die Effizienz des EDV-Einsatzes, da für Informationsprobleme die nach sachlichen und monetären Bewertungskriterien optimale EDV-Lösung (Hard- und Software) gewählt werden muß.

– Controlling auf Planung
Dabei stellte sich zunächst die Frage, inwieweit Planung und Controlling identisch sind, denn in jüngster Zeit gibt es immer wieder sehr weitgehende Definitionen des Controlling, die die Planung zur Subeinheit des Controlling »degradieren«. Man einigte sich darauf, daß das Controlling nicht die inhaltliche Planung vornehmen kann, sondern nur im Sinne einer Unterstützungsfunktion monetäre Größen ermittelt und zur Verfügung stellt.

– Planung auf Controlling
Andererseits entwickelt die Planung aber auch Soll-Vorgaben für das Controlling. So haben beispielsweise inhaltliche Planungsvorgaben letztlich monetäre Auswirkungen und tangieren und determinieren somit das Gestaltungsfeld des Controlling.

– Planung auf EDV
Die EDV wird oft durch die Planung bzw. nach Planvorgaben gestaltet.

– EDV auf Planung
Ohne eine EDV-gestützte Datenaufbereitung ist heute insbesondere bei großen Unternehmungen eine Planung angesichts der Datenfülle gar nicht mehr möglich.

96 Die folgenden Begründungen geben jeweils nur die zentralen Argumente der Diskussion der Praktiker wieder.

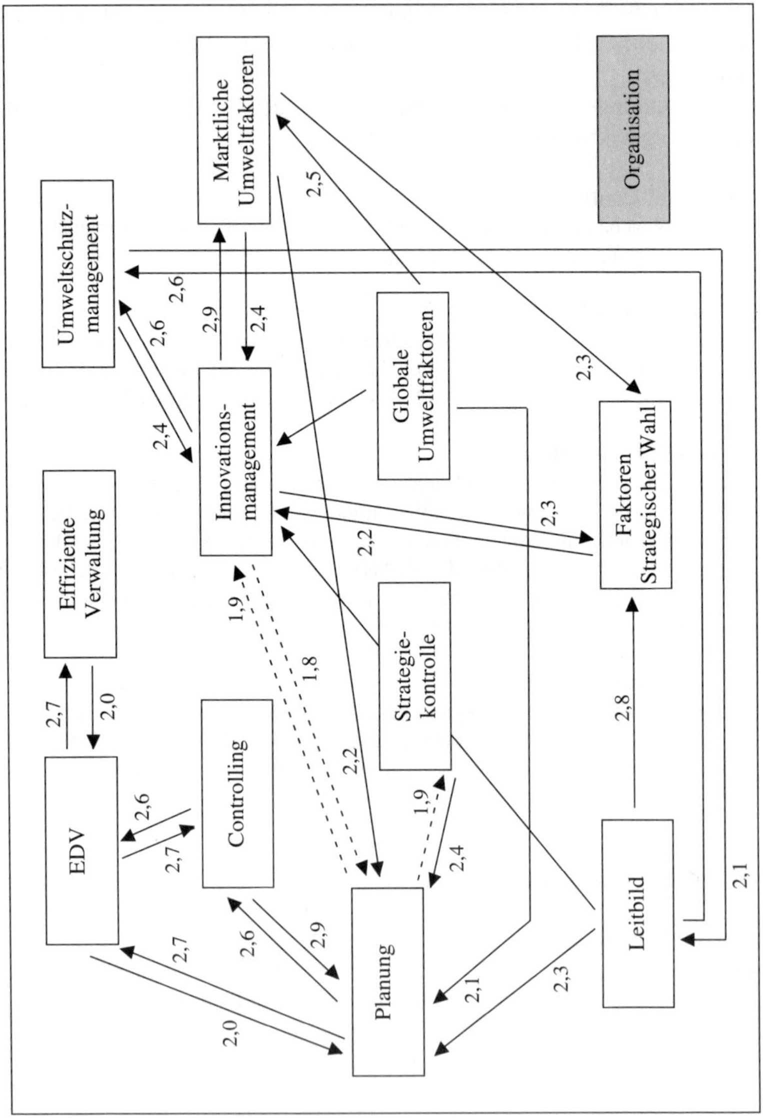

Abbildung 25: Ergebnis der Erfolgsfaktoren-Beziehungsanalyse als Netzwerk dargestellt

– Innovationsmanagement auf Marktliche Umweltfaktoren
Durch Produktinnovationen z. B. im Lebensmittelbereich können neue Märkte eröffnet und sofort große Marktanteile erobert werden (Pioniervorteile durch konsequentes Innovationsmanagement).

– Globale Umweltfaktoren auf Innovationsmanagement
Der Preisdruck bei Standardprodukten von den Anbietern aus Billiglohn-Ländern zwingt Hochpreis-Anbieter, wie es die meisten deutschen Unternehmungen aufgrund der hohen Faktorkosten in Deutschland sind, zur Hervorbringung ständig neuer Produktinnovationen, um sich von Billiganbietern abheben zu können. Derartige Verhältnisse finden sich z. B. im Bereich der Aluminiumbauteile.

– Leitbild auf Faktoren Strategischer Wahl
Die Interessensberücksichtigung fördert die Motivation der Strategieträger. Die gelebte Maxime der Lebendigkeit und Entwicklungsfähigkeit der Unternehmung erhöht das Ausmaß der Innovationsorientierung der Strategieträger.

– Planung auf Leitbild
Die Leitbildplanung gestaltet die Inhalte des (schriftlich ausformulierten und des gelebten) Leitbildes mit. Das Leitbild unterliegt also nicht nur zufallsbedingten Entwicklungen, sondern auch – wenngleich begrenzten – aktiv geplanten.

– Faktoren Strategischer Wahl auf Innovationsmanagement
Eine ausgeprägte Innovationsorientierung der Strategieträger fördert ein innovatives Klima und damit das Hervorbringen von Innovationen.

– Innovationsmanagement auf Faktoren Strategischer Wahl
Ein professionelles Innovationsmanagement induziert die Innovationsorientierung der Strategieträger, da diese dadurch mehr Vertrauen in die Innovationskraft ihrer Unternehmung gewinnen.

– Umweltschutzmanagement auf Innovationsmanagement
Umweltschutzbemühungen bzw. -auflagen können insbesondere am Produkt oder am Produktionsprozeß ansetzen. Sie erfordern oftmals innovative Lösungen. Auch wurde hervorgehoben, daß eine umweltgerechtere Gestaltung des Produktionsprozesses häufig sehr starke Produktänderungsbedarfe nach sich zieht, die durch ein konsequentes Innovationsmanagement behoben werden können. Außerdem wurde betont, daß es besonders kritisch für die eigene Wettbewerbsposition ist, wenn die Konkurrenz neue Umweltschutzauflagen bereits erfüllt. Dann kommt es darauf an, daß mit einem effektiven Innovationsmanagement schnell nachgezogen wird. Als Beispiel dafür wurde in der letzten Zeit der Batterie-Markt in England genannt.

– **Innovationsmanagement auf Umweltschutzmanagement**
Durch Innovationen können, mehr oder weniger bewußt, umweltfreundlichere Lösungen erreicht werden.[97]

3.4.3 Ermittlung von Ursache-Wirkungsketten: Erfolg – Erfolgspotentiale – Erfolgsfaktoren aus Praktikersicht

3.4.3.1 Zentrale Erfolgspotentiale in der Einschätzung der Praktiker

– **Marktmacht:** Marktmacht kann definiert werden als die Fähigkeit zur Durchsetzung eigener Interessen auf dem jeweiligen Markt, die sich in zahlreichen Aspekten äußert wie z. B. in der Möglichkeit zur Ausübung von Preisdruck auf Abnehmer oder Lieferanten. Marktmacht ist folglich ein fähigkeitsbezogenes Erfolgspotential (Handlungs- fähigkeit). Ein entscheidender Erfolgsfaktor dafür kann z. B. ein großer Marktanteil sein.

– **Kundenbindung:** Kundenbindung ist ein expliziter Aspekt der Bedürfnisbefriedigungsfähigkeit.

– **Branchenstruktur:** Das nicht sehr aussagekräftige Stichwort »Branchenstruktur« deutet auf die Fähigkeit zur Beeinflussung der Branchenstruktur z. B. mittels Kooperationen zur Steigerung der eigenen Marktmacht hin. Es kann folglich als Bestandteil der Handlungsfähigkeit interpretiert werden.

– **Technologieführerschaft:** Technologieführerschaft kann sich produkt- und/ oder prozeßbezogen äußern und erzeugt z. B. eine überlegene Produktqualität (erlösseitiges) und/oder geringere Produktionskosten (kostenseitiges Erfolgspotential).

– **Menge:** Die Planung und Regulierung der Absatzmenge ist Bestandteil der Produktpolitik. Es wird dabei im Rahmen der Sortimentspolitik die art- und mengenmäßige Zusammensetzung des Absatzprogramms bestimmt. Zweifellos unterliegt die Festlegung der Absatzmenge im Sinne einer Deckungsbeitragsmaximierung auch produktionswirtschaftlichen Überlegungen.
Fazit: Die Menge ist als erlösseitiges Erfolgspotential mit sehr enger Affinität zur Kostenseite einzuordnen.

97 Abschließend wurde noch diskutiert, ob der Faktor »Organisation« nicht stärker hätte berücksichtigt werden müssen, da die Praktiker ihm eine sehr hohe Erfolgsrelevanz bescheinigten.

– **Standort:** Der Standort kann ein entscheidendes erlösseitiges Erfolgspotential sein und ist dann der Distributionspolitik zuzuordnen. Standortvorteile können aber auch kostenseitiger Natur sein. Beispiel: geringe Personalkosten durch Billiglöhne.

– **Schnelligkeit:** Schnelligkeit ist die Fähigkeit, auf sich bietende Chancen oder drohende Gefahren schnell zu reagieren. Sie ist als Komponente der Flexibilität (Handlungsfähigkeit) einzustufen.

3.4.3.2 Herstellung von Wirkbezügen der Erfolgsfaktoren auf ausgewählte wichtige Erfolgspotentiale

3.4.3.2.1 Auswahl der Erfolgspotentiale und Darstellung der Wirkbezüge der Erfolgsfaktoren auf die Erfolgspotentiale

Nach der Aufnahme von weiteren Erfolgspotentialen, die nach Meinung der Praktiker besonders wichtig sind, erfolgte eine Zusammenfassung und Diskussion der einzelnen Ideen. Anschließend wurden zur Generierung und theoretischen Untermauerung von Erfolgsfaktor-Erfolgspotential-Beziehungen 6 Erfolgspotentiale gewählt. Dabei handelt es sich um:

1. Produktpolitik (bzw. produktpolitische Wettbewerbsparameter wie z. B. die Produktqualität),
2. Preispolitik (bzw. preispolitische Wettbewerbsparameter wie z. B. der Endpreis oder die Zahlungskonditionen),
3. Beschaffungskosten,
4. Produktionskosten,
5. Flexibilität,
6. Motivation/Qualifikation der Mitarbeiter.[98]

Die Auswahl erfolgte in der Weise, daß aus jeder Erfolgspotential-Kategorie (erlös- und kostenseitige sowie fähigkeitsbezogene Potentiale) je-

98 Zum damaligen Zeitpunkt waren diese beiden Aspekte noch als ein zusammengefaßtes Erfolgspotential definiert. Die hier gewählten Potentiale stellen die Arbeitsbasis für den Praktiker-Workshop dar. Sie sind nach Abschluß dieses Workshops aufgrund der Praktiker-Anregungen einerseits sowie im Sinne einer theoriegestützten Konzeption weiterentwickelt und schließlich zu drei großen Erfolgspotentialbereichen zusammengefaßt worden. Siehe hierzu Abschnitt 3.5.

weils zwei, die von zentraler Bedeutung für die direkte Erfolgserzielung schienen, gewählt wurden.

Am Anfang jeder Erfolgspotentialuntersuchung wird anhand einer Abbildung jeweils aufgezeigt, welche Erfolgsfaktoren überhaupt von Relevanz sind und wie stark ihre Beziehung (optisch durch die Dicke der Pfeile gekennzeichnet) zum betreffenden Erfolgspotential ist. Die Abbildung entspricht jeweils dem im Workshop mitprotokollierten Gruppenurteil der Praktiker. Anschließend erfolgt eine Darstellung der jeweils vorgebrachten zentralen Argumente zur Begründung der Erfolgsfaktor-Erfolgspotential-Wirkbezüge.

3.4.3.2.2 Darstellung der Wirkbezüge der Erfolgsfaktoren auf das Erfolgspotential »Produktpolitik«

Die Produktpolitik ist eine der vier grundlegenden Marketingpolitiken. Sie enthält die Aspekte zur Produktgestaltung (Qualität, Service, Markierung und Verpackung) und die Sortimentspolitik (Festlegung der art- und mengenmäßigen Zusammensetzung des Absatzprogramms) (vgl. Meffert, 1986, S. 117). Die Wirkbezüge der Erfolgsfaktoren auf die produktpolitik-bezogenen Erfolgspotentiale finden sich in Abbildung 26.

– EDV:
Durch den Einsatz moderner CAD-Systeme (Computer Aided Design) werden neue Möglichkeiten zur Qualitätsoptimierung eröffnet, denn dadurch können viele Produktalternativen schnell generiert und hinsichtlich ihrer Vorziehenswürdigkeit beurteilt werden.

– Innovationsmanagement:
Das Innovationsmanagement ist der zentrale Erfolgsfaktor zur Erzeugung von Produktinnovationen und damit einhergehender Aktualisierung der Produktqualität.

– Globale Umweltfaktoren:
Der Konjunktureinfluß erfordert bei Rezession u.a. das vermehrte Anbieten von niedrigpreisigen Produkten. Um der Gefahr der Konkurrenz aus Billiglohn-Ländern zu entgehen, gewinnen Produktinnovationen ständig an Bedeutung.

– Faktoren Strategischer Wahl:
Eine ausgeprägte Innovationsorientierung der Strategieträger fördert innovative Produktgestaltungen – ein bedeutsamer Wirkfaktor.

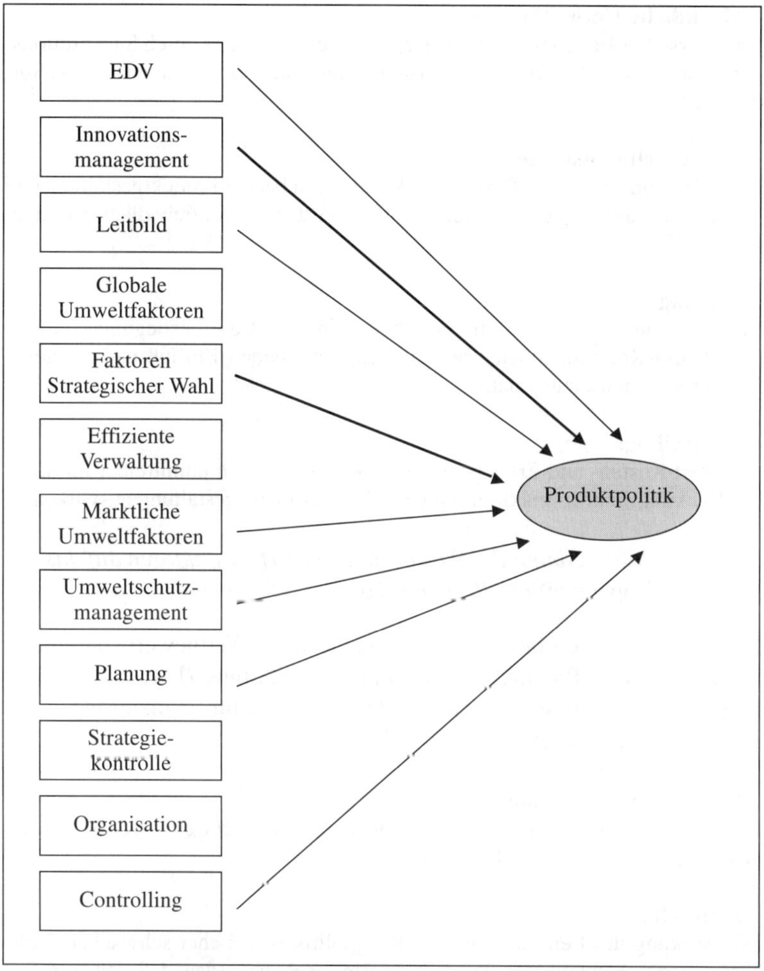

Abbildung 26: Wirkbezüge der 12 Erfolgsfaktoren auf das produktpolitikbezogene Erfolgspotential im Praktiker-Workshop[99]

99 Kein Pfeil signalisiert im Urteil der Praktiker keinen oder einen nicht nennenswerten Zusammenhang. Die stärkeren Pfeile verdeutlichen eine besonders ausgeprägte Wirkbeziehung.

– Marktliche Umweltfaktoren:
Eine starke Verdrängungsgefahr des wichtigsten Produktes durch Substitutionsgüter forciert das Anbieten neuer Produkte und hat Auswirkungen auf das Sortiment.

– Umweltschutzmanagement:
Umweltschutzauflagen erfordern oft Änderungen bei der Produktgestaltung und bei der Zusammensetzung des Sortiments zugunsten umweltfreundlicherer Angebote.

– Planung:
Eine zentrale Aufgabe der strategischen Planung ist die Festlegung von Produkt/Markt-Kombinationen, was ganz entscheidenden Einfluß auf die Sortimentszusammensetzung hat.

– Controlling:
Es liefert Kosten- und Erlösdaten der Produkte, die sich unmittelbar im Sinne der Deckungsbeitragsmaximierung auf die Sortimentsgestaltung auswirken.

3.4.3.2.3 Beschreibung der Wirkbezüge der Erfolgsfaktoren auf das Erfolgspotential »Preispolitik«

Die Preispolitik umfaßt alle Instrumente bzw. Wettbewerbsparameter der Preis- (inkl. Rabatte) und Konditionsgestaltung (Liefer- und Zahlungskonditionen) sowie der Absatz- und Konsumfinanzierung (z. B. Leasing) (vgl. z. B. auch Wilde, 1993, S. 558).

– Innovationsmanagement:
Durch Innovationen können die Produkte qualitativ aufgewertet werden, so daß eine Hochpreispolitik möglich wird.

– Leitbild:
Die Wirkung des Leitbildes auf die Preispolitik ist als eher schwacher Wirkbezug eingeschätzt worden, kann aber darin gesehen werden, daß sich zum Teil Unternehmungen schon im Leitbild als Billig- oder Hochpreisanbieter definieren.

– Globale Umweltfaktoren:
Billiganbieter aus Niedriglohn-Ländern und rezessionsbedingte Nachfragerückgänge können das Preisgefüge in einem Markt zerstören – ein bedeutsamer Wirkfaktor.

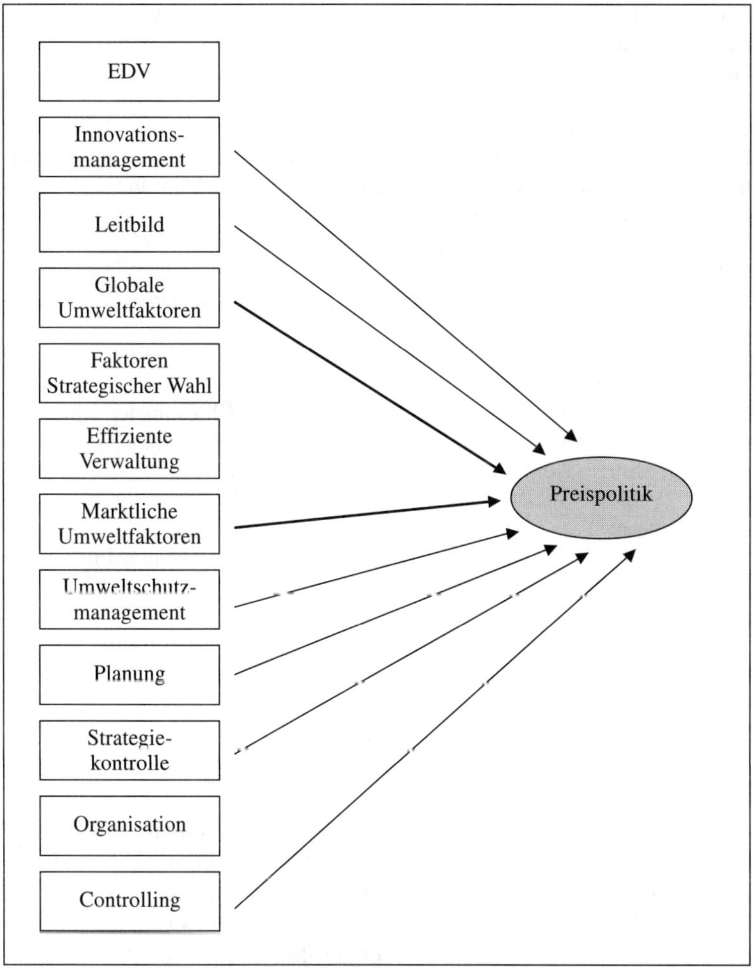

Abbildung 27: Wirkbezüge der 12 Erfolgsfaktoren auf das preispolitik-bezogene Erfolgspotential im Praktiker-Workshop

– Marktliche Umweltfaktoren:

Durch Preisreduzierungen können Marktanteile hinzugewonnen werden. Dies wurde als »der klassische Fall der Wechselbeziehung« bezeichnet. Die Verdrängungsgefahr durch Substitutionsgüter hängt entscheidend von der Kreuz-Preis-

Elastizität ab. Steigende Verdrängungsgefahr führt deshalb zu tendenziell niedrigeren Preisen des bedrohten Produktes – gleichfalls ein bedeutsamer Wirkfaktor.

– **Umweltschutzmanagement:**
Durch das Angebot umweltfreundlicherer Produkte können zum Teil beträchtliche Preiszuschläge realisiert werden, da es einer, von vielen Kunden durchaus honorierten, Zusatzleistung entspricht.

– **Planung:**
Die Planung generiert Preisvorgaben gemäß wahrgenommener Chancen im Markt.

– **Strategiekontrolle:**
Die Prämissenkontrolle hilft dabei, neu auftretende Billiganbieter schnell zu erkennen und frühzeitig z. B. mit zuvorkommenden Preisreduzierungen zu bekämpfen; oftmals aber ohne durchschlagenden Erfolg.

– **Controlling:**
Das Controlling liefert im Rahmen der Kosten- und Erlösrechnung Informationen zur Festlegung von Preisuntergrenzen.

3.4.3.2.4 Erläuterung der Wirkbezüge der Erfolgsfaktoren auf das Erfolgspotential »Beschaffungskosten«

In der Literatur finden sich hinsichtlich des Objektumfanges der Beschaffung unterschiedliche Auffassungen. Die Vertreter eines weiten Verständnisses subsumieren der Beschaffung alle Aktivitäten, die darauf ausgerichtet sind, der Unternehmung zur Erlangung ihrer Sachziele alle benötigten aber nicht selbst herstellbaren Produktionsfaktoren (inkl. Personal) zu verschaffen. Demgegenüber steht die engere Auffassung des Begriffes Beschaffung im Sinne der Funktion des Einkaufs. Dabei geht es primär um die Realisation der aus den Absatz- und Produktionsplänen abgeleiteten Beschaffungspläne, die sich größtenteils auf Sachgüter beziehen.[100]

100 Vgl. z. B. auch Corsten, 1993, S. 100. Im Rahmen des HEFAP wurde die engere Begriffsauffassung zugrunde gelegt.

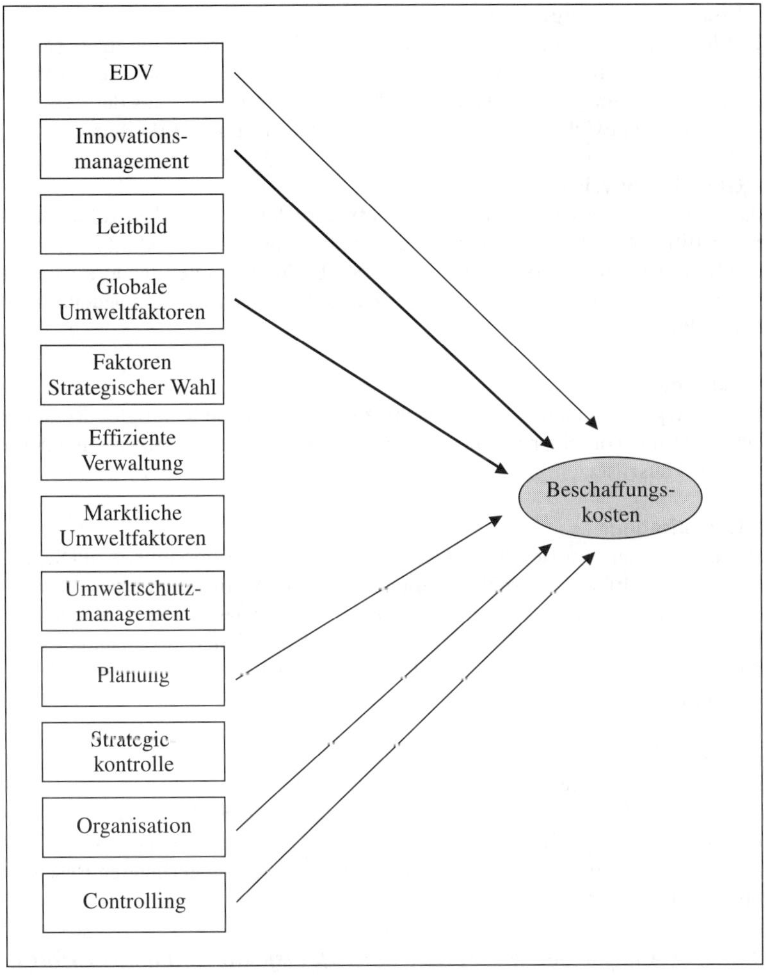

Abbildung 28: Wirkbezüge der 12 Erfolgsfaktoren auf das Erfolgspotential »Beschaffungskosten« im Praktiker-Workshop

– EDV:

Der EDV-Einsatz führt zu einer erheblichen Rationalisierung insbesondere der routinemäßigen Einkaufsvorgänge und damit zu Kostenreduzierungen im Beschaffungsbereich.

– Innovationsmanagement:
Das Innovationsstreben kann auch an der Wertschöpfungskette ansetzen, so daß neue innovative Konzepte, wie z. B. das in der Automobil-Industrie schon Mitte der achtziger Jahre eingeführte Just-in-Time-Prinzip, zur Senkung der Beschaffungskosten entwickelt werden können – ein bedeutsamer Wirkfaktor.

– Globale Umweltfaktoren:
Aufgrund des rezessionsbedingten Nachfragerückgangs und des Auftauchens neuer Billig-Anbieter hat sich in vielen Märkten das Schwergewicht zugunsten der Käufer (Käufermarkt) weiter verlagert. Dadurch können letztere weitgehendere Preisnachlässe aushandeln als z. B. 1992 – insgesamt ein bedeutsamer Wirkfaktor.

– Planung:
Die Strategische Planung hat u.a. sicherzustellen, daß die benötigten Ressourcen nicht nur von einer Quelle zu beziehen sind, um sich keinem Angebotsmonopol auszusetzen.

– Organisation:
Job Enlargement im Beschaffungsbereich kann als ein Instrument zur Schaffung von Qualifikationserhöhungen und von mehr Motivation eingesetzt werden. Dadurch steigt die Verhandlungskompetenz und das Engagement der Einkäufer, wodurch größere Rabatte und bessere Konditionen ausgehandelt werden. Es ist demnach also auch ein Instrument zur Förderung der Qualität der Einkäufer.

– Controlling:
Das Controlling liefert im Rahmen der Kosten- und Erlösrechnung auch Informationen zur Beurteilung der Güte der Lieferanten (z. B. Preise, Kosten durch Reklamationen, Verzögerungskosten durch Lieferverzug), so daß bessere Einkaufsentscheidungen getroffen werden können, die sich in geringeren Beschaffungskosten äußern.

3.4.3.2.5 Analyse der Wirkbezüge der Erfolgsfaktoren auf das Erfolgspotential »Produktionskosten«

Die Produktion stellt eine Phase des Betriebsprozesses dar, die sich zwischen den Phasen der Beschaffung und des Absatzes befindet. Im Rahmen der Produktion werden Produktionsfaktoren zwecks Schaffung eines Mehrwertes kombiniert (vgl. z. B. auch Hoitsch, 1993, S. 707).

– EDV:
Die Wirkungen der EDV (CIM-Technologien) auf die Produktion sind vielfältig und führen meistens zu einer stärkeren Rationalisierung. In jüngster Zeit ist aber durch das Aufkommen von »Lean Production«-Konzepten die Bedeutung des Faktors »Mensch« im Produktionsprozeß wieder stärker betont worden.

– Innovationsmanagement:
Durch Prozeßinnovationen können Produktionskosten direkt reduziert werden. Aber auch fertigungsgerechte Konstruktionen im Rahmen der Erzeugung von Produktinnovationen führen zur Kostensenkung bei der Produktion. Dazu wurde angemerkt, daß bis zu 80 % der Herstellungskosten durch die Konstruktion determiniert werden – ein bedeutsamer Wirkfaktor.

– Globale Umweltfaktoren:
Durch eine schwache Konjunktur können weniger Produkte abgesetzt werden. Folglich sinken die zu produzierende Menge und der Kapazitätsauslastungsgrad. Dadurch steigt der Fixkostenanteil pro Stück, so daß tendenziell höhere Stückkosten entstehen. Aus diesem Grunde müssen die Anstrengungen zur Verringerung der Produktionskosten gerade in Rezessionszeiten verstärkt werden.

– Faktoren Strategischer Wahl:
Eine starke Motivation der Strategieträger kann entscheidend dazu beitragen, daß die Produktionskosten gesenkt werden können. In diesem Zusammenhang wurde auf den »Lopez-Effekt« bei VW verwiesen, der durch sein engagiertes Auftreten Produktionskosten »killt«.

– Umweltschutzmanagement:
Umweltschutzauflagen erzeugen Millionen-Investitionsbedarfe in der Produktion und führen deshalb zu höheren Produktionskosten (z. B. durch höhere Abschreibungen) – ein bedeutsamer Wirkfaktor.

– Planung:
Produktionskosten sind durch eine geschickte Ablaufplanung in der Weise beeinflußbar, daß dadurch beispielsweise die Rüstzeiten minimiert werden können.

– Organisation:
Job Enlargement ist ein Instrument zur Erhöhung der Motivation des Personals, indem der Monotoniegrad der Aufgaben (insbesondere bei hochspezialisierten Tätigkeiten) reduziert wird.

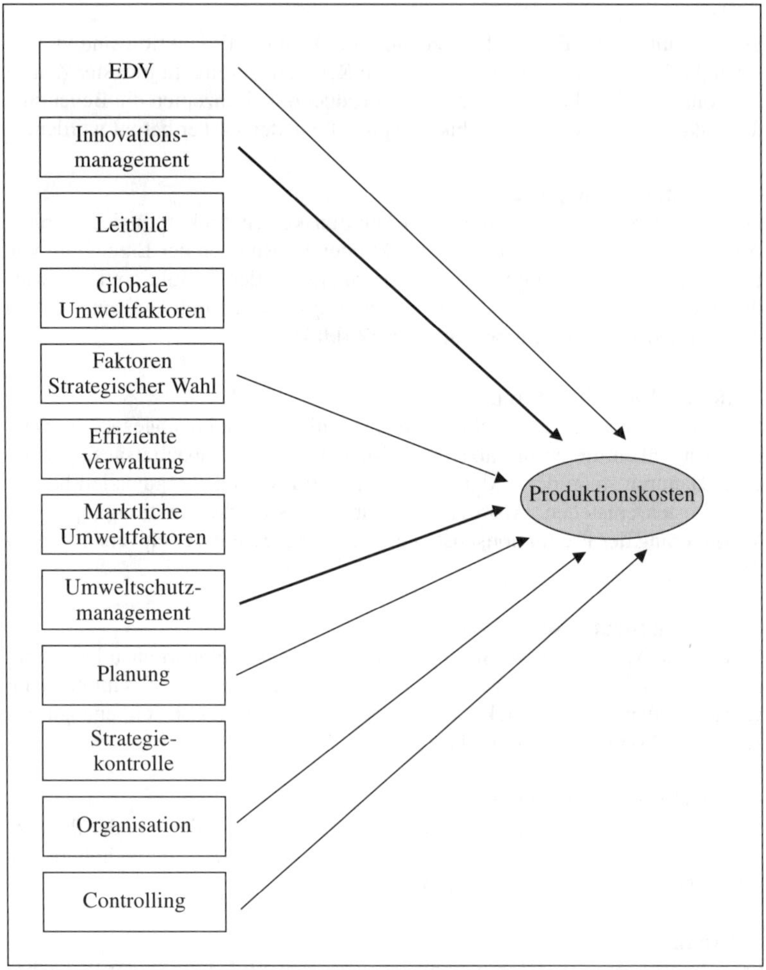

Abbildung 29: Wirkbezüge der 12 Erfolgsfaktoren auf das Erfolgspotential »Produktionskosten« im Praktiker-Workshop

– Controlling:

Durch ein »enges« Controlling, das sich z. B. im Abhalten von intensiven Kostengesprächen mit den Produktionsverantwortlichen äußert, können die Produktionskosten stark gesenkt werden.

3.4.3.2.6 Darstellung der Wirkbezüge der Erfolgsfaktoren auf das Erfolgspotential »Flexibilität«

Unter Flexibilität soll hier die Fähigkeit zur Erkennung und zur raschen Anpassung an geänderte Bedingungen verstanden werden. Damit umfaßt diese Abgrenzung nicht nur die inhaltliche und zeitliche Komponente der Anpassung, sondern auch die Erkennung des Anpassungsbedarfes (vgl. Will, 1993, S. 247).

– EDV:
Der zentrale Vorteil der EDV ist die schnelle Zurverfügungstellung und Aufbereitung großer Datenmengen, so daß die Entscheidungszeiten reduziert werden können – ein bedeutsamer Wirkfaktor.

– Innovationsmanagement:
Ein professionelles Innovationsmanagement ermöglicht die inhaltliche Anpassung an geänderte Bedingungen in einer vertretbaren Zeit. So kann z. B. durch das schnelle Hervorbringen von Produktinnovationen die marktliche Flexibilität gefördert werden – ein bedeutsamer Wirkfaktor.

– Leitbild:
Eine Unternehmung, die sich als lebendig und entwicklungsfähig im Sinne einer evolutionären Organisation zeigt, erhöht damit automatisch ihre Anpassungsfähigkeit, da dadurch eine Kultur der Fortschrittsfähigkeit erzeugt wird und somit die Anpassungszeitbedarfe sinken.

– Globale Umweltfaktoren:
Der Druck von den Anbietern aus Billiglohn-Ländern erfordert eine größere Flexibilität, damit z. B. auf Nachfrageveränderungen schneller reagiert werden kann, um gegenüber diesen Konkurrenten ständig einen (entscheidenden) Schritt im voraus zu sein.

– Faktoren Strategischer Wahl:
Durch eine ausgeprägte Innovationsorientierung der Strategieträger werden innovative Lösungen zur Steigerung der Flexibilität schneller umgesetzt.

– Planung:
Das Flexibilitätspotential einer Unternehmung sollte bewußt im Sinne einer Optimierung (nicht Maximierung) geplant werden.

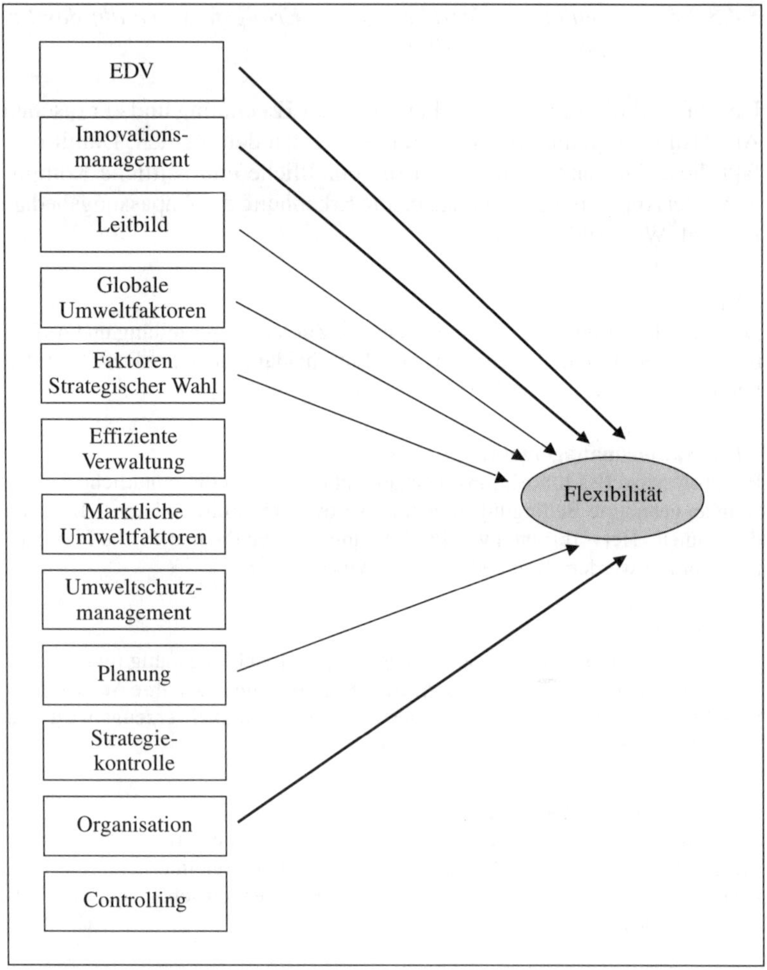

Abbildung 30: Wirkbezüge der 12 Erfolgsfaktoren auf das Erfolgspotential »Flexibilität« im Praktiker-Workshop

– Organisation:
Job Enlargement steigert die qualitative Kapazität der Mitarbeiter, so daß sie schneller auf neue Anforderungen reagieren können – ein bedeutsamer Wirkfaktor.

3.4.3.2.7 Deskription der Wirkbezüge der Erfolgsfaktoren auf das Erfolgspotential »Motivation/Qualifikation«

Entscheidend für die Leistung einer Mitarbeiterin oder eines Mitarbeiters ist ihr/sein Wollen und Können bzw. ihre/seine Motivation und Qualifikation (vgl. z. B. Steinle, 1993b, S. 150ff.). Die Beziehungen der Erfolgsfaktoren zu diesem Erfolgspotential sind Abbildung 31 zu entnehmen.

– **Innovationsmanagement:**
Durch die Einrichtung von Qualitätszirkeln z. B. können Qualifikation und Motivation des Personals erhöht werden – ein bedeutsamer Wirkfaktor.

– **Leitbild:**
Die Werte des Leitbildes sind auch für die Vorstandsebene bindend und sollten im Sinne der Vorbildfunktion »gelebt« werden. Mehr noch: Das Leitbild muß »heruntergetragen« werden. Dadurch werden die Mitarbeiter zur Orientierung an den Leitbild-Maximen motiviert, was dann letztlich auch dem Unternehmungserfolg zugute kommen kann.

– **Faktoren Strategischer Wahl:**
Durch eine starke Motivation der Strategieträger können auch die Mitarbeiter der unteren Ebenen motiviert werden (»Motivation erzeugt Motivation«) – ein bedeutsamer Wirkfaktor.

– **Organisation:**
Job Enlargement wurde, wie schon mehrfach erwähnt, als ein geeignetes Instrument zur Erhöhung der Motivation eingeschätzt.

3.4.4 Ergebnisse und Schlußfolgerungen aus dem Praktiker-Workshop zur »Erfolgsfaktoren-Beziehungsanalyse«

Der Praktiker-Workshop hat gezeigt, daß die im Rahmen des HEFAP's ermittelten Erfolgsfaktoren kein fertiges »Patentrezept zur Erfolgsinduzierung« darstellen. Aber sie bilden ein erstes empirisch fundiertes Raster, das auch branchenspezifisch generiert werden kann. Außerdem werden die Erfolgsfaktoren nicht isoliert, sondern in ihren Wechselwirkungen untereinander und bezüglich der Erfolgspotentiale betrachtet. Eine solche Vorgehensweise stellt im wesentlichen Neuland für die Erfolgsfaktorenforschung dar.

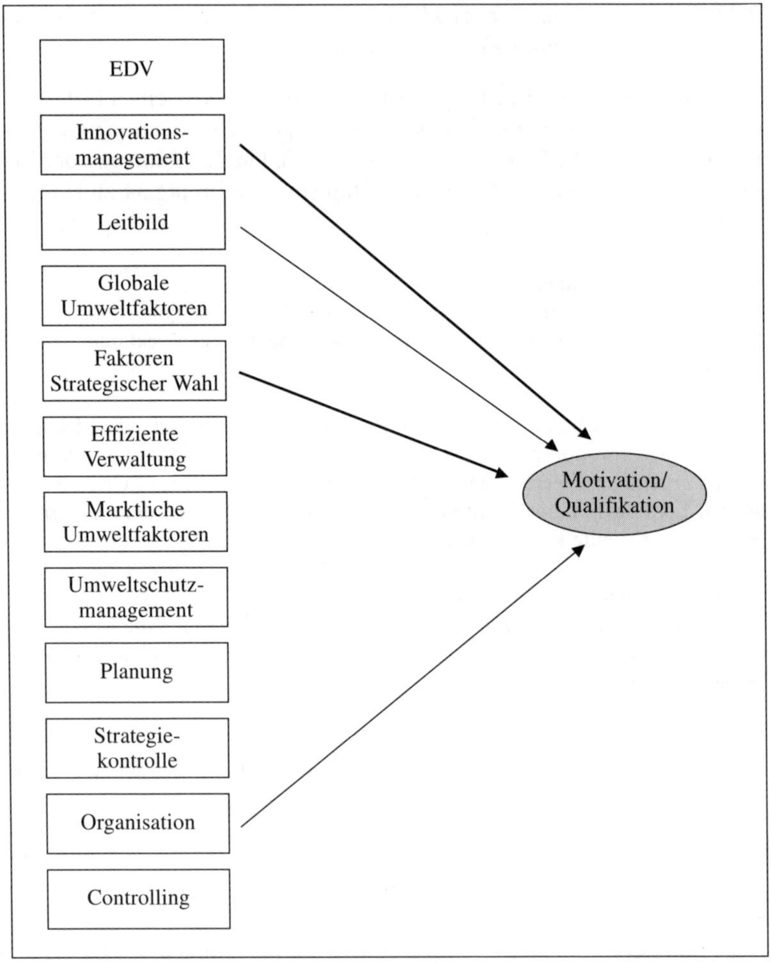

Abbildung 31: Wirkbezüge der 12 Erfolgsfaktoren auf das Erfolgspotential »Motivation/Qualifikation« im Praktiker-Workshop

Als Kritik merkten die Praktiker an, daß einige Erfolgsfaktoren zu stark theoriegeprägt sind und somit als »von der Praxis zu weit weg« empfunden werden. Außerdem war die Trennung der Erfolgsursachen in Erfolgspotentiale und Erfolgsfaktoren oft nicht ganz einfach nachzuvollziehen.

Aus den Erkenntnissen des Praktiker-Workshops war zu schlußfolgern, daß der Bereich der Erfolgspotentiale noch besser durchstrukturiert werden muß. Außerdem sollte versucht werden, erfolgskritische Erfolgspotentiale *empirisch repräsentativ* zu identifizieren. Aus diesem Grunde wurde in der 3. Welle im April/Mai 1994 neben dem zwölfseitigen Fragebogen ein vierseitiger Zusatzteil zur Operationalisierung und Erhebung wichtiger Erfolgspotentiale beigelegt.

In Abschnitt 3.5 sind dementsprechend die erfolgspotential-bezogenen Ergebnisse der 3. Welle zusammengefaßt. Dabei wird zuerst aufgezeigt, wie auf Basis der Erkenntnisse aus dem Praktiker-Workshop, der Grundüberlegungen im HEFAP (vgl. Abschnitt 2.2.5) sowie weiterer Argumente aus der entsprechenden Literatur die Erfolgspotentiale zu konzipieren sind. Anschließend werden die erfolgskritischen Erfolgspotentiale und ihre signifikanten Beziehungen zu den Erfolgsfaktoren der 3. Welle im einzelnen dargestellt.

3.5 Beziehungen der 10 Erfolgsfaktoren zu den 9 kritischen Erfolgspotentialen auf der Basis der repräsentativen Daten der 3. Welle

3.5.1 Konzipierung der Erfolgspotentiale im HEFAP

Grundlegend können kosten- und erlösseitige sowie fähigkeitsbezogene Erfolgspotentiale unterschieden werden.[101]

– Kostenseitige Erfolgspotentiale

Die Nutzung kostenseitiger Erfolgspotentiale wirkt unmittelbar und relativ kurzfristig gewinnbringend, weshalb z. B. in wirtschaftlichen Kri-

101 Dieser Abschnitt nimmt die im Rahmen der Grundkonzeption des HEFAP bereits vorgenommene grobe Charakterisierung von Erfolgspotentialen wieder auf (vgl. Abschnitt 2.2.5) und vertieft – unter Einbezug der Anregungen aus dem Praktiker-Workshop (vgl. Abschnitt 3.4.3) – diese Überlegungen unter Rückgriff auf weitere Literatur.

senzeiten einer Unternehmung im Rahmen der Sanierung meistens rigide Kostensenkungsprogramme als Sofortmaßnahmen durchgeführt werden. Niedrigere Kosten können aber auch marktseitig zum Wettbewerbsvorteil werden, weil sich dadurch Spielräume zur Preissenkung eröffnen. Eine Wettbewerbsstrategie, die sich auf das Anstreben von Kostenvorteilen konzentriert, ist die von Porter formulierte »Strategie der Kostenführerschaft« (vgl. zur Strategie der Kostenführerschaft Porter, 1992, S. 63ff.).

Kostenseitige Erfolgspotentiale können prinzipiell in drei Gruppen (Kostenarten, Kostenstellen und Kostenträgern) unterteilt werden. Die *Kostenarten* lassen sich nach verschiedenen Merkmalen einteilen. Die Gliederung nach der Art ihrer Reaktion auf den Beschäftigungsgrad unterscheidet variable und fixe Kosten; bei letzteren in einem weiteren Schritt noch zusätzlich Nutz- und Leerkosten. Nach der Verrechnungsmöglichkeit ergeben sich Einzel- und Gemeinkosten und nach Aufgabenbereichen gegliedert Beschaffungs-, Produktions-, Vertriebs- und Verwaltungskosten (vgl. Escherle/Kaplaner, 1982, Sp. 209). Außerdem können die Kosten den im Produktionsprozeß eingesetzten Faktoren zugeordnet werden. Die Produktionsfaktoren lassen sich in Arbeit (dispositive und ausführende), Betriebsmittel (z. B. Grundstücke, Gebäude, Maschinen, Kraftfahrzeuge, Werkzeuge) und Werkstoffe (beispielsweise Roh-, Hilfs- und Betriebsstoffe) unterscheiden (vgl. Wöhe, 1993, S. 93f.). Als Ergebnis resultieren folglich Personal-, Betriebsmittel- und Werkstoffkosten. Sollen die Kosten hinsichtlich des Ortes ihrer Entstehung erfaßt werden, so ist die Unternehmung in kostenrechnerische Teilbereiche, die sogenannten *Kostenstellen*, zu zerlegen. Die Kostenstellen können wiederum zu Kostenstellenbereichen zusammengefaßt werden, die den betrieblichen Funktionsbereichen entsprechen können (vgl. Heinen/Dietel, 1991, S. 1188). Durch diese Vorgehensweise werden auch klare Kosten-Verantwortungsbereiche geschaffen, die insbesondere der Budgetierung dienlich sind. *Kostenträger* sind Produkte und Leistungen (auch innerbetriebliche), die die in der Unternehmung anfallenden Kosten tragen müssen, denen diese also zugerechnet werden (vgl. Escherle/Kaplaner, 1982, Sp. 210).

Zur leichteren Handhabung und Erfassung der kostenseitigen Erfolgspotentiale wurden diese im HEFAP folgendermaßen eingeteilt: Produktions-, Beschaffungs-, Vertriebs-, Verwaltungs- und Personalkosten.

Ein weiterer kostenseitiger Erfolgspotentialbereich resultiert aus dem Faktor Zeit. Dabei treten zeitbedingte Kostenwirkungen insbesondere bei solchen Kostenarten auf, bei denen der Faktor Zeit als Bezugsgröße zur Kostenbewertung herangezogen wird. Bei ihnen sind Zeitreduzierungen direkt kostenwirksam (vgl. Wildemann, 1992, S. 29). So hängen z. B. die Kapitalbindungskosten entscheidend von der (durchschnittlichen) Durchlaufzeit der zu erstellenden Produkte ab. Die *Durchlaufzeit* eines *Produktes* kann als Summe der Bearbeitungs-, Transport- und Wartezeiten definiert werden.

Bezogen auf ein *Arbeitssystem* sind die benötigten *Rüstzeiten* bei der Umstellung auf einen anderen Arbeitsvorgang von entscheidender Relevanz. Je länger die Rüstzeiten sind, desto größer werden die Rüstkosten. Rüstkosten entstehen aus den Lohnkosten für das umrüstende Personal, Sachmittelkosten (z. B. Probestücke) und den aus der Produktionsunterbrechung resultierenden Opportunitätskosten im Sinne entgangener Deckungsbeiträge. Sowohl die Personal- als auch die angesprochenen Opportunitätskosten sind direkt zeitabhängig.[102]

Erlösseitige Erfolgspotentiale

Die Nutzung erlösseitiger Erfolgspotentiale erfordert eine Orientierung an den für die Kunden wichtigen Wettbewerbsparametern bzw. Angebotseigenschaften. Diese Parameter lassen sich den vier klassischen Marketingbereichen Produkt-, Preis-, Kommunikations- und Distributionspolitik zuordnen.[103] Im wesentlichen handelt es sich dabei um: *Qualität, Absatzmenge, Werbung, Preis und Lieferzeit.*

Die erlösseitigen Erfolgspotentiale führen über den Umweg »Kunde« zu Erlösen und damit zu Erfolgen. Sie wirken nicht so schnell wie Kostensenkungsmaßnahmen, entsprechen aber dem eigentlichen Ziel der Unternehmung, nämlich durch den Absatz ihrer erstellten Leistungen Gewinne zu erwirtschaften. Die grundlegende Wettbewerbsstrategie, die darauf abzielt, sich durch die Schaffung von einem oder mehreren erlös-

102 Vgl. zu den kostenseitigen Erfolgspotentialen die Abbildung 32 auf Seite 213.

103 Vgl. zu den Marketingpolitiken z. B. Meffert, 1986.

wirksamen Erfolgspotentialen abzuheben, ist Porters »Strategie der Differenzierung«.[104]

Fähigkeitsbezogene Erfolgspotentiale

Handlungsfähigkeit als eine der grundlegenden systemischen Fähigkeiten resultiert insbesondere aus der Flexibilität und der Komplexitätsbeherrschung. *Flexibilität* äußert sich allgemein in der Fähigkeit zur frühzeitigen Erkennung neuer Chancen und Risiken und der raschen Anpassung an geänderte Bedingungen (z. B. durch Produktinnovationen); Schnelligkeit ist somit als integraler Bestandteil der Flexibilität anzusehen. Konkreter offenbart sich Flexibilität beispielsweise in einer flexiblen Zuordnung der Ressourcen, einer flexiblen Beschaffung, flexibler technischer Arbeitssysteme, flexibler Arbeitsorganisation, flexibler Marktstrategien und dem Zulassen von Selbstorganisation. Um ein hohes Flexibilitätsniveau zu halten, bedarf es ständiger Anstrengungen zur Gewährleistung bzw. Verbesserung der Flexibilität.

Komplexitätsbeherrschung führt zu weitgehend reibungslosen Betriebsabläufen, die eine kostengünstige und schnelle Leistungserstellung bei Einhaltung der angestrebten Qualitätsstandards ermöglichen. Die Beherrschung der internen Komplexität offenbart sich in der komplexitätsgerechten Entwicklung von (organisatorischen) Lösungskonzepten unter Beachtung folgender Leitsätze: Optimale Verbindung der betrieblichen Teilbereiche (Verringerung von Schnittstellen, Synergienutzung, strikte Orientierung an den Kundenwünschen, Herstellung eines Netzwerkes (z. B. aus Lieferanten, eigener Unternehmung und Kunden) und nur geringe Bildung isolierter Teilbereiche und Prozesse). Zur Beherrschung der externen Komplexität, die durch turbulente Marktsituationen erzeugt wird, bietet sich eine regelmäßige Geschäftsfeld- bzw. Marktsegmentierung an.

Lernfähigkeit ist die Voraussetzung zum Erkenntnisfortschritt und damit zur Weiterentwicklung. Die ständige Weiterentwicklung ist jedoch in einer zunehmend komplexeren und dynamischeren Umwelt eine der wesentlichen Überlebensvoraussetzungen. Die Lernfähigkeit einer Unternehmung zeigt sich in der Fähigkeit zur ständigen Qualifikations-

104 Zur Strategie der Differenzierung vgl. Porter, 1992, S. 65f. Erlösseitige Erfolgspotentiale im Überblick finden sich in Abbildung 32, S. 213.

Erfolgspotentiale
1) Kostenseitige Erfolgspotentiale
a) Produktionskosten, b) Beschaffungskosten, c) Vertriebskosten, d) Verwaltungskosten e) Personalkosten f) Durchlaufzeit g) Rüstzeit
2) Erlösseitige Erfolgspotentiale
a) Qualität b) Absatzmenge c) Werbung d) Preis e) Lieferzeit
3) Fähigkeitsbezogene Erfolgspotentiale
a) Handlungsfähigkeit (Flexibilität und Komplexitätsbeherrschung) b) Lernfähigkeit (ständige Qualifikationserhöhung der Mitarbeiter und Verbesserung der Qualität aller Unternehmungsaktivitäten) c) Bedürfnisbefriedigungsfähigkeit (Motivation der Mitarbeiter und Kundenbindung)

Abbildung 32: Kategorisierung der Erfolgspotentiale im HEFAP

erhöhung der Mitarbeiter (z. B. über Personalentwicklungsmaßnahmen) und zur ständigen Verbesserung der Qualität aller Unternehmungsaktivitäten.[105]

Die *Bedürfnisbefriedigungsfähigkeit* eines Systems bzw. einer Unternehmung gewährleistet, daß die jeweiligen Anspruchsgruppen (z. B. Mitarbeiter oder Kapitalgeber) gemäß ihren Beiträgen adäquate Anreize/Gegenleistungen erhalten, um auch weiterhin ihre, für das Überleben der Unternehmung wichtigen, Beiträge zu leisten. Grundlegend sind auch die Kunden als Anspruchsgruppe zu sehen; deren Wünsche gilt es durch adäquate Leistungsangebote zu befriedigen. Die ausreichende

105 Eine weitgehende Entsprechung dieses Gedankens findet sich im japanischen Prinzip des »kaizen« und des davon abgeleiteten Total Quality Management (vgl. zum »kaizen« z. B. Imai, 1993); vgl. zu den fähigkeitsbezogenen Erfolgspotentialen Abbildung 32: »Kategorisierung der Erfolgspotentiale im HEFAP«.

Sicherung der Beiträge der Kunden – Zahlung von leistungsbezogenen Entgelten/Preisen – ist nämlich eine der grundlegenden Prämissen für das Überleben und die Entwicklung der Unternehmung überhaupt. Die Bedürfnisbefriedigungsfähigkeit äußert sich also insbesondere in der Fähigkeit, die *Mitarbeiter* ständig zu *motivieren* (Motivationssicherung) und in der Fähigkeit, die *Kunden* zu *binden* bzw. Markentreue zu schaffen. Die Befriedigung der Kapitalgeber erfolgt durch die Erzielung eines ausreichenden Gewinns bzw. dessen Ausschüttung.

3.5.2 Ermittlung der mit Erfolg korrelierenden Erfolgspotentiale

Die in Abschnitt 3.5.1 dargestellten Erfolgspotentiale wurden zwecks empirischer Prüfung ihrer allgemeinen Erfolgsträchtigkeit zu Fragen transformiert[106] und in der 3. Welle in einem Zusatzfragebogen hinsichtlich ihrer Ausprägungsstärken erhoben. Im Rahmen der Datenanalysen wurden dann mittels Korrelationsanalysen die erfolgskritischen Erfolgspotential-Aspekte ermittelt. Diese konnten dann zu 9 Erfolgspotentialen zusammengefaßt werden.[107]

Als erfolgskritisch erwiesen sich sowohl die kosten- und erlösseitigen als auch die fähigkeitsbezogenen Erfolgspotentiale. Bei den kostenseitigen Erfolgspotentialen sind die *Vertriebs-, Verwaltungskosten* sowie die *Rüstzeit* anzuführen. Erlösseitig sind die *Qualität, Absatzmenge* und die *Lieferzeit* als erfolgskritisch einzustufen.

Die fähigkeitsbezogenen Erfolgspotentiale *Handlungs-, Lern-* und *Bedürfnisbefriedigungsfähigkeit* setzen sich gemäß der in Abschnitt 3.5.1 im Gegensatz zu den beiden ersteren Gruppen aus verschiedenen einzelnen Items zusammen, wobei jeweils nur mit Erfolg korrelierende in den Index einbezogen wurden. Um welche es sich dabei im einzelnen handelt, kann detailliert aus Anhang 5 entnommen werden. Dort findet sich auch eine Auflistung der Erfolgspotentiale nach Korrelationsstärke zum Erfolg geordnet. Graphisch werden die verschiedenen erfolgskritischen Erfolgspotentiale z. B. in den Abschnitten 3.5.3.2ff. im Überblick dargestellt.

Die erfolgskritischen Erfolgspotentiale wurden dann mit den 10 verdichteten Erfolgsfaktoren korrelationsanalytisch in Beziehung gesetzt.

106 Siehe zu den erfolgspotentialbezogenen Fragen Anhang 1.2.
107 Vgl. im einzelnen Anhang 5.

Ziel war es festzustellen, welche Erfolgsfaktoren mit welchen Erfolgspotentialen in welcher Stärke und in welcher Richtung korrelieren.

Im folgenden werden nun die signifikanten Erfolgsfaktor-Erfolgspotential-Beziehungen vorgestellt.

3.5.3 Signifikante Erfolgsfaktor-Erfolgspotential-Beziehungen

3.5.3.1 Ergebnis der Korrelationsanalysen zwischen den 10 verdichteten Erfolgsfaktoren der 3. Welle und den 9 kritischen Erfolgspotentialen

Um die Wirkungsweise der 10 verdichteten Erfolgsfaktoren[108] der 3. Erhebungswelle auf den Erfolg zu untersuchen, wurden in Entsprechung des dem HEFAP zugrunde liegendem Erfolgsfaktorenkonzeptes[109] Korrelationsanalysen zwischen den Erfolgsfaktoren und den 9 kritischen Erfolgspotentialen durchgeführt, wobei ein Testniveau von 10 Prozent zugelassen wurde. Das Ergebnis der Korrelationsanalysen findet sich in Abbildung 33 (S. 216).

Auf den ersten Blick ist festzustellen, daß nicht alle Erfolgsfaktoren mit allen Erfolgspotentialen korrelieren. Im Bereich der *Marktlichen Umweltfaktoren* (Erfolgsfaktor 6) konnte sogar *kein* einziger signifikanter statistischer *Zusammenhang* mit den kritischen Erfolgspotentialen ermittelt werden.

Im folgenden soll nun jede einzelne statistische Beziehung einer Plausibilitätsüberprüfung unterzogen werden. Dazu wird der Frage nachgegangen, warum zwischen einem Erfolgsfaktor x und einem Erfolgspotential y eine Korrelation vorliegt. Dabei sind sowohl wechselseitige als auch einseitige Wirkungsrichtungen möglich, denn die Korrelationsanalyse besagt nur, daß beide Variablen gemeinsam variieren. Ist es nun nicht möglich, eine Beziehung zumindest plausibel zu begründen, so liegt eine Scheinkorrelation vor.

3.5.3.2 Wirkungen des Erfolgsfaktors »Innovationsmanagement«

Aus Abbildung 33 auf Seite 216 ist zu entnehmen, daß das Innovationsmagement mit 8 Erfolgspotentialen korreliert bzw. mit diesem in

108 Vgl. zu den Erfolgsfaktoren der 3. Welle im einzelnen Abschnitt 3.3.1.5.
109 Vgl. zum Erfolgsfaktorenkonzept Abschnitt 2.2.2.1.

Erfolgspotentiale / verdichtete Erfolgsfaktoren	a Vertr.-kosten	b Verw.-kosten	c Rüst-zeit	d Qualität	e Absatz-menge	f Liefer-zeit	g Handl.-fähigk.	h Lern-fähigk.	i Bedürf.-befr.-fähigk.
1 Innovations-management	1) 0,17 (–)	0,23 (–)	0,20	0,25	0,27		0,23	0,24	0,30
2 Zeitmanagement		0,14 (–)	0,14			0,17	0,28		
3 Leitbild				0,13			0,22	0,18	0,24
4 EDV-Einsatz			0,20	0,20	0,12	0,13	0,26	0,31	0,18
5 Planung								0,16	
6 Marktliche Umweltfaktoren									
7 Strategiekontrolle			0,21		0,17	0,15	0,21	0,20	0,13
8 Umweltschutz-management			0,19		0,17	0,16	0,25	0,22	
9 Faktoren Strategischer Wahl				0,08				0,15	
10 Strategie-implementation							0,13	0,16	

1) Die Zahl gibt die Stärke des statistischen Zusammenhangs an.

Abbildung 33: Ergebnis der Erfolgsfaktor-Erfolgspotential-Korrelationsanalysen

Zusammenhang steht. Abbildung 34 zeigt die Wirkungen des Innovationsmanagements im einzelnen auf.

– Innovationsmanagement und Vertriebskosten

Durch Innovationen z. B. im Bereich der EDV können die Aufgaben im Vertrieb neu strukturiert und EDV-technisch bewältigt werden, so daß die Vertriebskosten insgesamt sinken. Ein Beispiel dafür ist die Ausstattung von Verkäufern/

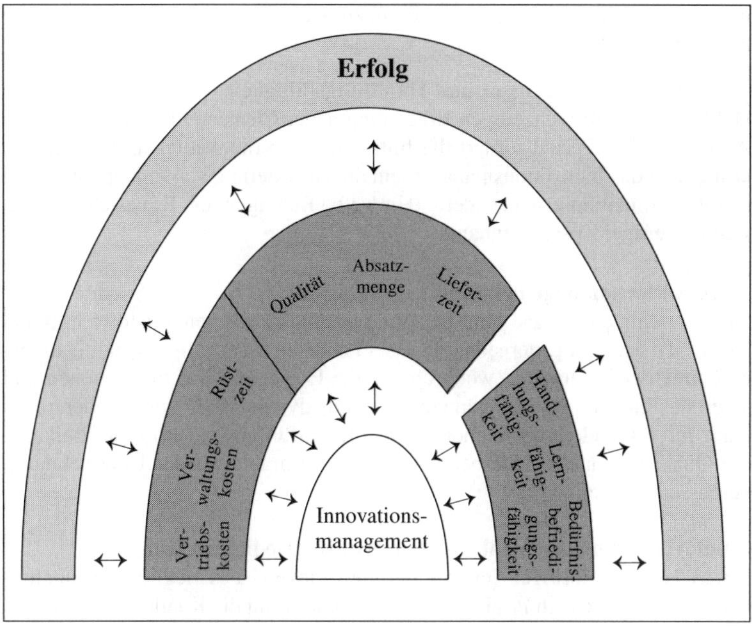

Abbildung 34: Wirkungen des Erfolgsfaktors »Innovationsmanagement«

Vertretern vor Ort mit Laptops und intelligenter Software, so daß sie dem Kunden sofort individualisierte Angebote erstellen können und langwierige Angebotserstellungen durch Mitarbeiter in der Zentrale entfallen.

– Innovationsmanagement und Qualität

Eine originäre Aufgabe des Innovationsmanagements besteht in der Hervorbringung von Produktinnovationen. Dabei ist es in der Regel das Ziel, Verbesserungen an der Produktqualität vorzunehmen, so daß das produktbezogene Nutzenpotential erhöht wird.

– Innovationsmanagement und Rüstzeit

Durch Verfahrensinnovationen ist es möglich, weniger Rüstzeit beanspruchende Arbeitssysteme zu entwickeln (z. B. Flexible Fertigungssysteme (FFS)).

– Innovationsmanagement und Absatzmenge

Produktinnovationen führen generell auch zu positiven Effekten bezüglich der Absatzmenge. Durch die Generierung gänzlich neuer Produkte z. B. wird es oftmals möglich, bisher latente Bedarfe zu befriedigen, so daß eine ganz neue Nachfrage entsteht.

– Innovationsmanagement und Handlungsfähigkeit
Die Fähigkeit zur frühzeitigen Erkennung neuer Chancen und Risiken als ein Aspekt der Flexibilität fördert die Initiierung von Innovationen. Andererseits ermöglicht das Innovationsmanagement die Generierung von Innovationen und somit die Anpassung an geänderte (Umwelt-) Bedingungen. Es besteht also ein wechselseitiger Zusammenhang.

– Innovationsmanagement und Lernfähigkeit
Die Lernfähigkeit ist eine zentrale Voraussetzung zum Erkenntnisfortschritt und äußert sich bei einer Unternehmung in der Fähigkeit zur ständigen Qualifikationserhöhung der Mitarbeiter, wodurch u.a. die Erzeugung von Innovationen und somit das Innovationsmanagement selbst positiv beeinflußt wird. Andererseits kann durch soziale Innovationen – etwa die Einführung neuer Lerntechniken – die Qualifikation der Mitarbeiter resp. die Lernfähigkeit der Unternehmung verbessert werden.

– Innovationsmanagement und Bedürfnisbefriedigungsfähigkeit
Durch das Hervorbringen von Produktinnovationen ist es möglich, den qualitativen Nutzen durch ein Produkt zu erhöhen und somit die Kundenwünsche besser zu befriedigen. Andererseits führt eine bessere Befriedigung der Bedürfnisse der Mitarbeiter durch entsprechende Anreizgewährung dazu, daß diese engagierter bei der Generierung und/oder Implementation von Innovationen mitwirken.

3.5.3.3 Wirkungen des Erfolgsfaktors »Zeitmanagement«

Aus Abbildung 33 (S. 216) ist zu entnehmen, daß das Zeitmanagement insgesamt mit 4 Erfolgspotentialen korreliert. In Abbildung 35 sind die konkreten erfolgspotential-bezogenen Wirkbezüge des Zeitmanagements aufgezeigt.

– Zeitmanagement und Verwaltungskosten
Zwischen einem ausgeprägten Zeitmanagement und den Verwaltungskosten besteht ein negativer statistischer Zusammenhang, d. h. Aktivitäten des Zeitmanagements gehen einher mit geringeren Verwaltungskosten. Wie ist dieser Effekt zu deuten? Die Leistungserstellungsprozesse im Verwaltungsbereich (z. B. die Erstellung einer Rechnung) leiden meistens unter Wartezeiten, da die Prozesse ungünstig strukturiert sind. Erfolgen nun im Rahmen des Zeitmanagements

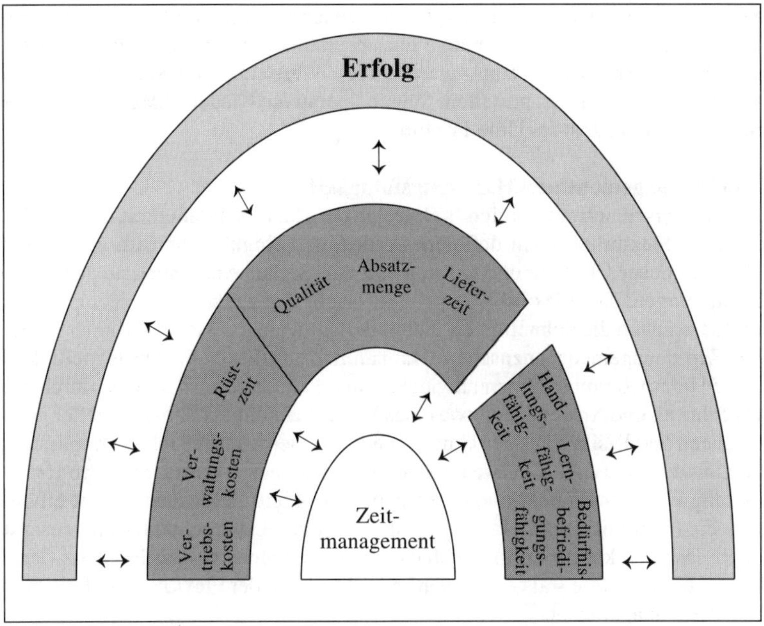

Abbildung 35: Wirkungen des Erfolgsfaktors »Zeitmanagement«

Maßnahmen zur Beschleunigung der verwaltungsbezogenen Leistungsprozesse (z. B. durch die Aufsplittung eines Prozesses nach Schwierigkeitsgraden und Verringerung von Schnittstellen), so sinken in der Regel die Verwaltungskosten, da dadurch u.a. Personal eingespart werden kann. Zeitmanagement kann dabei eine Verschlankung der Verwaltung fördern.

– Zeitmanagement und Rüstzeit

Lange Rüstzeiten an Produktionssystemen führen bei den Produkten zu Wartezeiten, so daß es ein wichtiges Ziel des Zeitmanagements ist, die Rüstzeiten zu senken. Dies geschieht z. B. durch Änderung struktureller Komponenten an den Arbeitssystemen, so daß diese flexibler werden und somit geringere Rüstzeitbedarfe erfordern. Und tatsächlich weisen Unternehmungen mit einem ausgeprägtem Zeitmanagement kürzere Rüstzeiten als die anderen Firmen auf.

– Zeitmanagement und Lieferzeit

Die Realisierung kürzerer Lieferzeiten kann prinzipiell durch Erhöhung der Lagerbestände der Endprodukte oder durch Verkürzung der Leistungserstellungszeiten der Erzeugnisse über die ganze Wertschöpfungskette hinweg erfolgen. Dabei stellt die zweite Alternative ein originäres Ziel des Zeitmanangements dar. Hierbei erweist es sich als vorteilhaft, die Wertschöpfungskette primär zeit- statt kostenorientiert zu gestalten. Seinen operativen Niederschlag findet dieses Streben z. B. im Just-in-Time-Prinzip.

– Zeitmanagement und Handlungsfähigkeit
Als erfolgskritisch erwies sich im Bereich der Handlungsfähigkeit nur die Flexibilität. Flexibilität kann definiert werden als Fähigkeit zur frühzeitigen Erkennung neuer Chancen und Risiken und der raschen Anpassung an geänderte Bedingungen; d. h. Flexibilität enthält die sach- und zeitbezogene Komponente und somit auch die Schnelligkeit. Schnelligkeit wiederum ist als originäres Ziel des Zeitmanagements anzusehen. Maßnahmen zur Erhöhung der Schnelligkeit einer Unternehmung können an vielen Punkten ansetzen. So können durch die Einführung und Anwendung etwa eines Früherkennungssystems schneller neue Chancen und Risiken aus der Umwelt entdeckt werden. Eine rasche Anpassung an Umweltänderungen – etwa bei neuen Markttrends – kann z. B. durch Realisierung kürzerer Produktinnovationszeiten erfolgen. Zeitmanangement erhöht also die Flexibilität resp. Handlungsfähigkeit einer Unternehmung. Aber es gilt auch der umgekehrte Zusammenhang. So erleichtert etwa die Existenz flexibler Arbeitssysteme – als ein wesentliches Merkmal der Flexibilität – die Arbeit des Zeitmanagements.

3.5.3.4 Wirkungen des Erfolgsfaktors »Leitbild«

Das Leitbild als Erfolgsfaktor korreliert insgesamt mit 4 Erfolgspotentialen, wie aus Abbildung 33 (S. 216) zu entnehmen ist. In Abbildung 36 sind die konkreten Leitbild-Erfolgspotential-Beziehungen graphisch dargestellt.

– Leitbild und Qualität
Ein formuliertes und gelebtes Leitbild, welches eine ausgewogene Interessenberücksichtigung zwischen Kapitalgebern, Management und Mitarbeitern in den Mittelpunkt stellt, fördert eher eine qualitätsbewußte Leistungserstellung – mithin eine geringere Fehler- und Ausschußquote – als ein Leitbild mit einseitig monetärer Orientierung. Letzteres erfordert nämlich von den Mitarbeitern extrem kurze Bearbeitungszeiten, so daß die Fehlergefahr ein sehr hohes Niveau erreicht, welches wiederum der produzierten Qualität abträglich ist. Die tatsächlich realisierte durchschnittliche Produktqualität entscheidet aber maßgeblich über den Absatzerfolg.

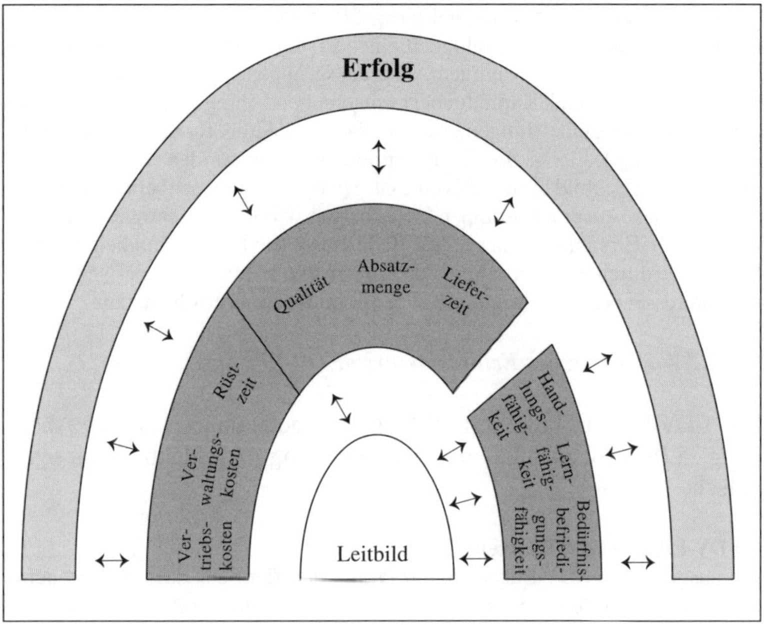

Abbildung 36: Wirkungen des Erfolgsfaktors »Leitbild«

– Leitbild und Handlungsfähigkeit

Mitarbeiter einer Unternehmung mit ausgeprägtem, auf Entwicklungsfähigkeit (im Sinne einer evolutionären Organisation) ausgerichteten Leitbild wissen und haben verinnerlicht, daß das unternehmungsbezogene Geschehen nicht ständig in gleichen Bahnen verläuft, sondern das Merkmal der Wandlungsfähigkeit in sich trägt. Von daher fällt es ihnen leichter, sich geänderten Bedingungen anzupassen; mithin wird die Flexibilität resp. Handlungsfähigkeit der Unternehmung gefördert.

– Leitbild und Lernfähigkeit

Ein Leitbild mit ausgeprägter Manifestierung des Gedankens der Entwicklungsfähigkeit der Unternehmung fördert ihre Lernfähigkeit, da die Mitarbeiter von vornherein größere Einsicht in einen ständigen Weiterbildungsbedarf zeigen. Es gilt aber auch der umgekehrte Zusammenhang: Eine Unternehmung mit ausgeprägter Fähigkeit zur ständigen Qualifikationserhöhung der Mitarbeiter, wodurch sich Lernfähigkeit dokumentiert, wird eher in der Lage sein, die betreffenden angestrebten Leitbildinhalte beim Personal tatsächlich zu verankern.

– Leitbild und Bedürfnisbefriedigungsfähigkeit
Die Bedürfnisbefriedigungsfähigkeit eines Systems bzw. einer Unternehmung gewährleistet, daß die jeweiligen Anspruchsgruppen (insbesondere Mitarbeiter, Management und Kapitalgeber) entsprechend ihren Beiträgen adäquate Anreize bzw. Gegenleistungen erhalten, wodurch deren, für das Überleben der Unternehmung kritische, Leistungsbeiträge gesichert werden. Eine Unternehmung, die ein Leitbild besitzt, das eine ausgewogene Interessenberücksichtigung zwischen den Anspruchsgruppen anstrebt, hat damit eine zentrale Voraussetzung für die Erreichung einer hohen Bedürfnisbefriedigungsfähigkeit geschaffen, da hierdurch eine Verteilung der Anreize explizit im Sinne der gegenseitigen Interessenberücksichtigung und damit im Konsens erfolgen kann.

3.5.3.5 Wirkungen des Erfolgsfaktors »EDV-Einsatz«

Der EDV-Einsatz korreliert mit 7 Erfolgspotentialen, was aus Abbildung 33 (S. 216) zu entnehmen ist. Abbildung 37 verdeutlicht dies graphisch.

– EDV-Einsatz und Rüstzeit
Ein ausgeprägter EDV-Einsatz in der Produktion führt u.a. dazu, daß moderne computergesteuerte Arbeitssysteme Teile unterschiedlicher Art mit sehr geringen Rüstzeiten bearbeiten können. Durch die »Computerisierung« von Fertigungsmitteln wird es möglich, die Rüstzeiten stark zu senken. Dadurch gelingt es auch traditionellen Massenherstellern, Individualisierungen am Produkt vorzunehmen. Letzteres ist angesichts der zunehmenden Fragmentierung in vielen Märkten eine grundlegende Prämisse, um relativ hohe Preise zu erzielen bzw. der zunehmend individualisierten Nachfrage zu begegnen.

– EDV-Einsatz und Qualität
Durch die Computerisierung von Produktionsmitteln – z. B. NC-Maschinen – wird es oftmals möglich, bessere Qualitäten zu erzeugen als mit manueller Arbeit, da die Toleranzabweichungen bei solchen Fertigungsmitteln inzwischen sehr gering sind.

– EDV-Einsatz und Absatzmenge
Durch EDV-Einsatz in der Produktion kann die Betriebszeit ausgeweitet werden, da die EDV-gestützten Maschinen weitgehend selbständig auch nachts und an Feiertagen arbeiten; d. h.: Die produzier- und absatzbare Menge steigt durch den EDV-Einsatz bezogen auf einen bestimmten Zeitraum.

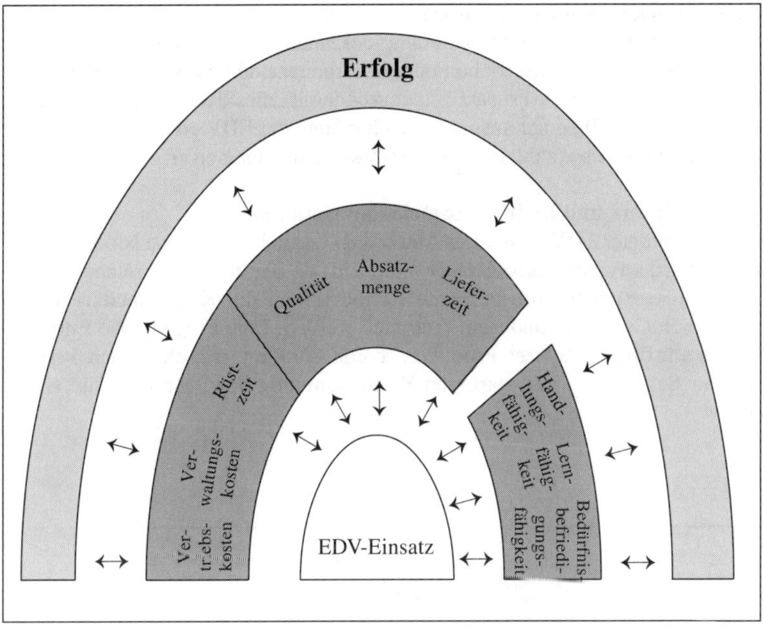

Abbildung 37: Wirkungen des Erfolgsfaktors »EDV-Einsatz«

– EDV-Einsatz und Lieferzeit

EDV-Einsatz in der Produktion kann die durchschnittlichen Durchlaufzeiten der produzierten Güter entscheidend senken, da viele vormals manuell ausgeführte Tätigkeiten automatisiert werden können. Kurze Durchlaufzeiten sind aber wiederum nicht nur kostenseitig vorteilhaft – im Sinne geringerer Kapitalbindungskosten –, sondern sie sind als eine wesentliche Voraussetzung zur Realisierung kurzer Lieferzeiten anzusehen. EDV-Einsatz im Marketing/Vertrieb und in der Verwaltung führen des weiteren zur Reduzierung von administrativen Auftragsbearbeitungszeiten, so daß ein Auftrag eher in die eigentliche Produktion gelangen kann. Dieses kommt wiederum dem Ziel kurzer Lieferzeiten entgegen.

– EDV-Einsatz und Handlungsfähigkeit

Durch den EDV-Einsatz wird z. B. die Flexibilisierung von Beschaffungsvorgängen oder Arbeitssystemen – zwei Aspekte der Flexibilität bzw. Handlungsfähigkeit – meistens erst möglich, da durch den EDV-Einsatz die anfallenden »Datenmengen« relativ kurzfristig bewältigt und somit lange Vorlaufzeiten vermieden werden können; dieses wiederum fördert die Flexibilität.

– **EDV-Einsatz und Lernfähigkeit**
Die Lernfähigkeit einer Unternehmung dokumentiert sich in der Fähigkeit zur ständigen Qualifikationserhöhung der Mitarbeiter und korreliert verhältnismäßig stark mit dem EDV-Einsatz. Zu begründen ist dies dadurch, daß die Realisierung der Vorteile einer ausgeprägten Nutzung der EDV eine stark lernfähige Unternehmung resp. zahlreiche Qualifikationsmaßnahmen erfordert.

– **EDV-Einsatz und Bedürfnisbefriedigungsfähigkeit**
Ein ausgeprägter EDV-Einsatz im Marketing/Vertrieb kann schon bei den Marktforschungsaktivitäten erfolgsförderlich sein, da hierdurch zahlreiche statistische Auswertungen zum besseren Kennenlernen der Kundenbedürfnisse – z. B. durch Conjoint-Analysen – möglich werden. Eine Folge ist die Entwicklung bedürfnisgerechterer Produkte, womit eine der grundlegenden Prämissen zur Schaffung einer stärkeren Kundenbindung bzw. Markentreue erfüllt wird.

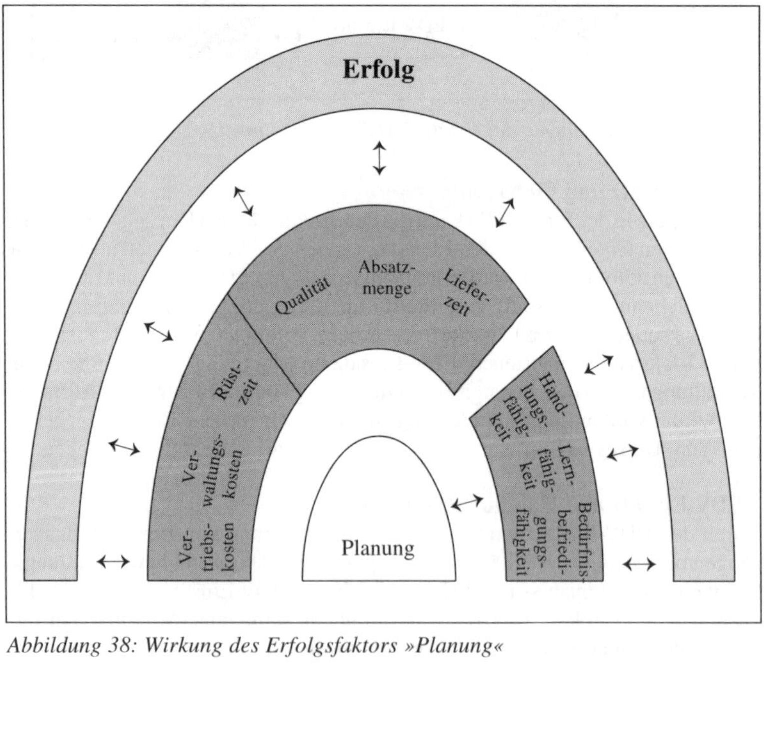

Abbildung 38: Wirkung des Erfolgsfaktors »Planung«

3.5.3.6 Wirkungen des Erfolgsfaktors »Planung«

Aus Abbildung 33 (S. 216) ist zu entnehmen, daß die Planung nur mit einem Erfolgspotential in signifikanter Weise korreliert. Abbildung 38 zeigt nun die Wirkung der Planung auf dieses Erfolgspotential graphisch an.

– Planung und Lernfähigkeit
Analog zur hohen Bedeutung des Leitbildes stellte sich auch eine ausgeprägte Planung der grundlegenden Ziele bzw. des Leitbildes – als Element des verdichteten Erfolgsfaktors »Planung« – als erfolgskritisch heraus. Die Lernfähigkeit einer Unternehmung zeigt sich in der Fähigkeit zur ständigen Qualifikationserhöhung der Mitarbeiter und zur ständigen Verbesserung der Qualität aller Unternehmungsaktivitäten. Eine Korrelation der Planung und der Lernfähigkeit kann insofern begründet werden, als durch die Vorgabe grundlegender Ziele die Unternehmungsaktivitäten richtungsweisend vordeterminiert und somit auch die Lerninhalte dadurch vorbestimmt werden.

3.5.3.7 Wirkungen des Erfolgsfaktors »Strategiekontrolle«

Aus Abbildung 33 auf (S. 216) ist zu entnehmen, daß der Erfolgsfaktor »Strategiekontrolle« mit insgesamt 6 Erfolgspotentialen korreliert. Abbildung 39 (S. 226) stellt die konkreten Wirkbezüge im einzelnen graphisch dar.

– Strategiekontrolle und Rüstzeit
Ein Zusammenhang zwischen einer ausgeprägten Strategiekontrolle – Prämissenkontrolle und Kontrolle bezüglich neuer Chancen und Risiken – und kürzeren Rüstzeiten ist insoweit zu erklären, daß durch die permanente kritische Reflexion der jeweiligen Strategie eher strategische Änderungen, die sich dann auch als Produktprogrammänderungen auswirken können, initiiert werden. Diese Produktprogrammänderungen bewirken wiederum Rüstzeitänderungen. Je stärker also Rüstzeiten anfallen oder aufgrund bestimmter Technologien zu berücksichtigen sind, desto wichtiger wird die Strategiekontrolle.

– Strategiekontrolle und Absatzmenge
Die permanente Überwachung der jeweiligen Strategie gewährleistet, daß diese dem jeweils neuesten Stand entspricht. Dadurch sinkt u.a. die Gefahr des Hineingleitens in sackgassen-ähnliche Marktnischen, wodurch der quantitative Absatz leiden würde.

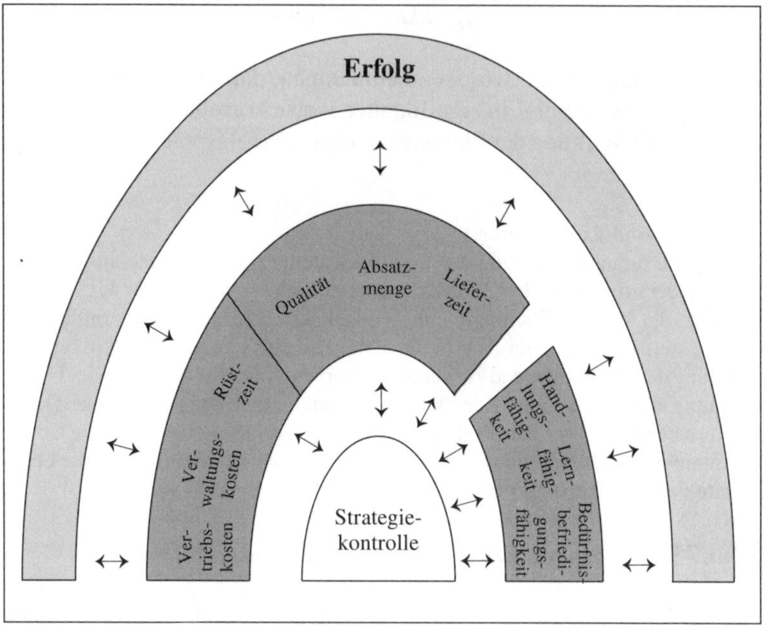

Abbildung 39: Wirkungen des Erfolgsfaktors »Strategiekontrolle«

– Strategiekontrolle und Lieferzeit

Eine positive Beeinflussung der Lieferzeit durch die Strategiekontrolle läßt sich mit Bezug auf die Kontrolle des Beschaffungsmarktes erklären. Eine Kontrolle der Vorstufen im Wertschöpfungsprozeß reduziert dabei die Gefahr, durch Lieferverzögerungen von Vorleistungen einzelner Lieferanten eigene Lieferzeitprobleme zu erhalten, da mehr Reaktionszeit zur Erschliessung neuer Bezugsquellen gewonnen wird.

– Strategiekontrolle und Handlungsfähigkeit

Eine ausgeprägte Strategiekontrolle beeinflußt die Handlungsfähigkeit resp. die Flexibilität dahingehend positiv, daß durch sie die Bedeutung neuer Chancen und Risiken aus der Umwelt für die eigene Strategie zügiger erkannt wird. Dadurch wird die informatorische Basis zu einer schnelleren Anpassung an geänderte Bedingungen gelegt.

– Strategiekontrolle und Lernfähigkeit

Ein Zusammenhang zwischen der Strategiekontrolle und der Lernfähigkeit einer Unternehmung resp. der Fähigkeit zur ständigen Qualifikationserhöhung der Mitarbeiter ist insoweit zu begründen, daß letztere die Kompetenz des Personals fördert, Strategiekontrollen durchzuführen.

– Strategiekontrolle und Bedürfnisbefriedigungsfähigkeit
Ein Aspekt der Bedürfnisbefriedigungsfähigkeit ist in der Befriedigung der Kundenbedürfnisse zu sehen, wodurch es dann gelingt, die Kunden dauerhaft zu binden bzw. Markentreue zu schaffen. Die Kundenbedürfnisse sind in den meisten Märkten aber nicht konstant, sondern sie unterliegen (z. B. modischen) Änderungen. Das Ziel einer kundenbedürfnis-orientierten Strategiekontrolle muß folglich darin liegen, die Gültigkeit der bei der Strategieformulierung unterstellten Kundenbedürfnisse zu überprüfen bzw. zu gewährleisten.

3.5.3.8 Wirkungen des Erfolgsfaktors »Umweltschutzmanagement«

Der Erfolgsfaktor »Umweltschutzmanagement« korreliert, wie aus Abbildung 33 (S. 216) zu entnehmen ist, mit 5 Erfolgspotentialen. Abbildung 40 (S. 228) verdeutlicht diese Zusammenhänge im einzelnen graphisch.

– Umweltschutzmanagement und Rüstzeit
Ein Zusammenhang zwischen einem ausgeprägten Umweltschutzmanagement und kürzeren Rüstzeiten läßt sich dadurch begründen, daß durch Aktivitäten zur umweltgerechteren Gestaltung des Produktionsprozesses (z. B. zwecks Energieeinsparung oder Sondermüllvermeidung) dieser oftmals ganz neu überdacht und von Grund auf geändert wird. Im Rahmen dieser umweltschutz-orientierten Neugestaltung des Produktionsprozesses kann dann u.a. auch für die Einführung rüstzeitarmer Technologien gesorgt werden.

– Umweltschutzmanagement und Absatzmenge
Die zunehmende Umweltverschmutzung und ein steigendes Umweltbewußtsein großer Teile der Bevölkerung führen zu dahingehenden Änderungen in den Kundenpräferenzen. Mit anderen Worten: Durch die umweltfreundlichere Gestaltung eines Produktes gelingt es einer Unternehmung zunehmend, Wettbewerbsvorteile zu erhalten, die sich dann auch positiv in der Absatzmenge niederschlagen.

– Umweltschutzmanagement und Lieferzeit
Ein Zusammenhang zwischen einem ausgeprägtem Umweltschutzmanagement und kurzen Lieferzeiten ist ähnlich wie die Beziehung zu der Rüstzeit zu sehen. Durch umweltgerechtere Neugestaltung des Produktionsprozesses gelingt es

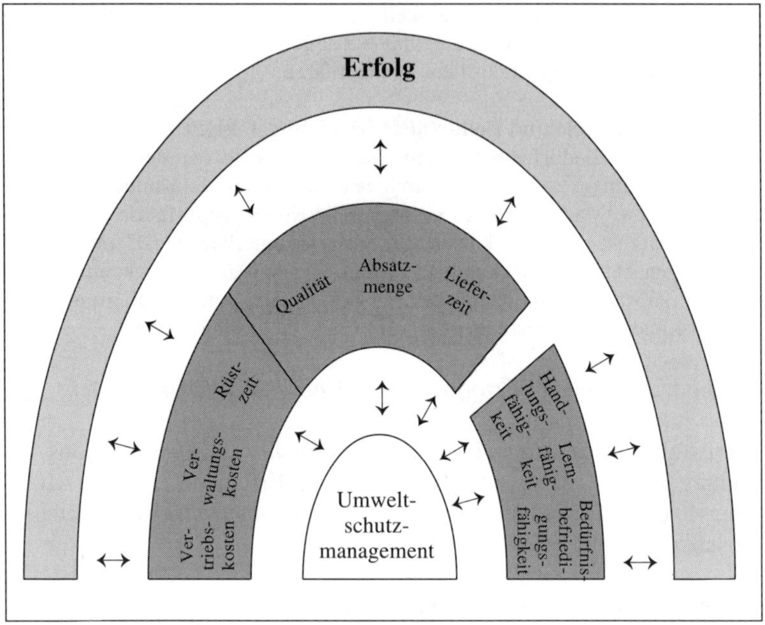

Abbildung 40: Wirkungen des Erfolgsfaktors »Umweltschutzmanagement«

anscheinend nicht nur rüstzeitärmere Technologien einzuführen, sondern auch die durchschnittlichen Durchlaufzeiten der Produkte zu verringern, was sich dann auf die realisierbaren Lieferzeiten positiv auswirkt.

– Umweltschutzmanagement und Handlungsfähigkeit

Durch die Verankerung des Umweltschutzstrebens im Leitbild – eine ganz wesentliche Maßnahme eines professionellen Umweltschutzmanagements – wird bei der Suche nach neuen Chancen und Risiken aus der Umwelt der Blick für Ökologieaspekte geschärft. Folglich werden z. B. von dort kommende Markttrends eher erkannt. Andererseits werden durch eine ausgeprägte Fähigkeit zur Früherkennung neue Chancen und Risiken aus dem Ökologiebereich schneller gesehen, so daß dahingehende umweltschutzorientierte Anstrengungen beispielsweise zwecks Neugestaltung des Produktionsprozesses oder der Produkte eher erfolgen können.

– Umweltschutzmanagement und Lernfähigkeit

Eine ausgeprägte Lernfähigkeit einer Unternehmung fördert die Implementation des Umweltschutzgedankens bzw. -managements ganz erheblich, da dahingehende Weiterbildungsmaßnahmen bei entsprechender Thematisierung die umweltschutzbezogene Qualifikation des Personals entscheidend erhöhen. Andererseits fördert das Umweltschutzmanagement die ökologiebezogene Lernfähigkeit der Unternehmung, da die Mitarbeiter für dieses Themenfeld sensibilisiert werden.

3.5.3.9 Wirkungen des Erfolgsfaktors »Faktoren Strategischer Wahl«

Der Erfolgsfaktor »Faktoren Strategischer Wahl« steht mit 2 Erfolgspotentialen in Beziehung, wie aus Abbildung 33 (S. 216) zu entnehmen ist. Abbildung 41 zeigt diesen Sachverhalt konkret graphisch auf.

– Faktoren Strategischer Wahl und Qualität

Der Erfolgsfaktor »Faktoren Strategischer Wahl« – als Einflußdeterminanten zur Beurteilung der potentiellen Realisierbarkeit einer Strategiealternative (z. B.

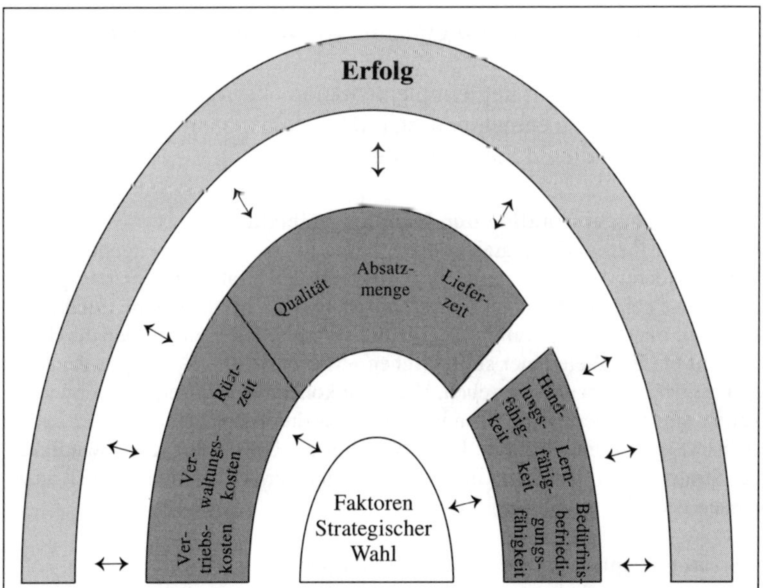

Abbildung 41: Wirkungen des Erfolgsfaktors »Faktoren Strategischer Wahl«

Finanzsituation oder Ausmaß etwaiger Interessensunterschiede) – korreliert deutlich mit einer überdurchschnittlichen (Produkt-)Qualität, dennoch ist es nicht leicht, dies plausibel zu begründen. Am ehesten gelingt eine Annäherung an diese Beziehung, wenn Produktstrategien ins Zentrum der Betrachtung gestellt werden. Durch adäquate Berücksichtigung der Faktoren Strategischer Wahl ist ein hoher Strategieumsetzungsgrad machbar. Bezogen auf Produktstrategien könnte dies mit der Realisierbarkeit hoher tatsächlich produzierter Produktqualitäten gleichgesetzt werden.

– Faktoren Strategischer Wahl und Lernfähigkeit
Die Lernfähigkeit beeinflußt den Erfolgsfaktor »Faktoren Strategischer Wahl« resp. das dahinterstehende Item »weitgehende Strategiemachbarkeit« insofern, als daß durch die Lernfähigkeit Erfahrungen über den Machbarkeitsgrad früherer Strategien gesammelt wurden und präsent sind. Folglich können aktuelle Strategiealternativen besser hinsichtlich ihrer potentiellen Realisierbarkeit eingeschätzt werden. Von daher steigt durch eine ausgeprägte Lernfähigkeit der Machbarkeitsgrad einer gewählten Strategie.

3.5.3.10 Wirkungen des Erfolgsfaktors »Strategieimplementation«

Der Erfolgsfaktor »Strategieimplementation« korreliert, wie aus Abbildung 33 (S. 216) zu entnehmen ist, mit 2 Erfolgspotentialen; Abbildung 42 verdeutlicht diesen Sachverhalt graphisch.

– Strategieimplementation und Handlungsfähigkeit
Der Erfolgsfaktor »Strategieimplementation«, wohinter der weitgehende Einbezug mittlerer Angestellter und Facharbeiter in den Strategieumsetzungsprozeß im Sinne einer gemeinsamen Zielvereinbarung steht, beeinflußt die Handlungsfähigkeit bzw. die Flexibilität einer Unternehmung insoweit, als daß durch das Wissen um die Ziele einer strategischen »Marschrichtung« weniger Rückfragen bei der Umsetzung entstehen. Vielmehr können bei Umsetzungsschwierigkeiten eigeninitiierte Anpassungshandlungen durch die operativen Einheiten selbst vorgenommen werden. Dadurch steigt die Umsetzungsgeschwindigkeit der Strategie, durch die die Unternehmung sich der veränderten Umwelt anzupassen gedenkt; mithin steigt die Flexibilität.

– Strategieimplementation und Lernfähigkeit
Der weitgehende Einbezug mittlerer Angestellter und Facharbeiter in den Umsetzungsprozeß einer Strategie fördert die Lernfähigkeit einer Unternehmung insofern, als daß dadurch eventuelle Hindernisse auf der operativen Ebene schneller

erkannt werden, so daß Rücksprünge in vorhergehende Phasen des Strategieprozesses früher erfolgen oder verbesserte Umsetzungskonzepte eher erstellt werden können. Die Unternehmung kann durch den Einbezug mittlerer Angestellter und Facharbeiter also schneller lernen, d. h. die »Lernschleifen« erfolgen zügiger und häufiger.

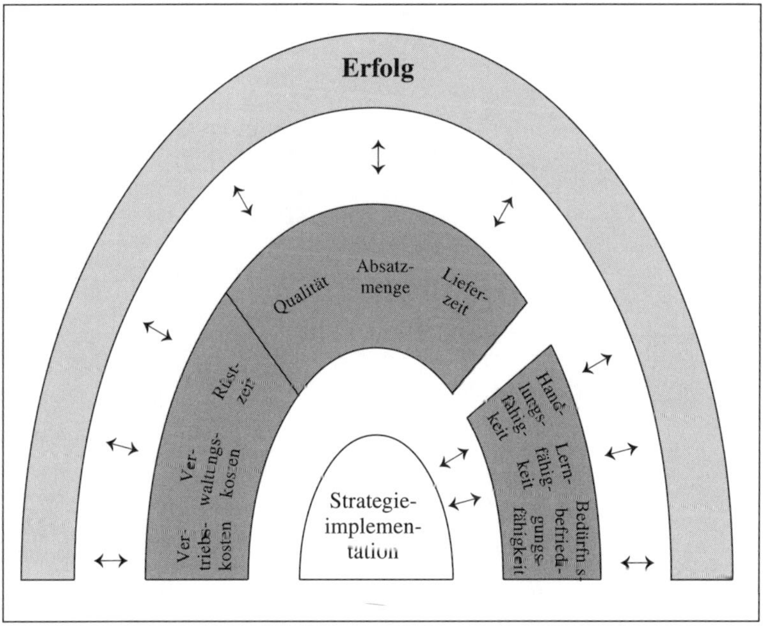

Abbildung 42: Wirkungen des Erfolgsfaktors »Strategieimplementation«

4. Schlußfolgerungen, erfolgsfaktorbezogene Gestaltungsempfehlungen sowie Ausblick zur weiteren Erfolgsfaktorenforschung

4.1 Reflexion der gewonnenen Ergebnisse und Schlußfolgerungen

Die Suche nach den kritischen Größen, nach den entscheidenden »Stellhebeln« unternehmerischen Erfolgs – also nach den Erfolgsfaktoren – kann heute als eines der zentralen Forschungsgebiete der modernen Betriebswirtschaftslehre gesehen werden. Diese Einschätzung trifft nicht zuletzt auch deshalb zu, da neben dem wissenschaftlichen Interesse ein direkter Nutzen für die Praxis ableitbar ist, denn die Praktiker können bei Kenntnis der entscheidenden Faktoren wirtschaftlichen Erfolgs ihre Informationssuche und ihre Anstrengungen zur Erzielung von Wettbewerbsvorteilen konzentrieren; mithin können die eruierten Maßnahmen eine größere – und positive – »Schlagkraft« erlangen.

Es stellt sich aber die Frage, welches die entscheidenden Faktoren wirtschaftlichen Erfolges sind. *Erfolgsfaktoren* sind prinzipiell theoretisch-»konstruktivistisch« und/oder empirisch-»analytisch« herleitbar. Beide Vorgehensweisen haben ihre spezifischen Vor- und Nachteile. Die *theoretisch-»konstruktivistische«* Herleitung von Erfolgsfaktoren kann zwar im Sinne von Wenn-Dann-Plausibilitäten sehr einzelfallspezifisch erfolgen, unterliegt aber einem großen subjektiven Moment. Mit anderen Worten: Die auf diese Weise identifizierten erfolgskritischen Bereiche und die darauf gerichteten Handlungsweisen, bergen ein nicht unerhebliches Risiko in sich.

Der *empirische* Weg zur Identifizierung von Erfolgsfaktoren besteht darin, erfolgreiche und nicht erfolgreiche Unternehmungen zu vergleichen, wobei die Bestimmung des Vergleichsrasters auch »theoretische« Überlegungen beinhalten muß. Die dabei festgestellten Unterschiede werden als die für den unterschiedlichen Erfolg maßgeblichen Faktoren angesehen und somit als Erfolgsfaktoren deklariert. Diesen Weg beschreitet die empirisch geprägte Erfolgsfaktorenforschung.

Bei der Reflexion vorhandener Ansätze der Erfolgsfaktorenforschung mußte festgestellt werden, daß sie zumeist erhebliche Mängel aufweisen (vgl. Abschnitt 2.1.6). So fehlt beim PIMS-Ansatz etwa eine ausreichende theoretische Basis, so daß Kritiker von »methodologischer Theorielosigkeit« sprechen (vgl. Abschnitt 2.1.4). Weist PIMS jedoch noch eine sehr gute Datenbasis auf (3500 Strategische Geschäftseinheiten), so ist bei vielen anderen Erfolgsfaktorenansätzen eine sehr schwache Datenbasis festzustellen. Peters/Waterman etwa befragten 62 Unternehmungen, erwähnten auch die fehlende Repräsentativität, leiteten jedoch trotzdem viele, mit einem Allgemeingültigkeitsanspruch versehene Schlußfolgerungen ab (vgl. Peters/Waterman, 1984). Eine derartige Vorgehensweise muß mit wissenschaftlichen Ansprüchen gemessen als nicht genügend bzw. als »Beraterfolklore« eingestuft werden.

Aus diesen Überlegungen folgt, daß eine *Erforschung* von betrieblichen Erfolgsfaktoren drei *Merkmale* aufweisen sollte. Erstens ist für eine repräsentative Datenbasis Sorge zu tragen. Zweitens sollten die potentiell erfolgskritischen Aspekte theoretisch fundiert generiert werden. Drittens stellt sich die Frage nach der Gültigkeit der ermittelten Erfolgsfaktoren im Zeitablauf. So war z. B. bei vielen, der durch Peters und Waterman als »exzellent« eingestuften Unternehmungen nach einigen Jahren festzustellen, daß sie sich in zum Teil erheblichen wirtschaftlichen Schwierigkeiten befanden. Der Vermutung vieler Kritiker, daß die von Peters und Waterman ermittelten Erfolgsfaktoren aussageschwach seien, kann jedoch nur begrenzt gefolgt werden. Vielmehr ist in einer turbulenten Umwelt davon auszugehen, daß einmal ermittelte Erfolgsfaktoren im Gegensatz zur Grundannahme des PIMS-Projektes (Existenz von »laws of the market«), ihre *erfolgskritische Bedeutung nicht* unbedingt *dauerhaft* beibehalten müssen. Vielmehr ist anzunehmen, daß einzelne Erfolgsfaktoren in ihrer Bedeutung schwanken, steigen oder fallen können. Im Extremfall können sie sogar ihre erfolgskritische Bedeutung völlig verlieren. Um dieses zu überprüfen, sollte eine empirische Untersuchung als *Panel* angelegt sein.

Außerdem ist ein weiterer Aspekt bei der Erfolgsfaktorenforschung zu beachten. Die überwiegende Mehrzahl der Erfolgsfaktorenansätze bestimmt Erfolgsfaktoren, zeigt jedoch nicht auf, wozu sie in der Unternehmung sinnvoll zu nutzen sind und wie sich untereinander in Beziehung stehen *(mangelnder* Planungs- oder *Strategiebezug).*

Auf Basis der obigen Überlegungen wurde der Forschungsansatz des *Hannoveraner Erfolgsfaktoren-Projektes (HEFAP) generiert.* Die potentiell erfolgskritischen Aspekte wurden theoretisch fundiert vor dem Hintergrund der Grundannahmen ganzheitlichen Managements erzeugt und in Frageform operationalisiert. Das HEFAP-Modell steht dabei in der Tradition der Strategieansätze. Zusätzlich wurden offensichtlich bedeutsame Querschnittsfunktionen wie das Innovations-, Zeit- und Umweltschutzmanagement einbezogen, operationalisiert und empirisch hinsichtlich ihrer Erfolgsträchtigkeit untersucht (vgl. Abschnitt 2.2.3).

Die empirische Vorgehensweise des HEFAP's ist durch die Durchführung dreier repräsentativer Erhebungswellen (1992–1994) im Sinne eines Panels realisiert worden (vgl. Abschnitt 3.1). Bei der erfolgsfaktorzentrierten Datenanalyse – Korrelationsanalysen der potentiell erfolgskritischen Sachverhalte bzw. Items mit den Erfolgsindikatoren Cash flow und ROI – zeigte sich, daß die ermittelten (einzelnen) Erfolgsfaktoren in ihrer Erfolgsbezogenheit Schwankungen unterliegen, steigen, sinken oder ganz wegfallen können. Allerdings konnten immerhin *zehn* in allen drei Erhebungswellen signifikante verdichtete Erfolgsfaktoren identifiziert werden (vgl. Abschnitt 3.3.2).

Es zeigte sich auch, daß die aus den einzelnen erfolgskritischen Aspekten gebildeten verdichteten Erfolgsfaktoren mehrheitlich in allen drei Erhebungswellen anzutreffen sind, wenngleich einzelne ihrer Elemente in ihrer Bedeutung schwankend sein können oder auch ganz wegfallen. Mit anderen Worten: Die im Rahmen des HEFAP's ermittelten verdichteten Erfolgsfaktoren scheinen in der Tat längerfristige *erfolgskritische Bedeutung* aufzuweisen, auch wenn ihre Elemente variieren können. Es kann daraus gefolgert werden, daß die Erfolgsfaktoren tatsächlich erfolgskritische Bereiche aufzeigen, welche Aspekte darin aber im einzelnen als erfolgsträchtig einzustufen sind, gilt es sachlich und zeitlich differenziert zu beurteilen. Darüber hinaus zeigt sich bei einer branchen- und größenklassenbezogenen Betrachtung[110] der verdichteten allgemeingültigen Erfolgsfaktoren, daß diese nicht in allen Branchen und Größenklassen in gleicher relativer Bedeutung auftreten. Identifizierte *Erfolgsfaktoren* sind also vor dem Hintergrund der betrachteten *Branche* und/oder *Größenklasse* zu gewichten.

Diese Ausführungen verdeutlichen, daß zwar allgemeingültige Erfolgsfaktoren ermittelt werden konnten, diese aber bezogen auf eine

110 Vgl. zu den branchen- und größenklassenbezogenen Ergebnissen die Anhänge 3 und 4.

spezifische Unternehmung der Interpretation bedürfen. Die ermittelten Erfolgsfaktoren können danach nur als ein grobes Raster zur Einordnung der Position einer spezifischen Unternehmung – im Sinne der Einordnung in generell erfolgskritische Bereiche – dienen. Die Erfolgsfaktoren stellen somit einen *Orientierungsrahmen* für erfolgskritische Bereiche dar. Sie liefern hingegen keine »Normstrategie (für alle Fälle)«, sondern sie sind als Anregungen zu interpretieren, über die spezielle Unternehmungssituation nachzudenken, um dann eine maßgeschneiderte – unternehmungsindividuelle – Strategie zu generieren. Durch den Interpretationseinfluß bzw. -bedarf entsteht zweifellos ein subjektives Moment, dennoch wird die grundlegende Betrachtung auf objektive – im Sinne von generell gültigen – erfolgskritische Bereiche gelenkt, so daß das Irrtumsrisiko bei der Festlegung von Erfolgsfaktoren entscheidend sinkt.

Betrachtet man Erfolgsfaktoren – oder variiert sie–, so ist zu bedenken, daß sie untereinander Wechselwirkungen aufweisen, die es bei partiellen Veränderungen zu beachten gilt, um nicht unerwünschte Nebeneffekte zu erhalten. Zur Ermittlung derartiger Wechselwirkungen – auf Basis qualitativer Überlegungen – wurde ein Praktiker-Workshop durchgeführt.[111]

Bei der Reflexion der Erfolgsfaktoren der zweiten Erhebungswelle (Ende 1993) wurde bemerkt, daß diese zwar als entscheidende »Stellhebel« zur Erfolgserzielung angesehen werden können, ihre *Wirkungsweise* aber – bezogen auf den monetären Erfolg – *indirekter Art* ist. Es stellte sich deshalb die Frage, wie die Erfolgsfaktoren konkret auf den Erfolg wirken.

Kurzfristiger monetärer Erfolg entsteht prinzipiell durch das Ansetzen an den Kosten und/oder Erlösen. So führt etwa die Reduzierung der Produktions- oder Beschaffungskosten (c.p.) zu einer Gewinn- resp. Erfolgserhöhung und zwar in direkter Weise. Anders ist hingegen die Lage bei den Erlösen; diese können nur durch adäquate Ausgestaltung der für die Kunden relevanten Wettbewerbsparameter wie etwa Produktqualität, Lieferzeit oder Preis verändert werden. Diese direkt wirksamen Erfolgsursachen wurden im HEFAP als (kosten- und erlösseitige)

111 Vgl. zu den Ergebnissen der Erfolgsfaktoren-Beziehungsanalyse des Praktiker-Workshops den Abschnitt 3.4.

Erfolgspotentiale[112] bezeichnet, da sie nur bei adäquater Ausgestaltung (mithin potentiell) erfolgsförderlich wirken.

Die *Erfolgsfaktoren* sind nun jedoch diejenigen Faktoren, die die Aktivierung dieser Erfolgspotentiale erst entscheidend ermöglichen; sie sind somit die *originären Ursachen* des Erfolgs und damit die eigentlichen »Stellhebel« zur Erfolgserzielung für das Management. Durch die Einbeziehung der *Erfolgspotentiale* wird demnach geklärt, wie die Erfolgsfaktoren auf den (monetären) Erfolg wirken. Durch die Einbeziehung der Erfolgspotentiale in die Betrachtung erfolgt aber auch eine Erweiterung der Einsatzmöglichkeiten der Erfolgsfaktoren und ihrer Interpretation.

Im Rahmen einer erfolgspotential-zentrierten Betrachtung der Erfolgsfaktoren – statistisch gesehen der Korrelationen der Erfolgsfaktoren und der Erfolgspotentiale – ist feststellbar, daß nicht alle Erfolgsfaktoren mit allen Erfolgspotentialen korrelieren bzw. für alle Erfolgspotentiale Relevanz besitzen (vgl. im einzelnen Abschnitt 3.5.3.1).

Aus einer erfolgspotential-zentrierten Betrachtungsweise erfolgt des weiteren, daß die jeweils relevanten *Erfolgsfaktoren* vor dem Hintergrund der jeweiligen *angestrebten Erfolgspotentiale* auszugestalten sind. Der Vorteil einer derartigen Sichtweise liegt auch in einer Überwindung der branchen- und größenklassenbezogenen Relativierung der Erfolgsfaktoren. So kann prinzipiell etwa das erlösseitige Erfolgspotential »überlegene Produktqualität« von Unternehmungen der verschiedensten (eigentlich aller) Branchen angestrebt werden. Erfolgspotentialzentrierte Empfehlungen zur Ausgestaltung der Erfolgsfaktoren sind deshalb für Praktiker, die das besagte Erfolgspotential anstreben, direkt übernehmbar bzw. erfordern einen geringeren einzelfallspezifischen Anpassungsbedarf.

Im Rahmen des Abschnittes 4.2 »Erfolgsfaktorbezogene Gestaltungsempfehlungen für die Praxis« kann deshalb auf die Erfolgspotentiale zurückgegriffen werden. Es werden dabei erstens die relevanten Erfolgsfaktoren für jedes Erfolgspotential geklärt und zweitens erste Empfehlungen zur erfolgspotentialgerechten Ausgestaltung der relevanten Erfolgsfaktoren entwickelt.

112 Es bleibt noch anzumerken, daß auch die langfristige Perspektive einbezogen wurde, nämlich beim Aufbau systemischer Fähigkeiten als Voraussetzung langfristigen Erfolges bzw. als fähigkeitsbezogene Erfolgspotentiale. Siehe zu dieser Problematik ausführlich die Abschnitte 2.2.5 und 3.5.1.

4.2 Erfolgspotentialorientierte Ausgestaltungsempfehlungen der Erfolgsfaktoren der 3. Erhebungswelle für die Praxis

4.2.1 Ausgestaltung des Innovationsmanagements zwecks Reduzierung von Vertriebskosten

Aus Abbildung 33 (S. 216) resp. als Ergebnis der Erfolgsfaktor-Erfolgspotential-Korrelationsanalysen ist zu entnehmen, daß das Erfolgspotential »Vertriebskosten« nur mit dem Erfolgsfaktor »Innovationsmanagement« korreliert bzw. daß letzteres vertriebskostensenkend wirken kann. Wie ist nun ein Innovationsmanagement vor dem Hintergrund des Zieles der Vertriebskostensenkung auszugestalten?[113]

– Vertriebskosten und Innovationsmanagement

Gegenstand eines vertriebskostenzentrierten Innovationsmanagements sollten einerseits die Innovation bei der Organisation des Vertriebs und andererseits die dazugehörigen EDV-Innovationen sein. So kann es bei einer Unternehmung des Maschinenbaus etwa das Ziel sein, die Außendienstmitarbeiter dahingehend zu befähigen, daß sie bei der Angebotserstellung gleich den frühestmöglichen Liefertermin exakt angeben können, da sie die entsprechenden Daten der Produktionsplanung abrufen können. Bei Auftragsannahme können sie darüber hinaus auch befähigt werden, den Auftrag je nach zeitlicher Dringlichkeit direkt in die Produktion einzusteuern. Organisatorisch erfordert dies u.a. die Dezentralisation von Entscheidungsbefugnissen auf die Außendienstmitarbeiter. Zusätzlich müssen diese aber die notwendigen EDV-technischen Hilfsmittel – z. B. Laptop und entsprechende Modems – erhalten. Die besondere Aufgabe des Innovationsmanagements ist dementsprechend darin zu sehen, die nötigen organisatorischen und EDV-technischen Innovationen zu initiieren, zu steuern und voranzutreiben. Es sind dabei einerseits sachbezogene Entwicklungsaufgaben zu unterstützen und andererseits Widerstände zu überwinden, so daß die Innovation in der Unternehmung auch realisiert werden und sich somit auch vertriebskostensenkend auswirken können.

113 Dabei kann es sich naturgemäß lediglich um erste allgemeine Empfehlungen handeln.

4.2.2 Ausgestaltung des Innovations- und des Zeitmanagements zwecks Senkung der Verwaltungskosten

Als Ergebnis der Erfolgsfaktor-Erfolgspotential-Korrelationsanalysen ergab sich, daß das Erfolgspotential »Verwaltungskosten« mit den Erfolgsfaktoren »Zeitmanagement« und »Innovationsmanagement« in Beziehung steht bzw. von diesen positiv beeinflußt wird. Wie sind diese Erfolgsfaktoren nun vor dem Hintergrund einer Verwaltungskostenreduktion auszugestalten?

– Verwaltungskosten und Innovationsmanagement
Auch die Verwaltungskosten können analog zu den Vertriebskosten durch organisatorische und/oder EDV-technische Innovationen gesenkt werden. So ermöglichen Innovationen im Bereich der EDV etwa eine Verlagerung von Aufgaben auf die Sacharbeiterebene, so daß die Möglichkeit zur Rund-um-Sachbearbeitung (in vielen Fällen) besteht. Die Aufgaben des Innovationsmanagements bestehen einerseits in der Unterstützung bei der Entwicklung der Sachinnovationen und andererseits in der verhaltensbezogenen Beeinflussung der betroffenen Mitarbeiter, damit die Innovationen zur optimalen Entfaltung gelangen können.

– Verwaltungskosten und Zeitmanagement
Unübersichtliche Prozesse können insbesondere im Verwaltungsbereich zu Doppelarbeiten und Verzögerungen führen, wodurch dann die Verwaltungskosten insgesamt steigen. Im Rahmen eines umfassenden Zeitmanagements können z. B. die Prozesse zeitorientiert ausgestaltet bzw. reorganisiert werden, so daß die Auftragsbearbeitungszeiten und damit auch die Verwaltungskosten sinken. Es ist also eine zeitorientierte Ausgestaltung der Prozesse auch im administrativen Bereich zu empfehlen.

4.2.3 Ausgestaltung der relevanten Erfolgsfaktoren mit dem Ziel der Rüstzeitsenkung

Als Ergebnis der Erfolgsfaktor-Erfolgspotential-Korrelationsanalysen ergab sich, daß das Erfolgspotential »Rüstzeit« mit den Erfolgsfaktoren »Innovationsmanagement«, »Zeitmanagement«, »EDV-Einsatz«, »Strategiekontrolle« und »Umweltschutzmanagement« korreliert. Welche erfolgsfaktorbezogenen Ausgestaltungsempfehlungen sind vor dem Hintergrund der angestrebten Rüstzeitsenkung zu geben?

– Rüstzeit und Innovationsmanagement
Das Innovationsmanagement mit dem Ziel der Rüstzeitreduzierung hat insbesondere Verfahrensinnovationen zwecks Entwicklung rüstzeitärmerer Arbeitssysteme – etwa Flexible Fertigungssysteme – zu initiieren und hervorzubringen.

– Rüstzeit und Zeitmanagement
Die Aufgabe des Zeitmanagements bei der Reduzierung der Rüstzeiten besteht darin, die effektiv anfallenden Rüstzeiten zu messen und Maßnahmen zur Rüstzeitverkürzung zu generieren. Eine Möglichkeit des Zeitmanagements, Rüstzeiten zu senken, besteht darin, die Komplexität des Produktionsprozesses z. B. durch eine Neuorganisation zu senken, die die Vereinfachung der Abläufe zum Gegenstand hat und als Folge auch die Rüstzeiten senkt.

– Rüstzeit und EDV-Einsatz
Durch neuartige EDV-gestützte Fertigungssysteme – NC-Maschinen, Flexible Fertigungssysteme etc. – wird es im Zuge von CIM möglich, Rüstzeiten derart zu verkürzen, daß die »Losgröße 1« wirtschaftlich produzierbar wird. Die adäquate Empfehlung geht also dahin, eine Computerisierung der Produktion zu forcieren, so daß bei der Notwendigkeit der Herstellung verschiedener Produktvarianten die Rüstzeiten reduziert werden.

– Rüstzeit und Strategiekontrolle
Die fortlaufende Kontrolle der bei der Strategieformulierung – insbesondere im Betrachtungsfall der Produktprogrammstrategie – zugrunde gelegten Prämissen sowie die Kontrolle bezüglich neuer Chancen und Risiken aus der globalen Umwelt gewährleistet, daß rüstzeitärmere Technologien bei Bedarf früher beschafft werden. Die Strategiekontrolle muß dabei insbesondere auf den Trend der Fragmentierung vieler Märkte gerichtet sein, um die Vielzahl angebotener Produktvarianten zu erkennen. Bei einer Tendenz zu einer erhöhten Variantenbandbreite sind rüstzeitverkürzende Maßnahmen frühzeitig zu initiieren.

– Rüstzeit und Umweltschutzmanagement
Ein Zusammenhang zwischen kürzeren Rüstzeiten und dem Umweltschutzmanagement ist nur dann theoretisch zu begründen, wenn bei der Neugestaltung des Produktionsprozesses zwecks Realisierung umweltverträglicherer Verfahren simultan auf rüstzeitärmere Technologien bzw. Lösungen geachtet wird.

4.2.4 Ausgestaltung der relevanten Erfolgsfaktoren zwecks Erhöhung der Produktqualität

Aus den Erfolgsfaktor-Erfolgspotential-Korrelationsanalysen geht hervor, daß das Erfolgspotential »Qualität« – im Sinne von Produktqualität – mit den Erfolgsfaktoren »Innovationsmanagement«, »Leitbild«, »EDV-Einsatz« und »Faktoren strategischer Wahl« korreliert. Welche erfolgsfaktorbezogenen Ausgestaltungsempfehlungen sind vor dem Hintergrund einer beabsichtigten Erhöhung der Produktqualität vorzunehmen?

– Qualität und Innovationsmanagement
Bei der vom Innovationsmanagement zu begleitenden Generierung von Produktinnovationen sollte besonderer Wert auf eine hohe Produktqualitat gelegt werden. Das Innovationsmanagement kann dabei u.a. dadurch Hilfestellungen leisten, daß schon bei der Innovationssuche die Kunden einbezogen werden und somit deren Produktkompetenz genutzt werden kann und zusätzlich genau diejenigen Komponenten der Qualität besondere Beachtung erfahren, die von den Kunden als besonders relevant und evident beurteilt werden. Die Kundenbedürfnisse werden dadurch genauer analysiert und die Produktinnovationen erhalten eine, aus der Sicht des Kunden, höhere Qualität. Ein sinnvolles Instrument innerhalb des Innovationsmanagement kann diesbezüglich in einem Quality Function Deployment (QFD) gesehen werden.

– Qualität und Leitbild
Das Leitbild sollte in ausgeprägter Weise eine ausgewogene Interessensberücksichtigung zwischen Kapitalgebern, Management und Mitarbeitern aufweisen, damit die Mitarbeiter hinreichend motiviert sind, qualitativ hochwertige Produkte zu entwicklen und herzustellen. Sollten die Mitarbeiter das Gefühl erhalten, daß ihre Anstrengungen lediglich den Kapitalgebern nutzen, so beeinflußt das die Motivation in negativer Weise.

– Qualität und EDV-Einsatz
Die zunehmende Computerisierung der Produktionsmittel kann dazu führen, daß mit geringen Fehlertoleranzen und -quoten gefertigt wird. Dies fördert die durchschnittliche tatsächlich erzeugte Produktqualität.

– Qualität und Faktoren Strategischer Wahl
Durch die adäquate Berücksichtigung der Faktoren, die die Strategiewahl beeinflussen, sollte es möglich werden, solche Produktkonzeptionen auszuwählen, die für das zur Verfügung stehende technische Know-how der Mitarbeiter im F&E-Bereich auch realisierbar sind. Dadurch wird die Gefahr von schlecht (produzierten) Qualitäten – seien sie konzeptionell bedingt oder aufgrund von nicht erfüllbaren Vorgaben an die Arbeitsplanung bzw. -gestaltung – von vornherein entscheidend verringert. Der zentrale Ansatzpunkt liegt dabei in einer realistischen Einschätzung und möglicherweise Verbesserung der Fähigkeiten des eigenen F&E-Personals.

4.2.5 Ausgestaltung der relevanten Erfolgsfaktoren zur Erhöhung der Absatzmenge

Aus den Erfolgsfaktor-Erfolgspotential-Korrelationsanalysen ging hervor, daß das Erfolgspotential »Absatzmenge« mit den Erfolgsfaktoren »Innovationsmanagement«, »EDV-Einsatz«, »Strategiekontrolle« und »Umweltschutzmanagement« korreliert. Wie sind diese Erfolgsfaktoren zwecks Erhöhung der Absatzmenge auszugestalten?

– Absatzmenge und Innovationsmanagement
Stagniert die Absatzmenge eines Produktes, so können durch das Innovationsmanagement neue Produktvarianten hervorgebracht werden, die weitere Käuferschichten ansprechen, was sich in der Summe absatzmengenerhöhend auswirken kann. Zweckdienlich ist es dafür auch, wenn von vornherein mehrere Produktvarianten mitentwickelt wurden, so daß sie im Zeitablauf sukzessive auf den Markt gebracht werden können, um die Nachfrage immer wieder neu zu stimulieren. Das Innovationsmanagement konzentriert sich somit nicht nur auf neue Produkte, sondern führt eine Mehrprodukt-Entwicklung durch, wobei sich das Baukastenprinzip (»Modularisierung«) als sinnvoll erweist.

– Absatzmenge und EDV-Einsatz
Durch die Einführung computergestützter Fertigungsanlagen kann der mengenmäßige Output pro Zeiteinheit entscheidend erhöht werden. Außerdem können NC-Maschinen auch an Sonn- und Feiertagen arbeiten, so daß auch die insgesamt zur Verfügung stehende Betriebszeit erhöht bzw. von der Arbeitszeit der Tendenz nach entkoppelt werden kann. Voraussetzung dafür ist der Einsatz möglichst wenig störanfälliger EDV-Hard- und -Software, wobei nicht eine Automatisierungsmaximierung, sondern im Sinne einer »neuen Einfachheit«, ein flexibler, spezieller, punktueller aber vernetzter EDV- bzw. CIM-Einsatz zu präferieren ist.

– Absatzmenge und Strategiekontrolle
Die Strategiekontrolle sollte im Sinne der Strategischen Überwachung frühzeitig neue Absatzchancen aufzeigen und Risiken entdecken, um die Absatzmenge kontinuierlich ausweiten zu können bzw. ihre Höhe nicht zu gefährden. Die Strategiekontrolle sollte sich deshalb auf neue Trends im Bereich der Nachfrageentwicklung ausrichten. Die Identifikation neuer Trends ist z.B. durch die Installierung eines Frühaufklärungssystems, durch die Hinzuziehung externer Berater oder die Nutzung der Außendienstkenntnisse frühzeitig möglich.

– Absatzmenge und Umweltschutzmanagement
Durch ein professionelles Umweltschutzmanagement ist zu gewährleisten, daß die Produkte zunehmend umweltfreundlich gestaltet und auch hergestellt werden, so daß sich bei einem steigenden Umweltbewußtsein der Konsumenten (was zunehmend festzustellen ist) erhöhte Absatzchancen ergeben. Ansonsten besteht die Gefahr, durch die Entwicklung eines negativen (umweltfeindlichen) Images, Absatzmengenverluste hinnehmen zu müssen.

4.2.6 Gestaltungsansätze bei den relevanten Erfolgsfaktoren zur Realisierung kurzer Lieferzeiten

Aus den Ergebnissen der Erfolgsfaktor-Erfolgspotential-Korrelationsanalysen ist zu entnehmen, daß das Erfolgspotential »Lieferzeit« mit den Erfolgsfaktoren »Zeitmanagement«, »EDV-Einsatz«, »Strategiekontrolle« und »Umweltschutzmanagement« korreliert. Wie sehen vor diesem Hintergrund potentielle erste Gestaltungsansätze für die angesprochenen Erfolgsfaktoren aus?

– Lieferzeit und Zeitmanagement

Zur Realisierung kurzer Lieferzeiten bietet sich im Rahmen des Zeitmanagements die primär zeit- statt kostenorientierte Gestaltung der Wertschöpfungskette an, da dadurch die zum Teil erheblichen (in der Regel bis zu 80 Prozent) Wartezeiten vom Auftragseingang bis zur Auslieferung entscheidend gesenkt werden können. Eine Reduzierung der Komplexität der Leistungserstellungsprozesse – mithin eine Entschärfung der Rüstzeitproblematik – fördert außerdem bei Unternehmungen mit einer relativ großen Anzahl von Produktvarianten die Lieferschnelligkeit.

– Lieferzeit und EDV-Einsatz

Das Ziel der zeitorientierten Optimierung der Wertschöpfungskette erfordert nicht nur organisatorische Änderungen, sondern auch neue EDV-technische Lösungen – sowohl im Bereich der Software als auch der Hardware. Andererseits bietet die Existenz neuer EDV-Techniken oftmals gerade die Chance zur Vorgangsverkürzung, was sich dann letztlich auf die Lieferzeit positiv auswirkt. So erhofft man sich beispielsweise im Bereich der Produktion durch die Einführung von CIM – bzw. deren wesentlichem Element der Datenintegration – u.a. auch kürzere Durchlauf- und infolge dessen auch geringere Lieferzeiten.

– Lieferzeit und Strategiekontrolle

Die Lieferzeit resultiert letztlich aus den zeitlichen Interdependenzen der gesamten Wertschöpfungskette. Aus dieser Einsicht folgt, daß nicht nur innerbetriebliche Prozesse zu beschleunigen sind, sondern daß auch der Optimierung der Vorlieferantenzeiten eine hohe Bedeutung zukommt. Verschwenden die Lieferanten Zeit, so leidet dadurch letztlich die Lieferzeit der weiterverarbeitenden Unternehmung. Eine Strategiekontrolle mit dem Ziel der Sicherung kurzer Lieferzeiten muß deshalb insbesondere den Beschaffungsmarkt analysieren und potentielle Lieferverzögerungen schnellstmöglich anzeigen, um genügend Reaktionszeit zur Wahl anderer Bezugsquellen zu erhalten; z.B. Ausfall eines wichtigen Werkes eines Lieferanten.

– Lieferzeit und Umweltschutzmanagement

Ein Zusammenhang zwischen einem ausgeprägten Umweltschutzmanagement und kurzen Lieferzeiten läßt sich nur dadurch deuten, daß bei der ökologisch orientierten Neugestaltung des Produktionsprozesses gleichzeitig Technologien, die kurze Durchlauf- und Rüstzeiten und somit schnelle Lieferzeiten ermöglichen, ausgewählt werden.

4.2.7 Ausgestaltung der relevanten Erfolgsfaktoren mit dem Ziel der Erhöhung der Handlungsfähigkeit des Systems Unternehmung

Aus den Ergebnissen der Erfolgsfaktor-Erfolgspotential-Korrelationsanalysen geht hervor, daß das Erfolgspotential »Handlungsfähigkeit« mit den Erfolgsfaktoren »Innovationsmanagement«, »Zeitmanagement«, »Leitbild«, »EDV-Einsatz«, »Strategiekontrolle«, »Strategieimplementation« sowie »Umweltschutzmanagement« korreliert.

– Handlungsfähigkeit und Innovationsmanagement

Die Hervorbringung von Innovationen erlaubt es einer Unternehmung, sich den wechselnden Gegebenheiten des Marktes besser anzupassen und somit handlungsfähig zu bleiben. Von daher ist zwecks Gewährleistung eines hohen Grades an Handlungsfähigkeit ein ausgeprägtes Innovationsmanagement förderlich.

– Handlungsfähigkeit und Zeitmanagement

Durch die Realisierung kurzer Produktinnovations- und Lieferzeiten kann durch das Zeitmanagement die Handlungsfähigkeit der Unternehmung erhöht werden, so daß beispielsweise auf plötzlich eintretende Marktänderungen sehr schnell reagiert werden kann. Hinsichtlich der Erreichung kurzer Produktinnovationszeiten erweist sich die Orientierung der Entwicklungsaufgabe auf kleine Innovationsschritte als vorteilhaft. Zur Erzielung kurzer Lieferzeiten sollten die Wertschöpfungsketten primär zeitorientiert ausgestaltet werden.

– Handlungsfähigkeit und Leitbild

Die Handlungsfähigkeit einer Unternehmung wird letztlich auch entscheidend durch die Flexibilität ihrer Mitarbeiter gewährleistet. Folglich fördert die Manifestierung eines Leitbildes mit dem zentralen Inhalt einer wandlungsfähigen Unternehmung im Sinne einer evolutionären Organisation die Handlungsfähigkeit der gesamten Unternehmung, denn die Mitarbeiter sind in höherem Maße darauf vorbereitet, Wandlungen als notwendig und auch positiv zu bewerten.

– Handlungsfähigkeit und EDV-Einsatz

In einer zunehmend komplexen und dynamischen Umwelt können sich sehr schnell »riesige Datenberge« ansammeln, deren zügige Bewältigung die Handlungsfähigkeit einer Unternehmung ganz entscheidend positiv beeinflussen können. Ohne einen ausgeprägten EDV-Einsatz insbesondere in den Bereichen Marketing/Vertrieb, Produktion und Verwaltung würde folglich die Handlungsfähigkeit der Unternehmung leiden, da die Informationsflut weder handhab- noch nutzbar wäre. Der EDV-Einsatz sollte dabei derartig ausgestaltet sein, daß er durch die Verdichtung von Daten Transparenz zu schaffen vermag und nicht zusätzlich die Komplexität (durch z.B. immer kompliziertere Statistikauswertungen) erhöht. Durch die Erstellung von Graphiken unter Verwendung räumlicher Geometriemodelle (wie beim CAD im F&E-Bereich) hilft der EDV-Einsatz die Transparenz zu erhöhen.

– Handlungsfähigkeit und Strategiekontrolle

Die Aufgabe der Strategiekontrolle liegt neben der Überprüfung der Gültigkeit der bei der Formulierung gesetzten Prämissen in der Erkennung neuer Chancen und Risiken aus der globalen Umwelt. Wird diese letztere Aufgabe konsequent erfüllt, so steigt dadurch die Handlungsfähigkeit der Unternehmung, da diese ihre Chancen und Risiken frühzeitig erkennt und somit immer eine bessere Informationsbasis vorliegen hat. Die Strategiekontrolle sollte sich bei der Wahrnehmung dieser Aufgabe auch auf die Beobachtung gesellschaftlicher und marktlicher »Subgruppen« richten, da davon ausgegangen werden kann, daß dort häufig neue Trends initiiert werden.

– Handlungsfähigkeit und Umweltschutzmanagement

Ein proaktives Umweltschutzmanagement, das dazu führt, zukünftige Erfordernisse im Hinblick auf sich abzeichnende Umweltschutzauflagen frühzeitig zu erfüllen, sichert die Handlungsfähigkeit der Unternehmung, da diese nicht gezwungen ist, ständig zu reagieren (wozu unter Umständen dann wenig Zeit zur Verfügung steht), sondern antizipativ »in Ruhe« die notwendigen Maßnahmen einzuleiten. Zuerst sollten zu diesem

Zweck zu erwartende Umweltschutzauflagen geklärt werden und danach sollten sukzessive die Maßnahmen zu deren Realisierung initiiert und verfolgt werden. Ziel sollte es sein, Ökonomie und Ökologie möglichst optimal in Einklang zu bringen. Eine offensive Kommunikationspolitik kann helfen, die Ökologie ökonomisch nutzbar zu machen und das frühzeitige Erfüllen von Umweltschutzauflagen zur Schaffung eines umweltfreundlichen Images zu nutzen und somit das akquisitorische Potential positiv zu beeinflussen.

– Handlungsfähigkeit und Strategieimplementation
Eine Strategieimplementation, die auch mittleren Angestellten und Facharbeitern bei der Strategiedurchführung Möglichkeiten zur Stellungnahme (Partizipation) einräumt, erhöht die Chance zur planmäßigen Realisation der anvisierten Strategie. Beim Auftreten von Umsetzungsschwierigkeiten auf der operativen Ebene sind diese Mitarbeiter dann auch stärker motiviert, eigeninitiierte Anpassungsmaßnahmen vorzunehmen; dies erhöht die Handlungsfähigkeit der Unternehmung insgesamt.

4.2.8 Ausgestaltung relevanter Erfolgsfaktoren zwecks Erhöhung der Lernfähigkeit der Unternehmung

Aus den Erfolgsfaktor-Erfolgspotential-Korrelationsanalysen ergibt sich, daß das Erfolgspotential »Lernfähigkeit« mit den Erfolgsfaktoren »Innovationsmanagement«, »Leitbild«, »EDV-Einsatz«, »Planung«, »Strategiekontrolle«, »Umweltschutzmanagement«, »Faktoren Strategischer Wahl« und »Strategieimplementation« korreliert. Im folgenden soll kurz aufgezeigt werden, wie diese Erfolgsfaktoren vor dem Hintergrund einer angestrebten Erhöhung der Lernfähigkeit der Unternehmung ausgestaltet werden sollten.

– Lernfähigkeit und Innovationsmanagement
Die Lernfähigkeit einer Unternehmung bzw. ihrer Mitarbeiter kann durch Innovationen im Bereich der Personalentwicklungsarbeit verbessert werden. So sind etwa neue Schulungsmodelle (weg vom Frontalunterricht) zu generieren, die von den Mitarbeitern eher akzeptiert werden und somit auch einen verbesserten Lernerfolg zeigen. Die Aufgabe des Innovationsmanagements liegt dabei einerseits in der sachbezogenen Erarbeitung dieser Methoden und andererseits in der verhaltensbezo-

genen Überzeugungsarbeit, um diese Modelle zur optimalen Entfaltung gelangen zu lassen.

– Lernfähigkeit und Leitbild
Das Leitbild einer Unternehmung, welches eine hohe Lernfähigkeit anstrebt, sollte die Maximen einer entwicklungsfähigen Organisation in ausgeprägter Weise enthalten. Dadurch kann u.a. die Einsicht der Mitarbeiter in die Notwendigkeit einer lebenslangen Lernprozesses gefördert werden.

– Lernfähigkeit und EDV-Einsatz
Die EDV kann u.a. dazu eingesetzt werden, neue Lernmethoden zu unterstützen oder generell andere anzubieten. In diesem Zusammenhang sei auf Computer-Programme, die ein Lernen am Bildschirm statt des Frontalunterrichts ermöglichen, verwiesen. Der Vorteil liegt insbesondere darin, daß der Mitarbeiter seine Informationsaufnahme gemäß seiner individuellen Lerngeschwindigkeit selbst steuern kann. Des weiteren ist anzumerken, daß der Verzicht auf den Einsatz von Frontalunterrichtsmethoden, der den Mitarbeitern das (unangenehme) Gefühl vermittelt, wieder zu Schülern degradiert worden zu sein, die Motivation zur Teilnahme an den Weiterbildungsmaßnahmen erhöhen kann.

– Lernfähigkeit und Planung
Eine bewußte Planung der grundlegenden Ziele bzw. des Leitbildes einer Unternehmung fördert die Lernfähigkeit insofern, daß dadurch Lerninhalte konkretisiert werden können, denn es werden frühzeitig Lernbedarfe aufgezeigt. Auch der Prozeß der Leitbildplanung fördert durch das grundlegende Überdenken oberster Ziele die Lernfähigkeit, da nicht nur in »ausgetretenen« Bahnen gedacht wird, sondern explizit angestrebt wird, sich Neuerungen zu öffnen, was ein Indikator einer hohen Lernbereitschaft und -fähigkeit ist.

– Lernfähigkeit und Strategiekontrolle
Die Strategiekontrolle kann durch die ständige Ausschau nach neuen Chancen und Risiken in der globalen Umwelt die chancen- und risikenbezogene Lernfähigkeit der Unternehmung fördern. So lernen die Mitarbeiter u.a., die Anfänge neuer Trends – als wesentliche Ursachen neuer Chancen und Risiken – schneller zu erkennen.

– Lernfähigkeit und Umweltschutzmanagement
Ein ausgeprägtes Umweltschutzmanagement fördert die ökologieorientierte Lernfähigkeit, die in zunehmendem Maße eine wichtige Komponente der gesamtunternehmerischen Lernfähigkeit bildet. Ökologiebezogene Informationen sind zu diesem Zweck ständig zu generieren, identifizieren und zu verbreiten. Durch diese Informationen steigt das ökologiebezogene Know-how der Mitarbeiter kontinuierlich an, so daß in diesem Bereich in der Zukunft Lernfortschritte immer leichter fallen.

– Lernfähigkeit und Faktoren Strategischer Wahl
Die mehrfache Berücksichtigung der Faktoren Strategischer Wahl – z. B. Ressourcenlagen und Interessensbereiche – fördert die strategiebezogene Lernfähigkeit der Unternehmung ; d. h. die Mitarbeiter lernen Strategiealternativen realistischer zu beurteilen.

– Lernfähigkeit und Strategieimplementation
Der Einbezug mittlerer Angestellter und Facharbeiter in den Strategiedurchführungsprozeß fördert die Erkennungsgeschwindigkeit von Widerständen und Hindernissen auf der operativen Ebene. Durch den mehrmaligen Einbezug dieser Mitarbeiterebenen lernen die Strategieträger, Strategiealternativen hinsichtlich der mit ihnen verbunden verhaltensbezogenen Implementationsprobleme realistischer zu beurteilen.

4.2.9 Gestaltung relevanter Erfolgsfaktoren zur Erzielung einer höheren Bedürfnisbefriedigungsfähigkeit

Bei der Erfolgsfaktoren-Erfolgspotentialbezogenen Korrelationsanalyse stellte sich heraus, daß das Erfolgspotential »Bedürfnisbefriedigungsfähigkeit« mit den Erfolgsfaktoren »Innovationsmanagement«, »Leitbild«, »EDV-Einsatz« und »Strategiekontrolle« variiert. Inwiefern sind diese Erfolgsfaktoren auszugestalten, um die Bedürfnisbefriedigungsfähigkeit der Unternehmung zu erhöhen?

– Bedürfnisbefriedigungsfähigkeit und Innovationsmanagement
Das Innovationsmanagement kann durch die Generierung von qualitativ verbesserten Produktinnovationen dazu beitragen, daß die Kundenbedürfnisse besser befriedigt werden können. Durch soziale Innovationen – z. B. neue Arbeitszeitmodelle – kann außerdem die Zufriedenheit der

Mitarbeiter gesteigert werden. Des weiteren ist zu beachten, daß das Innovationsmanagement ein ganz wesentliches Faktum zur Erzielung wirtschaftlicher Erfolge darstellt und durch die dadurch anfallenden Erlöse die Bedürfnisse der Kapitalgeber besser befriedigt werden können.

– Bedürfnisbefriedigungsfähigkeit und Leitbild
Ein Leitbild mit einem ausgeprägten Streben nach ausgewogener Interessensbefriedigung von Mitarbeitern, Management und Kapitalgebern führt dazu, daß die ausgeschütteten Leistungsanreize »gerechter« – also eher im Konsens – verteilt werden können. Insofern ist das Leitbild förderlich für die Erhöhung der Bedürfnisbefriedigungsfähigkeit der Unternehmung.

– Bedürfnisbefriedigungsfähigkeit und EDV-Einsatz
Durch einen verstärkten EDV-Einsatz (z. B. im Produktionsbereich) können viele körperlich schwere oder mental ermüdende Arbeiten auf die EDV verlagert werden. Die Mitarbeiter erhalten neue, geistig anspruchsvollere, jedoch körperlich weniger belastende Aufgaben der Steuerung und Kontrolle der Maschinen. Dadurch kann der Monotoniegrad entscheidend sinken und die aufgabenbezogene Mitarbeiterzufriedenheit steigen.

– Bedürfnisbefriedigungsfähigkeit und Strategiekontrolle
Die Strategiekontrolle kann durch die bei der Strategieformulierung gesetzten Prämissen zu den Kundenbedürfnissen dafür sorgen, daß diese auch tatsächlich noch in der angenommenen Art existieren und nicht z. B. an den Kundenbedürfnissen vorbei produziert wird.

4.3 Konsequenzen für die weitere Forschung im Bereich erfolgsfaktorzentrierter Strategiebildung und Zukunft des HEFAP

Die Forschungsergebnisse des Hannoveraner Erfolgsfaktoren-Projektes zeigen insbesondere, daß die Annahme dauerhaft gültiger Erfolgsfaktoren nicht zwingend ist. Vielmehr ist von Schwankungen und bis zum Verlust der erfolgskritischen Bedeutung einzelner Erfolgsfaktoren im Zeitablauf auszugehen. Von daher sollten empirische Ansätze zur Erforschung von Erfolgsfaktoren als *Panel* angelegt sein.

Zur Klärung der Wirkungsweise der Erfolgsfaktoren – im hier diskutierten tendenziell eher strategischen Sinn – auf den Erfolg bietet es sich an, eine Ebene direkt erfolgswirksamer Elemente, hier Erfolgspotentiale genannt, einzuführen und zu berücksichtigen. Dies gilt um so mehr, wenn man bedenkt, daß die durchschnittliche Korrelationsstärke der Erfolgspotentiale mit Erfolg wesentlich höher ist als die der Erfolgsfaktoren.

Im Bereich der Erfolgspotentiale haben sich die *fähigkeitsbezogenen* Aspekte als besonders stark mit Erfolg korrelierend herausgestellt. Für die weitere Forschung erscheint es deshalb lohnenswert, die fähigkeitsbezogenen Erfolgspotentiale theoretisch und empirisch zu vertiefen.

Ein weiterer ebenfalls noch stärker zu erforschender Aspekt liegt in der Aufzeigung des konkreten Nutzens von *Erfolgsfaktoren*. Die im HEFAP ermittelten Erfolgsfaktoren sind aufgrund ihres allgemeingültigen Charakters lediglich als *grobe Orientierungshilfe* zur Einordnung der unternehmungsindividuellen Position vor dem Hintergrund genereller erfolgskritischer Bereiche anzusehen. Sie liefern somit Anregungen für die Entwicklung einer maßgeschneiderten unternehmungsindividuellen Strategie. Zur Generierung einer maßgeschneiderten Strategie auf Basis von Erfolgsfaktoren besteht jedoch ein erheblicher situativer Interpretationsbedarf, insbesondere im Sinne einer kreativen Erfassung und Anpassung. Damit ist jedoch wiederum ein nicht zu unterschätzendes intuitives Moment bei der Strategiebildung festzustellen; ein Faktum, das es eigentlich durch die Kenntnis der empirisch ermittelten Erfolgsfaktoren erheblich zu reduzieren galt.

Um dieses intuitive Moment bei der erfolgsfaktorzentrierten Strategiebildung entscheidend reduzieren zu können, bietet es sich für entsprechende empirische Forschungsansätze an, den Allgemeingültigkeitsanspruch der ermittelten Erfolgsfaktoren aufzuheben und sich statt dessen von vornherein auf einige, als interessant erscheinende Branchen oder Größenklassen zu beschränken.

Ein weiterer Bereich künftiger Forschungen im Bereich der Erfolgsfaktoren besteht darin, vertiefte Forschungen in einzelnen vom HEFAP als erfolgskritisch identifizierten Bereichen – verdichtete Erfolgsfaktoren – vorzunehmen.[114]

114 Dies geschieht seit 1992 im Bereich des Umweltschutzmanagements, wo F. Kolbeck – mit Unterstützung des niedersächsischen Umweltministeriums – eine empirische Studie durchführt. Die Erfolgsfaktoren Innovations- und Zeitmanagement werden in den Dissertationen von J. und V. Kirschbaum vertieft analysiert.

Abschließend stellt sich noch die Frage, wie die Zukunft des Hannoveraner Erfolgsfaktoren-Projektes selbst aussehen wird bzw. könnte. Zum einen besteht die Möglichkeit, branchenspezifische Erfolgsfaktorprofile aus den 180 potentiell erfolgskritischen Aspekten zu erstellen und über eine aus dem Fragebogen abgeleitete Checkliste das spezielle erfolgsfaktorbezogene Stärken-Schwächen-Profil einer einzelnen Unternehmung vor dem Hintergrund der Branchenergebnisse zu bestimmen und anschließend zu optimieren – im Sinne einer Forcierung der Stärken und eines Abbaus der Schwächen in den erfolgskritischen Bereichen, wobei von Projektteams zur Übertragung und kreativen Anpassung der erfolgsfaktorbezogenen Erkenntnisse »direkt vor Ort« konkrete Hilfestellungen geleistet werden könnten.[115]

Eine weitere denkbare Alternative wäre die Fortentwicklung des HEFAP's zu einem »Erfolgsfaktor-Informationsdienst« (»Trendentwicklung von Erfolgsfaktoren«). Dieses erscheint insbesondere vor dem Hintergrund der variierenden Gültigkeit der Erfolgsfaktoren als interessant.

Eine weitere Aufgabe für das HEFAP wäre die Übertragung der Ergebnisse auf Dienstleistungsunternehmungen, wozu allerdings vorab eine Anpassung des Theorie- und Erhebungsrahmens sowie der Fragen vorgenommen werden müßte, um dem spezifischen Charakter der Dienstleistungen entsprechen zu können.

4.4 Offene Fragen und Problemfelder sowie Resümee

Eine besonders gravierende offene Frage ist die des Entstehens der *Schwankungen* und auch des *»Wegbrechens«* einzelner Erfolgsfaktoren (vgl. im einzelnen Abschnitt 3.2). So plausibel die Argumentation zur Untermauerung der These einer gewissen Variabilität »genereller« Erfolgsfaktoren auch erscheint – nicht zuletzt aufgrund der Erfahrungen mit den bei Peters/Waterman untersuchten exzellenten Unternehmungen, die zum Teil schon sehr schnell nach der Untersuchung in erhebliche wirtschaftliche Bedrängnis gerieten (vgl. Krüger, 1989) –, so kann sie auf der Basis dieser Panel-Untersuchung auch anders interpretiert

115 Derartige Aktivitäten wurden im April 1995 in einer mittelständischen metallverarbeitenden Unternehmung durchgeführt.

werden. Grundlage dieser gegenteiligen Meinung können insbesondere zwei Aspekte sein. Erstens handelt es sich beim HEFAP nicht um ein »reines« Panel; d. h. es antworteten in den drei Wellen nicht immer die gleichen Firmen, denn um der drohenden Panel-Mortalität zu begegnen, wurden die Adressenlisten in der zweiten und dritten Erhebungswelle jeweils aufgefüllt. Zwar ist dies eine in der empirischen Panel-Forschung[116] durchaus übliche Vorgehensweise, der Panelcharakter »im reinen Sinne der Lehre« geht dadurch jedoch verloren.

Bei der Identifikation von Erfolgsfaktoren auf Basis von Korrelationsanalysen besteht darüber hinaus das »banale« Problem, daß durch Korrelationsanalysen zwar Aussagen über den Zusammenhang – das gemeinsame Variieren – zweier Variablen getroffen werden können, nichts jedoch zur Richtung der Wirkbeziehung ausgesagt werden kann.[117] Das HEFAP vermag, da es Korrelationsanalysen verwendetete, solche Problemfelder statistisch nicht zu strukturieren, wobei jedoch versucht wurde, *Wirkungsvermutungen* über Plausibilitätsargumente zu gewinnen.

Ein weiteres fundamentales Problem jeglicher Erfolgsfaktorenforschung, so auch des HEFAP's, ist die Frage nach der Anzahl und Bedeutung nicht erkannter allgemeiner Erfolgsfaktoren.[118] Dieses Problem ist nicht leicht lösbar. Zum einen generiert die Forschung modellhafte Vorstellungen über potentiell erfolgskritische Bereiche, was immer nur einer selektiven Vorgehensweise entsprechen kann. Zum anderen haben die Ergebnisse des HEFAP's gezeigt, daß die meisten Praktiker, wenn sie nach den speziellen Chancen und Risiken für ihre Unternehmung gefragt werden, in der Regel nur einzelfallspezifische Argumente/Erfolgsfaktoren nennen,[119] so daß durch die »Vielfalt« der Argumente

116 Zum Beispiel bei Haushaltspanels wie denen des IfO-Institutes.

117 Ein Beispiel mag diese Problematik verdeutlichen. Seit jeher wird von den Kritikern einer verstärkten umweltschutzorientierten Politik darauf hingeweisen, daß Umweltschutzmaßnahmen nicht Erfolg induzieren, sondern daß nur erfolgreiche Unternehmungen sich ausgeprägte umweltschutzorientierte Bemühungen leisten können und eine Korrelation aus dieser Richtung besteht.

118 So sind selbst die beim PIMS-Projekt ermittelten Erfolgsfaktoren von 3.500 SGE nicht in der Lage, den Unternehmungserfolg zu 100 Prozent zu erklären; eine erklärte Varianz von 70 Prozent ist dennoch als sehr hoch einzustufen (vgl. Abschnitt 2.1.4).

119 Vgl. dazu Abschnitt 3.2.3.4; Frage nach den Chancen und Risiken.

keine verallgemeinerbaren Aussagen mehr entstehen. Von daher ist von einer beachtlichen Dunkelziffer nicht identifizierter allgemeingültiger Erfolgsfaktoren auszugehen; deren Ermittlung muß aber für schriftliche Befragungen als relativ schwierig angesehen werden.

Resümiert man die Bedeutung des Forschungsbeitrages des Hannoveraner Erfolgsfaktoren-Projektes, so ist festzuhalten, daß trotz der angesprochenen offenen Fragen und Probleme eine Vielzahl von wichtigen allgemeingültigen Erfolgsfaktoren identifiziert werden konnten. Diese sind zwar nicht in der Lage, die Entstehung des Erfolges einer speziellen Unternehmung vollständig zu erklären und somit direkte Normstrategien ableitbar werden zu lassen. Sie richten dennoch das Augenmerk des interessierten und aufgeschlossenen Betrachters auf für den Unternehmungserfolg tendenziell sehr wichtige Bereiche, so daß sie als Orientierungshilfe für eine erfolgsfaktorenzentrierte, unternehmungsindividuelle Strategiebildung durchaus eine interessante Rolle spielen können.

Anhang 1

1.1 Der Fragebogen des Hannoveraner Erfolgsfaktoren-Projektes (HEFAP) der 1. Erhebungswelle in 1992[1]

1 In der 2. und 3. Erhebungswelle wurde bis auf die Jahreszahlen der gleiche Fragebogen benutzt.

Die nachfolgenden Fragen beziehen sich auf das Jahr 1991 bzw. Ende 1991.
Zur Beantwortung der Fragen bitten wir Sie, Ihre Angaben in die dafür vorgesehenen Felder einzutragen bzw. zutreffende Aussagen anzukreuzen.

1: BRANCHENZUORDNUNG

In welche Branche ordnen Sie Ihr Unternehmen ein ?

____

2: KONJUNKTURELLE SITUATION

Wie schätzen Sie die konjunkturelle Entwicklung Ihrer Branche im Vergleich zur konjunkturellen Entwicklung der Gesamtwirtschaft in den nächsten 5 Jahren ein ?
(bitte nur eine Nennung)

besser	gleich	schlechter
☐	☐	☐

3: MARKT UND PRODUKTGRUPPEN

3.1: Wichtigste Produktgruppen

Nennen Sie Ihre - gemessen am Umsatz - drei wichtigsten Produktgruppen (bzw. Geschäftsbereiche) sowie den jeweils geschätzten Marktanteil im Jahr 1991 in Deutschland.

	Bezeichnung	geschätzter Umsatz in DM	geschätzter Marktanteil
a. Wichtigste Produktgruppe			ca. %
b. Zweitwichtigste Produktgruppe			ca. %
c. Drittwichtigste Produktgruppe			ca. %

3.2: Zur Verfügung stehende Fertigungstechnologie

Wie schätzen Sie die Entwicklung der für Ihre wichtigste Produktgruppe am Markt zur Verfügung stehenden Fertigungstechnologien ein ?
(bitte nur eine Nennung)

a. eher Reifephase und Kontinuität der zur Verfügung stehenden Fertigungstechnologien ☐
b. eher sprungartige Ablösung und Turbulenz der zur Verfügung stehenden Fertigungstechnologien ☐

Bitte nehmen Sie eine Einschätzung für jede der genannten Aussagen vor.	ausgeprägt	mittel	gering	trifft nicht zu
a. Wir versuchen unseren Produktionsprozeß systematisch umweltgerechter zu gestalten und achten z. B. von vorherein auf Schadstoff-/Müllvermeidung.	☐	☐	☐	☐
b. Der Konsum unserer Produkte soll zunehmend weniger Schadstoffe/Müll verursachen.	☐	☐	☐	☐

3.3: Situation der wichtigsten Produktgruppe

(bitte jeweils nur eine Nennung)	sehr hoch	hoch	mittel	niedrig	sehr niedrig
Wie stark empfinden Sie den Wettbewerbsdruck hinsichtlich Ihrer wichtigsten Produktgruppe durch Konkurrenten?	☐	☐	☐	☐	☐
Wie stark empfinden Sie Ihre Abhängigkeit hinsichtlich der wichtigsten Produktgruppe von					
a. Ihren Abnehmern ?	☐	☐	☐	☐	☐
b. Ihren Lieferanten ?	☐	☐	☐	☐	☐
Wie schätzen Sie die Möglichkeit ein, daß Ihre wichtigste Produktgruppe durch ein völlig anderes Produkt am Markt verdrängt wird ?	☐	☐	☐	☐	☐

Wenn Sie Ihre wichtigste Produktgruppe betrachten, was sind dabei die größten "Chancen" bzw. die größten "Risiken" ?

- Unsere größten "Chancen" sind ..

- weil ..

- Unsere größten "Risiken" sind ..

- weil ..

4: UNTERNEHMUNGSMERKMALE

4.1: Grundlegendes Leitbild

Bitte nehmen Sie eine Einschätzung für jede der genannten Aussagen vor.

Unsere Unternehmung:	ausgeprägt	mittel	gering	trifft nicht zu
a. verfolgt primär monetäre Ziele ("kurzfristige Gewinnmaximierung")	☐	☐	☐	☐
b. berücksichtigt Interessen von Kapitalgebern (Inhabern), Unternehmensleitung ("Management") und Mitarbeitern in "ausgewogenem" Maße	☐	☐	☐	☐
c. verfolgt eine langfristige Überlebenssicherung ("Firmenerhalt")	☐	☐	☐	☐
d. ist lebendig und entwicklungsfähig	☐	☐	☐	☐
Inwiefern enthalten Ihre Unternehmensgrundsätze Aussagen zum Umweltschutz?	☐	☐	☐	☐

Für unser Unternehmen wirken sich Umweltschutzmaßnahmen besonders im Vergleich zur internationalen Konkurrenz als Wettbewerbsnachteil aus.	Wir glauben, durch Umweltschutzausgaben besonders im Vergleich zur internationalen Konkurrenz Wettbewerbsvorteile erreichen zu können.
☐	☐

4.2: Funktionsbereichskennzeichen

4.2.1: Vermögens- und Mitarbeiterstruktur in den Funktionsbereichen

(bitte schätzen Sie grob)	Marketing/ Vertrieb	F&E	Produktion	Verwaltung
a. Prozentuale Verteilung von Anlage- und Umlaufvermögen auf die nebenstehenden Bereiche (Summe soll 100 % ergeben)	ca. %	ca. %	ca. %	ca. %
b. Prozentuale Verteilung der Mitarbeiter auf die Bereiche (Summe soll 100% ergeben)	ca. %	ca. %	ca. %	ca. %

4.2.2: EDV-Einsatz in den Funktionsbereichen

Bitte nehmen Sie jeweils eine Einschätzung vor.	über Branchen-durchschnitt	wie Branchen-durchschnitt	unter Branchen-durchschnitt
a. Anteil des EDV-gestützten Technologieeinsatzes im Bereich **Marketing/Vertrieb**	☐	☐	☐
b. Anteil des EDV-gestützten Technologieeinsatzes im Bereich **F&E**	☐	☐	☐
c. Anteil des EDV-gestützten Technologieeinsatzes im Bereich **Produktion**	☐	☐	☐
d. Anteil des EDV-gestützten Technologieeinsatzes im Bereich **Verwaltung**	☐	☐	☐

4.3: Managementprozeß

In unserer Unternehmung sind Planung und Controlling in folgenden Intensitätsstufen vorhanden:	ausgeprägt	im wesentlichen	geringfügig	trifft nicht zu
4.3.1: Planungssystem (bitte jeweils nur eine Nennung)				
a. Grundlegende Zielplanung (Leitbildplanung)	☐	☐	☐	☐
b. Strategische Planung ("z. B. Projekt-/Programmplanung")	☐	☐	☐	☐
c. Operative Planung ("Budgetplanung")	☐	☐	☐	☐
d. Bereichsbezogene Pläne (z. B. Produktionsplan, Marketingplan)	☐	☐	☐	☐
4.3.2: Controllingsystem (bitte jeweils nur eine Nennung)				
a. Vorhandensein eines Controlling und Mitwirkung bei der Planung	☐	☐	☐	☐
b. Koordination und Durchführung der periodischen Ergebnis- und Finanzplanung durch das Controlling	☐	☐	☐	☐
c. Durchführung der Kosten-/Erlösrechnung durch das Controlling	☐	☐	☐	☐
d. Nutzung eines computergestützten Controllingsystems	☐	☐	☐	☐

4.3.3: Organisation (bitte jeweils nur eine Nennung)

Unsere Organisationsstruktur ist überwiegend schriftlich niedergelegt

- Ja ☐
- z. T. ☐
- Nein ☐

Unsere Aufbaustruktur ist eher (2. Ebene entscheidend)

- verrichtungsorientiert ☐
- divisionalisiert ☐
- matrixorientiert ☐

Unsere Unternehmensspitze besteht aus einer

a. Geschäftsführergruppe mit einem Sprecher ☐

b. Leitungskraft ("Betriebs-Chef") ☐

Die Arbeitsprozesse im Fertigungsbereich sind charakterisiert durch (bitte jeweils nur eine Nennung)	ausgeprägt	im wesentlichen	geringfügig	trifft nicht zu
a. überwiegend hohe Spezialisierung und engumgrenzte Arbeitsfelder	☐	☐	☐	☐
b. quantitative Arbeitserweiterung (z. B. "Job enlargement")	☐	☐	☐	☐
c. Arbeitsplatzwechsel/flexible Arbeitsgruppen (z. B. "Job rotation")	☐	☐	☐	☐
d. Aufgabenbereicherung (z. B. "Job enrichment")	☐	☐	☐	☐
e. Teilautonome Arbeitsgruppen	☐	☐	☐	☐
Wird in Ihrem Unternehmen die zielgerichtete Suche nach Innovationschancen durch spezielle organisatorische Maßnahmen oder organisatorische Einheiten begleitet und unterstützt?	☐	☐	☐	☐

Gibt es in Ihrem Unternehmen organisatorische Einheiten, die sich primär mit innerbetrieblichen Umweltschutzfragen beschäftigen?

- Ja ☐
- Nein ☐

Ist in Ihrem Unternehmen ein betriebliches Vorschlagswesen vorhanden bzw. sind Qualitätszirkel eingeführt?			
	Betriebliches Vorschlagswesen	Ja ☐	Nein ☐
	Qualitätszirkel	Ja ☐	Nein ☐

Wenn Ja: Wieviele Vorschläge wurden dort entwickelt? 1990: _____ 1991: _____

4.3.4: Mitarbeiterführung

Ein ausformuliertes Führungsmodell ("Führungsgrundsätze") ist vorhanden Ja ☐ Nein ☐

Wenn Nein : weiter bei 4.4
Wenn Ja : Im Vordergrund steht überwiegend die Zielsetzung: (bitte nur eine Nennung)

Zufriedenheit und Bedürfnisbefriedigung der Mitarbeiter	Verbesserung des Unternehmenserfolgs	Annähernd gleichrangige Verfolgung von Unternehmenserfolg und Mitarbeiterzufriedenheit
☐	☐	☐

Insgesamt entspricht unser Führungsmodell: (bitte nur eine Nennung)

der Führung durch Ziele (MbO)	dem Harzburger Führungsmodell	einem eigenentwickelten Modell
☐	☐	☐

Wir gehen in unserem Führungsmodell davon aus, daß die Mitarbeiter wie folgt charakterisiert werden: (bitte nur eine Nennung)

a. Mitarbeiter scheuen Verantwortung, ergreifen ungern die Initiative und wollen Sicherheit ☐

b. Mitarbeiter akzeptieren eine Übertragung von Verantwortung, sind z. T. initiativ und streben gute Arbeitsbeziehungen mit den Kollegen an ☐

c. Mitarbeiter übernehmen gern Verantwortung, setzen sich für verpflichtende Ziele ein und streben nach beruflicher Entfaltung ☐

4.4 Stärken und Schwächen im Managementprozeß

Wenn Sie die vorangegangenen Fragen im Überblick betrachten, worin liegen dabei Ihre primären Stärken ? (Mehrfachnennungen sind zulässig)

im Leitbild	in den Funktionsbereichen	im Planungssystem	in Controllingsystem	in der Organisation	in der Mitarbeiterführung
☐	☐	☐	☐	☐	☐

Wo bestehen primär noch Schwächen ? (Mehrfachnennungen sind zulässig)

im Leitbild	in den Funktionsbereichen	im Planungssystem	in Controllingsystem	in der Organisation	in der Mitarbeiterführung
☐	☐	☐	☐	☐	☐

5: STRATEGISCHE WAHLMÖGLICHKEITEN

5.1: Unternehmungsdiversifikation

Wurde in den vergangenen fünf Jahren ein Übergang von einer Produktgruppe auf mehrere Produktgruppen vorgenommen ("Diversifikation")?

Ja ☐
Nein ☐

Wenn Ja: Erfolgte diese Diversifikation (bitte nur eine Nennung)

eher in ähnliche / verwandte Märkte und mit ähnlicher / verwandter Produkttechnologie	eher in völlig neue Märkte mit völlig neuer Produkttechnologie
☐	☐

5.2: Portfolio-Analyse

Nutzt Ihre Unternehmung die Portfolio-Analyse zur Steuerung der einzelnen Produktgruppen (bzw. Geschäftsbereiche) ?

Ja ☐
Nein ☐

5.3: Produktstrategien

Wenn Sie an Ihre wichtigste Produktgruppe denken, welche Strategien verfolgen Sie ?
(bitte jeweils nur eine Nennung)

Verfolgen Sie eher das Ziel der Erstellung enger Leistungsangebote/Produktpaletten?	Verfolgen Sie eher das Ziel der Erstellung breiter Leistungsangebote/Produktpaletten?
☐	☐
Streben Sie eher standardisierte Problemlösungen an?	Streben Sie eher individuelle Problemlösungen an?
☐	☐
Verhalten Sie sich am Markt eher abwartend und versuchen, bestehende Positionen zu halten?	Versuchen Sie eher, alte Wettbewerbsstrukturen aktiv zu verändern?
☐	☐
Neigen Sie eher dazu, nur bewährte Wettbewerbsverhaltensmuster zu übernehmen oder einzusetzen?	Versuchen Sie eher, durch ständig neue Innovationen Wettbewerbsvorteile zu erringen?
☐	☐
Streben Sie bei ihrer wichtigsten Produktgruppe an, einen Kostenvorsprung zu erreichen?	Streben Sie an, Ihr Produkt bzw. Angebot unnachahmlich von der Konkurrenz abzugrenzen?
☐	☐

Versuchen Sie, möglichst viele Aktivitäten im Unternehmen durchzuführen, um interne Synergien auszunutzen (tendenziell hohe Fertigungstiefe)?	Konzentrieren Sie sich auf bestimmte Kernfähigkeiten (tendenziell geringe Fertigungstiefe)?
☐	☐
Wird der Einsatz der Ressourcen bzw. Leistungspotentiale (z. B. Maschinen) vorwiegend vorab exakt geplant (starrer Einsatz)?	Wird der Einsatz der Ressourcen bzw. Leistungspotentiale nur grob geplant, um eine Flexibilität zu erreichen (flexibler Einsatz)?
☐	☐
Werden vorwiegend spezialisierte Leistungspotentiale (Maschinen) genutzt?	Werden vorwiegend universell einsetzbare Leistungspotentiale (Maschinen) genutzt?
☐	☐
Wir orientieren uns bei der Gestaltung unserer Wertschöpfungskette **primär** an Kosten.	Wir orientieren uns bei der Gestaltung unserer Wertschöpfungskette **primär** an Zeiten bzw. streben dabei Zeitersparnisse an.
☐	☐
Wir bevorzugen relativ wenige Neuentwicklungen dafür aber mit möglichst hohen Innovationsgraden.	Wir versuchen so schnell wie möglich hintereinander, wenngleich kleinere, Innovationen bzw. Variationen auf den Markt zu bringen.
☐	☐
Wir beschränken uns auf möglichst wenige Varianten/Produkte, um diese so kostengünstig wie möglich herzustellen.	Unsere Anstrengungen bewegen sich dahin, die Komplexität der Leistungserstellungsprozesse aktiv zu reduzieren, um eine möglichst große Anzahl von Varianten/Produkten kostengünstig anbieten zu können.
☐	☐
Unsere Kunden bevorzugen preiswerte Angebote. Lieferzeitvorteile und große Produktvielfalt sind eher nachrangige Wünsche.	Wir versuchen Kunden anzusprechen, die eine schnelle Lieferung wollen, breite Produktauswahl wünschen und dafür bereit sind, höhere Preise zu bezahlen.
☐	☐

In unserer Branche besteht keine Möglichkeit, durch umweltgerechte Produkte Wettbewerbsvorteile zu erringen.	Wir versuchen, uns durch Erzeugung und kommunikative Hervorhebung umweltgerechterer Produkte von der Konkurrenz abzuheben und somit relative Wettbewerbsvorteile zu erreichen.
☐	☐

Ist Ihre Strategie hinsichtlich Ihrer wichtigsten Produktgruppe eher verbunden mit

starker Investitionstätigkeit	Konsolidierung (einzelne "Abrundungsinvestitionen")	eher Desinvestitionen ("Auslaufenlassen")
☐	☐	☐

Wie oft ändern Sie Ihre Produkte im Sinne einer Innovation oder Variation?

über Branchendurchschnitt	wie Branchendurchschnitt	unter Branchendurchschnitt
☐	☐	☐

Konzentrieren Sie Ihre Innovationsbemühungen auf den Produktionsbereich und die Produktentwicklung?	Setzen Sie Innovationen in allen Bereichen Ihrer Wertschöpfungskette an? (z. B. Serviceleistungen oder Innovationen innerhalb der Logistikkette?)
☐	☐

Beziehen Sie Ihre Kunden in Ihre Innovationsbemühungen ein? (bitte nur eine Nennung)

Ja, im Rahmen von Kundengremien oder direkten Kundenbefragungen. ☐

Ja, bei konkreten Vorschlägen, die die Kunden an uns herantragen. ☐

Nein, den Kunden fehlt in diesem Fall die Kompetenz. ☐

Nein, die Kunden haben kein Interesse an einer derartigen Mitwirkung. ☐

6: FAKTOREN STRATEGISCHER WAHL

6.1: Abstimmung Ressourcen-Strategie

Wenn in Ihrer Unternehmung eine Strategie für eine Produktgruppe formuliert wird, inwiefern findet dabei eine Abstimmung der geplanten Strategie mit den vorhandenen Ressourcen (z. B. personale, finanzielle oder technologische Ressourcen) statt ? (bitte nur eine Nennung)

bis in alle Einzelheiten	hinsichtlich wesentlicher Ressourcen	nur ganz grob	überhaupt nicht
☐	☐	☐	☐

6.2: Machbarkeit und Steuerungsfähigkeit

Inwieweit geht Ihr Unternehmen davon aus, eine Strategie wie geplant durchführen zu können ("Durchziehen einer Strategie") ? (bitte nur eine Nennung)

vollständig wie geplant	im wesentlichen wie geplant	nur geringfügig wie geplant	überhaupt nicht wie geplant
☐	☐	☐	☐

6.3: Interessenunterschiede

Wenn Sie an die Formulierung einer Strategie für Ihre wichtigste Produktgruppe denken, in welchem Ausmaß treten dabei schon Interessenunterschiede auf ? (bitte nur eine Nennung)

starke	mittlere	schwache	gar keine
☐	☐	☐	☐

6.4: Strategieträger

Wenn Sie an die Strategieträger denken, welche Bedeutung haben die nachstehenden Faktoren für eine erfolgreiche Strategieformulierung ?

(bitte jeweils nur eine Nennung)	hoch	mittel	niedrig	keine
a. Qualifikation ("Fachkenntnisse")	☐	☐	☐	☐
b. Motivation ("Wollen")	☐	☐	☐	☐
c. Innovationsorientierung ("Offen für Neuerungen")	☐	☐	☐	☐
d. Führungsverhalten ("Mitarbeiterführung")	☐	☐	☐	☐

7: STRATEGIEIMPLEMENTATION

7.1: Umsetzungsplanung entsprechend der Strategie für Ihre wichtigste Produktgruppe

Inwiefern wird - nachdem eine Strategie formuliert ist - eine Umsetzungsplanung durchgeführt ? (bitte nur eine Nennung)

sehr detailliert, bis in alle Einzelheiten	☐
nur hinsichtlich wesentlicher ("kritischer") Vorgehensschritte	☐
vage Grobplanung	☐
keine Umsetzungsplanung	☐

7.2: Organisationsplanung entsprechend der Strategie für Ihre wichtigste Produktgruppe

Findet eine Anpassung der Organisationsstruktur im Anschluß an die Strategieformulierung statt ? (bitte nur eine Nennung)

- sehr detaillierte Anpassung, bis in alle Einzelheiten ☐
- nur hinsichtlich kritischer Strukturen und Prozesse ☐
- Entwicklung vager Strukturvorstellungen ☐
- keine Organisationsstruktur- und -prozeßplanung ☐

7.3: Personalbedarfsplanung entsprechend der Strategie für Ihre wichtigste Produktgruppe

Wird eine strategieabhängige - entsprechend der Strategie für Ihre wichtigste Produktgruppe - Personalbedarfsplanung durchgeführt ? (bitte nur eine Nennung)

- sehr detaillierte Ausarbeitung des Personalbedarfs ☐
- Planung des wesentlichen Personalbedarfs ("Schlüsselpersonal") ☐
- vage Schätzung des Personalbedarfs ☐
- keine Personalbedarfsplanung ☐

Führen Sie weitere/andere Umsetzungsplanungen für die Strategie Ihrer wichtigsten Produktgruppe durch ? Wenn ja, welche ?

7.4: Mitarbeitereinbezug bei der Strategiedurchführung für Ihre wichtigste Produktgruppe

Inwiefern werden die von der Strategiedurchführung betroffenen Mitarbeiter grundsätzlich in den Umsetzungsprozeß miteinbezogen ? (bitte nur eine Nennung)

	im Sinne einer gemeinsamen Zielvereinbarung	im Sinne einer Information und Möglichkeit der Stellungnahme	Im Sinne "informierender" Zielvorgabe
1. Führungskräfte	☐	☐	☐
2. mittlere Angestellte/ Facharbeiter	☐	☐	☐
3. angelernte Arbeiter	☐	☐	☐

7.5: Kontrolle entsprechend der Strategie bezüglich Ihrer wichtigsten Produktgruppe

Inwiefern besteht eine Strategiekontrolle ? (bitte jeweils nur eine Nennung)

Eine Kontrolle wird durchgeführt hinsichtlich	ausgeprägt	mittel	gering	überhaupt nicht
a. der Erreichung von Zwischenzielen der Programme und Pläne	☐	☐	☐	☐
b. der grundlegenden Annahmen (Umwelt-/ Ressourcenänderungen)	☐	☐	☐	☐
c. der Chancen und Risiken der globalen Umwelt	☐	☐	☐	☐

8: Indikatoren für den Unternehmenserfolg

Bitte nehmen Sie eine überschlägige Einschätzung für alle drei Maßgrößen vor.

In Bezug auf den **Branchendurchschnitt** war in den letzten 5 Jahren unser(e)	deutlich besser	besser	gleich	schlechter	deutlich schlechter	Begriff nicht gebräuchlich
a. Umsatzentwicklung	☐	☐	☐	☐	☐	☐
b. Return on Investment (ROI)	☐	☐	☐	☐	☐	☐
c. Cash flow	☐	☐	☐	☐	☐	☐

Wieviele Patente meldete Ihr Unternehmen an? 1990: ____________ 1991: ______________

Position des Befragten: __________________ Beschäftigtenzahl Ende 1990: ____________
Ende 1991: ____________

1.2 Fragebogen zu den Erfolgspotentialen als Beilage zur 3. Erhebungswelle in 1994

UF u. O

UNIVERSITÄT HANNOVER
Fachbereich Wirtschaftswissenschaften
Unternehmensführung und Organisation
Prof. Dr. Claus Steinle
Dipl.-Ök. Jasmin Kirschbaum
Dipl.-Ök. Volker Kirschbaum

Wunstorfer Straße 14
30453 Hannover
Tel. (0511) 762-5638
Fax (0511) 762-5637

Spezialerhebung 1994:
Kosten, Erlöse und Fähigkeiten im Brennpunkt

Kostenbezogene Aspekte

1) Im Vergleich zum Branchendurchschnitt sind unsere nachstehenden Kostenarten wie folgt ausgeprägt:	deutlich höher	höher	gleich	niedriger	deutlich niedriger
a) Produktionskostenanteil an den Gesamtkosten	☐	☐	☐	☐	☐
b) Beschaffungskostenanteil an den Gesamtkosten	☐	☐	☐	☐	☐
c) Vertriebskostenanteil an den Gesamtkosten	☐	☐	☐	☐	☐
d) Verwaltungskostenanteil an den Gesamtkosten	☐	☐	☐	☐	☐
e) Personalkostenanteil an den Gesamtkosten	☐	☐	☐	☐	☐

2) Künftig wollen wir unsere Anstrengungen zur Kostensenkung schwerpunktbezogen auf folgende Kostenarten richten (Mehrfachnennungen sind zulässig)

Produktions-kosten	Beschaffungs-kosten	Vertriebs-kosten	Verwaltungs-kosten	Personal-kosten
☐	☐	☐	☐	☐

3a) Hat Ihre Unternehmung verglichen mit dem wichtigsten Konkurrenten kostenbezogene Standortnachteile ? Ja ☐ Nein ☐

Wenn Nein: bitte weiter mit Frage 4

Wenn Ja:

3b) Wie haben Sie auf die Standortnachteile reagiert? (bitte nur eine Nennung)

Kostensenkungsprogramme	Produktionsverlagerungen	beides
☐	☐	☐

4) Im Vergleich zum Branchendurchschnitt haben wir beim **Produktionsverfahren** für unser wichtigstes Produkt eine Technologieführerschaft:

erreicht	z. T. erreicht	verfehlt	nicht angestrebt
☐	☐	☐	☐

Erlösbezogene Aspekte

5) Im Vergleich zum Branchendurchschnitt haben wir bei unserem wichtigsten **Produkt** eine Technologieführerschaft:

erreicht	z. T. erreicht	verfehlt	nicht angestrebt
☐	☐	☐	☐

6) Im Vergleich zum Branchendurchschnitt und bezogen auf unser wichtigstes Produkt ist die	deutlich besser	besser	gleich	schlechter	deutlich schlechter
a) kundenorientierte Qualität	☐	☐	☐	☐	☐
b) Kommunikationspolitik (z.B. Werbung)	☐	☐	☐	☐	☐

7) Im Vergleich zum Branchendurchschnitt und bezogen auf unser wichtigstes Produkt ist	deutlich höher	höher	gleich	niedriger	deutlich niedriger
a) der Preis	☐	☐	☐	☐	☐
b) unsere Anstrengung zur Steigerung der Absatzmenge	☐	☐	☐	☐	☐

8) Im Vergleich zum Branchendurchschnitt und bezogen auf unser wichtigstes Produkt ist die	deutlich kürzer	kürzer	gleich	länger	deutlich länger
a) Lieferzeit	☐	☐	☐	☐	☐
b) Bearbeitungszeit	☐	☐	☐	☐	☐
c) Wartezeit	☐	☐	☐	☐	☐
d) Rüstzeit	☐	☐	☐	☐	☐
e) Transportzeit	☐	☐	☐	☐	☐

Fähigkeitsbezogene Aspekte

9) Im Vergleich zum Branchendurchschnitt ist unsere Fähigkeit	deutlich besser	besser	gleich	schlechter	deutlich schlechter
a) zur frühzeitigen Erkennung von Veränderungen in der Umwelt (Chancen/Risiken)	☐	☐	☐	☐	☐
b) zur raschen Anpassung an geänderte Bedingungen	☐	☐	☐	☐	☐
c) zur ständigen Qualifikationserhöhung unserer Mitarbeiter (z. B. über Personalentwicklungsmaßnahmen)	☐	☐	☐	☐	☐
d) zur ständigen Verbesserung der Qualität aller Unternehmungsaktivitäten	☐	☐	☐	☐	☐
e) zur ständigen Motivierung unserer Mitarbeiter (Motivationssicherung)	☐	☐	☐	☐	☐
f) die Kunden zu binden bzw. Markentreue zu schaffen	☐	☐	☐	☐	☐

10) Im Vergleich zum Branchendurchschnitt ist unsere Fähigkeit zur Verbesserung der Flexibilität (z. B. über die Schaffung marktnaher Einheiten)

deutlich größer	größer	gleich	geringer	deutlich geringer
☐	☐	☐	☐	☐

11) Die Fähigkeit zur raschen Anpassung erreichen wir durch den Einsatz	sehr ausgeprägt	ausgeprägt	mittel	gering	sehr gering
a) flexibler Zuordnung von Ressourcen	☐	☐	☐	☐	☐
b) flexibler Beschaffung	☐	☐	☐	☐	☐
c) flexibler technischer Arbeitssysteme	☐	☐	☐	☐	☐
d) flexibler Arbeitsorganisation	☐	☐	☐	☐	☐
e) flexibler Marktstrategien	☐	☐	☐	☐	☐

12) Bitte nehmen Sie eine Einschätzung vor: Wie ist in Ihrer Unternehmung die Nutzung der "Selbstorganisation" ausgeprägt, d.h. das Zulassen sich selbststeuernder aber an unternehmungsbezogenen Zielen orientierten Einheiten?

stark	mittel	gering	nicht angestrebt
☐	☐	☐	☐

13) Zur Bewältigung turbulenter Marktsituationen führen wir Geschäftsfeld- bzw. Marktsegmentierungen durch:

regelmäßig	fallweise	überhaupt nicht
☐	☐	☐

14) Die komplexitätsgerechte Entwicklung von (organisatorischen) Lösungskonzepten findet unter der Beachtung folgender Leitsätze statt:	starke Beachtung	mittlere Beachtung	schwache Beachtung	keine Beachtung
a) Optimale Verbindung der betrieblichen Teilbereiche (Verringerung von Schnittstellen; Synergienutzung ("2+2=5-Effekte"))	☐	☐	☐	☐
b) Strikte Orientierung an den Kundenwünschen	☐	☐	☐	☐
c) Herstellung eines Netzwerkes (z. B. aus Lieferanten, eigener Unternehmung und Kunden)	☐	☐	☐	☐
d) Bildung isolierter Teilbereiche und Prozesse	☐	☐	☐	☐

Anhang 2

Darstellung der empirischen Vorgehensweise beim HEFAP

1. Konstruktion der Stichproben und Sicherstellung der Repräsentativität 273
2. Qualitätssicherung der empirischen Ergebnisse 276
2.1 Objektivität, Reliabilität und Validität 276
2.2 Einsatz und Ausgestaltung von Pretests 278
3. Vorgehensweise zur Gewährleistung einer hohen Antwortrate 280
4. Auswertung der erhobenen Daten 281

1. Konstruktion der Stichproben und Sicherstellung der Repräsentativität

Ziel der empirischen Vorgehensweise beim HEFAP war es, drei für Deutschland (West-) repräsentative Erhebungen im Sinne eines Panels durchzuführen. Dazu wurden in einem ersten Schritt zwei Bundesländer ausgewählt, die einen möglichst repräsentativen Rückschluß auf die deutsche Realität, im Bezug auf das produzierende Gewerbe, ermöglichen. Die Wahl fiel zum einen auf das Land Niedersachsen und zum anderen auf das Land Baden-Württemberg; also ein nördlicher sowie ein südlicher Flächenstaat.

Um einen hinreichend großen Rücklauf zu erhalten, wurde eine Gesamtstichprobe von 1100 Unternehmungen pro Erhebungswelle gezogen. Aufgrund der unterschiedlichen Anzahl von Unternehmungen des produzierenden Gewerbes in beiden Bundesländern sollten 500 Firmen aus Niedersachsen sowie 600 aus Baden-Württemberg befragt werden.

Bedingung für die Erfüllung des Anspruches der Repräsentativität ist, daß die Struktur ausgewählter Merkmalsausprägungen in der Stichprobe mit der Struktur innerhalb der Grundgesamtheit identisch ist. Die für unseren Erhebungszweck relevanten Merkmale waren zum einen die Anzahl der Mitarbeiter[1] bzw. die Größenklasse und zum anderen die Branchenzugehörigkeit. Aus diesem Grund zogen wir zum Zweck der Stichprobenkonstruktion die Zahlen der Branchen- und Größenklassen-

1 Dabei wurden nur Unternehmungen ab 20 Mitarbeitern in die Stichprobe einbezogen.

verteilung der Unternehmungen des produzierenden Gewerbes lt. der Statistischen Landesämter Niedersachsen und Baden-Württemberg hinzu. Aufbauend auf der dort dargestellten Struktur erfolgte eine analoge – zahlenmäßige – Konstruktion der Stichprobe.

Der Vorgang der Stichprobenkonstruktion soll zur näheren Verdeutlichung am Beispiel der Branche »Chemische Industrie« in Niedersachsen exemplarisch für alle anderen Branchen dargestellt werden. Die relevanten Zahlen stellen sich wie folgt dar:

Chemische Industrie in Niedersachsen = 148 Unternehmungen
Produzierendes Gewerbe in Niedersachsen = 3820 Unternehmungen

500 Unternehmungen in Niedersachsen sollten befragt werden; d.h. jede 8. Unternehmung.[2] Für unser Beispiel bedeutet dies, daß 148/8, also rund 20 Unternehmungen der Chemischen Industrie in Niedersachsen befragt werden müssen, damit der Anteil in der Stichprobe dem in der Grundgesamtheit im Hinblick auf die gewählten Merkmalsausprägungen entspricht.
Als nächstes war die Zusammensetzung der Chemischen Industrie bezüglich der Größenklassen vorzunehmen. Zu diesem Zweck wurden die Zahlen zur Größenklassenverteilung der statistischen Ämter, die sich wie folgt darstellen genutzt:

Größenklasse I:	20– 49 Mitarbeiter =	50 Unternehmungen
Größenklasse II:	50– 99 Mitarbeiter =	33 Unternehmungen
Größenklasse II:	100–199 Mitarbeiter =	28 Unternehmungen
Größenklasse IV:	200–499 Mitarbeiter =	23 Unternehmungen
Größenklasse V:	500 und mehr Mitarbeiter =	14 Unternehmungen

Dividiert man jeweils die Zahl der Unternehmungen in jeder Größenklasse durch den oben berechneten Faktor 8, so erhält man folgende Struktur für die Stichprobe der Chemischen Industrie in Niedersachsen:

Größenklasse I:	7 Unternehmungen
Größenklasse II:	4 Unternehmungen
Größenklasse III:	4 Unternehmungen
Größenklasse IV:	3 Unternehmungen
Größenklasse V:	2 Unternehmungen

2 3820/500 = 7,64 , also circa 8.

Ergebnis ist, daß sich die 20 Unternehmungen der Chemischen Industrie in der Stichprobe in Niedersachsen im Größenklassenverhältnis 7:4:4:3:2 zusammensetzen muß. Nach dieser Vorgehensweise wurden alle Branchenstichproben jeweils für Niedersachsen und Baden-Württemberg konstruiert.

Zur Ziehung der Stichprobe gemäß des konstruierten Plans mußten im nächsten Schritt die Adressen der Unternehmungen aus Niedersachsen und Baden-Württemberg beschafft werden. Von Adressenverlagen wurde Abstand genommen, da diese nur einen zu stark begrenzten Teil der Grundgesamtheit enthalten und diese Adressen hinsichtlich einer überproportional hohen Antwortbereitschaft zu sehr vordeterminiert sind. Als praktikable Alternative, wurde deshalb das Angebot der KIS-Recherche der IHK gewählt. Folglich wurden dort alle verfügbaren Adressen von Unternehmungen des produzierenden Gewerbes ab 20 Mitarbeitern in Niedersachsen und Baden-Württemberg gekauft, da zum damaligen Zeitpunkt von der IHK keine Stichprobenziehung vorgenommen wurde.

Nach der Beschaffung der Adressen blieb dem Projektteam nichts anderes übrig, als die 1100 Adressen aus den mehr als 11 000 Adressen, die insgesamt verfügbar waren, einzeln zu ziehen. Dazu wurden die Adressen auf Papier ausgedruckt, ausgeschnitten und nach dem Urnenmodell jeweils pro Branche und Größenklasse in Kategorien zugeordnet und danach physisch gezogen. Anschließend wurden die Adressen in eine entsprechende Adressdatei neu eingegeben.

Bei der ersten Erhebungswelle in 1992 wurden alle 1100 Adressen aus den Adreßbeständen gezogen. Bei der zweiten Welle in 1993 wurden entsprechend des Panel-Gedankens die Unternehmungen befragt, die in der ersten Welle geantwortet hatten und der Rest der Adressen wurde neu gezogen, da davon auszugehen war, daß diejenigen Firmen, die in der ersten Welle nicht geantwortet hatten, auch in der zweiten Welle nicht antworten würden; das Panel wurde also zum Teil neu »aufgefüllt«, um der Gefahr der Panelmortalität zu begegnen. Diese Vorgehensweise ist statistisch vertretbar (vgl. z. B. Hsiao, 1986, oder Verbeek, 1992). Analog zu der beschriebenen Vorgehensweise setzte sich die Stichprobe der dritten Welle aus den Unternehmungen, die in der zweiten Welle geantwortet hatten ergänzt um neu gezogene Adressen zusammen.

Als Ergebnis der Rückläufe ist folgendes festzustellen: 1992 antworteten 298 Unternehmungen aus Niedersachsen und Baden-Württemberg insgesamt. 1993 schrieben 209 Unternehmungen zurück und 1994 146 Unternehmungen. Dieses Ergebnis verdeutlicht, daß auch das HEFAP unter der immer wieder bei

Panel-Erhebungen festzustellenden abnehmenden Anwortbereitschaft bzw. Response-Rate litt. Es ist jedoch dabei zu beachten, daß 1994 der Fragebogenumfang von 12 auf 16 Seiten erweitert wurde. Bedenkt man, daß schon während der ersten beiden Wellen der hohe Zeitbedarf (circa 1 Stunde) zur Beantwortung des zwölfseitigen Fragebogens für viele Unternehmungen Anlaß zur Kritik war,[3] ist vor diesem Hintergrund auch der Rücklauf der dritten Welle als zufriedenstellend bis gut zu bewerten.

Zu den einzelnen Zahlen des Rücklaufs siehe im einzelnen folgende Tabelle:

	1992	**1993**	**1994**
Rücklauf:	298	209	146
Rücklaufquote:	27,09 %	19 %	13,27 %
Niedersachsen:	152	107	75
Baden-Württemberg:	146	102	71

Hinsichtlich der Struktur der Rückläufe ist anzumerken, daß sie bezüglich der relevanten Kriterien Größenklasse sowie Branchenzugehörigkeit der Grundgesamtheit jeweils annäherungsweise entsprechen – statistisch wurde ein Chi-Quadrat-Anpassungstest vorgenommen –, so daß die Repräsentativität aller drei Wellen als gewährleistet bewertet werden kann.

2. Qualitätssicherung der empirischen Ergebnisse

2.1 Objektivität, Reliabilität und Validität

Damit die aus einer empirischen Erhebung gewonnenen Daten und die daraus resultierenden Schlußfolgerungen verläßlich sind, muß der Meßvorgang folgenden drei Gütekriterien entsprechen (vgl. Berekoven/ Eckert/Ellenrieder, 1989, S. 84):

1. Objektivität,
2. Reliabilität,
3. Validität.

3 Dabei ist zu bedenken, daß 80 Prozent der Probanden Geschaftsführer sind.

Objektiv ist ein Meßvergang dann, wenn die Meßergebnisse unabhängig vom Untersuchungsleiter sind. Als Arten der Objektivität sind zu unterscheiden die Durchführungs-, Auswertungs- und Interpretationsobjektivität. Die Durchführungsobjektivität verlangt, daß die Messung ohne jede Beeinflussung des Probanden – z. B. durch äußeres Auftreten des Interviewers – erfolgt. Auswertungsobjektivität ist beispielsweise bei standardisierten Fragen gegeben, da die auswertende Person die Ergebnisse objektiv, z. B. mit Hilfe von Statistikprogrammen,[4] feststellen kann. Interpretationsobjektivität erfordert eine durch wenig Freiheitsgrade gekennzeichnete Interpretierbarkeit der Ergebnisse (vgl. Berekoven/Eckert/Ellenrieder, 1989, S. 84f.).

Bei den empirischen Messungen im Rahmen des HEFAP's ist festzustellen, daß sie der Anforderung der Objektivität genügen. So ist bei schriftlichen Befragungen generell ein hohes Maß an Durchführungsobjektivität gewährleistet, da kein Interviewer Einfluß nehmen kann. Außerdem besteht der HEFAP-Fragebogen weitestgehend aus standardisierten Fragen (vgl. Anhang 1), die die Auswertungsobjektivität garantieren. Hinsichtlich der Interpretationsobjektivität ist festzustellen, daß die Fragen theoriegestützt generiert wurden, um bestimmte, vorher genau festgelegte, Sachverhalte zu überprüfen (vgl. im einzelnen Abschnitt 2.2, insbesondere auch Abschnitt 2.2.3). Von daher sind die Freiheitsgrade bei der Interpretation relativ gering.

Mit *Reliabilität* (Zuverlässigkeit) ist die formale Genauigkeit der Merkmalserfassung beschrieben. Ein Meßinstrument ist, bei konstanten Meßbedingungen, dann reliabel, wenn es in der Lage ist, die Meßwerte präzise und stabil, d. h. bei wiederholter Messung reproduzierbar, zu messen. Meßfehler können prinzipiell aufgrund fehlender Bedingungskonstanz, fehlender Merkmalskonstanz oder eben aufgrund einer mangelnden Präzision des Meßinstrumentes entstehen (vgl. Berekoven/Eckert/Ellenrieder, 1989, S. 85).

Beim HEFAP wurde für ein ausreichendes Maß an Reliabilität gesorgt. So wurde durch zwei Pretests bei sechs Probanden aus der Praxis festgestellt, daß die angegebenen Werte sich nur geringfügig unterscheiden (Test-Retest-Methode). Das hohe Maß an Reliabilität im HEFAP zeigt sich auch daran, daß die prozentualen Häufigkeiten der Merkmalsausprägungen der Items bei den drei Wellen weitestgehend übereinstimmten bzw. nur sehr geringe Differenzen aufweisen (vgl. im einzelnen die auf die Items bezogenen Tabellen in Abschnitt 3.2).

4 Beim HEFAP wurde SPSS/PC + 3.0 herangezogen.

Die *Validität* (Gültigkeit) eines Tests oder einer Untersuchung gilt als gegeben, wenn sie den tatsächlich interessierenden Sachverhalt zu erfassen vermag bzw. genau das mißt, was auch gemessen werden soll; bei der Validität steht also die materielle Genauigkeit der Testergebnisse im Blickpunkt. Daneben stellt sich die Frage nach der Generalisierbarkeit der Ergebnisse, d. h. ob von der betrachteten Stichprobe auf die zugrunde liegende Gesamtheit geschlossen werden darf. Mit anderen Worten: Es geht um die Repräsentativität der Untersuchung (externe Validität) (vgl. Berekoven/Eckert/Ellenrieder, 1989, S. 86f.).

Hinsichtlich des letztgenannten Aspektes ist festzustellen, daß es von vornherein eines der wichtigsten Ziele des HEFAP's war, drei repräsentative Erhebungswellen durchzuführen, weshalb die Konstruktion und Ziehung der Stichprobe sehr sorgfältig (und somit entsprechend aufwendig) vorgenommen wurde.[5]

Auch auf die Gewährleistung der materiellen Genauigkeit der Meßergebnisse wurde von Seiten des Forschungsteams ein großes Augenmerk gerichtet. So wurde durch drei Pretest-Phasen sichergestellt, daß die Fragen von den Probanden gemäß dem intendierten Zweck interpretiert werden würden. Die Eignung der Fragen resp. der Meßverfahren wurde also auf Basis von Expertenurteilen überprüft (Inhaltsvalidität). Dabei wurde insbesondere auch die sprachliche Verständlichkeit der Fragen kontrolliert, denn diese ist die Voraussetzung zur Erkennung des zu erhebenden Sachverhaltes.[6]

2.2 Einsatz und Ausgestaltung von Pretests

Im Sommer 1991 wurde der erste Pretest in Form von 12 persönlichen Interviews bei Unternehmungen aller Größenklassen aus dem hannoveraner Raum vorgenommen und protokolliert. Ziel war es insbesondere festzustellen, ob die Fragen intentionsgemäß verstanden wurden oder ob einzelne Formulierungen in der Unternehmungspraxis auf Unverständlichkeit oder Reaktanz stoßen. Besonders relevant war dabei der

5 Die Mühe wurde dann jedoch auch durch die Existenz dreier repräsentativer Erhebungen belohnt (vgl. Abschnitt 1).

6 Ohne die im folgenden Abschnitt dargestellten Ergebnisse der Pretest-Phase vorwegnehmen zu wollen, kann doch festgestellt werden, daß es ein langandauernder, iterativer Prozeß war, ehe der in Anhang 1 dargestellte Fragebogen fertiggestellt war.

Aspekt, ob speziell kleinere sowie mittlere Unternehmungen, welche einen beträchtlichen Teil der Untersuchungseinheiten bilden sollten, mit dem Fragebogen besondere Probleme haben würden. Außerdem wurde die Praktikabilität des Fragebogens getestet, um festzustellen, ob die Länge des Fragebogens sich im tolerierbaren Bereich bewegt und in welcher Form (telefonisch, schriftlich, mündlich) die Fragen für die Probanden am ehesten beantwortbar sein würden.[7]

Ergebnis dieser Interviews waren 12 Gesprächsprotokolle, in denen sich die konkreten Probleme aber auch die Anregungen der Unternehmungen widerspiegelten.[8] Vor diesem Hintergrund wurde der Fragebogen »Version 1« in den kritischen Bereichen umformuliert. So wurde z. B. der reaktanzerzeugende Begriff »Substitutionsdruck« weggelassen und negative Formulierungen wie z. B. »Bedrohung« vermieden. Das Ergebnis dieser Pretest-Phase bildete der problemzentriert umformulierte Fragebogen »Version 2«, in welchem die Anregungen aus der Praxis aufgenommen wurden, wobei die Grundkonzeption in Bezug auf die Variablen unverändert beibehalten werden konnte.

Die Durchführung eines zweiten Pretests diente der Sicherstellung, daß jetzt die Fragen von den Unternehmungen relativ leicht und vor allem intentionsgemäß verstanden werden würden. Der Kreis der Probanden umfaßte sechs Teilnehmer des ersten Pretests, welche schriftlich um eine Stellungnahme gebeten wurden, sowie sechs Unternehmungen des Celler Raumes. Diese sechs neuen Pretestteilnehmer wurden zunächst schriftlich um einen Interviewtermin gebeten, wobei ihnen zur Information bereits ein Exemplar des Fragebogens beigelegt wurde. Danach wurden sechs, zum Teil sehr intensive, Interviews geführt. Es stellte sich heraus, daß alle Fragen nun, bis auf marginale Änderungen, als praxistauglich eingestuft werden konnten. Des weiteren wurde gefragt, welche Form der Befragung für die Unternehmung am ehesten akzeptabel sei. Ergebnis war, daß von einer telefonischen Umfrage, wie es zuerst geplant war, abgeraten wurde, weil der Umfang des Fragebogens dieses kaum gestattet. Die Alternative der Befragung mittels Interview wurde aufgrund der erheblichen Anbahnungsprobleme und -kosten ebenfalls verworfen, so daß zu diesem Zeitpunkt die Wahl auf die schriftliche Befragungsform fiel.

7 Zum damaligen Zeitpunkt stand die Art der Erhebung noch nicht fest.

8 Auf der Basis dieser Protokolle wurde der Fragebogen Frage für Frage ausgewertet, wobei die Fragen hinsichtlich der Kategorien »o.k.«, »leichte Probleme«, »schwere Probleme« und »k.o.« beurteilt wurden. Mit Hilfe dieses Analyserasters wurde nun geprüft, welche Probleme in welcher Häufigkeit auftraten.

Nach Einarbeitung der Ergebnisse dieser Pretest-Phase wurden die veränderten Komponenten des Fragebogens nochmals 12 Unternehmungen (die Teilnehmer rekrutierten sich aus Teilnehmern des ersten und zweiten Pretests) zu einem abschließenden Pretest vorgelegt, der ergab, daß die vorliegende Form des Fragebogens als ausgereift und praxistauglich zu bewerten war und somit die endgültige Version für die anstehenden empirischen Erhebungswellen vorlag.

3. Vorgehensweise zur Gewährleistung einer hohen Antwortrate

Die Motivationsstrategie ist ein wesentlicher Eckpfeiler einer empirischen Untersuchung – insbesondere bei schriftlichen Befragungen –, da sie die Antwortbereitschaft günstig beeinflussen kann.

Um nun eine adäquate Motivationsstrategie entwickeln zu können, bedarf es in einem ersten Schritt der Klärung etwaiger Antwort- bzw. Reaktionshemmnisse, die überwunden werden müssen, um bei den Probanden eine generell hohe Motivation zu erzeugen, sich der Befragung überhaupt zu stellen. Dabei gilt es zum einen, das Problem der Indifferenz abzubauen, welches sich darin äußert, daß der Proband keinerlei Interesse an der Mitwirkung hat, weil er sich durch die Themen nicht angesprochen fühlt und deshalb keinen Sinn in der Beantwortung der Fragen erkennt. Dieses Problem kann durch ein entsprechend formuliertes Begleitschreiben behoben werden, in dem eine konkrete Nutzenansprache erfolgen muß, die das Interesse der Auskunftsperson weckt. Außerdem müssen Vorurteile und Mißtrauen hinsichtlich derartiger Befragungen bedacht und abgebaut werden, z. B. durch einen Hinweis auf ähnliche, erfolgreiche Befragungen in anderen Ländern. Eine Möglichkeit, dies zu erreichen besteht in der Veröffentlichung der Forschungsintention und -vorarbeiten in einer probandenrelevanten Zeitschrift.[9]

Zusammenfassend dargestellt bestand die im HEFAP konzipierte und aus den obigen Überlegungen resultierende Motivationsstrategie aus folgenden Bausteinen:

- frankierter, adressierter Rückumschlag,
- Begleitschreiben,
- Zusicherung der Anonymität,

9 Im HEFAP wurde das Handelsblatt gewählt.

- Möglichkeit der Ergebnisanforderung (»Kärtchen«),
- Handelsblattartikel (beigelegt),
- schriftliche Nachfaßaktion.

4. Auswertung der erhobenen Daten

Das Ziel der empirischen Untersuchung des HEFAP's, die als Panel angelegt worden ist, besteht in der Identifikation betrieblicher Erfolgsfaktoren. Unter einem Erfolgsfaktor wird dabei eine Eigenschaft oder Verhaltensweise verstanden, in der sich erfolgreiche von nicht erfolgreichen Unternehmungen unterscheiden. Um nun solche Eigenschaften ermitteln zu können, bedarf es vorab der Klärung, wie Erfolg definiert sein soll. Im Rahmen des HEFAP's wurde dem klassisch-betriebswirtschaftlichen Erfolgsverständnis gefolgt, welches Erfolg als monetäre Größe wie Gewinn, Cash flow oder als finanzielle Kennziffer wie ROI ansieht. Innerhalb des HEFAP's wurden diejenigen Unternehmungen als erfolgreich eingestuft, die im Bezug auf den Branchendurchschnitt in den letzten fünf Jahren einen besseren oder deutlich besseren Cash flow oder Return on Investment (ROI) verzeichnen konnten. Bei der Analyse der drei Erhebungswellen stellte sich demgemäß heraus, daß nahezu die Hälfte der Unternehmungen vor diesem Hintergrund als erfolgreich zu klassifizieren sind.[10]

Zur Identifikation der (einzelnen) Erfolgsfaktoren wurden nun alle 120 Items mit Cash flow und ROI in Beziehung gesetzt und korrelationsanalytisch untersucht. Zu diesem Zweck wird die gemeinsame Häufigkeitsverteilung der beiden Merkmale verglichen. Neben der Feststellung, ob zwischen zwei Variablen ein statistischer Zusammenhang (Beziehung, Assoziation, Kontingenz, Abhängigkeit) besteht, kann im Rahmen der Korrelationsanalyse durch geeignete Maßzahlen auch die Stärke des Zusammenhangs ermittelt werden. Außerdem wird geklärt, ob eine derartige Beziehung zwischen den Merkmalen auch für die Grundgesamtheit gilt (hier: Unternehmungen des produzierenden Gewerbes aus Niedersachsen und Baden-Württemberg, stellvertretend für Deutschland), aus der die Merkmalsträger ausgewählt wurden (vgl. Kähler, 1990, S. 124). Es wird somit die Frage beantwortet, ob der festgestellte statistische Zusammenhang verallgemeinerbar ist.

10 Vgl. zu den Häufigkeiten der Erfolgsindikatoren Cash flow und ROI im einzelnen Anhang 6.

Zur Beschreibung der Stärke eines statistischen Zusammenhang zweier nominalskalierter Variablen (Typ n) in einer 2 x 2 Kreuztabelle wurde die Maßzahl Phi herangezogen; bei einer n x m-Matrix der Kontingenzkoeffizient C. Für ordinalskalierte Merkmale (Typ o) wurden die Maßzahlen Kendall's Tau-B (für quadratische Tabellen) und Tau-C (für nichtquadratische Tabellen) genutzt. Der statistische Zusammenhang zweier intervallskalierter Variablen (Typ i) wurde durch den Korrelationskoeffizienten r nach Bravais-Pearson gekennzeichnet.

Bei statistischer Unabhängigkeit nimmt die jeweilige Maßzahl den Wert 0 an, bei totaler Abhängigkeit den Wert 1 (vgl. Kähler, 1990, S. 130–142). In den Sozialwissenschaften wird im Allgemeinen ab einem Korrelationskoeffizienten von 0,1 von einem statistischen Zusammenhang gesprochen, da das Verhalten von sozialen Wesen/Systemen häufig sehr heterogen ist und eindeutige Gesetze wie in den Naturwissenschaften nicht vorkommen.

Es bleibt nach der Feststellung der Größe der Maßzahlen die Frage, ob die für die Stichprobe festzustellenden Unterschiede in den Häufigkeitsverteilungen auf Stichprobenfehler zurückzuführen sind, oder aber, ob sie signifikante, also statistisch verallgemeinerbare Beziehungen zwischen den Merkmalen in der Grundgesamtheit widerspiegeln. Zur Beantwortung dieser Fragestellung lassen sich Signifikanztests bezüglich der Nullhypothese (kein statistischer Zusammenhang) und der Alternativhypothese (statistischer Zusammenhang) durchführen. Solche Tests können für alle Meßniveaus vorgenommen werden. Durch den statistischen Test kann entschieden werden, ob die mittels einer Stichprobe erhobenen Daten mit einer Hypothese über die Grundgesamtheit verträglich sind oder nicht. Dabei wird das errechnete Signifikanzniveau mit dem vorher festgelegten Testniveau (beim HEFAP: 5 Prozent)[11] verglichen. Ist das Signifikanzniveau niedriger als das Testniveau, so wird die Nullhypothese abgelehnt, es besteht folglich auch in der Grundgesamtheit eine statistische Beziehung zwischen den beiden Variablen.

Bei großen Stichproben kann es übrigens sehr schnell zu signifikanten Ergebnissen kommen, so daß im einzelnen die theoretische Berechtigung sehr genau überprüft werden muß (vgl. Kähler, 1990, S. 144–147). Andererseits gilt für sehr kleine Stichproben, daß signifikante Er-

11 5 Prozent ist in der empirischen Sozialforschung ein häufig vorgegebenes Testniveau.

gebnisse erst bei sehr starken statistischen Zusammenhängen eintreten, so daß etwas höhere Testniveaus toleriert werden können.[12]

Das Ergebnis der circa 240 Korrelationsanalysen in jeder Welle, war die Identifikation von 43, 30 und 17 einzelnen Erfolgsfaktoren.[13]

Danach wurden die einzelnen erfolgskritischen Items aufgrund theoriebezogener Überlegungen zu verdichteten Erfolgsfaktoren zusammengefaßt.[14] Zur Bildung einer Reihenfolge der verdichteten Erfolgsfaktoren gemäß ihrer Korrelationsstärke mit Erfolg[15] wurden die erfolgskritischen Items jeweils zu einem Index zusammengefaßt.[16] Bei unterschiedlichen Skalierungen wurde vorab für gleiche Skalierungen gesorgt.[17] Nach der Indexbildung wurden die Indizes ihrerseits jeweils mit Cash flow und ROI in Beziehung gesetzt. Das Ergebnis ist die nach der Höhe des Korrelationskoeffizienten zu Cash flow vorgenommene Reihung der verdichteten Erfolgsfaktoren.[18]

Außerdem wurden die verdichteten Erfolgsfaktoren je nach Branchen und Größenklasse seperat mit den Erfolgsindikatoren Cash flow und ROI in Beziehung gesetzt, um ihre branchen- und größenklassenbezogene Relevanz zu überprüfen.[19]

In der dritten Welle wurden neben den 120 potentiellen einzelnen Erfolgsfaktoren auch noch 60 potentiell erfolgsträchtige Erfolgspotential-

12 Dieses erfolgte beispielsweise bei den branchen- und größenklassenbezogenen Korrelationsanalysen.
13 Vgl. zu diesen einzelnen erfolgskritischen Items bzw. Erfolgsfaktoren Abschnitt 3.2.7 und Anhang 7.
14 Es ist anzumerken, daß diese Zusammenfassung von vornherein bei der theoretischen Erarbeitung der potentiell erfolgskritischen Sachverhalte bedacht wurde (vgl. Abschnitt 2.2); d. h. die Verdichtung ist als theoretisch wohlfundiert anzusehen und nicht etwa zufällig geschehen.
15 Primär zum Cash flow; erst bei Gleichheit zum ROI.
16 Dies geschah durch Addition der einzelnen Items und Division durch die Anzahl einbezogener Items.
17 So ist etwa beim verdichteten Erfolgsfaktor Innovationsmanagement in der dritten Welle die Anzahl der Patente (1–99) in Patentstärke (schwach – mittel – ausgeprägt) durch Gruppenbildung transformiert worden.
18 Vgl zu den Ergebnissen in den 3 Wellen Abschnitt 3.3.1.
19 Vgl. zu den Ergebnissen der Branchen- und Größenklassenuntersuchungen Anhang 3 und 4.

Aspekte korrelationsanalytisch untersucht und gegebenfalls zu Erfolgspotentialen zusammengefaßt, die somit als Index bestehend ihrerseits mit Cash flow und ROI korrelationsanalytisch untersucht wurden. Insgesamt kristallisierten sich 9 Erfolgspotentiale als erfolgskritisch heraus.[20]

20 Vgl. zu den erfolgskritischen Erfolgspotentialen im einzelnen 3.5.2 bzw. Anhang 5.

Anhang 3

Branchenbezogene Analyse der verdichteten Erfolgsfaktoren der drei Erhebungswellen: Ergebnisse im tabellarischen Überblick

Abbildung 1: Branchenbezogene Erfolgsfaktoren der 1. Welle in 1992 und ihre relative Bedeutung

Branche / verdichtete Erfolgsfaktoren	**Chemie**	**Steine**	**Metall, Kfz**	**Masch.-bau**	**Elektro-technik**	**Fein-mech. EBM**	**Holz, Druck**	**Leder, Nahrung**
1 EDV-Einsatz	1[1]	1		1	3		5	
2 Faktoren Strategischer Wahl		3	8				7	2
3 Innovations-management	3		9			1	3	6
4 Planung	8	4	4			2		3
5 Strategie-implementation	4	2	2				6	1
6 Leitbild	7		3		6		4	
7 Umweltschutz-management	2		7		1			4
8 Zeitmanagement			10		5			
9 Controlling			5					
10 Erfolgskritische Wettbewerbskräfte	5		6	2	2		8	
11 Organisation	6						1	
12 Investitions-strategie							2	
13 Strategiekontrolle	9	5	1					
14 Schlanke Verwaltung		6	11		4	3		5

1 Die Zahl gibt die relative Bedeutung des Erfolgsfaktors für die jeweilige Branche an.
Zur Ermittlung der Reihenfolge der Erfolgsfaktoren diente wiederum der Korrelationskoeffizient bezogen zum Crash flow (r_{CF}).

Abbildung 2: Branchenbezogene Erfolgsfaktoren der 2. Welle in 1993 und ihre relative Bedeutung

verdichtete Erfolgsfaktoren \ Branche	Chemie	Steine	Metall, Kfz	Masch.-bau	Elektro-technik	Fein-mech. EBM	Holz, Druck	Leder, Nahrung
1 EDV-Einsatz	3			1	1	2	7	1
2 Innovations-management	1		1	2	4	3	1	5
3 Leitbild	5			4		1	4	2
4 Globale Umweltfaktoren							2	3
5 Faktoren Strategischer Wahl								4
6 Effiziente Verwaltung				3	2		5	
7 Marktliche Umweltfaktoren		1		5		4		6
8 Umweltschutz-management	4	4			3			7
9 Planung		3						9
10 Strategiekontrolle	2	2						8
11 Organisation					5		6	
12 Controlling				6			3	

Abbildung 3: Branchenbezogene Erfolgsfaktoren der 3. Welle in 1994 und ihre relative Bedeutung

verdichtete Erfolgsfaktoren \ Branche	Chemie	Steine	Metall, Kfz	Masch.-bau	Elektro-technik	Fein-mech. EBM	Holz, Druck	Leder, Nahrung
1 Innovations-management	4			2			2	
2 Zeitmanagement	2			3			4	
3 Leitbild		4	1	4		1	3	
4 EDV-Einsatz	1						1	1
5 Planung	3	3	4					
6 Marktliche Umweltfaktoren			3		2			
7 Strategiekontrolle			2	1				
8 Umweltschutz-management		2						
9 Faktoren Strategischer Wahl		1	5					
10 Strategie-implementation			6		1			

Anhang 4

Größenklassenbezogene Analyse der verdichteten Erfolgsfaktoren der drei Erhebungswellen: Ergebnisse im tabellarischen Überblick

Abbildung 1: Größenklassenbezogene Erfolgsfaktoren der 1. Welle in 1992 und ihre relative Bedeutung

verdichtete Erfolgsfaktoren / **GRKL (Mitarbeiter)**	**I (20–49)**	**II (50–99)**	**III (100–199)**	**IV (200–499)**	**V (500 u. mehr)**
1 EDV-Einsatz	4	2	8	1	1
2 Faktoren Strategischer Wahl	1	7	7	6	4
3 Innovations-management	6	4	1		2
4 Planung	5	3			6
5 Strategie-implementation	2	8	4	5	
6 Leitbild	8			2	
7 Umweltschutz-management				3	
8 Zeitmanagement	10	1	2		
9 Controlling	9		5	8	
10 Erfolgskritische Wettbewerbskräfte	3	5	6		
11 Organisation	7				5
12 Investitionsstrategie					
13 Strategiekontrolle			3	7	
14 Effiziente Verwaltung		6		4	3

Abbildung 2: Größenklassenbezogene Erfolgsfaktoren der 2. Welle in 1993 und ihre relative Bedeutung

verdichtete Erfolgsfaktoren / GRKL (Mitarbeiter)	I (20–49)	II (50–99)	III (100–199)	IV (200–499)	V (500 u. mehr)
1 EDV-Einsatz	2	2	1	2	
2 Innovations-management	4	3	2	3	1
3 Leitbild		1		1	
4 Globale Umweltfaktoren	5		4		
5 Faktoren Strategischer Wahl	3	5			
6 Effiziente Verwaltung	6		3		
7 Marktliche Umweltfaktoren	1			4	
8 Umweltschutz-management	8	4		5	
9 Planung	7			8	
10 Strategiekontrolle		6		9	
11 Organisation		7	5	7	
12 Controlling				6	

Abbildung 3: Größenklassenbezogene Erfolgsfaktoren der 3. Welle in 1994 und ihre relative Bedeutung

verdichtete Erfolgsfaktoren \ GRKL (Mitarbeiter)	I (20–49)	II (50–99)	III (100–199)	IV (200–499)	V (500 u. mehr)
1 Innovations-management	1	5	2		1
2 Zeitmanagement		1		1	
3 Leitbild	5	7			2
4 EDV-Einsatz	7	2			3
5 Planung	2		1		
6 Marktliche Umweltfaktoren	6	6			
7 Strategiekontrolle		3			
8 Umweltschutz-management	4	4			
9 Faktoren Strategischer Wahl	3				
10 Strategie-implementation			3		

Anhang 5

Erfolgskritische Erfolgspotentiale

Mit Erfolg korrelierende Erfolgspotential-Aspekte						
Cash flow	**ROI**	**Item-nr.**	**Fra-genr.**	**Variablenname**	**Variable**	**Typ**
0,17 (–)	–	132	1c)	Vertriebskostenanteil	Vertkost	i
0,29 (–)	0,2 (-)	133	1d)	Verwaltungskostenanteil	Verwkost	i
0,21	0,2	144	6a)	Qualität	Qual	i
0,16	–	147	7b)	Absatzmenge	Menge	i
0,15	0,16	148	8a)	Lieferzeit	LieferZ	i
0,2	–	151	8d)	Rüstzeit	RuestZ	i
0,33	0,29	153	9a)	Erkennung Ch/R	ErkChR	i
0,22	–	154	9b)	rasch. Anpassung	Flex	i
0,29	0,19	155	9c)	Qualifikationserhöhung	Qualerh	i
0,23	0,21	156	9d)	Qualitätsverbesserung	VerbQual	i
0,25	0,18	157	9e)	Motivierung der Mitarbeiter	Mot	i
0,19	0,17	158	9f)	Kundenbindung	Kbind	i
0,16	0,16	159	10)	Fähigkeit zur Verbesserung	VerbFlex	i
0,18	0,21	160	11a)	flex. Zuordnung von Ressour.	flexRess	i
–	0,16	161	11b)	flexible Beschaffung	flexBes	i
0,17	–	164	11e)	flexible Marktstrategien	flexStrat	i
0,18	0,18	165	12)	Selbstorganisation	Slbstorg	o

Ergebnis: 17 mit Erfolg korrelierende Erfolgspotential-Aspekte, die es gemäß des ausgearbeiteten theoretischen Erfolgspotential-Konzeptes zu Erfolgspotentiale zu verdichten gilt.

Als Korrelationsmaße wurden folgende verwendet:

bei Typ n: Phi (2x2-Matrix)
Kontingenz C (nxm-Matrix)
bei Typ o: Kendall's Tau B (2x2-Matrix)
Kendall's Tau C (nxm-Matrix)
bei Typ i: r (nach Bravais-Pearson)
Testniveau: 5 Prozent

Die 9 erfolgskritischen Erfolgspotentiale	
Kostenseitige Erfolgspotentiale	
a) Vertriebskosten	Item 132
b) Verwaltungskosten	Item 133
c) Rüstzeit	Item 151
Erlösseitige Erfolgspotentiale	
d) Qualität	Item 144
e) Absatzmenge	Item 147
f) Lieferzeit	Item 148
Fähigkeitsbezogene Erfolgspotentiale	
g) Handlungsfähigkeit	Item 153+154+159+160+ +161+164+(165)[1]
h) Lernfähigkeit	Item 155+156
i) Bedürfnisbefriedigungs-fähigkeit	Item 157+158

Die 9 erfolgskritischen Erfolgspotentiale nach Korrelationsstärke zum Cash flow sortiert	
1) Handlungsfähigkeit	$r_{CF} = 0,31$ $r_{ROI} = 0,28$
2) Lernfähigkeit	$r_{CF} = 0,29$ $r_{ROI} = 0,22$
3) Verwaltungskosten	$r_{CF} = 0,29$ (-) $r_{ROI} = 0,20$ (-)
4) Bedürfnisbefriedigungs-fähigkeit	$r_{CF} = 0,26$ $r_{ROI} = 0,21$
5) Qualität	$r_{CF} = 0,21$ $r_{ROI} = 0,20$
6) Rüstzeit	$r_{CF} = 0,20$ $r_{ROI} = 0,12$
7) Vertriebskosten	$r_{CF} = 0,17$ (-) $r_{ROI} = 0,10$ (-)
8) Absatzmenge	$r_{CF} = 0,16$ $r_{ROI} = 0,11$
9) Lieferzeit	$r_{CF} = 0,15$ $r_{ROI} = 0,16$

1 Item 165 ist nicht Bestandteil des Indexes für Handlungsfähigkeit, da es keine 5er-Skalierung aufweist.

Anhang 6

Häufigkeitsverteilung der Erfolgsindikatoren Return on Investment (ROI) und Cash flow (CF) in den drei Erhebungswellen

Frage 8 im Fragebogen:
In bezug auf den Branchendurchschnitt war in den letzten 5 Jahren unser
- Return on Investment (ROI):
- Cash flow :
(deutlich besser – besser – gleich – schlechter – deutlich schlechter)

Häufigkeitsverteilungen vom ROI in den drei Erhebungswellen

ROI			
	1. Welle	**2. Welle**	**3. Welle**
deutlich schlechter	1,9 %	0,5 %	2,3 %
schlechter	12,4 %	11,2 %	13,5 %
gleich	34,6 %	40,3 %	45,9 %
besser	36,5 %	35,7 %	27,8 %
deutlich besser	14,7 %	12,2 %	10,5 %
nicht erfolgreich[1]	48,9 %	52 %	61,7 %
erfolgreich	51,5 %	48 %	38,3 %
n	266	196	133

1 Als nicht erfolgreich werden Unternehmungen eingestuft, die deutlich schlechter bis gleich sind; erfolgreiche weisen demnach bessere bis deutlich bessere Ergebnisse auf.

Häufigkeitsverteilungen vom Cash flow in den drei Erhebungswellen

Cash flow			
	1. Welle	**2. Welle**	**3. Welle**
deutlich schlechter	3,6 %	1,5 %	2,8 %
schlechter	13,1 %	12,9 %	12,8 %
gleich	27,6 %	33,2 %	31,2 %
besser	37,1 %	36,1 %	41,1 %
deutlich besser	18,5 %	16,3 %	12,1 %
nicht erfolgreich	44,4 %	47,5 %	46,8 %
erfolgreich	55,6 %	52,5 %	53,2 %
n	275	202	141

Anhang 7

Tabellarische Zusammenfassung der verdichteten Erfolgsfaktoren der drei Erhebungswellen (1994, 1993, 1992)

Auflistung der »verdichteten« Erfolgsfaktoren der 3. Welle (1994)
(nach Korrelationstärke[1] sortiert)

EF-Nr.	Erfolgsfaktor	Items	Ausprägungen
1	Innovationsmanagement	96	über dem Branchendurchschnitt liegende Anzahl von Innovationen
	r_{CF}[2] = 0,24	119	»Patentstärke«, gemessen in Anzahl
	r_{ROI}[3] = 0,33	120	der Patente in 1992 und 1993
2	Zeitmanagement[4]	90	primär zeit- statt kostenorientierte Gestaltung der Wertschöpfungskette
		91	möglichst schnell aufeinander folgende, wenngleich rel. kleine Produktinnovationen
		92	konsequente Reduzierung der Komplexität der Leistungserstellungsprozesse um eine möglichst große Anzahl von Produktvarianten kostengünstig anbieten zu können
	r_{CF} = 0,24 r_{ROI} = 0,11	93	Ansprache von Kunden, die eine schnelle Lieferung und breite Produktauswahl bevorzugen (»zeitsensible« Kunden)
3	Leitbild	25	ausgeprägtes Streben nach ausgewogener Interessenberücksichtigung zwischen Kapitalgebern, Management und Mitarbeitern

1 Stärke: Dabei gilt r_{CF} als entscheidendes Kriterium.

2 r_{CF} = Korrelationskoeffizient »r« von Bravais-Pearson, gibt die Stärke der linearen statistischen Beziehung zwischen zwei intervallskalierten Variablen an. »r_{CF}« zeigt demgemäß die Stärke des statistischen Zusammenhangs zwischen dem Cash flow und dem jeweiligen Erfolgsfaktor auf.

3 r_{ROI} = gibt analog zu r_{CF} die Stärke der Beziehung zum ROI an.

4 Bei diesem Erfolgsfaktor korrelieren die einzelnen Items nicht mit Erfolg, der Index zur Operationalisierung des Zeitmanagements aber rel. stark.

	$r_{CF} = 0{,}23$ $r_{ROI} = 0{,}28$	27	Unternehmung ist lebendig und entwicklungsfähig (evolutionäre Organisation)
4	EDV-Einsatz $r_{CF} = 0{,}23$ $r_{ROI} = 0{,}25$	38 40 41	über dem Branchendurchschnitt liegender Einsatz von EDV in den Funktionsbereichen M/V, Produktion und in der Verwaltung
5	Planung[5] $r_{CF} = 0{,}16$ $r_{ROI} = 0{,}16$	42	ausgeprägte Leitbildplanung
6	Marktliche Umweltfaktoren $r_{CF} = 0{,}15$ (-) $r_{ROI} = 0{,}14$ (-)	16	eher geringer Wettbewerbsdruck bei der wichtigsten Produktgruppe
7	Strategiekontrolle $r_{CF} = 0{,}13$ $r_{ROI} = 0{,}11$	114 115	ausgeprägte Kontrolle der grundlegenden Annahmen (Prämissen) und bezüglich neuer Chancen und Risiken der globalen Umwelt
8	Umweltschutz-management $r_{CF} = 0{,}12$ $r_{ROI} = 0{,}07$	14 15 28	ausgeprägtes Streben nach umweltgerechter Gestaltung des Produktionsprozesses und des Produktes Umweltschutz im Leitbild ausgeprägt vorhanden
9	Faktoren Strategischer Wahl[6] $r_{CF} = 0{,}12$ $r_{ROI} = 0{,}01$	100	Weitgehende Strategiemachbarkeit
10	Strategieimplementation[7] $r_{CF} = 0{,}01$ $r_{ROI} = 0{,}16$	111	Hoher Grad des Einbezugs mittlerer Angestellter bei der Strategiedurchführung

5 Hier gilt der Korrelationskoeffizient »Tau C«.
6 Hier gilt der Korrelationskoeffizient »Tau C«.
7 Hier gilt der Korrelationskoeffizient »Tau C«.

Auflistung der »verdichteten« Erfolgsfaktoren der 2. Welle (1993)
(nach Korrelationstärke sortiert)

EF-Nr.	Erfolgsfaktor	Items	Ausprägungen
1	EDV-Einsatz	38	über dem Branchendurchschnitt liegender Einsatz von EDV in den Funktionsbereichen M/V
		39	F&E
	$r_{CF} = 0,37$	40	Produktion und in der
	$r_{ROI} = 0,30$	41	Verwaltung
2	Innovationsmanagement	58	Org.Einheiten/Innovationssuche
		61	Qualitätszirkel
		96	über dem Branchendurchschnitt liegende Anzahl von Innovationen
		97	Innovationen entlang der ganzen Wertschöpfungskette und nicht nur in der Produktion und am Produkt
	$r_{CF} = 0,31$	98	konsequenter Einbezug von Kunden
	$r_{ROI} = 0,32$		bei der Innovationssuche
3	Leitbild	25	ausgeprägtes Streben nach ausgewogener Interessenberücksichtigung zwischen Kapitalgebern, Management und Mitarbeitern
	$r_{CF} = 0,30$	27	Unternehmung ist lebendig und
	$r_{ROI} = 0,23$		entwicklungsfähig (evolutionäre Organisation)
4	Globale Umweltfaktoren[8]	3	Konjunktureinfluß
	$r_{CF} = 0,17$	22	(Risiko durch Anbieter aus Billiglohn-Ländern)
	$r_{ROI} = 0,17$		
5	Faktoren Strategischer Wahl	103	es wird Wert gelegt auf hohe Motivation und
	$r_{CF} = 0,16$	104	hohe Innovationsorientierung der
	$r_{ROI} = 0,18$		Strategieträger
6	Effiziente Verwaltung	33	eher geringer Einsatz von Kapital in
	$r_{CF} = -0,16$		der Verwaltung
	$r_{ROI} = -0,1$		

8 Hier gilt Tau C als Korrelationskoeffizient.

7	Marktliche Umweltfaktoren $r_{CF} = 0{,}12$ $r_{ROI} = 0{,}25$	12 19	hoher Marktanteil des wichtigsten Produktes (Wettbewerbskraft: Verdrängungsgefahr)
8	Umweltschutz-management $r_{CF} = 0{,}12$ $r_{ROI} = 0{,}17$	14 28 59	ausgeprägtes Streben nach umweltgerechter Gestaltung des Produktionsprozesses Umweltschutz im Leitbild ausgeprägt vorhanden (Org.Einheiten/Ökologie)
9	Planung $r_{CF} = 0{,}12$ $r_{ROI} = 0{,}15$	42 43 45	ausgeprägte Leitbildplanung Strategische Planung und Funktionsbereichsplanung
10	Strategiekontrolle[9] $r_{CF} = 0{,}12$ $r_{ROI} = 0{,}14$	114	ausgeprägte Kontrolle der grundlegenden Annahmen (Prämissen)
11	Organisation[10] $r_{CF} = 0{,}07$ $r_{ROI} = 0{,}15$	54	moderne Form der Arbeitsstrukturierung im Fertigungsbereich, Job Enlargement
12	Controlling $r_{ROI} = 0{,}07$ $r_{CF} = 0{,}07$	46 47 48 49	Controlling vorhanden und ausgeprägte Mitwirkung bei der Planung ausgeprägte Koordination und Durchführung bei der periodischen Ergebnis- und Finanzplanung durch das Controlling ausgeprägte Durchführung der Kosten-/Erlösrechnung durch das Controlling ausgeprägte Nutzung eines computergestützten Controllingsystems

9 Hier gilt »Tau C« als Korrelationskoeffizient.

10 Hier gilt der Korrelationskoeffizient »Tau C«.

Auflistung der »verdichteten« Erfolgsfaktoren der 1. Welle (1992)
(nach Korrelationstärke sortiert)

EF-Nr.	Erfolgsfaktor	Items	Ausprägungen
1	EDV-Einsatz	38	über dem Branchendurchschnitt liegender Einsatz von EDV in den Funktionsbereichen M/V
		39	F&E
	$r_{CF} = 0{,}32$	40	Produktion und in der
	$r_{ROI} = 0{,}28$	41	Verwaltung
2	Faktoren Strategischer Wahl	99	intensive Abstimmung der geplanten Strategie mit den vorhandenen Ressourcen
		100	weitgehende Durchsetzbarkeit der geplanten Strategie sicher gestellt
		103	es wird Wert gelegt auf hohe Motivation und
	$r_{CF} = 0{,}23$	105	kompetentes Führungsverhalten der
	$r_{ROI} = 0{,}22$		Strategieträger
3	Innovationsmanagement	85	Strategisch intendierter Versuch durch das Hervorbringen ständig neuer Innovationen Wettbewerbsvorteile zu erringen (innovatives Wettbewerbs-verhalten)
		96	über dem Branchendurchschnitt liegende Anzahl von Innovationen
		97	Innovationen entlang der ganzen Wertschöpfungskette und nicht nur in der Produktion und am Produkt
	$r_{CF} = 0{,}22$	98	konsequenter Einbezug von Kunden
	$r_{ROI} = 0{,}25$		bei der Innovationssuche
4	Planung	42	ausgeprägte Leitbildplanung
		43	Strategische Planung und
	$r_{CF} = 0{,}21$	45	Funktionsbereichsplanung
	$r_{ROI} = 0{,}2$		
5	Strategieimplementation	107	weitgehende Organisationsanpassung gemäß der Strategie
		110	weitgehender Einbezug der betroffe-nen Führungskräfte
		111	der mittleren Angestellten und auch
	$r_{CF} = 0{,}2$	112	der Arbeiter bei der Strategiedurch-
	$r_{ROI} = 0{,}23$		führung

6	Leitbild	25	ausgeprägtes Streben nach ausgewogener Interessenberücksichtigung zwischen Kapitalgebern, Management und Mitarbeitern
		26	Streben nach langfristiger Überlebenssicherung
		27	Unternehmung ist lebendig und entwicklungsfähig
	$r_{CF} = 0{,}19$	(67	primäre Stärke im Leitbild) $r_{ROI} = 0{,}19$

7	Umweltschutzmanagement	14	ausgeprägtes Streben nach umweltgerechter Gestaltung des Produktionsprozesses
	$r_{CF} = 0{,}16$ $r_{ROI} = 0{,}16$	28	Umweltschutz im Leitbild ausgeprägt vorhanden

8	Zeitmanagement	88	flexibler Einsatz der Leistungspotentiale bzw. Ressourcen
		90	primär zeit- statt kostenorientierte Gestaltung der Wertschöpfungskette[11]
		91	möglichst schnell aufeinander folgende wenngleich rel. kleine Produktinnovationen
	$r_{CF} = 0{,}13$ $r_{ROI} = 0{,}15$	93	Ansprache zeitsensibler Kunden

9	Controlling	46	Controlling vorhanden und ausgeprägte Mitwirkung bei der Planung
		47	ausgeprägte Koordination und Durchführung bei der periodischen Ergebnis- und Finanzplanung durch das Controlling
		48	ausgeprägte Durchführung der Kosten-/Erlösrechnung durch das Controlling
	$r_{CF} = 0{,}13$ $r_{ROI} = 0{,}15$	49	ausgeprägte Nutzung eines computergestützten Controllingsystems

11 Item 90 und 91 korrelieren isoliert betrachtet nicht mit den Erfolgsindikatoren.

10	Erfolgskritische Wettbewerbskräfte	16	eher niedriger Konkurrenzdruck
		17	geringe Abhängigkeit von Abnehmern und
	$r_{CF} = 0{,}12$ (-) $r_{ROI} = 0{,}2$ (-)	18	Lieferanten
11	Organisation	54	moderne Formen der Arbeitsstrukturierung im Fertigungsbereich, insbesondere Job Enlargement und
		55	Job Rotation
	$r_{CF} = 0{,}17$ $r_{ROI} = 0{,}08$ n.s.[12]	(52	Unternehmungsspitze besteht aus Gremium)
12	Investitionsstrategie $r_{CF} = 0{,}15$ $r_{ROI} = 0{,}12$ n.s.	95	Investitionsstrategie als Grundstrategie bei der Ressourcenverteilung
13	Strategiekontrolle	113	ausgeprägte Kontrolle der Zwischenziele der Programme und Pläne
		114	der grundlegenden Annahmen (Prämissen) und
	$r_{CF} = 0{,}13$ $r_{ROI} = 0{,}1$ n.s	115	bezüglich (neuer) Chancen und Risiken
14	Schlanke Verwaltung	33	eher geringer Einsatz von Kapital
	$r_{CF} = 0{,}13$ (-) n.s. $r_{ROI} = 0{,}18$ (-)	37	und Mitarbeitern in der Verwaltung

12 n.s. = nicht signifikant In der 1. Welle wurde die Reihenfolge der Erfolgsfaktoren dadurch gebildet, daß zuerst nur die Faktoren betrachtet wurden, die bei beiden Indikatoren signifikante Zusammenhänge aufweisen können.

Abbildungsverzeichnis

Abbildung 1: 10 Faktoren wirtschaftlichen Erfolgs (3.Welle) 14
Abbildung 2: Erfolgsfaktoren-Ansätze im Überblick 19
Abbildung 3: Phasen des Strategischen Managements nach Steinmann/ Schreyögg 22
Abbildung 4: Das PIMS-Paradigma der Wettbewerbsstrategie 25
Abbildung 5: Der Managementkubus im Überblick 39
Abbildung 6: Der detaillierte Managementkubus 41
Abbildung 7: Umwelt als umhüllende Schale 43
Abbildung 8: Strategisches Management im Managementkubus 45
Abbildung 9: Planung, Kontrolle und Controlling – Elemente einer strategischen Controlling-Konzeption 49
Abbildung 10: Faktorblöcke des HEFAP-Erfolgsfaktorenmodells 52
Abbildung 11: Kritische Massen des Ressourceneinsatzes 56
Abbildung 12: Verlagerung des Innovationsschwerpunktes im Zeitablauf 61
Abbildung 13: Komplexität und relativer Anteil indirekter Kosten in der Produktion 63
Abbildung 14: Zeitverbräuche in der Automobilindustrie 1988 76
Abbildung 15: Stückkostenverläufe bei traditionellen Produktionsverhältnissen der Massenfertigung 81
Abbildung 16: Stückkostenverläufe bei flexibler Produktionsweise 82
Abbildung 17: Bereiche eines umfassenden Umweltschutzmanagements nach Annighöfer 86
Abbildung 18: Erfolgsfaktoren, Erfolgspotentiale und Erfolg im HEFAP 97
Abbildung 19: Das »Erfolgsfaktoren-Hufeisen« der ersten Erhebungswelle 163
Abbildung 20: Das »Erfolgsfaktoren-Hufeisen« der zweiten Erhebungswelle 171
Abbildung 21: Das »Erfolgsfaktoren-Hufeisen« der dritten Erhebungswelle 178
Abbildung 22: Entwicklung der verdichteten Erfolgsfaktoren im Zeitablauf (1992–1994) 184
Abbildung 23: Der »Papiercomputer« 189
Abbildung 24: Ergebnis der Erfolgsfaktoren-Beziehungsanalyse mittels Papiercomputer im Praktiker-Workshop 190
Abbildung 25: Ergebnis der Erfolgsfaktoren-Beziehungsanalyse als Netzwerk dargestellt 192
Abbildung 26: Wirkbezüge der 12 Erfolgsfaktoren auf das produktpolitik-bezogene Erfolgspotential im Praktiker-Workshop 197

Abbildung 27: Wirkbezüge der 12 Erfolgsfaktoren auf das preispolitik-bezogene Erfolgspotential im Praktiker-Workshop 199
Abbildung 28: Wirkbezüge der 12 Erfolgsfaktoren auf das Erfolgspotential »Beschaffungskosten« im Praktiker-Workshop 201
Abbildung 29: Wirkbezüge der 12 Erfolgsfaktoren auf das Erfolgspotential »Produktionskosten« im Praktiker-Workshop 204
Abbildung 30: Wirkbezüge der 12 Erfolgsfaktoren auf das Erfolgspotential »Flexibilität« im Praktiker-Workshop 206
Abbildung 31: Wirkbezüge der 12 Erfolgsfaktoren auf das Erfolgspotential »Motivation/Qualifikation« im Praktiker-Workshop 208
Abbildung 32: Kategorisierung der Erfolgspotentiale im HEFAP 213
Abbildung 33: Ergebnis der Erfolgsfaktor-Erfolgspotential-Korrelationsanalysen 216
Abbildung 34: Wirkungen des Erfolgsfaktors »Innovationsmanagement« 217
Abbildung 35: Wirkungen des Erfolgsfaktors »Zeitmanagement« 219
Abbildung 36: Wirkungen des Erfolgsfaktors »Leitbild« 221
Abbildung 37: Wirkungen des Erfolgsfaktors »EDV-Einsatz« 223
Abbildung 38: Wirkungen des Erfolgsfaktors »Planung« 224
Abbildung 39: Wirkungen des Erfolgsfaktors »Strategiekontrolle« 226
Abbildung 40: Wirkungen des Erfolgsfaktors »Umweltschutzmanagement« 228
Abbildung 41: Wirkungen des Erfolgsfaktors »Faktoren Strategischer Wahl« 229
Abbildung 42: Wirkungen des Erfolgsfaktors »Strategieimplementation« 231

ANHANG 3
Abbildung 1: Branchenbezogene Erfolgsfaktoren der 1. Welle in 1992 und ihre relative Bedeutung 286
Abbildung 2: Branchenbezogene Erfolgsfaktoren der 2. Welle in 1993 und ihre relative Bedeutung 287
Abbildung 3: Branchenbezogene Erfolgsfaktoren der 3. Welle in 1994 und ihre relative Bedeutung 288

ANHANG 4
Abbildung 1: Größenklassenbezogene Erfolgsfaktoren der 1. Welle in 1992 und ihre relative Bedeutung 290
Abbildung 2: Größenklassenbezogene Erfolgsfaktoren der 2. Welle in 1993 und ihre relative Bedeutung 291
Abbildung 3: Größenklassenbezogene Erfolgsfaktoren der 3. Welle in 1994 und ihre relative Bedeutung 292

Literaturverzeichnis

Adamer, M. M./Kaindl, G. (1994), *Erfolgsgeheimnis von Markt- und Weltmarktführern – Eine Analyse der Erfolgsfaktoren von erfolgreichen Unternehmen des deutschsprachigen Raumes,* München u. Mering 1994.

Adrian, W. (1989), *Strategische Unternehmensführung und Informationssystemgestaltung auf der Grundlage kritischer Erfolgsfaktoren – Ein anwendungsorientiertes Konzept für mittelständische Unternehmen,* Bergisch Gladbach Köln 1989.

Albach, H. (1987), »Investitionspolitik erfolgreicher Unternehmen«, in: *Zeitschrift für Betriebswirtschaftslehre,* 57. Jg., 1987, Heft 7, S. 636–661.

Annighöfer, F. (1991), »Wettbewerbsvorteile durch Strategisches Umweltschutzmanagement«, in: Organisationsforum Wirtschaftskongress e.V. (Hrsg.), *Umweltmanagement im Spannungsfeld zwischen Ökologie und Ökonomie,* Wiesbaden 1991, S. 148–165.

Balderjahn, I. (1988), »Die Kreuzvalidierung von Kausalmodellen«, in: *Marketing* ZFP, 10. Jg., 1988, S. 61–73.

Baran, S./Zandan, P./Vanston, I. H. (1986), »How effectively are we managing Innovation?«, in: *Research Management,* 29. Jg., 1986, Heft 1, S. 23–25.

Berekoven, L./Eckert, W./Ellenrieder, P. (1989), *Marktforschung – Methodische Grundlagen und praktische Anwendung,* 4. Auflage, Wiesbaden 1989.

Berninghaus, H. (1991), »Trends im Beratungsumfeld und Konsequenzen für die Methodik der Unternehmensberatung«, in: Wacker, W. H. (Hg.), *Internationale Managementberatung: Tagungsband zur Fachtagung der wissenschaftlichen Kommission Internationales Management im Verband der Hochschullehrer für Betriebswirtschaft e.V.,* Berlin 1991, S. 51–63.

Bleicher, K. (1991), *Das Konzept Integriertes Management,* Frankfurt/M. New York 1991.

Brandl, M. (1989), »Funktionen der Führung – Ein klassisches Thema aus der Perspektive neuerer sozialwissenschaftlicher Ansätze«, in: Kirsch, W. (Hrsg.), *Münchener Schriften zur angewandten Führungslehre,* Herrsching 1989.

Bühner, R. (1990), »Economics of Speed – Beschleunigung der Abläufe im Unternehmen zur Erhöhung der Wettbewerbsfähigkeit, in: Bleicher, K./Gomez, P. (Hrsg.), *Zukunftsperspektiven der Organisation,* Bern 1990, S. 23–43.

Bullinger, H.-J./Wasserloos, G. (1992), »Innovative Unternehmensstrukturen – Paradigmen des schlanken Unternehmens«, in: *Office Management,* 1992, Heft 1–2, S. 6–21.

Buzzell, R. D./Gale, B. T. (1989), *Das PIMS-Programm – Strategien und Unternehmungserfolg,* Wiesbaden 1989.

Corsten, H. (1993), »Beschaffung«, in: Corsten, H. (Hrsg.), *Lexikon der Betriebswirtschaftslehre,* 2. Auflage, München Wien 1993, S. 100–104.

Corsten, H. (Hrsg.) (1993), *Lexikon der Betriebswirtschaftslehre,* 2. Auflage, München/Wien 1993.

Dellmann, K. (1991), »Einflußgrößen der Erfolgsdynamik«, in: Kistner, K.-P./ Schmidt, R. (Hrsg.), *Unternehmensdynamik – Festschrift zum 60. Geburtstag von Horst Albach,* Wiesbaden 1991, S. 419–442.

Diller, H./Lücking, J. (1993), »Die Resonanz der Erfolgsfaktorenforschung beim Management von Großunternehmen«, in: *Zeitschrift für Betriebswirtschaft,* 63. Jg., 1993, Heft 12, S. 1229–1249.

Dörler, H. A./Rufer, D./Wüthrich, H. A. (1989), »Von der Produkt/Marktplanung zur dynamischen Unternehmensarchitektur«, in: Riekhof, H.-C. (Hrsg.), 1989b, S. 23–45.

Dorow, W. (1982), *Unternehmungspolitik,* Stuttgart 1982.

Dunst, K. H. (1979), *Portfolio Management – Konzeption für die strategische Unternehmensplanung,* Berlin New York 1979.

Dyllick, T. (1982), *Gesellschaftliche Instabilität und Unternehmungsführung – Ansätze zu einer gesellschaftsbezogenen Managementlehre,* Bern, Stuttgart 1982.

Eggers, B. (1994), *Ganzheitlich-vernetzendes Management – Konzepte, Workshop-Instrumente und strategieorientierte PUZZLE-Methodik,* Wiesbaden 1994.

Escherle, H. J., Kaplaner, K. (1982), *Wirtschaft zum Nachschlagen,* München 1982.

Frese, E. (1987), *Unternehmungsführung,* Landsberg a. Lech 1987.

Fritz, W. (1990), »Marketing – ein Schlüsselfaktor des Unternehmungserfolges?«, in: *Marketing* ZFP, 12. Jg., Heft 2, 1990, S. 91–110.

Gälweiler, A. (1990), *Strategische Unternehmensführung,* Frankfurt/M. New York 1990.

Gerybadze, A. (1988), »Innovationswettbewerb: Der Hase und der Igel in den Märkten von morgen«, in: Arthur D. Little International (Hrsg.), *Management des geordneten Wandels,* Wiesbaden 1988, S. 107–122.

Geschka, H. (1993), *Wettbewerbsfaktor Zeit – Beschleunigung von Innovationsprozessen,* Landsberg/Lech 1993.

Gordon, M. M. (1986), *Das Iacocca-Management,* Landsberg/Lech 1986.

Greipel, P. (1988), *Strategie und Kultur – Grundlagen und mögliche Handlungsfelder kulturbewußten strategischen Managements,* Bern, Stuttgart 1988.

Gussmann, B. (1988), *Innovationsfördernde Unternehmenskultur – Die Steige-*

rung der Innovationsbereitschaft als Aufgabe der Organisationsentwicklung, Berlin 1988.

Gutenberg, E. (1969), *Grundlagen der Betriebswirtschaftslehre,* 3. Bd., Die Finanzen, Berlin 1969.

Habel, S. (1992), *Strategische Unternehmensführung im Lichte der empirischen Forschung – Bestandsaufnahme und kritische Würdigung eines komplexen Forschungsfeldes,* München 1992.

Hammer, R. M. (1988), *Strategische Planung und Frühaufklärung,* München u.a. 1988.

Hauschildt, J. (1991), »Zur Messung des Innovationserfolgs«, in: *Zeitschrift für Betriebswirtschaft,* 61. Jg., 1991, Heft 5, S. 462–470.

Hax, A. C./Majluf, N. S. (1991), *Strategisches Management – Ein integratives Konzept aus dem MIT,* Frankfurt/M. u.a. 1991.

Heinen, E. (1977), *Einführung in die Betriebswirtschaftslehre,* 6. Aufl., Wiesbaden 1977.

Heinen, E. (1991), »Industriebetriebslehre als entscheidungsorientierte Unternehmensführung«, in: Heinen, E. (Hrsg.), *Industriebetriebslehre,* 9. Auflage, Wiesbaden 1991, S. 1–72.

Heinen, E./Dietl, B. (1991), »Kostenrechnung«, in: Heinen, E. (Hrsg.), *Industriebetriebslehre,* 9. Auflage, S. 1157–1314.

Heisman, G. (1985), »Management/Unternehmensführung: Eine Frage des Stils – Über die Untersuchung von David Clutterbuck und Walter Goldsmith«, in: *Manager Magazin,* 1985, Heft 9, S. 202–207.

Hildebrandt, L. (1992), »Wettbewerbssituation und Unternehmenserfolg«, in: *Zeitschrift für Betriebswirtschaft,* 62. Jg., 1992, Heft 10, S. 1069–1084.

Hill, N. (1988), *Denke nach und werde reich,* 17. Auflage, Genf 1988.

Hinterhuber, H. H. (1992), (1989), *Strategische Unternehmungsführung,* Bd. I, Strategisches Denken, Berlin 1992; Bd. II, Strategisches Handeln, 4. Aufl., Berlin u.a. 1989.

Hirzel, M. (1991), »Geschwindigkeit heißt das Ziel – Speedmanagement zur Verbesserung des Innovationspotentials«, in: *Gabler Magazin,* 1991, Heft 7, S. 37ff.

Hoffmann, F. (1986), »Kritische Erfolgsfaktoren – Erfahrungen in großen und mittelständischen Untenehmungen«, in: *Zeitschrift für betriebswirtschaftliche Forschung,* 38. Jg., 1986, Heft 10, S. 831–843.

Höhler, G. (1992), *Spielregeln für Sieger,* Düsseldorf u.a. 1992.

Hoitsch, H.-J. (1993), »Produktion«, in: Corsten, H. (Hrsg.), *Lexikon der Betriebswirtschaftslehre,* 2. Auflage, München Wien 1993, S. 707–708.

Holz, B. F. (1989), »Innovation – Die Gratwanderung zwischen Erfolg und Pleite«, in: Apitz, K./Gäbler, W./Holz, B. F./Poth, L. G./Wieczorek, B. J. (Hrsg.), *Erfolgsfaktoren von Marktführern,* Landsberg/Lech 1989, S. 15–67.

Holzwarth, F. (1993), »Zeit verkürzen heißt Leistung steigern«, in: *Siemens-Zeitschrift,* 67. Jg., 1993, Heft 2, S. 8–13.

Homburg, C. (1990), »Strategieformulierung mit Hilfe von SPACE«, in: *Zeitschrift für Planung,* 1990, Heft 1, S. 51–67.

Homburg, C. (1991), *Modellgestützte Unternehmensplanung,* Wiesbaden 1991.

Hopfenbeck, W. (1989), *Allgemeine Betriebswirtschafts- und Managementlehre – Das Unternehmen im Spannungsfeld zwischen ökonomischen, sozialen und ökologischen Interessen,* Landsberg a. Lech 1989.

Hsiao, C. (1986), *Analysis of Panel Data,* Cambridge MA 1986.

Hübl, L. (1991), »Stärken und Schwächen des Standortes Hannover im internationalen Wettbewerb«, in: Kreissparkasse Hannover (Hrsg.), *Im Dialog für eine gemeinsame Zukunft – Politik und Wirtschaft im Gespräch – Dokumentation des Symposiums vom 7. September 1991,* S. 14–28.

Imai, M. (1993), Kaizen – *Der Schlüssel zum Erfolg der Japaner im Wettbewerb,* 9. Auflage, München 1993.

Jacobson, R. (1990), »Unobservable Effects and Business Performance«, in: *Marketing Science,* 9. Jg., 1990.

Kähler, W.-M. (1990), *Statistische Datenanalyse mit SPSS/PC+ – Eine Einführung in Grundlagen und Anwendung*, Braunschweig 1990.

Kantzenbach, E. (1979), *»Innovation und Unternehmensgröße«, in: IFO-Institut für Wirtschaftsforschung (Hrsg.), Innovation in der Wirtschaft – Referate und Diskussionsbeiträge der Tagung vom 17.–19. 3. 1979,* S. 220–228.

Kieser, A. (1985), »Die innovative Unternehmung als Voraussetzung der internationalen Wettbewerbsfähigkeit«, in: *Wirtschaftswissenschaftliches Studium,* 14. Jg., 1985, Heft 7, S. 354–358.

Kirchgeorg, M. (1989), *Ökologieorientiertes Unternehmensverhalten: Typologien und Erklärungsansätze auf empirischer Grundlage,* Wiesbaden 1989.

Kirsch, W. (1990), *Unternehmenspolitik und strategische Unternehmensführung,* München 1990.

Kirsch, W. (1992), *Kommunikatives Handeln, Autopoiese, Rationalität – Sondierungen zu einer evolutionären Führungslehre,* München 1992.

Kirschbaum, V. (1995), *Unternehmungserfolg durch Zeitwettbewerb – Strategie, Implementation und Erfolgsfaktoren,* München u. Mering 1995.

Kolks, U. (1990), *Strategieimplementierung – Ein anwenderorientiertes Konzept,* Wiesbaden 1990.

Koontz, H./O'Donnell, C./Weihrich, H. (1984), *Management*, 8. Aufl., New York 1984.

Kreibich, R. (1991), »Zukunft der Unternehmen durch ökologische Produktions- und Entsorgungsstrategien«, in: Organisationsforum Wirtschaftskongress e.V. (Hrsg.), *Umweltmanagement im Spannungsfeld zwischen Ökologie und Ökonomie,* Wiesbaden 1991, S. 133–147.

Kreikebaum, H. (1989), *Strategische Unternehmensplanung,* 3. Auflage, Stuttgart u.a. 1989.

Krüger, W. (1988), »Die Erklärung von Unternehmungserfolg: Theoretischer Ansatz und empirische Ergebnisse«, in: *Die Betriebswirtschaft,* 48. Jg., 1988, Heft 1, S. 27–43.

Krüger, W. (1989), »Hier irrten Peters/Waterman«, in: *Harvard Management,* 11. Jg., 1989, Heft 1, S. 13–18.

Krüger, K./Schwarz, G. (1990), »Konzeptionelle Analyse und praktische Bestimmung von Erfolgsfaktoren und Erfolgspotentialen«, in: Bleicher, K./ Gomez, P. (Hrsg.), *Zukunftsperspektiven der Organisation,* Bern 1990, S. 179–209.

Krystek, V. (1987), *Unternehmenskrisen: Beschreibung, Vermeidung und Bewältigung überlebenskritischer Prozesse in der Unternehmung,* Wiesbaden 1987.

Kuhn, A. (1990), *Unternehmensführung,* 2. Aufl., München 1990.

Kühn, G. (1992), »Speed-Management und kreative Mitarbeiterführung«, in: *io Management Zeitschrift,* 61. Jg., 1992, Heft 1, S. 37–39.

Lange, B. (1982), »Bestimmung strategischer Erfolgsfaktoren und Grenzen ihrer empirischen Fundierung – Dargestellt am Beispiel der PIMS-Studie«, in: *Die Unternehmung,* 36. Jg., 1982, S. 27–41.

Lardi, D./Langmoen, R. (1992), »Zeitmanagement – Führungsmethode mit Zukunft«, in: *io Management Zeitschrift,* 61. Jg., 1992, Heft 1, S. 48–51.

Little, A. D. (Hrsg.), (1988), *Management des geordneten Wandels,* Wiesbaden 1988.

Luchs, R. H./Müller, R. (1985), »Das PIMS-Programm – Strategien empirisch fundieren«, in: *Strategische Planung,* Bd. 1, 1985, S. 79–98.

Maas, C. (1990), *Determinanten betrieblichen Innovationsverhaltens: Theorie und Empirie,* Berlin 1990.

Maier-Rothe, C. (1988), »Wettbewerbsvorteile in der Produktion durch strategische Leistungszentren«, in: Arthur D. Little International (Hrsg.), *Management des geordneten Wandels,* Wiesbaden 1988, S. 151–166.

Mann, R. (1986), »Anforderungen an ein strategisches Controlling«; in Töpfer/ Afheld (Hrsg.), (1986), S. 465–491.

Maury, R. (1991), *Die japanischen Manager,* Wiesbaden 1991.

McWilliams, D. (1991), »Beeinträchtigt kurzfristige Gewinnorientierung langfristige Investitionspolitik?«, in: *Siemens-Zeitschrift,* 1991, Heft 5, S. 4–8.

Meffert, H. (1976), »Die Durchsetzung von Innovationen in der Unternehmung und im Markt«, in: *Zeitschrift für Betriebswirtschaft,* 46. Jg., 1976, Heft 2, S. 77–100.

Meffert, H. (1986), *Marketing – Grundlagen der Absatzpolitik,* 7. Auflage, Wiesbaden 1986.

Meffert, H./Bruhn, M./Schubert, F./Walther, T. (1986), »Marketing und Ökologie – Chancen und Risiken umweltorientierter Absatzstrategien der Unternehmungen«, in: *Die Betriebswirtschaft,* 46 Jg., 1986, S. 140–159.

Mewes, W. (1988), »Komplexe Systeme besser gestalten lernen«, in: *io Management Zeitschrift,* 1988, Hefte 8 und 9.

Meyer-Piening, A. (1988), »Informations-Management in erfolgreichen Firmen«, in: *Online,* 1988, Heft 12, S. 18–27.

Morita, A. (1986), *Made in Japan,* Bayreuth 1986.

Müller-Hagedorn, L./Greune, M. (1992), »Erfolgsfaktorenforschung und Betriebsvergleich im Handel«, in: *Mitteilungen des Instituts für Handelsforschung an der Universität zu Köln,* 44. Jg., 1992, Heft 9, S. 121–131.

Müller-Wenk, R. (1978), *Die ökologische Buchhaltung,* Frankfurt/M. 1978.

Nagel, K. (1991), *Die 6 Erfolgsfaktoren des Unternehmens – Strategie Organisation Mitarbeiter Führungssystem Informationssystem Kundennähe,* 4. Auflage, Landsberg/Lech 1991.

Nieschlag, R./Dichtl, E./Hörschgen, H. (1985), *Marketing,* 14. Auflage, Berlin 1985.

o.V. (1992), »Im Jahr 2000 sehen wir uns wieder«, in: *Der Spiegel,* 46. Jg., Nr. 11 vom 9. März 1992, S. 142–154.

Oberholz, A. (1990), *Umweltorientierte Unternehmensführung: Notwendigkeit, Einführung, Erfolge,* Frankfurt/M. 1990.

Ogger, G. (1992), *Nieten in Nadelstreifen – Deutschlands Manager im Zwielicht,* München 1992.

Pernicky, R. (1988), »Innovative Wertschöpfungsstrategien«, in: Arthur D. Little International (Hrsg.), *Management des geordneten Wandels,* Wiesbaden 1988, S. 137–150.

Peters, T. J./Waterman, R. H. (1984), *Auf der Suche nach Spitzenleistungen* (Orig.: »In Search of Excellence«), 10. Auflage, Landsberg a. Lech 1984.

Porter, M. E. (1986), *Wettbewerbsvorteile – Spitzenleistungen erreichen und behaupten,* Frankfurt/M. 1986.

Porter, M. E. (1992), *Wettbewerbsstrategie – Methoden zur Analyse von Branchen und Konkurrenten,* 7. Auflage, Frankfurt/M. 1992.

Poth, L. G. (1989), »Erfolgsfaktoren von Marktführern – Ergebnisse einer Studie«, in: Apitz, K./Gäbler, W./Holz, B. F./Poth, L. G./Wieczorek, B.J. (Hrsg.), *Erfolgsfaktoren von Marktführern,* Landsberg a. Lech 1989.

Pümpin, C. (1986), *Management strategischer Erfolgspositionen – Das SEP-Konzept als Grundlage wirkungsvoller Unternehmungsführung,* 3. Auflage, Bern, Stuttgart 1986.

Rehkugler, H. (1989), »Erfolgsfaktoren der mittelständischen Unternehmen«, in: *Wirtschaftswissenschaftliches Studium,* 18. Jg., 1989, Heft 11, S. 626–632.

Remer, A./Seidel, E. (Hrsg.), (1991), *Ökologie in der Betriebswirtschaftslehre: Modethema oder Notstand?,* Hummeltal 1991.

Reutner, F. (1988), *Turn around – Sanierung und strategische Ausrichtung,* 2. Auflage, Landsberg/Lech 1988.

Ridder, H.-G. (1990), »Die Integrationsfähigkeit der Allgemeinen Betriebswirtschaftslehre am Beispiel der Ökonomisierung ökologischer Fragestellungen«, in: Freiman, J. (Hrsg.), *Ökologische Herausforderung der Betriebswirtschaftslehre,* Wiesbaden 1990, S. 145–159.

Riekhof, H.-C. (1987), »Strategien des Innovationsmanagements. Rollenverteilung und Motivationssysteme im Innovationsprozeß«, in: *Zeitschrift Führung und Organisation,* 56. Jg., 1987, Heft 1, S. 14–19.

Rogers, E. M. (1983), *Diffusion of Innovations,* 3. Aufl., New York, London 1983.

Schanz, G. (Hrsg.), (1991a), *Handbuch Anreizsysteme in Wirtschaft und Verwaltung,* Stuttgart 1991.

Schanz, G. (1991b), »Motivationale Grundlagen der Gestaltung von Anreizsystemen« in: Schanz, G. (Hrsg.), 1991a, S. 3–30.

Schierenbeck, H. (1986), *Grundzüge der Betriebswirtschaftslehre,* 8. Aufl., München 1986.

Scholz, C. (1987), *Strategisches Management – Ein integrativer Ansatz,* Berlin New York 1987.

Schulz, W. (1991), »Ökocontrolling«, in: *Organisationsforum Wirtschaftskongress e.V. (Hrsg.), Umweltmanagement im Spannungsfeld zwischen Ökologie und Ökonomie,* Wiesbaden 1991, S. 221–242.

Schwarz, G. (1989), *Unternehmungskultur als Element des Strategischen Managements,* Berlin 1989.

Seidel, E./Menn, H. (1988), *Ökologisch orientierte Betriebswirtschaft,* Stuttgart u.a. 1988.

Simon, H. (1989), »Die Zeit als Strategischer Erfolgsfaktor«, in: *Zeitschrift für Betriebswirtschaft,* 59. Jg., 1989, Heft 1, S. 70–93.

Simon, H. (1991), *Simon für Manager,* Düsseldorf u.a. 1991.

Staehle, W. H. (1989a), *Management – Eine verhaltenswissenschaftliche Perspektive,* 4. Aufl., München 1989.

Staehle, W. H. (1989b), *Funktionen des Managements,* 2. Aufl., Stuttgart 1989.

Staehle, W. H. (1991), *Management – Eine verhaltenswissenschaftliche Perspektive,* 6. Auflage, München 1991.

Staerkle, R./Perich, R. (1987), »Exzellenzfaktoren schweizerischer mittelgrosser Industrieunternehmungen«, in: *Die Unternehmung,* 41. Jg., 1987, Heft 5, S. 315–326.

Stalk, G., Jr./Hout, T. M. (1991), *Zeitwettbewerb – Schnelligkeit entscheidet auf den Märkten der Zukunft,* 2. Auflage, Fankfurt/M. New York 1991.

Steger, U. (1988), *Umweltmanagement: Erfahrungen und Instrumente einer umweltorientierten Unternehmensstrategie,* Wiesbaden 1988.

Steinle, C. (1985), *Organisation und Wandel – Konzepte, Mehr-Ebenen-Analyse (MEA), Anwendungen,* Berlin 1985.

Steinle, C. (1988), »III. Betriebliche Planung«, in: Görres-Gesellschaft (Hrsg.), *Staatslexikon,* 7. Aufl. Freiburg u.a. 1988, Sp.407–409.

Steinle, C. (1993a), »Konfliktmanagment«, in: v. Wittmann, W. (Hrsg.), *Handwörterbuch der Betriebswirtschaft,* Teilbd. 2, Stuttgart 1993, Sp. 2200–2216.

Steinle, C. (1993b), »Mitarbeitermotivation schwierig – leistungs- und zufriedenheitsorientierte Führung unmöglich? Wie kann der ost-westliche Führungswandel gelingen?«, in: Steinle, C./Bruch, H. (Hrsg.), *Führung und Qualifizierung,* Frankfurt am Main 1993, S. 144–168.

Steinle, C. (1995), »Betriebswirtschaftslehre als Führungsleere? – Mehrebenenanalytische Skizze zur führungszentrierten Betriebswirtschaftslehre«, in: Wunderer, R. (Hrsg.), *Betriebswirtschaftslehre als Management- und Führungslehre,* 3. Aufl., Stuttgart 1995, S. 285–307.

Steinle, C./Eggers, B. (1991), »Ganzheitliches Problemlösen auf Basis der PUZZLE-Methodik«, in: *Zeitschrift für Planung,* 1991, Heft 4, S. 295–317.

Steinle, C./Eggers, B./Kirschbaum, J./Kirschbaum, V. (1994), *»Erfolgsfaktoren-Beziehungsanalyse«: Ergebnisbericht eines Praktiker-Workshops – Erfolgsfaktoren, Erfolgspotentiale und Erfolg aus Sicht der Praxis,* Diskussionspapier Nr. 187 des Fachbereiches Wirtschaftswissenschaften der Universität Hannover, April 1994.

Steinle, C./Eggers, B./ter Hell, A. (1994), »Gestaltungsmöglichkeiten und -grenzen von Unternehmungskulturen«, in: *Journal für Betriebswirtschaft,* Heft 3–4, 1994, S. 129–148.

Steinle, C./Kirschbaum, J./Kirschbaum, V. (1992), »Ist der wirtschaftliche Erfolg programmierbar?«, in: *Handelsblatt,* Nr. 137, 20. 7. 1992, S. 18.

Steinle, C./Kirschbaum, J./Kirschbaum, V. (1993a), »Unternehmensstrategie frühzeitig mit vorhandenen Ressourcen abstimmen«, in: *Handelsblatt,* Nr. 116, 21. 6. 1993, S. 20.

Steinle, C./Kirschbaum, J./Kirschbaum, V. (1993b), »Die Integration der Mitarbeiter muß auf breiter Basis gewährleistet sein«, in: *Handelsblatt,* Nr. 121, 28.6.1993, S. 21.

Steinle, C./Kirschbaum, J./Kirschbaum, V. (1994), »Was zeichnet erfolgreiche Unternehmen aus? – Ergebnisse einer empirischen Studie«, in: *Der Betriebswirt,* 35. Jg., 1994, Heft 3, S. 14–17.

Steinle, C./Lawa, D./Schmidt, C. (1993), »Entwicklung eines planungsstützenden Erfolgsfaktorenmodells: Rahmen sowie Anwendung in einer Dienstleistungsunternehmung«, in: *Zeitschrift für Planung,* 4. Jg., 1993, Heft 3, S. 195–214.

Steinle, C./Lawa, D./Schollenberg, A. (1994), »Ökologieorientierte Unternehmungsführung – Ansätze, Integrationskonzept und Entwicklungsperspektiven«, in: *Zeitschrift für Umweltpolitik & Umweltrecht,* o. Jg., 1994, Heft 4, S. 409–444.

Steinle, C./Kolbeck, F. (1995), Umwelt-Management. Perspektiven für den Unternehmenserfolg im Verarbeitenden Gewerbe Niedersachsens. Forschungsbericht i. A. des Niedersächsischen Umweltministeriums, Hannover 1995.

Steinmann, H./Hasselberg, F. (1988), »Der strategische Managementprozeß – Vorüberlegungen für eine Neuorientierung«, in: *Zeitschrift für Betriebswirtschaft,* 58. Jg., 1988, Heft 12, S. 1308–1322.

Steinmann, H./Löhr, A. (1989), »Unternehmensethik – eine »realistische Idee« – Versuch einer Begriffsbestimmung anhand eines praktischen Falles«, in: *Zeitschrift für betriebswirtschaftliche Forschung,* 40. Jg., 1989, Heft 4, S. 299–317.

Steinmann, H./Löhr, A. (1992), *Grundlagen der Unternehmensethik,* Stuttgart 1992.

Steinmann, H./Schreyögg, G. (1990), *Management – Grundlagen der Unternehmensführung. Konzepte, Funktionen, Praxisfälle,* Wiesbaden 1990.

Steinmann, H./Schreyögg, G. (1993), *Management – Grundlagen der Unternehmensführung, Konzepte – Funktionen – Fallstudien,* 3. Auflage, Wiesbaden 1993.

Strebel, H. (1980), *Umwelt und Betriebswirtschaft: die natürliche Umwelt als Gegenstand der Unternehmenspolitik*, Berlin 1980.

Thommen, J.-B. (1990), *Managementorientierte Betriebswirtschaftslehre,* 2. Aufl., Bern Stuttgart 1990.

Tiby, C. (1988), »Die Basis unternehmerischer Initiative: Systematisch neue Produkte und Leistungen entwickeln«, in: Arthur D. Little International (Hrsg.), *Management des geordneten Wandels,* Wiesbaden 1988, S. 91–105.

Töpfer, A./Hoppe, K.-H./Kühner, W./Mann, A. (1991), *M U T Marktorientierte Unternehmensführung in Thüringen – Probleme, Maßnahmen und Erfolgsfaktoren auf dem Weg in die Marktwirtschaft,* Forschungsbericht für die 1. Phase, Kassel Jena 1991.

Trommsdorff, V. (1990), *Erfolgsfaktorenforschung, Produktinnovation und*

Schnittstelle Marketing – F&E, Diskussionspapier 143 der Wirtschaftswissenschaftlichen Dokumentation der Technischen Universität Berlin, Berlin 1990.

Ulrich, H. (1987), *Unternehmungspolitik,* 2. Aufl., Bern u.a. 1987.

Ulrich, H. (1988), »Von der Betriebswirtschaftslehre zur systemorientierten Managementlehre«, in: Wunderer, R. (Hrsg.), *Betriebswirtschaftslehre als Management- und Führungslehre,* 2. Aufl., Stuttgart 1988, S. 173–190.

Ulrich, H./Probst, J. B. (1991), *Anleitung zum ganzheitlichen Denken und Handeln – Ein Brevier für Führungskräfte,* 3. Auflage, Bern Stuttgart 1991.

Ulrich, P./Fluri, E. (1988), *Management – Eine konzentrierte Einführung,* 5. Aufl., Bern Stuttgart 1988.

Venohr, B. (1987), *»Marktgesetze« und strategische Unternehmensführung,* Frankfurt/M. 1987.

Verbeek, M./Nijan, T. (1992), »Testing for Slectivity Bias in Panel Data Models«, in: *International Economic Review,* 1992, Heft 33, S. 681–703.

Vester, F. (1984), *Neuland des Denkens,* München 1984.

Weissman, A. (1992), *Management-Strategien – Fünf Faktoren für den Erfolg,* Landsberg/Lech 1992.

Wicher, H. (1991a), »Konzepte, Methoden und Probleme der Innovationsmessung (Überblick der empirischen Studien zur Innovationsmessung)«, in: Wicher, H. (Hrsg.), *Betriebliches Innovationsmanagement – Grundlagen, Konzepte, Erfahrungen,* Ammersbek 1991, S. 9–26.

Wicher, H. (1991b), »Prozeß, Struktur, Umwelt, Erfolg. Stand der empirischen Innovationsforschung (Überblick der empirischen Studien zum Innovationserfolg)«, in: Wicher, H. (Hrsg.), *Betriebliches Innovationsmanagement – Grundlagen, Konzepte, Erfahrungen,* Ammersbek 1991, S. 27–124.

Wicher, H. (Hrsg.), (1991), *Betriebliches Innovationsmanagement – Grundlagen, Konzepte, Erfahrungen,* Ammersbek 1991.

Wild, J. (1988), »Betriebswirtschaftliche Führungslehre«, in: Wunderer, R. (Hrsg.), *Betriebswirtschaftslehre als Management- und Führungslehre,* 2. Aufl., Stuttgart 1988, S. 265–290. Teilabdruck von: »Betriebswirtschaftliche Führungslehre und Führungsmodelle«, in: Wild, J. (Hrsg.), *Unternehmungsführung,* Berlin 1974, S. 141–179.

Wilde, K. D. (1993), »Marketing-Mix«, in: Corsten, H. (Hrsg.), *Lexikon der Betriebswirtschaftslehre,* 2. Auflage, München Wien 1993, S. 557–560.

Wildemann, H. (1992), »Betriebswirtschaftliche Beurteilung von Zeitwirkungen in Forschung und Entwicklung, Produktion und Zulieferung«, in: Wildemann, H. (Hrsg.), *Zeitmanagement. Strategien zur Steigerung der Wettbewerbsfähigkeit,* Frankfurt/M., S. 25–40.

Will, T. (1993), »Flexibilität«, in: Corsten, H. (Hrsg.), *Lexikon der Betriebswirtschaftslehre,* 2. Auflage, München 1993, S. 247–250.

Wöhe, G. (1984), *Einführung in die Allgemeine Betriebswirtschaftslehre* (1. Aufl. 1960), 15. Aufl., München 1984.

Wöhe, G. (1993), *Einführung in die allgemeine Betriebswirtschaftslehre,* 18. Auflage, München 1993.

Wohlgemuth, A. C. (1989), *Unternehmungsdiagnose in Schweizer Unternehmungen,* Bern 1989.

Wolfrum, U. (1993), *Erfolgspotentiale – Kritische Würdigung eines zentralen Konzeptes der strategischen Unternehmensführung,* München 1993.

Woo, C./Cooper, A. (1981), »Strategies of effective low share business«, in: *Strategic Management Journal,* 1981, Heft 2, S. 301–318.

Wunderer, R./Klimecki, R. (1990), *Führungsleitbilder – Grundsätze für Führung und Zusammenarbeit in deutschen Unternehmen,* Stuttgart 1990.

Zahn, E. (1991), (Hrsg.), *Auf der Suche nach Erfolgspotentialen – Strategische Optionen in turbulenter Zeit,* Stuttgart 1991.

Zahn, E. (1992), »Innovation und Wettbewerb«, in: Müller-Böling, D./Seibt, D./Winand, U. (Hrsg.), *Innovations- und Technologiemanagement* (Sonderdruck), S. 115–133.

Zanner, H. (1989), »Fröhliches Chaos ist gefragt«, in: *Wirtschaftswoche,* 43. Jg., 1989, Heft 35, S. 40–44.

Inhaltsverzeichnis

Vorwort 5

1. Erfolgsfaktoren – Faktoren des Erfolgs? 9

1.1 Auf der Suche nach den »Quellen« des Erfolgs: »Pfade, aber kein Königsweg in Sicht« 9
1.2 Die Ermittlung »wirksamer« Erfolgsfaktoren: Schritte auf einem langen Weg 11

2. Stand der Erfolgsfaktorenforschung und Entwicklung eines empirisch zu überprüfenden Erfolgsfaktorenkonzeptes 15

2.1 Würdigung der Erfolgsfaktorenforschung sowie Schlußfolgerungen für die Entwicklung eines eigenen »erfolgreichen« Erfolgsfaktorenkonzeptes 15
2.1.1 Ansätze der Erfolgsfaktorenforschung im Überblick . . 15
2.1.2 Kriterien zur kritischen Würdigung von Erfolgsfaktoren-Ansätzen 18
2.1.3 Der Strategieansatz von Steinmann/Schreyögg: Beispiel einer theoriegeprägten Basis für Erfolgsfaktoren . . . 21
2.1.4 Kritische Reflexion der empirisch geprägten Ansätze am Beispiel der PIMS-Studie 24
2.1.5 Nagels Konzept der 6 Erfolgsfaktoren als Beispiel für praktiker-geprägte Ansätze 28
2.1.6 Folgerungen aus der Reflexion der Erfolgsfaktorenforschung für die Entwicklung eines eigenen Konzeptes . . 32

2.2 Entwicklung und Darstellung des Hannoveraner Erfolgsfaktoren-Projektes (HEFAP) 34
2.2.1 Ein Konzept ganzheitlichen Managements und das erfolgsbezogene, strategische Grundgerüst 34
2.2.1.1 Entwurf eines ganzheitlichen Rahmens zur Erfassung des Unternehmungsgeschehens 34

2.2.1.2 Der Managementkubus: Charakteristika und Detaillierung 38
2.2.1.3 Erweiterung des Rahmens um die Sichtweise des Strategischen Managements 44
2.2.2 Das Erfolgsfaktorenmodell und seine Komponenten . . 50
2.2.2.1 Selektion erfolgskritischer Bereiche aus dem entwickelten Gerüst und ihr Zusammenhang . . . 50
2.2.2.2 Entwicklung von Fragebereichen zu den Faktorblöcken 53
2.2.3 Zur Operationalisierung strategie- und querschnitts-funktionsbezogener Erfolgsfaktorbereiche im HEFAP-Ansatz . 54
2.2.3.1 Produktstrategien als Erfolgsfaktoren sowie Entwicklung von Fragefeldern. 54
2.2.3.1.1 Dimensionierung von Produktstrategien nach Bleicher 54
2.2.3.1.2 Produktprogrammstrategien 55
2.2.3.1.3 Wettbewerbsstrategien 58
2.2.3.1.4 Aktivitätsstrategien 60
2.2.3.1.5 Ressourcenstrategien 64
2.2.3.2 Innovationsmanagement als Erfolgsfaktor 65
2.2.3.2.1 Bedeutung von Innovationen 65
2.2.3.2.2 Stand der Innovationsforschung und Folgen für die weitere Vorgehensweise 66
2.2.3.2.3 Determinanten der Innovationstätigkeit nach Maas und ihre Beziehungen untereinander 67
2.2.3.2.4 Entwicklung von Fragen zum Innovationsmanagement 73
2.2.3.3 Zeitmanagement als Erfolgsfaktor 75
2.2.3.3.1 Bedeutung des Zeitmanagements als Erfolgsfaktor: Das Konzept des Zeitwettbewerbs von Stalk/Hout . 75
2.2.3.3.2 Generierung von Fragen zur Identifizierung von Zeitwettbewerbern im Sinne von Stalk und Hout . 78
2.2.3.4 Umweltschutzmanagement als Erfolgsfaktor . . . 83
2.2.3.4.1 Strategische Bedeutung des Umweltschutztrends und des Umweltschutzmanagements 83
2.2.3.4.2 Umweltschutzmanagement als strategischer Erfolgsfaktor: Literaturstand sowie der Ansatz von Annighöfer 85

2.2.3.4.3 Ableitung von Fragen zur Erfassung des Erfolgsfaktors Umweltschutzmanagement 88
2.2.4 Darstellung der acht Faktorblöcke des Erfolgsfaktorenkonzeptes in Variablenform (tabellarische Zusammenfassung) 91
2.2.5 Wirkungen der Erfolgsfaktoren: Über Erfolgspotentiale zum Erfolg 95

3. Empirische Überprüfung des HEFAP-Erfolgsfaktorenkonzeptes 99

3.1 Darstellung der Ablaufphasen beim HEFAP 99

3.2 Auswertung und Interpretation der erhobenen Daten zur Identifikation der einzelnen generellen Erfolgsfaktoren . . 102
3.2.1 Erfolgseinfluß der globalen Umwelt 102
3.2.2 Erfolgsrelevanz der marktlichen Umwelt 104
3.2.3 Eigenschaften der Unternehmung als Erfolgsfaktoren . . 108
3.2.3.1 Auffächerung des Bereiches »Merkmale der Unternehmung« 108
3.2.3.2 Grundmerkmale der Unternehmung (Leitbild) . . . 109
3.2.3.3 Funktionsbereichskennzeichen: Vermögens- und Mitarbeitereinsatz sowie EDV-Einsatz 111
3.2.3.4 Aspekte des Managementprozesses: Planungssystem, Controllingsystem, Organisation und Mitarbeiterführung 114
3.2.4 Bedeutung strategischer Optionen und der Querschnittsfunktionen Innovations-, Zeit- und Umweltschutzmanagement als Erfolgsfaktorbereiche 127
3.2.4.1 Bedeutung strategischer Optionen auf Unternehmungsebene 127
3.2.4.2 Bedeutung strategischer Optionen auf SGE-Ebene . 128
3.2.4.3 Elemente zur Identifizierung eines ausgeprägten Innovationsmanagements 134
3.2.4.4 Aspekte des Zeitmanagements 138
3.2.4.5 Bereiche eines ausgeprägten Umweltschutzmanagements 141

3.2.5 Erfolgsrelevanz der »Faktoren Strategischer Wahl« . . 145
3.2.5.1 Faktoren Strategischer Wahl i.e.S.. 145
3.2.5.2 Aspekte der Strategieimplementation. 150
3.2.5.3 Strategiekontrolle 155
3.2.6 Grundstrategien der Ressourcenzuordnung als potentiell erfolgskritische Größen 157
3.2.7 Überblick über die einzelnen Erfolgsfaktoren der 1.–3. Welle 158
3.2.7.1 Die einzelnen Erfolgsfaktoren der 1. Welle in 1992 . 158
3.2.7.2 Die einzelnen Erfolgsfaktoren der 2. Welle in 1993 . 160
3.2.7.3 Die einzelnen Erfolgsfaktoren der 3. Welle in 1994 . 161

3.3 Ergebnisse der Aggregationen der einzelnen Erfolgsfaktoren zu »verdichteten« Erfolgsfaktoren für die Gesamtstichprobe, die Branchengruppen und die Größenklassen 162
3.3.1 Darstellung der verdichteten Erfolgsfaktoren der drei Erhebungswellen bezogen auf die Gesamtstichprobe . . 162
3.3.1.1 Überblick: Das »Erfolgsfaktoren-Hufeisen« der ersten Erhebungswelle in 1992 162
3.3.1.2 Die 14 verdichteten Erfolgsfaktoren der 1. Welle in 1992 162
3.3.1.3 Überblick: Das »Erfolgsfaktoren-Hufeisen« der zweiten Erhebungswelle in 1993 170
3.3.1.4 Darstellung der 12 verdichteten Erfolgsfaktoren der 2. Welle in 1993 170
3.3.1.5 Überblick: Das »Erfolgsfaktoren-Hufeisen« der dritten Erhebungswelle in 1994. 177
3.3.1.6 Die 10 verdichteten Erfolgsfaktoren der 3. Welle in 1994 177
3.3.2 Entwicklung der verdichteten Erfolgsfaktoren im Zeitablauf 183

3.4 Ermittlung von Beziehungsmustern unter den verdichteten Erfolgsfaktoren der 2. Erhebungswelle und ihre Wirkung auf wichtige Erfolgspotentiale im Rahmen eines Praktiker-Workshops 186
3.4.1 Ziele und Verlauf des Praktiker-Workshops 186

3.4.2 Darstellung und Interpretation der Erfolgsfaktoren-Beziehungsmuster aus Praktikersicht 188
3.4.2.1 Ermittlung der Erfolgsfaktoren-Beziehungsmuster durch eine Einflußmatrix (»Papiercomputer«) und graphische Darstellung in einem Netzwerk mittels Metaplan-Technik 188
3.4.2.2 Begründungen für das Zusammenwirken verschiedener Erfolgsfaktoren 190
3.4.3 Ermittlung von Ursache-Wirkungsketten: Erfolg – Erfolgspotentiale – Erfolgsfaktoren aus Praktikersicht . . 194
3.4.3.1 Zentrale Erfolgspotentiale in der Einschätzung der Praktiker 194
3.4.3.2 Herstellung von Wirkbezügen der Erfolgsfaktoren auf ausgewählte wichtige Erfolgspotentiale . . . 195
3.4.3.2.1 Auswahl der Erfolgspotentiale und Darstellung der Wirkbezüge der Erfolgsfaktoren auf die Erfolgspotentiale 195
3.4.3.2.2 Darstellung der Wirkbezüge der Erfolgsfaktoren auf das Erfolgspotential »Produktpolitik« 196
3.4.3.2.3 Beschreibung der Wirkbezüge der Erfolgsfaktoren auf das Erfolgspotential »Preispolitik« 198
3.4.3.2.4 Erläuterung der Wirkbezüge der Erfolgsfaktoren auf das Erfolgspotential »Beschaffungskosten« . . . 200
3.4.3.2.5 Analyse der Wirkbezüge der Erfolgsfaktoren auf das Erfolgspotential »Produktionskosten« 202
3.4.3.2.6 Darstellung der Wirkbezüge der Erfolgsfaktoren auf das Erfolgspotential »Flexibilität« 205
3.4.3.2.7 Deskription der Wirkbezüge der Erfolgsfaktoren auf das Erfolgspotential »Motivation/Qualifikation« . 207
3.4.4 Ergebnisse und Schlußfolgerungen aus dem Praktiker-Workshop zur »Erfolgsfaktoren-Beziehungsanalyse« . . 207

3.5 Beziehungen der 10 Erfolgsfaktoren zu den 9 kritischen Erfolgspotentialen auf der Basis der repräsentativen Daten der 3. Welle 209
3.5.1 Konzipierung der Erfolgspotentiale im HEFAP 209
3.5.2 Ermittlung der mit Erfolg korrelierenden Erfolgspotentiale 214
3.5.3 Signifikante Erfolgsfaktor-Erfolgspotential-Beziehungen . 215

3.5.3.1 Ergebnis der Korrelationsanalysen zwischen den 10 verdichteten Erfolgsfaktoren der 3. Welle und den 9 kritischen Erfolgspotentialen 215
3.5.3.2 Wirkungen des Erfolgsfaktors »Innovationsmanagement«. 215
3.5.3.3 Wirkungen des Erfolgsfaktors »Zeitmanagement« . 218
3.5.3.4 Wirkungen des Erfolgsfaktors »Leitbild« 220
3.5.3.5 Wirkungen des Erfolgsfaktors »EDV-Einsatz« . . 222
3.5.3.6 Wirkungen des Erfolgsfaktors »Planung« 225
3.5.3.7 Wirkungen des Erfolgsfaktors »Strategiekontrolle« . 225
3.5.3.8 Wirkungen des Erfolgsfaktors »Umweltschutzmanagement«. 227
3.5.3.9 Wirkungen des Erfolgsfaktors »Faktoren Strategischer Wahl« 229
3.5.3.10 Wirkungen des Erfolgsfaktors »Strategieimplementation« 230

4. Schlußfolgerungen, erfolgsfaktorbezogene Gestaltungsempfehlungen sowie Ausblick zur weiteren Erfolgsfaktorenforschung 233

4.1 Reflexion der gewonnenen Ergebnisse und Schlußfolgerungen 233
4.2 Erfolgspotentialorientierte Ausgestaltungsempfehlungen der Erfolgsfaktoren der 3. Erhebungswelle für die Praxis . . . 238
4.2.1 Ausgestaltung des Innovationsmanagements zwecks Reduzierung der Vertriebskosten 238
4.2.2 Ausgestaltung des Innovations- und des Zeitmanagements zwecks Senkung der Verwaltungskosten 239
4.2.3 Ausgestaltung der relevanten Erfolgsfaktoren mit dem Ziel der Rüstzeitsenkung 239
4.2.4 Ausgestaltung der relevanten Erfolgsfaktoren zwecks Erhöhung der Produktqualität 241
4.2.5 Ausgestaltung der relevanten Erfolgsfaktoren zur Erhöhung der Absatzmenge 242
4.2.6 Gestaltungsansätze bei den relevanten Erfolgsfaktoren zur Realisierung kurzer Lieferzeiten 243

4.2.7 Ausgestaltung der relevanten Erfolgsfaktoren mit dem Ziel der Erhöhung der Handlungsfähigkeit des Systems Unternehmung 245
4.2.8 Ausgestaltung relevanter Erfolgsfaktoren zwecks Erhöhung der Lernfähigkeit der Unternehmung 247
4.2.9 Gestaltung relevanter Erfolgsfaktoren zur Erzielung einer höheren Bedürfnisbefriedigungsfähigkeit 249
4.3 Konsequenzen für die weitere Forschung im Bereich erfolgsfaktorzentrierter Strategiebildung und Zukunft des HEFAP . 250
4.4 Offene Fragen und Problemfelder sowie Resümee . . . 252

Anhang 1
1.1 Der Fragebogen des Hannoveraner Erfolgsfaktoren-Projektes (HEFAP) der 1. Erhebungswelle in 1992 . . . 255
1.2 Fragebogen zu den Erfolgspotentialen als Beilage zur 3. Erhebungswelle in 1994 268
Anhang 2
Darstellung der empirischen Vorgehensweise beim HEFAP . . 273
Anhang 3
Branchenbezogene Analyse der verdichteten Erfolgsfaktoren der drei Erhebungswellen. 285
Anhang 4
Größenklassenbezogene Analyse der verdichteten Erfolgsfaktoren der drei Erhebungswellen 289
Anhang 5
Erfolgskritische Erfolgspotentiale 293
Anhang 6
Häufigkeitsverteilung der Erfolgsindikatoren Return on Investment (ROI) und Cash flow (CF) in den drei Erhebungswellen . 295
Anhang 7
Tabellarische Zusammenfassung der verdichteten Erfolgsfaktoren der drei Erhebungswellen (1994, 1993, 1992) . . . 297

Abbildungsverzeichnis 304
Literaturverzeichnis 306
Zu den Autoren 324

Die Autorin und die Autoren

Prof. Dr. *Claus Steinle* (geb. 1946), Dipl. rer. pol. an der Universität Freiburg, wurde 1974 promoviert und war in den Jahren 1974 bis 1976 Mitarbeiter des DFG-Projektes »Erfolgsverwendung«, von 1977 bis 1986 Tätigkeit als wissenschaftlicher bzw. Hochschulassistent an der Technischen Universität Berlin. 1986 erfolgte die Berufung auf die Professur »Unternehmensführung und Organisation« an der Universität Hannover. Seine Arbeitsschwerpunkte liegen auf den Gebieten Ganzheitliches Management, Planung, Kontrolle und Controlling, Organisationsgestaltung und -änderung, Personalführung und Ökologieorientierung des Managements. Bisher veröffentlichte er als Autor oder Herausgeber zu den genannten Themen neun Bücher und 80 Buch- und Zeitschriftenbeiträge. Von 1992 bis 1994 führte er eine Panel-Studie zu den Faktoren wirtschaftlichen Erfolgs, seit 1994 empirische Untersuchungen zur Ökologieorientierung von Unternehmen durch.

Dipl. Ök. *Jasmin Kirschbaum* (geb. 1966) war zweieinhalb Jahre als wissenschaftliche Mitarbeiterin am Lehrstuhl »Unternehmensführung und Organisation« der Universität Hannover bis Juni 1994 für die Durchführung des Hannoveraner Erfolgsfaktoren-Projektes verantwortlich. Seitdem befindet sie sich in Erziehungsurlaub und betreut zwei Kinder.

Dr. *Volker Kirschbaum* (geb. 1964) wurde am Lehrstuhl »Unternehmensführung und Organisation« der Universität Hannover promoviert. Er war dort drei Jahre als wissenschaftlicher Mitarbeiter für die Durchführung des Hannoveraner Erfolgsfaktoren-Projektes verantwortlich. Vom 1. Juni 1995 an arbeitete er als Unternehmensberater für die WIBERA AG in Düsseldorf. Seit dem 1. Februar 1996 ist er als Organisator bei der AOK-Landesdirektion in Hannover beschäftigt.